Fritjof Capra (Jahrgang 1939) promovierte 1966 an der Universität Wien in Theoretischer Physik. Er forschte und lehrte an namhaften Universitäten und Institutionen in den USA und England. Neben seiner Arbeit auf den Gebieten der Physik und Systemtheorie beschäftigt sich Capra seit über zwanzig Jahren intensiv mit den philosophischen und gesellschaftlichen Konsequenzen der modernen Naturwissenschaft. Er gilt heute als einer der profiliertesten Vordenker einer ökologisch-ganzheitlichen Weltsicht.

W0039449

Von Fritjof Capra sind außerdem erschienen:
Das neue Denken
Lebensnetz
Wendezeit

Vollständige Taschenbuchausgabe November 1997
Droemersche Verlagsanstalt Th. Knaur Nachf., München
Lizenzausgabe mit Genehmigung des Scherz Verlag,
Bern und München
Copyright © 1975, 1983 by Fritjof Capra
Einzig berechtigte Übersetzung aus dem Amerikanischen
von Fritz Lahmann und Erwin Schuhmacher
Titel des Originals: »The Tao of Physics«
Alle deutschsprachigen Rechte beim Scherz Verlag,
Bern und München
Druck und Bindung: Clausen & Bosse, Leck
Printed in Germany
ISBN 3-426-77324-4

Fritjof Capra

Das Tao der Physik

Die Konvergenz von westlicher Wissenschaft
und östlicher Philosophie

Vom Autor revidierte und erweiterte Neuausgabe

Aus dem Amerikanischen von
Fritz Lahmann und Erwin Schuhmacher

Inhalt

Vorwort zur revidierten Ausgabe   1

Vorwort   7

Teil 1 Der Weg der Physik   11
     1 Moderne Physik – Ein »Weg mit Herz«?   13
     2 Wissen und Sehen   23
     3 Jenseits der Sprache   43
     4 Die neue Physik   51

Teil 2 Der Weg der östlichen Mystik   83
     5 Hinduismus   85
     6 Buddhismus   97
     7 Chinesisches Denken   105
     8 Taoismus   116
     9 Zen   122

Teil 3 Die Parallelen   129
     10 Die Einheit aller Dinge   131
     11 Jenseits der Gegensätze   144
     12 Raum-Zeit   162
     13 Das dynamische Universum   190
     14 Leere und Form   205
     15 Der kosmische Tanz   223
     16 Quark-Symmetrien – ein neues Koan?   246
     17 Strukturen im Wandel   259
     18 Gegenseitige Durchdringung   285

Epilog   303

Eine Rückschau auf die Neue Physik   308

Anmerkungen   323

Bibliographie   333

Personenregister   337

Sachregister   338

Ich widme dieses Buch

Ali Akbar Khan   *Liu Hsiu Ch'i*
Carlos Castaneda   *Phiroz Mehta*
Geoffrey Chew   *Jerry Shesko*
John Coltrane   *Bobby Smith*
Werner Heisenberg   *Maria Teuffenbach*
Krishnamurti   *Alan Watts,*

die mir geholfen haben, meinen Weg zu finden, und Jacqueline,
die den Großteil dieses Weges mit mir gegangen ist.

Wahrscheinlich darf man ganz allgemein sagen, daß sich in der Geschichte des menschlichen Denkens oft die fruchtbarsten Entwicklungen dort ergeben haben, wo zwei verschiedene Arten des Denkens sich getroffen haben. Diese verschiedenen Arten des Denkens mögen ihre Wurzeln in verschiedenen Gebieten der menschlichen Kultur haben oder in verschiedenen Zeiten, in verschiedenen kulturellen Umgebungen oder verschiedenen religiösen Traditionen. Wenn sie sich nur wirklich treffen, d. h., wenn sie wenigstens so weit zueinander in Beziehung treten, daß eine echte Wechselwirkung stattfindet, dann kann man darauf hoffen, daß neue und interessante Entwicklungen folgen.

Werner Heisenberg

Vorwort zur revidierten Ausgabe

Dieses Buch erschien zum ersten Mal im Jahr 1975. Sein Ursprung lag in einer Erfahrung, die ich einige Jahre zuvor machte und die im Vorwort zur Erstausgabe beschrieben wird. Daher scheint es mir angebracht, dem Leser dieser revidierten Ausgabe zu berichten, was seit Erscheinen des Buches geschehen ist – mit dem Buch, der Physik und mir selbst.

Als ich die Parallelen zwischen den Anschauungen der Physiker und denen der Mystiker aufdeckte, auf die andere vorher bereits hingewiesen hatten, die jedoch noch niemand gründlich untersucht hatte, empfand ich sehr stark, nur etwas offenkundig zu machen, was im Grunde ganz augenscheinlich war und in der Zukunft allgemeines Erkenntnisgut sein würde. Manchmal hatte ich beim Schreiben sogar das Gefühl, dieses Buch werde eigentlich nicht »von mir«, sondern nur »durch mich« geschrieben. Die nachfolgenden Ereignisse haben diese Empfindungen bestätigt. Das Buch hat in den Vereinigten Staaten und in England begeisterte Aufnahme gefunden. Trotz minimaler Werbung fand es durch Mundpropaganda eine schnelle Verbreitung, und heute erscheint es in einem Dutzend Sprachen rund um die Welt.

Wie vorauszusehen war, reagierten die Wissenschaftler der verschiedenen Disziplinen vorsichtiger. Aber auch bei ihnen wächst das Interesse für die Schlußfolgerungen, die wir heute in allen Bereichen aus der Physik des zwanzigsten Jahrhunderts ziehen müssen. Das Zögern vieler moderner Naturwissenschaftler, die tiefgreifenden Übereinstimmungen zwischen ihren Vorstellungen und denen der Mystiker zu akzeptieren, kann nicht überraschen. Denn der Mystik hängt – zumindest im Abendland – schon seit langem und sehr zu Unrecht der Geruch des Verschwommenen, Geheimnisvollen und höchst Unwissenschaftlichen an. Glücklicherweise ändert sich diese Einstellung jetzt. Seitdem eine beträchtliche Zahl von Menschen sich für östliches Denken zu interessieren begonnen hat und Meditation nicht mehr belächelt oder beargwöhnt wird, nimmt man die Mystik auch in wissenschaftlichen Kreisen ernst.

Der Erfolg dieses Buches hat mein Leben stark beeinflußt. Während der vergangenen Jahre bin ich viel gereist, habe ich vor sachkundigen Zuhörern und Laien Vorträge gehalten und die Implikationen der neuen Physik mit Männern und Frauen aller Schichten diskutiert. Diese Diskussionen haben mir außerordentlich geholfen, die umfassenderen kulturellen Zusammenhänge des in den vergangenen zwanzig Jahren im Westen stark gewachsenen Interesses für Mystik zu begreifen. Heute sehe ich in diesem Interesse einen Teil eines breitangelegten Trends, der ein Gegengewicht gegen das tiefgreifende Ungleichgewicht in unserer Kultur zu schaffen versucht – in unserem Denken und Fühlen, unseren Wertvorstellungen und Verhaltensweisen, unseren gesellschaftlichen und kulturellen Strukturen. Für mich läßt sich dieses Ungleichgewicht besonders treffend mit der chinesischen Terminologie von Yin und Yang beschreiben. Unsere Kultur hat ständig die Yang- oder maskulinen Werte bevorzugt und die ihnen komplementären Yin- oder femininen Werte vernachlässigt. Wir haben die Selbstbehauptung der Integration vorgezogen, haben der Analyse gegenüber der Synthese den Vorrang gegeben, verstandesmäßiges über intuitives Wissen gesetzt, Wissenschaft über Religion, Wettbewerb über Zusammenarbeit, ständiges Ausdehnen über Bewahren und so fort. Diese einseitige Entwicklung hat jetzt ein alarmierendes Stadium erreicht. Wir stecken tief in einer Krise von gesellschaftlichen, ökologischen, moralischen und geistigen Dimensionen.

Gleichzeitig erleben wir jedoch den Beginn einer großartigen evolutionären Bewegung, die die alte chinesische Redewendung zu illustrieren scheint: »Hat das Yang seinen Gipfel erreicht, zieht es sich zugunsten des Yin zurück.« In den sechziger und siebziger Jahren entstanden verschiedene gesellschaftliche Bewegungen, die alle in die gleiche Richtung zu zielen scheinen. Die zunehmende Beschäftigung mit ökologischen Problemen, das starke Interesse für Mystik, das wachsende Selbstbewußtsein der Frauen und die Wiederentdeckung ganzheitlicher Methoden in der medizinischen Wissenschaft und in der Heilkunst ganz allgemein – alles das sind Manifestationen desselben evolutionären Trends. Sie wirken der Überbetonung verstandesmäßiger und maskuliner Einstellungen und Werte entgegen und versuchen, das Gleichgewicht zwischen den maskulinen und den femininen Aspekten der menschlichen Natur wiederzugewinnen. Demgemäß erscheint heute das Erkennen des profunden Einklangs der Weltsicht der modernen Physik und der Anschauungen östlicher Mystiker als integraler Teil einer umfassenderen kulturellen Transformation, in deren Verlauf eine neue Sicht der Wirklichkeit entsteht, die fundamentale Veränderungen unseres Denkens, unserer Wahrnehmung und unserer Wertvorstellungen erfordern wird. In meinem zweiten Buch, *Wendezeit*, habe ich die verschiedenen Aspekte und Implikationen dieser kulturellen Transformation dargestellt.

Die Feststellung, daß die gegenwärtigen Wandlungen unseres Wertsystems viele Wissenschaftszweige beeinflussen werden, mag jene überraschen, die an eine objektive, wertfreie Wissenschaft glauben; sie ist jedoch eine der wichtigen Implikationen der Neuen Physik. Heisenbergs Beiträge zur Quantentheorie, die ich in diesem Buch ausführlich diskutiere, führen eindeutig zu der Erkenntnis, daß das klassische Ideal wissenschaftlicher Objektivität nicht mehr aufrechterhalten werden kann. Die moderne Physik stellt damit auch den Mythos einer wertfreien Naturwissenschaft in Frage. Die von den Naturwissenschaftlern in der Natur beobachteten Strukturen hängen aufs engste mit den Strukturen ihres Geistes zusammen – mit ihren Begriffen, Gedanken und Wertvorstellungen. Daher werden ihre wissenschaftlichen Ergebnisse und deren technische Anwendungen durch ihre eigene Geisteshaltung konditioniert. Wenn auch viele ihrer Forschungsaktivitäten im einzelnen nicht unbedingt von ihren Wertvorstellungen abhängig sein müssen, kann der umfassende Rahmen der Forschung niemals wertfrei sein. Wissenschaftler sind daher nicht nur intellektuell, sondern auch moralisch für ihre Forschung verantwortlich.

Aus dieser Sicht ist der Zusammenhang zwischen Physik und Mystik nicht nur interessant, sondern auch außerordentlich bedeutsam. Er zeigt auf, daß die Ergebnisse der modernen Physik den Naturwissenschaftlern die Möglichkeit eröffnet haben, zwei sehr unterschiedliche Wege einzuschlagen. Diese können, um es einmal ganz extrem auszudrücken, entweder zu Buddha oder zur Bombe führen, wobei es jedem Wissenschaftler freisteht, welchen Weg er gehen will. In einer Zeit, in der fast die Hälfte unserer Naturwissenschaftler und Techniker für die Rüstung arbeitet – wobei ein enormes Potential an menschlichem Einfallsreichtum und Kreativität vergeudet wird, um immer raffiniertere Mittel zur totalen Vernichtung zu entwickeln –, kann meines Erachtens der Weg des Buddha, der »Weg mit Herz«, gar nicht genug betont werden.

Die Neuausgabe des Buches habe ich durch Hereinnahme der neuesten Forschungsergebnisse in der Teilchenphysik auf den gegenwärtigen Stand gebracht. Einzelne Passagen im Text wurden entsprechend geändert. Am Schluß ist ein neues Kapitel »Rückblick auf die Neue Physik« angefügt. Darin werden die wichtigsten neuen Entwicklungen im Bereich der Teilchenphysik etwas ausführlicher beschrieben. Mit großer Befriedigung konnte ich feststellen, daß keine der neuen Entwicklungen etwas von dem widerlegt haben, was ich vor sieben Jahren geschrieben habe. Vielmehr habe ich die meisten dieser Entwicklungen in der ersten Ausgabe bereits vorweggenommen. Das hat meine starke Überzeugung bekräftigt, die mich motivierte, das Buch zu schreiben: daß meine grundlegenden Thesen beim Vergleich zwischen Physik und Mystik durch die künftige Forschung eher bestätigt denn widerlegt werden dürften.

Darüber hinaus fühle ich mich auch deshalb heute auf noch festerem Boden, weil die Parallelen zur östlichen Mystik nicht nur in der Physik in Erscheinung treten, sondern auch in der Biologie, Psychologie und anderen Wissenschaften. Beim Studium der Beziehungen zwischen der Physik und jenen Wissenschaften habe ich herausgefunden, daß sich die Begriffe der modernen Physik im Rahmen der Systemtheorie ganz natürlich auf andere Bereiche ausdehnen lassen. Die Auseinandersetzung mit den Systemvorstellungen in Biologie, Medizin, Psychologie und den Gesellschaftswissenschaften in Zusammenhang mit meinem Buch *Wendezeit* hat mir gezeigt, daß die Systemlehre die Parallelen zwischen moderner Physik und östlicher Mystik noch zwingender erscheinen läßt. Außerdem verweisen die neue Systembiologie und Systempsychologie auf weitere Übereinstimmungen mit dem mystischen Denken, die aber außerhalb des Forschungsbereiches der Physik liegen. Dazu gehören Themen, die ich in *Wendezeit* erörtert habe, etwa Gedanken über die Freiheit des Willens, Tod und Geburt, sowie über die Natur von Leben, Geist, Bewußtsein und Evolution. Die tiefgreifende Harmonie zwischen diesen Vorstellungen, wie sie in der Systemsprache formuliert werden, und den entsprechenden Vorstellungen in der östlichen Mystik sind ein eindrucksvoller Beweis für meine These, daß die Philosophie mystischer Überlieferungen, die auch unter dem Namen »Ewige Philosophie« bekannt ist, den folgerichtigsten philosophischen Hintergrund für unsere modernen wissenschaftlichen Theorien liefert.

Fritjof Capra

Vorwort zur Erstausgabe

Vor einigen Jahren hatte ich ein wunderbares Erlebnis, worauf ich den Weg einschlug, der zum Schreiben dieses Buches führte. Eines Nachmittags im Spätsommer saß ich am Meer und sah, wie die Wellen anrollten, und fühlte den Rhythmus meines Atems, als ich mir plötzlich meiner Umgebung als Teil eines gigantischen kosmischen Tanzes bewußt wurde. Als Physiker wußte ich, daß der Sand und die Felsen, das Wasser und die Luft um mich her sich aus vibrierenden Molekülen und Atomen zusammensetzen. Diese wiederum bestehen aus Teilchen, die durch Erzeugung und Zerstörung anderer Teilchen miteinander reagieren. Ich wußte auch, daß unsere Atmosphäre ständig durch Ströme kosmischer Strahlen bombardiert wird, Teilchen von hoher Energie, die beim Durchdringen der Luft vielfache Zusammenstöße erleiden. All dies war mir von meiner Forschungstätigkeit in Hochenergie-Physik vertraut, aber bis zu diesem Augenblick beschränkte sich meine Erfahrung auf graphische Darstellungen, Diagramme und mathematische Theorien. Als ich an diesem Strand saß, gewannen meine früheren Experimente Leben. Ich »sah« förmlich, wie aus dem Weltraum Energie in Kaskaden herabkam und ihre Teilchen rhythmisch erzeugt und zerstört wurden. Ich »sah« die Atome der Elemente und die meines Körpers als Teil dieses kosmischen Energie-Tanzes; ich fühlte seinen Rhythmus und »hörte« seinen Klang, und in diesem Augenblick wußte ich, daß dies der Tanz Shivas war, des Gottes der Tänzer, den die Hindus verehren.

Ich hatte eine lange Ausbildung in theoretischer Physik und mehrere Jahre Forschungstätigkeit hinter mir. Gleichzeitig interessierte ich mich sehr für östliche Mystik, und mir begannen die Parallelen zwischen ihr und der modernen Physik aufzugehen. Besonders zogen mich die rätselhaften Aspekte des Zen an, die mich an die Rätsel der Quantentheorie erinnerten. Zuerst war jedoch die Verbindung von beidem eine rein intellektuelle Übung. Die Kluft zwischen rationalem, analytischem Denken und der meditativen Erfahrung mystischer Wahrheit machte, und macht mir immer noch, zu schaffen.

Anfangs halfen mir auf meinem Weg »Kraftpflanzen«, die mir zeigten, wie die Gedanken frei strömen können, wie geistige Erkenntnisse von sich aus kommen und mühelos aus der Tiefe des Bewußtseins aufsteigen. Ich entsinne mich noch der ersten solchen Erfahrung. Sie kam nach Jahren detaillierten, analytischen Denkens und war so überwältigend, daß ich in Tränen ausbrach und gleichzeitig wie Castaneda meine Eindrücke auf einem Blatt Papier festhielt.

Später kam die Erfahrung des Shiva-Tanzes, die ich in einer Fotomontage (s. Abb. 7) darzustellen versuchte. Ihr folgten viele ähnliche Erfahrungen, und ich begriff durch sie allmählich, daß aus der modernen Physik sich eine logische und folgerichtige Anschauung der Welt entwickelt, die mit der alten östlichen Weisheit in Einklang steht. Im Lauf der Jahre machte ich mir viele Notizen und schrieb einige Artikel über die Parallelen, die ich immer wieder entdeckte, bis ich meine Erfahrungen schließlich in dem vorliegenden Buch zusammenfaßte.

Dieses Buch wendet sich an den an östlicher Mystik allgemein interessierten Leser, der nicht unbedingt physikalische Kenntnisse mitbringen muß. Ich habe versucht, die wichtigsten Begriffe und Theorien der modernen Physik ohne Mathematik und in nicht-technischer Sprache zu bringen. Dennoch erscheinen dem Laien vielleicht manche Stellen beim ersten Lesen schwierig. Die wichtigen technischen Ausdrücke werden beim ersten Vorkommen erläutert und sind im Index aufgeführt.

Ich hoffe außerdem, Leser zu gewinnen, die sich als Physiker für die philosophischen Aspekte der Physik interessieren, aber mit den religiösen Philosophien des Ostens noch nicht vertraut sind. Sie werden feststellen, daß die östliche Mystik einen stimmigen, schönen Rahmen für die modernsten Theorien unserer physikalischen Welt liefert.

Vielleicht wird mancher Leser Anstoß nehmen, daß die wissenschaftliche Darstellung gegenüber der Mystik ein gewisses Übergewicht hat. Die mystische Erfahrung läßt sich jedoch nicht aus Büchern lernen, während das Verständnis für Physik beim Lesen wächst. Ein tieferes Verständnis der mystischen Tradition erlangt nur einer, der sich selbst darauf einläßt. Ich kann lediglich hoffen, ein Gefühl dafür zu wecken, daß eine solche aktive Teilnahme sich in hohem Maße lohnt.

Beim Schreiben dieses Buches vertiefte sich mein eigenes Verständnis für östliche Gedankengänge beträchtlich. Hierfür bin ich zwei Männern des Ostens Dank schuldig: Phiroz Mehta, der mir die Augen für viele Aspekte der indischen Mystik öffnete, und meinem T'ai-Chi-Lehrer Liu Hsiu Ch'i, der mich in den lebendigen Taoismus einführte.

Es ist mir nicht möglich, alle Namen zu erwähnen – Wissenschaftler, Künstler, Studenten und Freunde –, die mir in anregenden Diskussionen geholfen haben, meine Gedanken zu formulieren. Ich fühle mich jedoch Graham Alexander, Jonathan Ashmore, Stratford Caldecott, Lyn Gambles, Sonia Newby, Ray Rivers, Joel Scherk, George Sudarshan und Ryan Thomas besonders zu Dank verpflichtet.

Zum Schluß danke ich Frau Pauly Bauer-Ynnhof aus Wien für ihre großzügige finanzielle Hilfe zu einer Zeit, da ich sie am nötigsten brauchte.

Fritjof Capra

I
Der Weg
der Physik

Moderne Physik – ein »Weg mit Herz«?

> Jeder Weg ist nur ein Weg, und es ist kein Verstoß gegen
> sich selbst oder andere, ihn aufzugeben, wenn dein Herz
> es dir befiehlt . . . Sieh dir jeden Weg scharf und genau
> an. Versuche ihn so oft wie nötig. Dann frage dich, nur
> dich allein: . . . Ist es ein Weg mit Herz? Wenn ja, dann
> ist es ein guter Weg; wenn nicht, ist er nutzlos.
>
> *Carlos Castaneda: Die Lehren des Don Juan*

Die moderne Physik hat einen tiefgreifenden Einfluß auf fast alle Aspekte der menschlichen Gesellschaft ausgeübt. Sie wurde zur Grundlage der Naturwissenschaften, und die Kombination von Natur- und technischen Wissenschaften hat unsere Lebensbedingungen grundlegend verändert, zum Guten wie zum Schlechten. Es gibt heute kaum eine Industrie, die nicht die Ergebnisse der Atomphysik benutzt, und der Einfluß der Atomphysik auf die Weltpolitik durch Anwendung der Atomwaffen ist bekannt. Der Einfluß der modernen Physik geht jedoch über die Technik hinaus. Er erstreckt sich bis in das Denken und die Kultur und führte zu einer gründlichen Wandlung des Weltbilds und der Beziehung des Menschen zum Universum. Die Erforschung des Atoms und von dessen Bestandteilen im zwanzigsten Jahrhundert enthüllte eine unerwartete Begrenzung der klassischen Vorstellungen und machte eine radikale Revision vieler unserer Grundbegriffe erforderlich. Zum Beispiel ist der Begriff »Materie« in der subatomaren Physik völlig anders als die traditionelle Auffassung von einer materiellen Substanz in der klassischen Physik. Das gleiche gilt für Begriffe wie Raum, Zeit oder Ursache und Wirkung. Diese Begriffe liegen jedoch unserer ganzen Weltanschauung zugrunde, und mit ihrer radikalen Umwandlung begann sich auch diese zu ändern.

In den letzten Jahrzehnten haben Physiker und Philosophen diesen von der modernen Physik bewirkten Wandel ausgiebig diskutiert, doch sehr selten stellte man fest, daß alle diese Än-

13

derungen offenbar in die gleiche Richtung führen, nämlich zu einer Ansicht von der Welt, die den Anschauungen der östlichen Mystik stark ähnelt. Die Begriffe der modernen Physik zeigen oft überraschende Parallelen zu den Vorstellungen, die in den religions-philosophischen Systemen des Fernen Ostens zum Ausdruck kommen. Obwohl diese Parallelen bisher noch nicht ausführlich erörtert wurden, haben sie doch einige der größten Physiker unseres Jahrhunderts zur Kenntnis genommen, wenn sie auf ihren Vortragsreisen nach Indien, China und Japan mit fernöstlichen Kulturen in Berührung kamen. Die folgenden drei Zitate mögen als Beispiele dienen:

> Die allgemeinen Vorstellungen über die menschliche Erkenntnis . . ., wie sie durch die Entdeckungen der Atomphysik anschaulich werden, sind nicht ganz fremd oder unerhört. Sogar in unserer eigenen Kultur haben sie ihre Geschichte, und im buddhistischen oder hinduistischen Denken nehmen sie einen noch bedeutenderen Platz ein. Sie setzen Beispiele für, bestätigen und verfeinern die alte Weisheit.[1]
>
> *Julius Robert Oppenheimer*

> Um zur Lehre der Atomtheorie eine Parallele zu finden . . . müssen wir uns den erkenntnistheoretischen Problemen zuwenden, mit denen sich bereits Denker wie Buddha und Lao-tzu auseinandersetzten, wenn wir einen Ausgleich schaffen wollen zwischen unserer Position als Zuschauer und Akteure im großen Drama des Daseins.[2]
>
> *Niels Bohr*

> Z. B. könnte der große wissenschaftliche Beitrag in der theoretischen Physik, der seit dem letzten Krieg von Japan geleistet worden ist, als Anzeichen für gewisse Beziehungen zwischen den überlieferten Ideen des Fernen Ostens und der philosophischen Substanz der Quantentheorie angesehen werden.[3]
>
> *Werner Heisenberg*

Der Zweck dieses Buches ist die Erforschung dieses Zusammenhangs zwischen den Begriffen der modernen Physik und den Grundprinzipien der fernöstlichen philosophischen und religiösen Traditionen. Wir werden sehen, wie die beiden Fundamente der Physik des zwanzigsten Jahrhunderts – Quantentheorie und Relativitätstheorie – uns zwingen, die Welt auf sehr ähnliche Weise zu sehen, wie ein Hindu, Buddhist oder Taoist sie sieht, und wie sich diese Ähnlichkeit noch verstärkt, wenn wir die jüngsten Versuche betrachten, diese beiden Theorien zwecks Beschreibung der Phänomene des Submikrokosmos zu kombinieren: die Eigenschaften und Wechselwirkungen subatomarer Teilchen, aus denen sich jede Materie zusammensetzt. Hier sind die Parallelen zwischen moderner Physik und östlicher Mystik am auffallendsten, und wir werden oft Aussagen begegnen, bei denen es fast unmöglich ist zu sagen, ob sie von Physikern oder östlichen Mystikern gemacht wurden.

Mit »östlicher Mystik« meine ich die religiösen Traditionen des Hinduismus, Buddhismus und Taoismus. Obwohl diese eine große Anzahl subtil miteinander verwobener geistiger Disziplinen und philosophischer Systeme umfassen, sind die Grundzüge ihrer Weltanschauung die gleichen. Diese Ansicht ist nicht auf den Osten beschränkt, man findet sie bis zu einem gewissen Grad in allen mystisch orientierten Philosophien. Das Thema dieses Buches könnte daher allgemein so umschrieben werden: Die moderne Physik führt uns zu einer Anschauung der Welt, die den Ansichten der Mystiker aller Zeitalter und Traditionen sehr ähnlich ist.

Mystische Traditionen gibt es in allen Religionen, und mystische Elemente findet man in vielen Schulen westlicher Philosophie. Die Parallelen zur modernen Physik erscheinen nicht nur in den Veden des Hinduismus, im *I Ching* oder in den buddhistischen Sutras, sondern auch in den Fragmenten des Heraklit, im Sufismus des Ibn Arabi und in den Lehren des Yaqui-Zauberers Don Juan. Der Unterschied zwischen östlicher und westlicher Mystik liegt darin, daß mystische Schulen im Westen immer nur eine Nebenrolle spielten, während sie die Grundlage der östlichen philosophischen und religiösen Gedankenwelt bilden. Der Einfachheit halber werde ich über die »östliche Weltanschauung« sprechen und nur gelegentlich andere Quellen mystischer Gedanken erwähnen.

Wenn uns die Physik heute auf einen im wesentlichen mystischen Weg weist, so kehrt sie damit in gewisser Weise zu ihrem Ursprung zurück, der 2500 Jahre zurückliegt. Es ist interessant, der Entwicklung der westlichen Wissenschaft auf ihrem gewundenen Pfad zu folgen, angefangen bei den mystischen Philosophen der alten Griechen bis zu der eindrucksvollen Entfaltung intellektueller Gedanken, die sich immer mehr von ihren mystischen Ursprüngen entfernten, um eine Weltanschauung zu entwickeln, die in scharfem Gegensatz zu der des Fernen Ostens steht. In ihren jüngsten Stadien überwindet die westliche Wissenschaft schließlich diese Ansicht und kehrt zu derjenigen der alten Griechen und der östlichen Philosophien zurück. Diesmal jedoch basiert sie nicht nur auf Intuition, sondern auch auf sehr genauen, komplizierten Versuchen und auf streng formaler mathematischer Logik.

Die Wurzeln der Physik, wie die aller westlichen Wissenschaften, reichen in die erste Periode der griechischen Philosophie im sechsten Jahrhundert v. Chr. zurück, in eine Kultur, in der Naturwissenschaften, Philosophie und Religion noch nicht getrennt waren. Die Weisen der Milesischen Schule in Ionien kannten diese Unterschiede nicht. Ihr Ziel war die Entdeckung des Urgrunds oder der Urbeschaffenheit der Dinge, die sie »Physis« nannten. Der Begriff »Physik« ist von diesem griechischen Wort abgeleitet und bedeutet daher ursprünglich das Bemühen, den Urgrund aller Dinge zu erkennen.

Dies ist natürlich auch das Hauptziel aller Mystiker, und die Milesische Philosophie hatte tatsächlich einen starken mystischen Einschlag. Die späteren Griechen nannten die Mileter »Hylozoisten« oder »jene, die denken, daß Materie lebt«, da sie keinen Unterschied zwischen belebt und unbelebt oder Geist und Materie sahen. Sie hatten nicht einmal ein Wort für »Materie«, da sie alle Daseinsformen als Manifestation der Physis sahen, ausgestattet mit Leben und Geist. So erklärte Thales alle Dinge als voll von Göttern, und Anaximander sah das Universum als eine Art Organismus, der vom »Pneuma«, dem kosmischen Atem, unterhalten wird, so wie der menschliche Körper von Luft unterhalten wird.

Die monistische und organische Sicht der Mileter stand derjenigen der alten indischen und chinesischen Philosophie sehr nahe, und die Parallelen zur östlichen Gedankenwelt sind in der

Philosophie des Heraklit von Ephesus sogar noch stärker ausgeprägt. Heraklit glaubte an eine Welt ständigen Wandels, des ewigen »Werdens«. Für ihn war alles statische Sein eine Täuschung, und sein Universalprinzip war das Feuer, ein Symbol für den ständigen Fluß und Wandel aller Dinge. Heraklit lehrte, daß aller Wandel in der Welt vom dynamischen und zyklischen Zusammenspiel von Gegensätzen herrührt, und er sah jedes Paar von Gegensätzen als Einheit. Diese Einheit, die alle entgegengesetzten Kräfte durchdringt, nannte er den »Logos«.

Die Spaltung dieser Einheit begann mit den Eleaten, die ein göttliches Prinzip jenseits von Göttern und Menschen annahmen. Zuerst wurde dieses Prinzip mit der Einheit des Universums identifiziert, später sah man es als vernunftbegabten und persönlichen Gott, der über der Welt steht und sie lenkt. So begann eine Tendenz, die schließlich zur Trennung von Geist und Materie und damit zu dem für die westliche Philosophie charakteristischen Dualismus führte.

Einen drastischen Schritt in dieser Richtung unternahm Parmenides von Elea, der in starkem Gegensatz zu Heraklit stand. Er nannte sein Grundprinzip das »Sein« und behauptete, daß es einzig und unveränderlich sei. Er betrachtete Wandel als unmöglich und hielt die Änderungen, die wir in der Welt wahrzunehmen scheinen, für reine Sinnestäuschungen. Aus dieser Philosophie entstand der Begriff einer unzerstörbaren Materie als Träger sich verändernder Eigenschaften und wurde zu einem der Grundbegriffe der westlichen Denkweise.

Im fünften Jahrhundert v. Chr. versuchten die griechischen Philosophen, den scharfen Kontrast zwischen der Anschauung des Parmenides und des Heraklit zu überwinden. Um die Vorstellung des unwandelbaren Seins (Parmenides) mit der des ewigen Werdens (Heraklit) in Einklang zu bringen, nahmen sie an, daß sich das Sein in gewissen unveränderlichen Substanzen manifestiert, deren Mischung und Trennung die Veränderungen in dieser Welt hervorruft. Dies führte zum Begriff des Atoms, der kleinsten unteilbaren Einheit der Materie, der am klarsten in der Philosophie des Leukipp und des Demokrit zum Ausdruck kommt. Die griechischen Atomisten zogen eine klare Trennungslinie zwischen Geist und Materie, wobei die Materie aus vielen Grundbausteinen aufgebaut ist. Diese bewegten sich als völlig passive und durch und durch tote Teilchen im leeren Raum. Der Grund für ihre Bewegung wurde nicht erklärt, wurde aber oft mit äußeren Kräften in Verbindung gebracht, die geistigen Ursprungs und grundsätzlich verschieden von der Materie seien. In folgenden Jahrhunderten wurde dieses Bild ein wesentliches Element der westlichen Denkweise, des Dualismus zwischen Geist und Materie, zwischen Körper und Seele.

Als die Idee der Teilung von Geist und Materie Fuß faßte, wandten die Philosophen ihre Aufmerksamkeit mehr der geistigen als der materiellen Welt zu, der menschlichen Seele und den Problemen der Ethik. Für mehr als zweitausend Jahre nach dem Höhepunkt der griechischen Wissenschaft und Kultur im fünften und vierten Jahrhundert v. Chr. beschäftigten diese Fragen die westliche Gedankenwelt. Aus den wissenschaftlichen Kenntnissen der Antike schuf Aristoteles das Schema, welches für zweitausend Jahre die Basis der westlichen Ansichten über das Universum wurde. Aber Aristoteles selbst glaubte, daß Fragen der menschlichen Seele und das Nachdenken über die Vollkommenheit Gottes viel wertvoller seien als das Erforschen der materiellen Welt. Der Grund für die lange Beständigkeit des aristotelischen Weltbildes war genau dieser Mangel an Interesse für die materielle Welt und der starke Einfluß der christlichen Kirche, die Aristoteles' Lehren durch das Mittelalter hindurch unterstützte.

Die weitere Entwicklung der westlichen Wissenschaften mußte bis zur Renaissance warten, als die Menschen sich vom Einfluß des Aristoteles und der Kirche zu befreien begannen und neues Interesse an der Natur gewannen. Im späten fünfzehnten Jahrhundert vollzog sich das Studium der Natur erstmalig in einem wirklich wissenschaftlichen Geist, und Experimente wurden durchgeführt, um spekulative Ideen zu überprüfen. Parallel dazu stieg das Interesse an der Mathematik. Es führte schließlich zu genau formulierten wissenschaftlichen Theorien, die auf Versuchen basierten und in mathematischer Sprache ausgedrückt wurden. Galilei war der erste, der empirisches Wissen mit Mathematik kombinierte, daher wird er als Vater der modernen Wissenschaft betrachtet.

Der Geburt der modernen Wissenschaft ging eine Entwicklung der philosophischen Denkweise voraus und nebenher, die zu einer extremen Formulierung des Dualismus Geist vs. Materie führte. Diese Formulierung erschien im siebzehnten Jahrhundert in der Philosophie von René Descartes, der seine Ansicht von der Natur auf der grundsätzlichen Teilung in zwei getrennte und unabhängige Bereiche gründete: dem des Geistes (*res cogitans*) und dem der Materie (*res extensa*). Die Cartesianische Teilung erlaubte den Wissenschaftlern, die Materie als tot und völlig von ihnen selbst getrennt zu behandeln, und die stoffliche Welt als eine Ansammlung verschiedener, in einer gewaltigen Maschine zusammengesetzter Objekte zu sehen. Dieser mechanistischen Weltbetrachtung hing Isaac Newton an, der seine Mechanik auf dieser Basis entwickelte und zur Grundlage der klassischen Physik machte. Von der zweiten Hälfte des siebzehnten bis zum Ende des neunzehnten Jahrhunderts beherrschte das mechanistische Newtonsche Modell alles wissenschaftliche Denken. Parallel dazu ging das Bild eines Gottes, der die Welt von oben mit seinen göttlichen Gesetzen regiert. Die Grundgesetze der Natur, nach denen die Wissenschaft forschte, wurden somit als Gottes ewige und unwandelbare Gesetze betrachtet, denen diese Welt unterworfen war.

Descartes' Philosophie war nicht nur für die Entwicklung der klassischen Physik von Bedeutung. Sie hatte und hat bis zum heutigen Tag einen gewaltigen Einfluß auf die westliche Denkweise im allgemeinen. Descartes' berühmter Satz »Cogito ergo sum« (Ich denke, also bin ich) brachte den westlichen Menschen dazu, seine Identität mit seinem Geist gleichzusetzen anstatt mit seinem gesamten Organismus. Als Folge der Cartesianischen Teilung empfinden sich die meisten Individuen als isolierte, »in« ihren Körpern lebende Egos. Der Geist wurde vom Körper getrennt und erhielt die vergebliche Aufgabe, diesen zu steuern, wodurch ein Konflikt zwischen dem bewußten Willen und den unbewußten Instinkten entstand. Jedes Individuum wurde weiter in eine große Anzahl getrennter Abteilungen aufgesplittert, entsprechend seinen Aktivitäten, Talenten, Gefühlen, Glauben etc., die in endlosem Konflikt stehen und dauernd metaphysische Konfusion und Frustration erzeugen.

Diese innere Zersplitterung des Menschen spiegelt seine Ansicht von der Welt »draußen« wider, die als Vielfalt verschiedener Objekte und Vorgänge gesehen wird. Die natürliche Umgebung wird behandelt, als ob sie aus verschiedenen Teilen bestünde, die von verschiedenen Interessengruppen ausgebeutet werden können. Diese zersplitterte Ansicht wird auf die Gesellschaft ausgedehnt, welche in verschiedene Nationen, Rassen, religiöse und politische Gruppen aufgeteilt wird. Der Glaube, daß all diese Teile – in uns selbst, in unserer Umgebung und unserer Gesellschaft – wirklich getrennt sind, kann als Hauptgrund für die gegenwärtige Folge von sozialen, ökologischen und kulturellen Krisen angesehen werden; eine steigende Welle von Gewalttätigkeit und eine häßliche, verschmutzte Umwelt, in der das Leben oft physisch und psychisch schädlich geworden ist.

Die Cartesianische Trennung und die mechanistische Weltauffassung waren somit gleichzeitig nützlich und schädlich. Sie waren außerordentlich erfolgreich in der Entwicklung der klassischen Physik und Technik, aber hatten viele negative Folgen für unsere Zivilisation. Es ist faszinierend zu sehen, wie die aus der Cartesianischen Trennung und der mechanistischen Ansicht entstandene Wissenschaft des zwanzigsten Jahrhunderts jetzt diese Zersplitterung überwindet und zur Idee der Einheit zurückkehrt, die in den alten griechischen und östlichen Philosophien zum Ausdruck kommt.

Im Gegensatz zur westlichen, mechanistischen Ansicht ist die östliche Ansicht von der Welt »organisch«. Für den östlichen Mystiker gehören alle von unseren Sinnen wahrgenommenen Dinge und Vorgänge zusammen und sind nur verschiedene Aspekte oder Manifestationen derselben »letzten Realität«. Unsere Neigung, die wahrgenommene Welt in einzelne verschiedene Dinge zu unterteilen und uns selbst als isolierte Egos zu erfahren, wird als eine aus unserer messenden und kategorisierenden Mentalität entstandene Illusion betrachtet. Sie wird in der buddhistischen Philosophie »Avidya« genannt und gilt als Zustand eines gestörten Geistes, der überwunden werden muß:

> Wenn der Geist gestört ist, wird die Vielfalt
> der Dinge produziert, aber wenn der Geist beruhigt wird, verschwindet die Vielfalt der Dinge.[4]

Obwohl die verschiedenen Schulen der östlichen Mystik sich in vielen Einzelheiten unterscheiden, betonen sie alle die grundsätzliche Einheit des Universums, welches der Kardinalpunkt ihrer Lehren ist. Das höchste Ziel ihrer Jünger – ob Hindu, Buddhist oder Taoist – ist, der Einheit und gegenseitigen Beziehung aller Dinge gewahr zu werden, den Begriff des isolierten individuellen Ich zu überwinden und sich mit der »letzten Realität« zu identifizieren. Dieses Gewahrwerden – bekannt als »Erleuchtung« – ist nicht nur ein intellektueller Vorgang, sondern eine Erfahrung, die den ganzen Menschen erfaßt und letztlich religiöser Natur ist. Daher sind die meisten östlichen Philosophien im wesentlichen religiöse Philosophien.

Nach östlicher Ansicht ist die Unterteilung der Natur in getrennte Objekte unbegründet, und alle Objekte haben einen fließenden, ständig wechselnden Charakter. Die östliche Weltansicht ist dynamisch, ihre wesentlichen Züge sind »Zeit« und »Wandel«. Der Kosmos wird als eine unteilbare Realität gesehen – ständig in Bewegung, lebend, organisch; Geist und Materie zur gleichen Zeit.

Da Bewegung und Wandel wesentliche Eigenschaften der Dinge sind, liegen die Bewegung verursachenden Kräfte nicht, wie in der klassischen griechischen Ansicht, außerhalb der Dinge, sondern sind eine innere Eigenschaft der Materie. Entsprechend ist das östliche Bild vom Göttlichen nicht das eines Herrschers, der die Welt von oben lenkt, sondern eines Prinzips, welches alles von innen steuert:

> Der, welcher in allen Wesen wohnend
> von allen Wesen verschieden ist,
> den die Wesen alle nicht kennen,
> dessen Leib alle Wesen sind,
> der alle Wesen von innen lenkt,
> das ist dein Atman (Seele),
> der heimliche Lenker, der Unsterbliche.[5]

Die folgenden Kapitel zeigen, daß die Grundelemente der östlichen Weltansicht die gleichen sind, die auch die moderne Physik hervorbringt. Sie wollen geltend machen, daß östliche, allgemeiner gesagt: mystische Gedanken einen folgerichtigen und relevanten philosophischen Hintergrund zu den Theorien der modernen Naturwissenschaften liefern; ein Weltverständnis, in dem die wissenschaftlichen Entdeckungen des Menschen mit seinen geistigen Zielen und seinem religiösen Glauben völlig harmonieren. Die beiden Grundthemen dieser Anschauung sind die Einheit und der wechselwirkende Zusammenhang aller Phänomene und die durch und durch dynamische Natur des Universums. Je tiefer wir in die submikroskopische Welt eindringen, desto mehr wird uns klar, wie der moderne Physiker gleich dem östlichen Mystiker jetzt die Welt als ein System untrennbarer, einander beeinflussender und in ständiger Bewegung befindlicher Komponenten ansieht, wobei der Beobachter ein integraler Bestandteil dieses Systems ist.

Die organische, »ökologische« Weltanschauung der östlichen Philosophien ist zweifellos einer der Hauptgründe für deren neuerliche, ungeheure Popularität im Westen, besonders bei der Jugend. In unserer westlichen, immer noch von der mechanistischen, zersplitterten Weltansicht beherrschten Kultur sieht eine wachsende Anzahl von Menschen diese Zersplitterung als den Grund für die weitverbreitete Unzufriedenheit in unserer Gesellschaft an, und viele haben sich dem östlichen Weg der Befreiung zugewandt. Interessanterweise, und vielleicht nicht sehr überraschend, haben diejenigen, die von der östlichen Mystik angezogen sind, die das *I Ching* konsultieren und Yoga oder Ähnliches praktizieren, im allgemeinen eine deutliche anti-wissenschaftliche Einstellung. Sie sehen die Wissenschaft, speziell die Physik, als eine phantasielose, engstirnige Disziplin an, die für alle Übel der modernen Technik verantwortlich ist.

Dieses Buch will das »Image« der Wissenschaft verbessern, indem es zeigt, daß eine essentielle Harmonie zwischen dem Geist östlicher Weisheit und westlicher Naturwissenschaft existiert. Es versucht aufzudecken, daß die Physik weit über die reine Technik hinausgeht, daß der Weg – oder das Tao – der Physik ein Weg mit Herz sein kann, ein Weg zu geistigen Einsichten und zur Selbstverwirklichung.

Vom Unwirklichen führe mich zur Wirklichkeit!
Von der Dunkelheit führe mich zum Licht!
Vom Tod führe mich zur Unsterblichkeit!

Brihad-Aranyaka-Upanischade

Bevor wir die Parallelen zwischen moderner Physik und östlicher Mystik studieren, müssen wir auf die Frage eingehen, wie man eine exakte Wissenschaft einerseits, ausgedrückt in der hochkomplizierten Sprache der modernen Mathematik, und geistige Disziplinen andererseits, die hauptsächlich auf Meditation beruhen und behaupten, daß ihre Einsichten durch Worte nicht übermittelt werden können, überhaupt miteinander vergleichen kann.

Was wir vergleichen wollen, sind die Erkenntnisse von Wissenschaftlern und östlichen Mystikern bezüglich ihres Wissens von der Welt. Um diesen Vergleich richtig anzusetzen, müssen wir uns zuerst fragen, von welcher Art »Wissen« wir reden. Versteht der buddhistische Mönch von Angkor-Vat oder Kyoto unter »Wissen« dasselbe wie der Physiker von Oxford oder Berkeley? Zweitens, welche Art von Erkenntnissen wollen wir vergleichen? Was ziehen wir aus den experimentellen Daten, Gleichungen und Theorien einerseits und den religiösen Schriften, alten Mythen und philosophischen Abhandlungen andererseits heran? Dieses Kapitel soll diese beiden Punkte klären: die Natur des behandelten Wissens und die Sprache, in welcher dieses Wissen ausgedrückt wird.

Durch die ganze Geschichte hindurch hatte man erkannt, daß der menschliche Geist auf zwei Arten denken oder empfinden kann, die oft die rationale und die intuitive genannt und jeweils mit der Wissenschaft oder mit der Religion in Verbindung gebracht werden. Im Westen wird die intuitive, religiöse Denkweise oft zugunsten der wissenschaftlichen, rationalen Denkweise abgewertet, während die traditionelle östliche Einstellung gewöhnlich genau umgekehrt liegt. Die folgenden Behauptungen zweier großer Denker des Westens und des Ostens über das Wissen zeigen das Typische der beiden Standpunkte. Der Grieche Sokrates sprach den berühmten Satz: »Ich weiß, daß ich nichts weiß«, und der Chinese Lao-tzu sagte: »Am besten ist es, nicht zu wissen, daß man weiß.« Im Osten geht der Wert, der den beiden Arten des Wissens zugemessen wird, oft schon aus den ihnen gegebenen Namen hervor. Die Upanischaden zum Beispiel sprechen von einem höheren und einem niederen Wissen und bringen das niedere Wissen mit den verschiedenen Wissenschaften, das höhere mit religiösem Bewußtsein in Verbindung. Buddhisten sprechen von »relativem« und »absolutem« Wissen oder von »bedingter Wahrheit« und »transzendenter Wahrheit«. Die chinesische Philosophie andererseits hat immer die sich gegenseitig ergänzende Natur des Intuitiven und des Rationalen betont und sie durch das archetypische Begriffspaar »Yin« und »Yang«, die die Basis der chinesischen Gedankenwelt bilden, dargestellt. Dementsprechend haben sich zwei einander ergänzende philosophische Traditionen – Taoismus und Konfuzianismus – im alten China entwickelt, um den beiden Arten des Wissens gerecht zu werden.

Rationales Wissen leitet sich von den Erfahrungen ab, die wir mit Gegenständen und Ereignissen in unserer alltäglichen Umgebung machen. Es gehört in das Reich des Intellekts, dessen Funktion das Unterscheiden, Teilen, Vergleichen, Messen und Kategorisieren ist. Auf diese Art wird eine Welt von intellektuellen Unterscheidungen geschaffen, eine Welt von Gegensätzen, die nur in Relation zueinander existieren können. Daher nennen die Buddhisten diese Art von Wissen »relativ«.

Ein entscheidender Zug dieser Art von Wissen ist die Abstraktion, weil zum Vergleichen und Klassifizieren der unermeßlichen Vielfalt von Formen, Strukturen und Phänomenen um uns herum nicht alle deren Züge berücksichtigt werden können; wir müssen einige wenige von Bedeutung heraussuchen.

So konstruieren wir eine intellektuelle Landkarte der Realität, in welcher die Dinge auf ihren generellen Umriß beschränkt bleiben. Rationales Wissen ist somit ein System abstrakter Begriffe und Symbole, charakterisiert durch die lineare, folgerichtige Struktur, welche für unser Denken und Sprechen typisch ist. In den meisten Sprachen wird diese lineare Struktur erkennbar durch den Gebrauch von Alphabeten, welche zur Übermittlung von Erfahrungen und Gedanken in Form von langen Reihen von Buchstaben dienen.

Die natürliche Welt dagegen ist von unendlicher Vielfalt und Komplexität, eine vieldimensionale Welt, in der es keine geraden Linien oder völlig regelmäßige Formen gibt, in der die Dinge nicht chronologisch ablaufen, sondern gleichzeitig; eine Welt, in der, wie uns die moderne Physik belehrt, sogar der leere Raum gekrümmt ist. Es ist klar, daß unser abstraktes System des begrifflichen Denkens diese Realität niemals vollständig beschreiben oder verstehen kann. Beim Nachdenken über die Welt stehen wir vor dem gleichen Problem wie ein Kartograph, der die gekrümmte Erdoberfläche auf einer Reihe ebener Karten zu erfassen versucht. Von solch einem Vorgehen können wir nur eine annähernde Darstellung der Wirklichkeit erwarten, und alles rationale Wissen ist daher notwendigerweise begrenzt.

Zum Bereich des rationalen Wissens gehört natürlich die Naturwissenschaft, die mißt und quantifiziert, klassifiziert und analysiert. Die Begrenzung allen auf diese Art erhaltenen Wissens wurde in der modernen Wissenschaft zunehmend offensichtlich, besonders in der modernen Physik, welche uns mit Werner Heisenbergs Worten lehrte, »daß nämlich jedes Wort oder jeder Begriff, so klar er uns auch scheinen mag, doch nur einen begrenzten Anwendbarkeitsbereich hat«.[1]

Für die meisten von uns ist es sehr schwierig, sich konstant der Begrenzungen und der Relativität des begrifflichen Denkens bewußt zu sein. Da unsere Darstellung der Wirklichkeit so viel leichter zu begreifen ist als die Wirklichkeit selbst, neigen wir dazu, die beiden zu verwechseln und unsere Begriffe und Symbole für die Wirklichkeit zu halten. Es ist eines der Hauptziele der östlichen Mystik, uns aus dieser Verwechslung herauszuführen. Zen-Buddhisten sagen, daß man einen Finger braucht, um auf den Mond zu zeigen, aber daß wir uns die Mühe sparen können, wenn der Mond einmal erkannt ist. Der taoistische Weise Chuang-tzu schrieb:

Fischkörbe braucht man, um Fische zu fangen; aber sind die Fische gefangen, vergessen die Männer die Körbe. Schlingen benutzt man, um Hasen zu fangen; aber wenn die Hasen gefangen sind, vergessen die Männer die Schlingen. Wörter benutzt man, um Gedanken zu übermitteln, aber wenn die Gedanken erfaßt sind, vergessen die Menschen die Wörter.[2]

Im Westen drückte der Semantiker Alfred Korzybski mit seinem wirkungsvollen Ausspruch »Die Landkarte ist nicht das Land« genau das gleiche aus.

Die östlichen Mystiker beschäftigen sich mit einer Erfahrung der Wirklichkeit, die nicht nur das intellektuelle Denken, sondern auch die Sinneswahrnehmungen durchdringt. In den Worten der Upanischaden:

Wer das verehrt, was ohne Laut ist, ohne Gefühl, ohne Farbe, ohne Veränderung, ohne Geschmack, ewig, ohne Geruch, ohne Anfang und ohne Ende, was höher ist als das große (Selbst) und unverrückbar, der wird aus dem Rachen des Todes befreit.[3]

Aus solch einer Erfahrung stammendes Wissen nennen die Buddhisten »absolutes Wissen«, weil es sich nicht auf die Unterscheidungen, Abstraktionen und Klassifikationen des Intellekts verläßt, welche, wie wir gesehen haben, immer nur relativ und approximativ sind. Es ist, so sagen uns die Buddhisten, die direkte Erfahrung des undifferenzierten, ungeteilten, unbestimmten »So-Seins«. Das vollständige Begreifen dieses So-Seins ist nicht nur der Kern der östlichen Mystik, sondern auch das zentrale Merkmal aller mystischen Erfahrung.

Die östlichen Mystiker bestehen immer wieder darauf, daß die letzte Wirklichkeit niemals ein Objekt logischen Folgerns oder demonstrierbaren Wissens sein kann. Sie kann niemals mit Wörtern angemessen beschrieben werden, da sie jenseits des Reiches der Sinne und des Intellekts liegt, aus dem unsere Worte und Begriffe stammen. Die Upanischaden sagen darüber aus:

Dorthin dringt nicht das Auge,
nicht die Stimme, nicht der Geist.
Wir wissen nicht, wir verstehen nicht,
wie man das lehren könnte.[4]

Lao-tzu, der diese Realität das Tao nennt, behauptet das gleiche in der ersten Zeile des *Tao Te Ching*: »Das Tao, das ausgedrückt werden kann, ist nicht das ewige Tao.« Die aus jeder Zeitungslektüre hervorgehende Tatsache, daß die Menschheit in den letzten zweitausend Jahren nicht viel weiser geworden ist, trotz der erstaunlichen Zunahme des rationalen Wissens, ist ein zureichender Beweis für die Unmöglichkeit, absolutes Wissen durch Worte zu übermitteln. Wie Chuang-tzu sagte: »Wenn es möglich wäre, darüber zu sprechen, hätte es jeder seinem Bruder erzählt.«[5]

Absolutes Wissen ist somit eine völlig nicht-intellektuelle Erfahrung der Wirklichkeit, eine Erfahrung, die in einem ungewöhnlichen Bewußtseinszustand auftritt, die man einen »meditativen« oder mystischen Zustand nennen kann. Die Existenz eines solchen Zustands wurde nicht nur von zahlreichen Mystikern des Ostens und des Westens, sondern auch von der psychologischen Forschung bestätigt. Mit den Worten von William James:

Unser normales, waches Bewußtsein, das rationale Bewußtsein, wie wir es nennen, ist nur ein spezieller Typ von Bewußtsein, während überall herum, jenseits feinster Trennungswände, völlig verschiedene potentielle Formen von Bewußtsein liegen.[6]

Obwohl Physiker sich hauptsächlich mit dem rationalen Wissen befassen und Mystiker mit dem intuitiven Wissen, erscheinen beide Arten des Wissens in beiden Gebieten. Dies wird klar, wenn wir prüfen, wie Wissen zustandekommt und wie es in der Physik und in der östlichen Mystik ausgedrückt wird.

In der Physik wird Wissen durch wissenschaftliche Forschung erworben, die in drei Stadien abläuft. Das erste besteht aus dem Sammeln experimenteller Ergebnisse über die Phänomene, die erklärt werden sollen. Im zweiten Stadium werden die experimentellen Tatsachen mit mathematischen Symbolen in Verbindung gebracht, und ein mathematisches Schema wird ausgearbeitet, welches diese Symbole auf präzise und folgerichtige Art verknüpft. Ein solches Schema nennt man gewöhnlich ein »mathematisches Modell«, oder, wenn es umfassender ist, eine Theorie. Dann wird diese Theorie angewandt, um die Resultate weiterer Experimente vorauszusagen, die angestellt werden, um alle Implikationen zu prüfen. In diesem Stadium sind die Physiker vielfach zufrieden, wenn sie ein mathematisches Schema gefunden haben und wissen, wie es anzuwenden ist, um Experimente vorauszusagen. Aber irgendwann wird dann der Wunsch auftreten, mit Nichtphysikern über ihre Resultate zu sprechen, und da müssen sie sich dann in gewöhnlicher Sprache ausdrücken. Das bedeutet, sie müssen ein Modell in gewöhnlicher Sprache formulieren, welches ihr mathematisches Schema erklärt. Auch für die Physiker selber ist die Formulierung eines solchen Modells in Worten, die dritte Stufe der Forschung, ein Kriterium des Verstehens, das sie erreicht haben.

In der Praxis sind diese drei Stadien natürlich nicht säuberlich getrennt und erscheinen nicht immer in derselben Reihenfolge. So mag beispielsweise ein Physiker durch seinen philosophischen Glauben zu einem bestimmten Modell geführt werden und seinem Glauben auch dann noch anhängen, wenn Experimente das Gegenteil andeuten. Er wird dann – und das geschieht in Wirklichkeit sehr oft – versuchen, sein Modell so zu modifizieren, daß es die neuen Experimente erklären kann. Wenn jedoch die experimentellen Daten weiterhin dem Modell widersprechen, so wird er es irgendwann aufgeben müssen.

Diese Art, jede Theorie auf Experimente zu gründen, ist als die wissenschaftliche Methode bekannt, und wir werden sehen, daß sie in der östlichen Philosophie ihr Gegenstück hat. Die griechische Philosophie dagegen war in dieser Hinsicht grundsätzlich anders. Obwohl die Griechen geniale Vorstellungen von der Natur hatten, die den modernen wissenschaftlichen Modellen oft sehr nahe kamen, so liegt doch der enorme Unterschied zwischen den beiden in der empirischen Einstellung der modernen Wissenschaft, die dem griechischen Denken im großen und ganzen fremd war. Die Griechen leiteten ihre Modelle von einigen fundamentalen Axiomen oder Prinzipien und nicht von Beobachtungen ab. Andererseits ist natürlich das griechische deduktive Denken ein wesentlicher Bestandteil des zweiten Stadiums der wissenschaftlichen Forschung, der Formulierung eines mathematischen Modells, und somit ein wesentlicher Teil der Naturwissenschaft.

Die wissenschaftliche Forschung beruht zwar zum größten Teil auf rationalem Wissen und Verfahren, aber nicht ausschließlich. Die rein rationale Forschung wäre in der Tat nutzlos, wenn sie nicht durch die Intuition ergänzt würde. Sie gibt den Wissenschaftlern neue Einsichten und macht sie kreativ. Diese Einsichten neigen dazu, plötzlich zu kommen, und charakteristischerweise nicht dann, wenn man am Schreibtisch sitzt und die Gleichungen ausarbeitet, sondern in der Badewanne, beim Waldspaziergang, am Strand usw. Während dieser Perioden der Entspannung nach konzentrierter intellektueller Aktivität scheint die intuitive Seite der Vernunft die Oberhand zu gewinnen und kann dann die schlagartige Erleuchtung herbeiführen, die das Vergnügen und die Freude der wissenschaftlichen Forschung ist.

Intuitive Erkenntnisse sind für die Physik jedoch nur dann von Nutzen, wenn sie in einem folgerichtigen mathematischen Rahmen formuliert werden können, ergänzt durch eine Erklärung in gewöhnlicher Sprache. Die Abstraktion ist ein wichtiges Merkmal dieses Rahmens. Er besteht, wie schon erwähnt, aus einem System von Begriffen und Symbolen, die eine Landkarte der Wirklichkeit bilden. Diese Landkarte repräsentiert jedoch nur einige Züge der Wirklichkeit; wir wissen nicht genau, welche es sind, da wir in unserer Kindheit angefangen haben, unsere Landkarte schrittweise und ohne kritische Analyse aufzubauen. Die Worte unserer Sprache sind somit nicht klar definiert. Sie haben mehrere Bedeutungen, von denen viele uns nur sehr vage durch den Sinn gehen und weitgehend in unserem Unterbewußtsein bleiben, wenn wir ein Wort hören.

Die Ungenauigkeit und Vieldeutigkeit unserer Sprache ist wichtig für Dichter, die weitgehend mit den unterbewußten Schichten und Assoziationen der Sprache arbeiten. Die Wissenschaft dagegen zielt auf klare Definitionen und eindeutige Zusammenhänge, und sie abstrahiert daher die Sprache noch weiter, indem sie die Bedeutung ihrer Worte begrenzt und ihre Struktur in Übereinstimmung mit den Gesetzen der Logik vereinheitlicht. Die letzte Abstraktion findet in der Mathematik statt, wo Wörter durch Symbole ersetzt werden und wo die Operationen zur Verbindung dieser Symbole streng definiert sind. So können Wissenschaftler Informationen auf eine Gleichung bringen, d. h. auf eine einzige Zeile von Symbolen, die in gewöhnlicher Sprache mehrere Seiten erfordert hätten.

Die Ansicht, daß Mathematik nichts sei als eine äußerst abstrakte und komprimierte Sprache, bleibt nicht ohne Widerspruch. In der Tat glauben viele Mathematiker, daß die Mathematik nicht bloß eine Sprache ist zur Beschreibung der Natur, sondern in der Natur selbst enthalten sei. Der Begründer dieses Glaubens war Pythagoras, der die berühmte Behauptung aufstellte: »Alle Dinge sind Zahlen«, und der eine sehr spezielle Art von mathematischer Mystik entwickelte. So führte die pythagoreische Philosophie die logische Beweisführung in die Domäne der Religion ein, eine Entwicklung, welche nach Bertrand Russell für die westliche Religionsphilosophie entscheidend war:

> Die Kombination von Mathematik und Theologie, die mit Pythagoras begann, charakterisiert die Religionsphilosophie in Griechenland, im Mittelalter und in der Neuzeit bis herauf zu Kant . . . Bei Plato, Augustinus, Thomas von Aquin, Descartes, Spinoza und Leibniz gibt es eine innige Vermischung von Religion und Vernunft, von moralischem Streben und verstandesmäßiger Bewunderung des Zeitlosen, die sich von Pythagoras herleitet und die intellektualisierte Theologie Europas von den gradlinigeren mystischen Systemen Asiens unterscheidet.[7]

Die »gradlinigeren mystischen Systeme Asiens« würden natürlich die pythagoreische Auffassung der Mathematik nicht akzeptieren. Nach östlicher Ansicht muß die Mathematik mit ihrer hochdifferenzierten und wohldefinierten Struktur als Teil unserer begrifflichen Landkarte und nicht als Merkmal der Wirklichkeit selbst gesehen werden. Wirklichkeit, wie der Mystiker sie erfährt, ist völlig unbestimmt und undifferenziert.

Die wissenschaftliche Methode der Abstraktion ist sehr wirkungsvoll, doch müssen wir dafür einen Preis zahlen. Während wir unser Begriffssystem immer genauer definieren, glätten und immer fester in sich binden, löst es sich zunehmend von der realen Welt. Wenn wir wieder Korzybskis Analogie von der Landkarte und dem Land heranziehen, ließe sich sagen, daß die gewöhnliche Sprache eine Landkarte ist, die aufgrund ihrer inhärenten Ungenauigkeit eine gewisse Flexibilität aufweist und damit den gekrümmten Formen des Terrains bis zu einem gewissen Grad folgen kann. Wird sie rigoroser, verschwindet diese Flexibilität allmählich, und mit der Sprache der Mathematik haben wir einen Punkt erreicht, wo die Verbindung mit der Wirklichkeit so dünn geworden ist, daß der Bezug zwischen den Symbolen und unseren Sinneserfahrungen nicht mehr offenbar ist. Daher müssen wir unsere mathematischen Modelle und Theorien mit Erläuterungen durch Worte ergänzen, wieder unter Verwendung von Begriffen, die intuitiv verstanden werden können, die aber etwas vieldeutig und ungenau sind.

Es ist wichtig, sich den Unterschied zwischen den mathematischen Modellen und deren in Worten ausgedrückten Gegenstücken klarzumachen. Erstere sind in ihrer inneren Struktur starr und folgerichtig, aber ihre Symbole stehen in keinem direkten Zusammenhang mit unserer Erfahrungswelt. Das in Worten ausgedrückte Modell andererseits gebraucht Begriffe, die intuitiv verstanden werden können, die aber immer ungenau und vieldeutig sind. In dieser Hinsicht unterscheiden sie sich nicht von philosophischen Modellen der Wirklichkeit, und somit können die beiden sehr gut miteinander verglichen werden.

Wie es in der Wissenschaft ein intuitives Element gibt, so gibt es auch ein rationales Element in der östlichen Mystik. Der Grad jedoch, bis zu welchem Vernunft und Logik betont werden, schwankt enorm von einer Schule zur anderen. Zum Beispiel sind der hinduistische Vedanta und die buddhistische Madhyamika-Lehre hochintellektuelle Schulen, während die Taoisten Vernunft und Logik immer sehr mißtrauten. Der Zen, der aus dem Buddhismus stammt, aber stark vom Taoismus beeinflußt wurde, ist stolz darauf, »keine Worte, keine Erklärungen, keine Lehren, kein Wissen« zu haben. Er konzentriert sich fast völlig auf die Erfahrung der Erleuchtung und ist nur am Rande an der Erklärung dieser Erleuchtung interessiert. Ein bekannter Satz des Zen besagt: »Im Augenblick, da du über ein Ding sprichst, verfehlst du das Ziel.«

Obwohl andere Schulen östlicher Mystik weniger extrem sind, ist ihr Kern doch die direkte mystische Erfahrung. Selbst die Mystiker, die sich in subtilsten Beweisführungen ergehen, sehen nie den Intellekt als Quelle ihres Wissens, sondern gebrauchen ihn lediglich, um ihre persönlichen mystischen Erfahrungen zu analysieren und zu interpretieren. Alles Wissen basiert auf dieser Erfahrung und gibt somit den östlichen Traditionen einen stark empirischen Charakter, der von deren Befürwortern immer betont wurde. D. T. Suzuki zum Beispiel schreibt über den Buddhismus:

> Persönliche Erfahrung ist . . . die Grundlage der buddhistischen Philosophie. In diesem Sinne ist der Buddhismus ein radikaler Empirismus, welche Dialektik auch immer sich später entwickelte, um die Bedeutung der Erleuchtungs-Erfahrung zu sondieren.[8]

Joseph Needham hebt wiederholt die empirische Einstellung der Taoisten in seinem Werk *Science and Civilisation in China* hervor und findet, daß diese Einstellung den Taoismus zur Basis der chinesischen Wissenschaft und Technik gemacht habe. Die frühen taoistischen Philosophen, in Needhams Worten, »zogen sich zurück in die Wildnis, in die Wälder und Berge, um dort über die Ordnung der Natur zu meditieren und ihre zahllosen Manifestationen zu beobachten«.[9] Den gleichen Geist reflektieren die Zen-Verse:

> Wer die Bedeutung der Buddha-Natur verstehen möchte, muß nach der rechten Zeit und den Kausal-Zusammenhängen ausschauen.[10]

Die feste Gründung des Wissens auf der Erfahrung in der östlichen Mystik hat eine Parallele in der Gründung des naturwissenschaftlichen Wissens auf dem Experiment. Diese Parallele wird weiter verstärkt durch die Art der mystischen Erfahrung. Diese wird in den östlichen Traditionen als direkte Einsicht beschrieben, die außerhalb des Reiches des Intellekts liegt und eher durch Schauen als durch Denken erlangt wird, durch Selbstversenkung, durch Beobachtung.

Im Taoismus ist dieser Begriff der Beobachtung im Namen für taoistische Tempel verkörpert, »Kuan«, was ursprünglich »Schauen« heißt. Taoisten betrachten ihre Tempel somit als Orte der Beobachtung. Im Ch'an-Buddhismus, der chinesischen Version des Zen, wird die Erleuchtung oft als »die Vision des Tao« bezeichnet, und in allen buddhistischen Schulen gilt das Schauen als Basis des Wissens. Der erste Punkt des »Achtfachen Pfades«, Buddhas Anleitung zur Selbstverwirklichung, ist das rechte Schauen, gefolgt vom rechten Wissen. D. T. Suzuki schreibt dazu:

> Das Schauen spielt die bedeutendste Rolle in der buddhistischen Erkenntnistheorie, denn es ist die Grundlage des Wissens. Wissen ist unmöglich ohne Schauen; alles Wissen hat seinen Ursprung im Schauen. Wissen und Schauen findet man somit immer in Buddhas Lehren vereint. Die buddhistische Philosophie weist daher letztlich zum Schauen der Wirklichkeit, wie sie ist. Schauen heißt die Erleuchtung erfahren.[11]

Diese Passage erinnert auch an den Yaqui-Mystiker Don Juan: »Meine Vorliebe ist es, zu schauen . . . weil nur durch Schauen der Mann des Wissens wissen kann.«[12]

Hier sollte vielleicht ein Wort der Vorsicht eingefügt werden. Die Betonung des Sehens (Schauens) in den mystischen Traditionen ist nicht allzu wörtlich, sondern in einem metaphorischen Sinne zu verstehen, da die mystische Erfahrung der Wirklichkeit eine im wesentlichen nicht-sinnliche Erfahrung ist. Wenn die östlichen Mystiker über das »Schauen« oder »Sehen« reden, so meinen sie eine Form der Wahrnehmung, die das visuelle Wahrnehmen einschließen kann, dies aber immer und grundsätzlich überschreitet und zu einer nicht-sinnlichen Erfahrung der Wirklichkeit wird. Was sie jedoch immer betonen, wenn sie über das Sehen, Schauen oder Beobachten sprechen, ist der empirische Charakter ihres Wissens. Dieses empirische Vorgehen der östlichen Philosophie erinnert stark an die Betonung der Beobachtung in der Naturwissenschaft und gibt unserem Vergleich seinen Rahmen. Das experimentelle Stadium der wissenschaftlichen Forschung scheint der direkten Einsicht in der östlichen Mystik zu entsprechen, und die wissenschaftlichen Modelle und Theorien entsprechen den verschiedenen Weisen, in denen diese Einsichten interpretiert werden.

Die Parallele zwischen wissenschaftlichen Experimenten und mystischen Erfahrungen scheint vielleicht überraschend im Hinblick auf die sehr unterschiedliche Natur dieser Beobachtungsvorgänge. Physiker führen ihre Experimente in wohldurchdachter Teamarbeit und mit sehr komplizierten Techniken durch, während Mystiker ihr Wissen nur durch innere Ein-

33

kehr, ohne Apparate, in der Zurückgezogenheit der Meditation erlangen. Darüber hinaus können wissenschaftliche Experimente jederzeit und von jedermann wiederholt werden, während mystische Erfahrungen offenbar nur wenigen Menschen zu bestimmten Anlässen vorbehalten sind. Eine nähere Prüfung zeigt jedoch, daß die Unterschiede zwischen den beiden Arten von Beobachtung lediglich in ihrem Vorgehen liegen und nicht in ihrer Zuverlässigkeit und ihrer Komplexität.

Jeder, der ein Experiment in der modernen subatomaren Physik wiederholen möchte, muß sich vorher einer langjährigen Ausbildung unterziehen. Erst dann wird er in der Lage sein, der Natur mit diesem Experiment eine spezielle Frage zu stellen und die Antwort zu verstehen. In ähnlicher Weise erfordert eine tiefe mystische Erfahrung im allgemeinen viele Jahre Übung unter einem erfahrenen Meister, und wie bei der wissenschaftlichen Ausbildung garantiert die investierte Zeit allein noch nicht den Erfolg. Hat der Studierende jedoch Erfolg, so wird er das Experiment wiederholen können. Die Wiederholbarkeit in der Erfahrung ist in der Tat wesentlich in jeder mystischen Schulung. Sie ist das eigentliche Ziel der geistigen Instruktion der Mystiker.

Eine mystische Erfahrung ist daher so wenig einmalig wie ein modernes physikalisches Experiment. Andererseits ist sie auch nicht weniger kompliziert, obwohl ihre Kompliziertheit von anderer Art ist. Die Komplexität und Funktionstüchtigkeit der technischen Apparatur des Physikers wird von der des Bewußtseins des Mystikers – körperlich und geistig – in tiefer Meditation erreicht, wenn nicht sogar überschritten. So haben denn die Wissenschaftler und die Mystiker hochkomplizierte, dem Laien nicht zugängliche Methoden zur Beobachtung der Natur entwickelt. Eine Seite aus einer Fachzeitschrift über moderne experimentelle Physik wird dem Uneingeweihten so mysteriös vorkommen wie ein tibetisches Mandala. Beide sind Aufzeichnungen von Untersuchungen über das Wesen des Universums.

Obwohl tiefe mystische Erfahrungen im allgemeinen nicht ohne lange Vorbereitung auftreten, kennen wir alle in unserem täglichen Leben direkte intuitive Einsichten. Wir alle kennen die Situation, wo wir ein Wort oder einen Namen vergessen haben und trotz aller Konzentration nicht darauf kommen. Es »liegt uns auf der Zunge«, aber es will nicht heraus, bis wir es aufgeben und unsere Aufmerksamkeit anderen Dingen zuwenden und uns dann der vergessene Name blitzartig einfällt. Bei diesem Prozeß ist kein Denken im Spiel. Es ist eine plötzliche, unmittelbare Einsicht. Dieses Beispiel plötzlicher Erinnerung ist von besonderer Relevanz im Buddhismus, der behauptet, daß unsere ursprüngliche Natur die des erleuchteten Buddha sei und daß wir dies nur vergessen haben. Schüler des Zen-Buddhismus werden aufgefordert, ihr »ursprüngliches Gesicht« zu entdecken, und das plötzliche »Sich-Erinnern« an dieses Gesicht ist ihre Erleuchtung.

Ein anderes bekanntes Beispiel für spontane intuitive Einsicht ist der Witz. In dem Sekundenbruchteil, in dem wir einen Witz verstehen, erfahren wir einen Augenblick der »Erleuchtung«. Es ist bekannt, daß dieser Augenblick spontan kommen muß, daß man ihn nicht durch »Erklären« des Witzes, d. h. durch intellektuelle Analyse, hervorbringen kann. Nur wenn wir die »Pointe« des Witzes intuitiv und unvermittelt erfassen, erfahren wir das befreiende Lachen, das der Witz hervorbringen soll. Die Ähnlichkeit zwischen einer geistigen Erkenntnis und dem Verstehen eines Witzes muß erleuchteten Menschen bekannt sein, da sie fast ohne Ausnahme viel Sinn für Humor aufweisen. Speziell Zen ist voll von lustigen Geschichten und Anekdoten, und im *Tao Te Ching* lesen wir: »Könnte man nicht darüber lachen, so würde es für das Tao nicht ausreichen.«[13]

In unserem täglichen Leben sind direkte intuitive Einsichten in das Wesen der Dinge normalerweise auf außerordentlich kurze Augenblicke beschränkt. Nicht so in der östlichen Mystik, wo sie auf lange Zeitabschnitte ausgedehnt und schließlich zu einer konstanten Bewußtheit werden. Die Vorbereitung des Geistes auf diese Bewußtheit – die unmittelbare, nicht-begriffliche Bewußtheit der Wirklichkeit – ist der Hauptzweck aller Schulen östlicher Mystik und vieler Aspekte der östlichen Lebensweise. Während der langen Kulturgeschichte Indiens, Chinas und Japans wurde eine ungeheure Vielfalt von Techniken, Ritualen und Kunstformen entwickelt, um diesen Zweck zu erreichen, die man alle im weitesten Sinn des Wortes »Meditationen« nennen kann.

Das Grundziel dieser Techniken ist es, den denkenden Verstand zum Schweigen zu bringen und vom rationalen auf das intuitive Bewußtsein umzuschalten. In vielen Formen der Meditation wird das rationale Bewußtsein dadurch zum Schweigen gebracht, daß man seine Aufmerksamkeit auf einen einzigen Punkt, wie den Atem, den Klang eines Mantras oder das Bild eines Mandalas, konzentriert. Andere Schulen konzentrieren die Aufmerksamkeit auf Körperbewegungen, die spontan, ohne die Einmischung irgendwelcher Gedanken, ausgeführt werden müssen. Dies ist der Weg des hinduistischen Yoga und des taoistischen T'ai Chi Ch'uan. Die rhythmischen Bewegungen dieser Schulen können zum gleichen Gefühl des Friedens und der Unbeschwertheit führen, das auch für die mehr statischen Formen der Meditation charakteristisch ist; ein Gefühl, das übrigens auch von einigen Sportarten hervorgerufen werden kann. In meiner Erfahrung ist zum Beispiel das Skilaufen eine äußerst befriedigende Form der Meditation.

Östliche Kunstformen sind auch Formen der Meditation. Sie sind nicht so sehr Mittel zum Ausdruck der Ideen des Künstlers als Wege zur Selbstverwirklichung durch Entwicklung der intuitiven Seite des Bewußtseins. Indische Musik lernt man nicht durch Notenlesen, sondern indem man dem Spiel des Lehrers zuhört und so ein Gefühl für die Musik entwickelt, genau wie die T'ai-Chi-Bewegungen nicht durch verbale Anweisungen gelernt werden, sondern indem man sie zusammen mit dem Lehrer immer und immer wieder ausführt. Japanische Teezeremonien sind voll von langsamen, rituellen Bewegungen. Chinesische Kalligraphie erfordert die unbefangene, spontane Bewegung der Hand. Alle diese Fertigkeiten werden im Osten eingesetzt, um die meditative Seite des Bewußtseins zu entwickkeln.

Für die meisten Menschen, speziell für Intellektuelle, ist dies eine völlig neue Erfahrung. Wissenschaftler sind von ihrer Forschungsarbeit her mit der direkten intuitiven Einsicht vertraut, da jede neue Entdeckung in einem plötzlichen, nicht-verbalen Geistesblitz entsteht. Aber dies sind außerordentlich kurze Augenblicke, die auftreten, wenn das Gehirn mit Informationen, Begriffen und Denkmustern angefüllt ist. In der Meditation dagegen ist das Gehirn von allen Gedanken und Begriffen entleert und somit bereit, lange Zeiträume mit seiner intuitiven Seite zu funktionieren. Lao-tzu drückt diesen Gegensatz zwischen Forschung und Meditation so aus:

Wer dem Lernen nachgeht, wird jeden Tag wachsen;
Wer dem Tao nachgeht, wird jeden Tag schwinden.[14]

Wenn der rationale Verstand zum Schweigen gebracht ist, erzeugt die intuitive Art ein außergewöhnliches Bewußtsein. Die Umgebung wird direkt erfahren, ohne das Filter begrifflichen Denkens. Mit den Worten Chuang-tzus: »Der stille Geist des Weisen ist ein Spiegel des Himmels und der Erde – das Schauglas aller Dinge.«[15] Die Erfahrung des Einsseins mit der Umgebung ist das Hauptmerkmal dieses meditativen Zustands. Es ist ein Bewußtseinszustand, in dem jede Form von Zersplitterung aufgehört hat und in der undifferenzierten Einheit entschwunden ist.

In der tiefen Meditation ist der Geist völlig wach. Zusätzlich zur nicht-sinnlichen Wahrnehmung der Realität nimmt er all die Geräusche, Bilder und sonstigen Eindrücke der Umgebung auf, hält diese Sinneseindrücke aber nicht zwecks Analyse oder Interpretation fest. Es wird ihnen nicht gestattet, die Aufmerksamkeit abzulenken. Solch ein Zustand des Bewußtseins gleicht der geistigen Verfassung eines Kriegers, der in äußerster Alarmbereitschaft einen Angriff erwartet, alles registriert, was um ihn herum vorgeht, ohne dadurch jedoch auch nur einen Augenblick abgelenkt zu werden. Der Zen-Meister Yasutani Roshi benutzt dieses Bild in seiner Beschreibung von *shikan-taza*, der Übung der Zen-Meditation:

So ist *shikan-taza* ein Zustand erhöhter, konzentrierter Geistesgegenwart, in dem man weder überspannt noch in Eile und natürlich niemals schlaff ist. Es ist die Geisteshaltung eines Menschen angesichts des Todes. Stellen Sie sich vor, Sie nähmen an einem Duell im Schwertkampf jener Art teil, wie er einst im alten Japan geübt wurde. Angesichts Ihres Gegners sind Sie jeden Augenblick auf der Hut, entschlossen und bereit. Wenn Sie auch nur eine Sekunde in Ihrer Wachsamkeit nachließen, so würden Sie augenblicklich niedergestochen. Eine Menge Volk sammelt sich, um den Kampf zu sehen. Da Sie nicht blind sind, sehen Sie die Volksmenge aus dem

Augenwinkel, und da Sie nicht taub sind, hören Sie sie. Aber Ihre Aufmerksamkeit wird von solchen Sinneswahrnehmungen nicht einen einzigen Augenblick gefangengenommen.[16]

Wegen der Ähnlichkeit zwischen dem meditativen Zustand und dem Geisteszustand eines Kriegers spielt das Bild des Kriegers eine bedeutende Rolle im geistigen und kulturellen Leben des Ostens. Der Schauplatz des bedeutendsten religiösen Textes der Inder, der *Bhagavad Gita*, ist ein Schlachtfeld, und Kriegskünste bilden einen wichtigen Teil der traditionellen Kulturen Chinas und Japans. In Japan ließ der starke Einfluß des Zen auf die Tradition der Samurai das entstehen, was als *bushido* bekannt ist, der »Weg des Kriegers«, eine Kunst des Schwertfechtens, in der die geistige Einsicht des Schwertträgers ihre höchste Perfektion erreicht. Das taoistische T'ai Chi Ch'uan, das als die höchste Kriegskunst in China angesehen wurde, kombiniert langsame und rhythmische »Yoga«-Bewegung auf einzigartige Weise mit der vollen geistigen Wachsamkeit des Kriegers.

Östliche Mystik beruht auf direkten Einsichten in das Wesen der Wirklichkeit, und Physik beruht auf der wissenschaftlich-experimentellen Beobachtung von Naturphänomenen. In beiden Bereichen werden die Beobachtungen dann interpretiert, und die Interpretation wird nachher häufig mit Hilfe von Worten vermittelt. Da Worte immer nur eine abstrakte, annähernde Landkarte der Wirklichkeit sind, müssen die verbalen Interpretationen eines wissenschaftlichen Experiments oder einer mystischen Erkenntnis notwendigerweise ungenau und unvollständig sein. Moderne Physiker und östliche Mystiker sind sich dieser Tatsache wohl bewußt.

In der Physik nennt man die Interpretation von Experimenten Modelle oder Theorien, und die Erkenntnis, daß sie nur Annäherungswert haben, ist eine Grundweisheit der modernen wissenschaftlichen Forschung. So lautet der Aphorismus von Einstein: »Soweit sich die Gesetze der Mathematik auf die Realität beziehen, sind sie nicht gesichert; und soweit sie gesichert sind, beziehen sie sich nicht auf die Realität.« Physiker wissen, daß ihre Methode der Analyse und der logischen Beweisführung niemals das ganze Reich der Naturphänomene auf einmal erklären kann, und so sortieren sie eine bestimmte Gruppe von Phänomenen aus und versuchen, ein Modell zur Beschreibung dieser Gruppe aufzustellen. Dabei lassen sie dann andere Phänomene beiseite, und das Modell gibt daher keine vollständige Beschreibung der wirklichen Situation. Die nicht berücksichtigten Phänomene können entweder eine so kleine Wirkung haben, daß ihr Einbezug die Theorie nicht merklich ändern würde, oder sie sind einfach deshalb ausgelassen worden, weil sie zur Zeit der Aufstellung der Theorie noch nicht bekannt waren.

Zur Verdeutlichung wollen wir einen Blick auf das bekannteste physikalische Modell, Newtons »klassische« Mechanik, werfen. Die Wirkung von Luftwiderstand oder Reibung wird zum Beispiel in diesem Modell gewöhnlich nicht berücksichtigt, da sie meist sehr gering ist. Doch abgesehen von solchen Auslassungen wurde die Newtonsche Mechanik lange Zeit als die endgültige Theorie für die Beschreibung aller Naturphänomene angesehen, bis es zur Entdeckung elektrischer und magnetischer Phänomene kam, die in Newtons Theorie keinen Platz hatten. Die Entdeckung dieser Phänomene zeigte, daß das Modell unvollständig war, daß es nur auf eine begrenzte Gruppe von Phänomenen angewandt werden konnte, im wesentlichen auf die Bewegung fester Körper.

Eine begrenzte Gruppe von Phänomenen zu studieren, kann auch bedeuten, ihre physikalischen Eigenschaften nur innerhalb eines begrenzten Bereichs zu studieren, was ein anderer Grund dafür sein kann, daß die Theorie nur näherungsweise gilt. Dieser Aspekt der Annäherung ist subtil, da wir nie im voraus wissen, wo die Grenzen einer Theorie liegen. Nur die Erfahrung kann es zeigen. So wurde das Bild der klassischen Mechanik weiter unterhöhlt, als die Physik des zwanzigsten Jahrhunderts seine wesentlichen Begrenzungen aufzeigte. Heute wissen wir, daß das Newtonsche Modell nur für Objekte gilt, die aus einer großen Anzahl von Atomen bestehen, und nur für sehr kleine Geschwindigkeiten im Vergleich zur Lichtgeschwindigkeit. Ist die erstere Bedingung nicht gegeben, so muß die klassische Mechanik durch die Quantentheorie ersetzt werden; wird die zweite Bedingung nicht erfüllt, ist die Relativitätstheorie anzuwenden. Das heißt nicht, daß Newtons Modell

»falsch« ist oder die Quantentheorie und die Relativitätstheorie »richtig«. All diese Modelle sind Annäherungen, die in einem bestimmten Bereich der Phänomene gelten. Jenseits dieses Bereichs geben sie keine befriedigende Beschreibung der Natur mehr, und man muß neue Modelle finden, um die alten zu ersetzen oder, besser, diese durch Verbesserung der Annäherung auszuweiten.

Die Begrenzungen eines gegebenen Modells anzuführen, ist oft eine der schwierigsten und doch eine der wichtigsten Aufgaben bei dessen Konstruktion. Nach Geoffrey Chew, dessen »Bootstrap«-Theorie später ausführlich diskutiert wird (siehe S. 286), ist es wesentlich, sich immer zu fragen, sobald ein bestimmtes Modell oder eine Theorie bewiesen hat, daß sie funktioniert: Warum funktioniert sie? Was sind die Grenzen des Modells? In welcher Weise ist es eine Annäherung? Diese Fragen sieht Chew als erste Stufe zu weiterem Fortschritt.

Auch die östlichen Mystiker sind sich der Tatsache bewußt, daß alle verbalen Beschreibungen der Wirklichkeit ungenau und unvollständig sind. Die direkte Erfahrung der Wirklichkeit geht über Gedanken und Sprache hinaus, und da jede Mystik auf solch einer Erfahrung beruht, kann alles, was darüber gesagt wird, nur teilweise wahr sein. Der annähernde Erkenntniswert physikalischer Ergebnisse wird quantifiziert, so daß durch schrittweise Verbesserung der Annäherung ein Fortschritt erzielt wird. Wie also behandeln die östlichen Traditionen das Problem der verbalen Vermittlung?

Zuerst einmal sind Mystiker an der Erfahrung der Wirklichkeit interessiert und nicht an der Beschreibung dieser Erfahrung. Sie sind daher im allgemeinen nicht an der Analyse einer solchen Beschreibung interessiert, und der Begriff einer gut definierten Annäherung ist daher in der östlichen Gedankenwelt nie entstanden. Wenn die östlichen Mystiker aber ihre Erfahrung übermitteln wollen, werden sie mit den Grenzen der Sprache konfrontiert. Verschiedene Wege wurden im Osten entwickelt, um dieses Problem zu lösen.

Die indische, insbesondere die hinduistische Mystik kleidet ihre Aussagen in die Form von Mythen und gebraucht Metaphern und Symbole, poetische Bilder, Gleichnisse und Allegorien. Die mythische Sprache ist viel weniger von Logik und

Verstand eingeengt. Sie ist voll von Magie und paradoxen Situationen, reich an anregenden Bildern und nie präzise, und somit kann sie die Art, in der Mystiker die Wirklichkeit erfahren, viel besser vermitteln als die Sprache der Fakten. Nach Ananda Coomaraswamy verkörpert der Mythos die »größtmögliche Annäherung an die Wahrheit, die mit Worten aufgestellt werden kann«.[17]

Die reiche indische Vorstellungskraft hat eine große Anzahl von Göttern und Göttinnen geschaffen, deren Inkarnationen und Heldentaten Gegenstand fabelhafter Erzählungen, gesammelt in Epen von gewaltigen Dimensionen, sind. Der Hindu weiß, daß alle diese Götter Geschöpfe des Geistes sind, mythische Bilder, die die vielen Gesichter der Wirklichkeit repräsentieren. Andererseits weiß er auch, daß sie nicht nur geschaffen wurden, um die Geschichten auszuschmücken, sondern daß sie wesentliches Hilfsmittel darstellen, um die Lehren einer in mystischen Erfahrungen verwurzelten Philosophie weiterzuvermitteln.

Chinesische und japanische Mystiker haben einen anderen Ausweg aus dem Sprachproblem gefunden. Statt die paradoxe Natur der Realität durch Symbole und Mythen verständlich zu machen, ziehen sie es oft vor, sie mithilfe der alltäglichen Sprache zu betonen. So benutzen die Taoisten häufig Paradoxa, um die Widersprüche, die aus der Verständigung durch Worte entstehen, aufzudecken und die Grenzen dieser Verständigungsmöglichkeit zu zeigen. Sie haben diese Technik den chinesischen und japanischen Buddhisten vermittelt, die sie weiterentwickelten. Sie hat ihren Höhepunkt im Zen-Buddhismus mit den sogenannten »Koans« erreicht, jenen unsinnigen Rätseln, welche von vielen Zen-Meistern zur Vermittlung ihrer Lehren gebraucht werden. Diese Koans stellen eine bedeutende Parallele zur modernen Physik dar (s. Kapitel 3).

In Japan können philosophische Anschauungen auch mithilfe einer außerordentlich prägnanten Poesie ausgedrückt werden, die oft von Zen-Meistern benutzt wird, um direkt auf das »So-Sein« der Realität zu verweisen. Als ein Mönch Fuketsu Ensho fragte: »Wenn sowohl Sprache als auch Schweigen unzulässig sind, wie kann man einen Irrtum vermeiden?«, antwortete der Meister:

> Ich erinnere mich immer an Kiangsu im März –
> den Schrei des Rebhuhns
> die Menge von duftenden Blumen.[18]

Diese Form spiritueller Poesie erreichte ihre Vollendung mit dem »Haiku«, einer klassischen japanischen Strophe von genau siebzehn Silben, die stark vom Zen beeinflußt wurde. Die Wesensschau, die diese Haiku-Dichter erreichten, kommt selbst in der Übersetzung zum Ausdruck:

> Blätter fallen,
> eins liegt auf dem anderen;
> Regen peitscht den Regen.[19]

Wenn immer die östlichen Mystiker ihr Wissen in Worten ausdrücken – mithilfe von Mythen, Symbolen, poetischen Bildern oder paradoxen Sprüchen –, sind sie sich der von Sprache und »linearem« Denken auferlegten Begrenzungen bewußt. Die moderne Physik nimmt heute in bezug auf ihre verbalen Modelle und Theorien genau die gleiche Haltung ein. Auch diese sind nur angenähert und notwendigerweise ungenau. Sie sind das Gegenstück der östlichen Mythen, Symbole und poetischen Bilder, und auf dieser Ebene möchte ich die Parallelen ziehen. Zum Beispiel wird dem Hindu durch den kosmischen Tanz des Gottes Schiva dieselbe Vorstellung von der Materie vermittelt wie dem Physiker durch gewisse Aspekte der Quanten-Feldtheorie. Sowohl der tanzende Gott als auch die physikalische Theorie sind Schöpfungen des Geistes: Modelle zur Beschreibung der intuitiven Wirklichkeitserkenntnis ihres Urhebers.

Der Widerspruch, der die gewöhnliche Denkweise so
verwirrt, kommt von der Tatsache, daß wir die Sprache
benutzen, um unsere innere Erfahrung, die in ihrer ganzen
Natur die Linguistik überschreitet, mitzuteilen.

D. T. Suzuki

Die Probleme der Sprache sind hier doch sehr ernsthafter
Natur. Wir wollen in irgendeiner Weise über die Struktur
eines Atoms sprechen . . . Aber wir können in der gewöhnlichen Sprache nicht über die Atome (selbst) reden.

W. Heisenberg

Die Vorstellung, daß alle wissenschaftlichen Modelle und
Theorien nur annähernd gelten und daß ihre verbalen Interpretationen immer an der Ungenauigkeit unserer Sprache leiden,
wurde schon zu Beginn dieses Jahrhunderts von den Wissenschaftlern allgemein anerkannt, als eine neue und völlig unerwartete Entwicklung eintrat. Das Studium der Welt der Atome
zwang die Physiker zu erkennen, daß unsere normale Sprache
nicht nur ungenau, sondern zur Beschreibung der atomaren
und subatomaren Wirklichkeit völlig ungeeignet ist. Die Quantentheorie und die Relativitätstheorie, die beiden Grundpfeiler
der modernen Physik, machten klar, daß diese Wirklichkeit die
klassische Logik überschreitet und daß wir in gewöhnlicher
Sprache nicht darüber reden können. Heisenberg schreibt:

Das schwierigste Problem hinsichtlich des Gebrauchs der Sprache
wird aber durch die Quantentheorie gestellt. Hier gibt es zunächst
keinen einfachen Leitfaden, der uns erlaubte, die mathematischen
Symbole mit den Begriffen der gewöhnlichen Sprache zu verknüp-
fen. Das einzige, was man zu Beginn weiß, ist die Tatsache, daß
unsere gewöhnlichen Begriffe auf die Struktur des Atoms nicht
angewendet werden können.[1]

Philosophisch betrachtet war dies sicher die interessanteste Entwicklung in der modernen Physik, und hier liegt eine der Wurzeln ihrer Beziehung zur östlichen Philosophie. In den Schulen der westlichen Philosophie waren Logik und logisches Denken immer die wichtigsten Werkzeuge zur Formulierung philosophischer Ideen, und das gilt nach Bertrand Russell sogar für die religiösen Philosophien. In der östlichen Mystik dagegen war man sich immer darüber klar, daß die Realität über die gewöhnliche Sprache hinausgeht, und die Weisen des Ostens scheuten sich nicht, die Grenzen der Logik und der normalen Begriffe zu überschreiten. Darin sehe ich den Hauptgrund dafür, daß ihre Modelle der Wirklichkeit einen geeigneteren philosophischen Hintergrund für die moderne Physik abgeben als die Modelle der westlichen Philosophie.

Das Problem der Sprache ist für die östlichen Mystiker genau das gleiche wie für die moderne Physik. In den beiden zu Anfang dieses Kapitels zitierten Passagen spricht D. T. Suzuki über Buddhismus[2] und Werner Heisenberg über Atomphysik[3], und dennoch sind die beiden Passagen fast identisch. Sowohl der Physiker als auch der Mystiker wollen ihr Wissen mitteilen, und tun sie dies mit Worten, so sind ihre Aussagen paradox und voll von logischen Widersprüchen. Diese Paradoxa sind charakteristisch für alle mystischen Aussagen von Heraklit bis Castanedas Don Juan und seit Beginn dieses Jahrhunderts auch für die Physik.

In der Atomphysik hängen viele Paradoxa mit der doppelten Natur des Lichts zusammen oder – allgemeiner – der elektromagnetischen Strahlung. Auf der einen Seite ist klar, daß diese Strahlung aus Wellen bestehen muß, da sie die bekannten Interferenzerscheinungen hervorrufen, die zur Wellennatur gehören: Gibt es zwei Lichtquellen, so ist die Intensität des Lichtes an bestimmten anderen Orten nicht notwendigerweise die Summe des von den beiden Quellen ausgehenden Lichtes, sondern sie kann größer oder kleiner sein. Dies ist leicht durch die Interferenz der von den beiden Quellen abgestrahlten Wellen erklärbar:

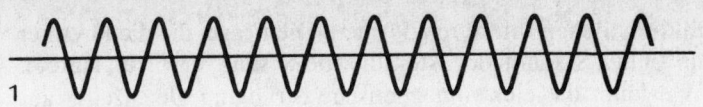

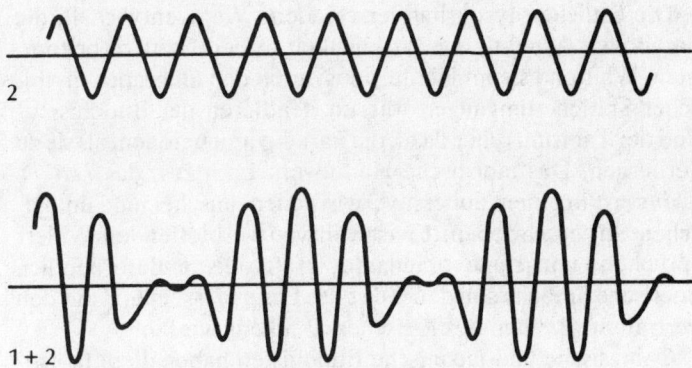

Interferenz von zwei Wellen

An den Stellen, wo zwei Wellenberge zusammenfallen, haben wir mehr Licht, als der Summe der beiden entspricht; wo ein Wellenberg und ein Wellental zusammenfallen, haben wir weniger. Der genaue Betrag der Interferenz kann leicht berechnet werden. Interferenzerscheinungen dieser Art können immer beobachtet werden, wenn man sich mit elektromagnetischer Strahlung beschäftigt, und zwingen uns zu dem Schluß, daß diese Strahlung aus Wellen besteht.

Andererseits erzeugt die elektromagnetische Strahlung auch den sogenannten photoelektrischen Effekt: Wenn ultraviolettes Licht auf die Oberfläche einiger Metalle strahlt, so kann es Elektronen aus der Metalloberfläche »herausschlagen«, und daher muß es aus sich bewegenden Partikeln bestehen. Eine ähnliche Situation erscheint bei den Streuversuchen mit Röntgenstrahlen. Diese Versuche können nur korrekt erklärt werden, wenn man sie als Zusammenstöße von »Lichtteilchen« mit Elektronen beschreibt. Und doch zeigen sie die für Wellen charakteristischen Interferenzformen. Die Frage, die die Physiker im frühen Stadium der Atomtheorie so sehr verwirrte, lautete: Wie kann die elektromagnetische Strahlung gleichzeitig aus Teilchen (d. h. aus Einheiten von sehr geringem Volumen) und aus Wellen bestehen, die sich über ein großes Gebiet des Raumes ausbreiten? Weder Sprache noch Vorstellung kam mit dieser Art von Wirklichkeit zu Rande.

Die östliche Mystik hat verschiedene Wege entwickelt, die paradoxen Aspekte der Wirklichkeit in den Griff zu bekommen. Während sie im Hinduismus durch den Gebrauch mythischer Sprache umgangen werden, tendieren der Buddhismus und der Taoismus eher dazu, die Paradoxa zu betonen, als sie zu verbergen. Das taoistische Hauptwerk Lao-tzus, das *Tao Te Ching*, ist in einem äußerst verwirrenden, anscheinend unlogischen Stil geschrieben. Er ist voll von verblüffenden Widersprüchen, und seine prägnante, kraftvolle, außerordentlich poetische Sprache soll den Geist des Lesers fesseln und aus den vertrauten Bahnen des logischen Denkens werfen.

Chinesische und japanische Buddhisten haben diese taoistische Technik, die mystische Erfahrung einfach durch Aufdeckung ihres paradoxen Charakters mitzuteilen, übernommen. Als der Zen-Meister Daito den Kaiser Godaigo, der Anhänger des Zen war, sah, sagte der Meister:

> Wir gerieten vor vielen Tausend *kalpas* auseinander, doch wir waren nicht einen Augenblick getrennt. Wir sehen uns gegenseitig den ganzen Tag lang an, aber wir haben uns nie getroffen.[4]

Zen-Buddhisten verstehen es besonders gut, aus den Widersprüchen, die durch verbale Mitteilung entstehen, eine Tugend zu machen, und mit dem »Koan«-System haben sie einen einzigartigen Weg entwickelt, ihre Lehren ganz ohne Worte zu vermitteln. »Koans« sind sorgfältig konstruierte, scheinbar unsinnige Rätsel, die dem Schüler des Zen die Grenzen der Logik und des logischen Denkens auf höchst dramatische Weise einprägen sollen. Die irrationale Wortwahl und der paradoxe Inhalt dieser Rätsel machen es unmöglich, sie durch Denken zu lösen. Sie sollen ja gerade den Denkprozeß anhalten und so den Schüler für die nichtverbale Erfahrung der Wirklichkeit empfänglich machen. Der zeitgenössische Zen-Meister Yasutani führte einen westlichen Schüler mit folgenden Worten in eines der berühmtesten Koans ein:

> Eines der besten Koans ist Mu, weil es das einfachste ist. Dies hier ist seine Vorgeschichte:
> Ein Mönch kam zu Joshu, der vor Jahrhunderten als berühmter Zen-Meister in China lebte, und fragte: »Hat ein Hund Buddha-Wesen oder nicht?« Joshu versetzte: »Mu!« Wörtlich übersetzt bedeutet das »nein« oder »nicht«, aber die Bedeutung von Joshus Antwort liegt nicht hierin. Mu ist der Ausdruck des lebendigen, wirkenden, dynamischen Buddha-Wesens. Was Sie also tun sollen, besteht darin, daß Sie Geist und innerstes Wesen dieses Mu entdecken, nicht durch intellektuelle Analysen, sondern indem Sie in Ihrem tiefsten Sein danach forschen. Dann müssen Sie vor mir demonstrieren, konkret und anschaulich und ohne Rückhalt an begrifflichen Vorstellungen, Theorien und abstrakten Erklärungen, daß Sie Mu als lebendige Wahrheit begriffen haben. Denken Sie daran: Sie können Mu nicht mit Hilfe gewöhnlicher Kenntnisse begreifen; Sie müssen es mit Ihrem ganzen Sein unmittelbar erfassen.[5]

Einem Anfänger wird der Zen-Meister normalerweise dieses Mu-Koan oder eins der beiden folgenden präsentieren:

> »Was war dein ursprüngliches Gesicht, das du hattest, bevor deine Eltern dich gebaren?«

> »Du kannst das Geräusch von zwei klatschenden Händen erzeugen. Wie ist jetzt das Geräusch einer Hand?«

Alle diese Koans haben mehr oder weniger einzigartige Lösungen, die ein kompetenter Meister sofort erkennt. Ist die Lösung einmal gefunden, so hört das Koan auf, paradox zu sein, und wird zu einer bedeutungsvollen Aussage des Bewußtseinszustandes, den es zu erwecken half.

In der Rinzai-Schule muß der Schüler eine lange Reihe von Koans lösen, von denen jedes einen speziellen Aspekt des Zen behandelt. Diese Schule vermittelt ihre Lehren nur auf solche Weise. Sie gebraucht keinerlei positive Aussagen, sondern überläßt es gänzlich dem Schüler, die Wahrheit durch die Koans zu erfassen.

Hier finden wir eine auffallende Parallele zu den Widersprüchen, denen die Physiker am Anfang der Atomphysik gegenüberstanden. Wie im Zen war die Wahrheit in Paradoxa verborgen, die nicht durch logisches Denken zu verstehen waren, sondern nur im Rahmen einer neuen Erfahrung verstanden werden konnten, der Erfahrung der atomaren Wirklichkeit. Hier war der Lehrmeister natürlich die Natur, die wie die Zen-Meister keinerlei Aussagen macht. Sie stellt nur die Fragen.

Das Lösen eines Koans verlangt vom Schüler den äußersten Einsatz an Konzentration und Hingabe. In Büchern über Zen lesen wir, daß das Koan Herz und Verstand des Schülers erfaßt und eine wahre geistige Sackgasse schafft, einen Zustand beständiger Spannung, in dem die ganze Welt zu einer riesigen Masse von Zweifeln und Fragen wird. Die Begründer der Quantentheorie erfuhren genau die gleiche Situation, die Heisenberg hier anschaulich schildert:

> Ich erinnere mich an viele Diskussionen mit Bohr, die bis spät in die Nacht dauerten und fast in Verzweiflung endeten. Und wenn ich am Ende solcher Diskussionen noch allein einen kurzen Spaziergang im benachbarten Park unternahm, wiederholte ich mir immer und immer wieder die Frage, ob die Natur wirklich so absurd sein könne, wie sie uns in diesen Atomexperimenten erschien.[6]

Immer, wenn das Wesen der Dinge vom Intellekt analysiert wird, muß es absurd oder paradox erscheinen. Dies haben die Mystiker immer erkannt, für die Wissenschaft jedoch stellte sich dieses Problem erst in jüngster Zeit. Jahrhundertelang suchten die Wissenschaftler nach den »Grundgesetzen der Natur«, auf denen die große Vielfalt der Naturerscheinungen beruhte. Diese Erscheinungen gehörten zur makroskopischen Umwelt der Wissenschaftler und somit zum Bereich ihrer Sinneseindrücke. Da die Bilder und intellektuellen Begriffe ihrer Sprache von eben diesen Sinneseindrücken abstrahiert waren, reichten sie aus, um die Naturereignisse zu beschreiben.

Fragen nach dem Wesen der Dinge wurden in der klassischen Physik mit dem Newtonschen mechanistischen Modell des Universums beantwortet, welches alle Phänomene auf die Bewegungen und das gegenseitige Einwirken harter, unzerstörbarer Atome reduzierte, so ähnlich wie in dem griechischen Modell von Demokrit. Die Eigenschaften dieser Atome waren abgeleitet von der makroskopischen Vorstellung von Billardkugeln und somit von Sinneseindrücken. Es wurde nicht danach gefragt, ob diese Vorstellung tatsächlich auf die Welt der Atome anwendbar war. Man konnte sie damals auch noch nicht experimentell erforschen.

Im zwanzigsten Jahrhundert jedoch waren die Physiker in der Lage, die Frage nach der grundlegenden Natur der Materie experimentell anzugehen. Mithilfe einer hochentwickelten Technik konnten sie tiefer und tiefer in die Natur eindringen und eine Schicht nach der anderen auf der Suche nach den »Grundbausteinen« der Materie abtragen. So wurde die Existenz von Atomen bestätigt, dann wurden ihre Bestandteile entdeckt, die Atomkerne und Elektronen und schließlich die Bestandteile des Atomkerns, die Protonen und Neutronen, und viele andere subatomare Teilchen.

Die empfindlichen und komplizierten Instrumente der modernen Experimentalphysik dringen tief in die submikroskopische Welt ein, in Reiche der Natur, die weit von unserer makroskopischen Welt entfernt liegen, und machen diese Welt unseren Sinnen zugänglich. Sie können dies nur durch eine Kette von Prozessen, an deren Ende zum Beispiel der hörbarc Klick eines Geigerzählers oder ein Punkt auf einer Fotoplatte steht. Was wir sehen oder hören, sind nie die untersuchten Phänomene selbst, sondern nur ihre Auswirkungen. Die atomare und subatomare Welt selbst liegt jenseits des Wahrnehmungsvermögens unserer Sinne.

Mithilfe der modernen Instrumente also sind wir dann in der Lage, die Eigenschaften der Atome und ihre Bestandteile auf indirekte Art zu »beobachten« und so die subatomare Welt bis zu einem gewissen Maß zu »erfahren«. Dies ist jedoch keine gewöhnliche, mit unserem täglichen Leben vergleichbare Erfahrung. Auf dieser Ebene ist das Wissen über die Materie nicht mehr von direkten Sinneseindrücken abgeleitet, und daher reicht unsere gewöhnliche Sprache, die ihre Bilder der Welt der Sinne entnimmt, nicht mehr aus, um die beobachteten Phänomene zu beschreiben. Wenn wir tiefer und tiefer in die Natur eindringen, müssen wir die Bilder und Begriffe der gewöhnlichen Sprache immer mehr aufgeben.

Auf dieser Reise in die Welt des unendlich Kleinen war vom philosophischen Standpunkt der erste Schritt der bedeutend-ste: der Schritt in die Welt der Atome. Mit dem Eindringen in das Atom und dem Erforschen seiner Struktur hat die Wissenschaft die Grenzen unseres sinnlichen Wahrnehmungsvermögens überschritten. Von diesem Punkt an konnte sie sich nicht mehr mit absoluter Sicherheit auf Logik und Verstand verlassen. Die Atomphysik gestattete dem Wissenschaftler den ersten Einblick in das Wesen der Dinge. Wie die Mystiker hatten jetzt auch die Physiker es mit einer nicht-sinnlichen Erfahrung der Realität zu tun, und wie die Mystiker mußten sie sich mit den paradoxen Aspekten dieser Erfahrung auseinandersetzen.

D. T. Suzuki nannte die direkte mystische Erfahrung der Realität »das aufregendste Ereignis, das im Bereich des menschlichen Bewußtseins auftreten kann . . . das jede Form genormter Erfahrung über den Haufen wirft«[1], und er hat den schokkierenden Charakter dieser Erfahrung mit den Worten eines Zen-Meisters erläutert, der es als »den Boden eines Eimers, der durchbricht«, beschrieb.

Den Physikern ging es zu Beginn dieses Jahrhunderts ähnlich, und sie beschreiben diese Erfahrung auf eine Weise, die der von Suzukis Zen-Meister sehr ähnelt. So schrieb Heisenberg:

> Diese heftige Reaktion auf die jüngste Entwicklung der modernen Physik kann man nur verstehen, wenn man erkennt, daß hier die Fundamente der Physik und vielleicht der Naturwissenschaft überhaupt in Bewegung geraten waren und daß diese Bewegung ein Gefühl hervorgerufen hat, als würde der Boden, auf dem die Naturwissenschaft steht, uns unter den Füßen weggezogen.[2]

Einstein erfuhr denselben Schock, als er zum ersten Mal mit der neuen Wirklichkeit der Atomphysik in Berührung kam. Er schrieb in seiner Autobiographie:

> Alle meine Versuche, die theoretischen Grundlagen der Physik dieser neuen Art von Wissen anzupassen, haben völlig versagt. Es war, als ob mir der Boden unter den Füßen weggezogen würde, mit keinem festen Fundament irgendwo in Sicht, auf dem man hätte bauen können.[3]

Die Entdeckungen der modernen Physik erforderten eine tiefgreifende Wandlung von Begriffen wie Raum, Zeit, Materie, Objekt, Ursache und Wirkung etc., und da diese Begriffe für unsere Weltanschauung so grundlegend sind, ist es nicht überraschend, daß die Physiker, die gezwungen waren, sie zu ändern, davon erschüttert wurden. Aus dieser Wandlung ging eine neue, radikal andere Weltanschauung hervor, die immer noch dem Prozeß der Um- und Neubildung durch die laufende wissenschaftliche Forschung unterworfen ist.

In den beiden folgenden Zitaten drücken der europäische Physiker Niels Bohr und der indische Mystiker Sri Aurobindo die Tiefe und den radikalen Charakter dieser Erfahrung aus:

> Die große Erweiterung unserer Erfahrung in jüngster
> Zeit hat die Unzulänglichkeit unserer einfachen mechanischen Begriffe ans Licht gebracht und als Folge davon
> die Fundamente erschüttert, auf denen die übliche Interpretation der Beobachtungen basierte.[4] *Niels Bohr*

> Tatsächlich beginnen alle Dinge ihre Natur und ihre
> Erscheinung zu verändern; unsere ganze Erfahrung von
> der Welt ist radikal anders . . . Es gibt eine neue, gewaltige
> und tiefe Art, die Dinge zu erfahren, zu sehen, zu kennen
> und zu berühren.[5] *Sri Aurobindo*

Der folgende Abriß der Entwicklung der modernen Physik soll zeigen, wie die klassische mechanistische Weltanschauung zu Beginn dieses Jahrhunderts weichen mußte, als die Quantentheorie und die Relativitätstheorie uns zu einer viel subtileren, ganzheitlicheren und »organischeren« Auffassung von der Natur zwangen.*

Klassische Physik

Die Ansicht von der Welt, die jetzt durch die Entdeckungen der modernen Physik geändert wurde, basiert auf Newtons mechanischem Modell vom Universum. Dieses Modell bildete den soliden Rahmen der klassischen Physik. Es war wirklich ein gewaltiges Fundament, welches wie ein mächtiger Fels die ganze

---

* Der Leser, der diesen Abriß zu komprimiert und zu schwer findet, möge sich deshalb nicht beunruhigen. Alle in diesem Kapitel erwähnten Begriffe werden später noch eingehender diskutiert.

Wissenschaft trug und der Naturphilosophie für fast drei Jahrhunderte eine feste Basis gab.

Die Bühne des Newtonschen Universums, auf der alle physikalischen Vorgänge stattfanden, war der dreidimensionale Raum der klassischen Euklidischen Geometrie. Es war ein absoluter Raum, immer ruhend und unveränderlich. In Newtons eigenen Worten: »Der absolute Raum ist seinem Wesen nach so beschaffen, daß er ohne Rücksicht auf irgend etwas außerhalb Liegendes immer gleich und unbeweglich bleibt.«[6] Alle Veränderungen in der physikalischen Welt wurden mit den Begriffen einer weiteren Dimension, genannt Zeit, beschrieben, welche wiederum absolut war, keine Verbindung mit der Welt der Materie hatte und gleichförmig von der Vergangenheit durch die Gegenwart in die Zukunft floß. Newton sagte: »Die absolute, wahre und mathematische Zeit fließt von sich aus und gemäß ihrem Wesen gleichförmig und ohne Rücksicht auf irgendwelche äußeren Dinge.«[7]

Die Elemente der Newtonschen Welt, welche sich in diesem absoluten Raum und der absoluten Zeit bewegten, waren Masseteilchen. In den mathematischen Gleichungen wurden sie als »Massenpunkte« behandelt, und Newton sah sie als kleine, feste und unzerstörbare Objekte, aus denen alle Materie gemacht war. Dieses Modell war dem der griechischen Atomisten recht ähnlich. Beide basierten auf dem Unterschied zwischen Fülle und Leere, zwischen Materie und Raum, und in beiden Modellen bewahrten die Teilchen ihre Masse und Form. Die Materie blieb daher immer erhalten und war im wesentlichen passiv. Der wichtige Unterschied zwischen Demokrits und Newtons Atomismus ist, daß der letztere eine präzise Beschreibung der zwischen den Masseteilchen wirkenden Kraft einschließt. Diese Kraft ist sehr einfach und hängt nur von der Masse und der gegenseitigen Entfernung der Teilchen ab. Es ist die Schwerkraft bzw. die Anziehung der Massen, und Newton sah sie mit den Körpern, auf die sie wirkte, fest zusammenhängend und augenblicklich auf weite Entfernung wirkend. Obwohl dies eine seltsame Hypothese war, wurde sie nicht weiter untersucht. Die Teilchen und die Kräfte zwischen ihnen wurden als von Gott geschaffen betrachtet und waren damit nicht Gegenstand weiterer Analysen. In seinen *Opticks* gibt uns Newton ein klares Bild, wie er sich Gottes Erschaffung der materiellen Welt vorstellt:

> Ich halte es für wahrscheinlich, daß Gott am Anfang die Materie als feste, harte, massive, undurchdringliche, bewegliche Partikel schuf, in der Größe und Gestalt und mit solchen Eigenschaften und in solchem Verhältnis zum Raum, wie sie dem Zweck am dienlichsten waren, für den er sie erschaffen hatte; und daß diese einfachen Partikel als Festkörper unvergleichlich härter sind als irgendwelche porösen Körper, die aus ersteren aufgebaut sind; sogar so hart, daß sie nie verschleißen oder zerbrechen. Keine gewöhnliche Kraft vermag zu trennen, was Gott selbst am ersten Schöpfungstag erschuf.[8]

Alle physikalischen Erscheinungen werden in der Newtonschen Mechanik auf die Bewegung von Massenpunkten im Raum reduziert, die durch ihre gegenseitige Anziehung, d. h. durch die Gravitation, verursacht werden. Um die Wirkung dieser Kraft auf einen Massenpunkt in eine präzise mathematische Form zu bringen, mußte Newton völlig neue Begriffe und mathematische Techniken entwickeln, nämlich die Differentialrechnung. Dies war eine gewaltige intellektuelle Leistung und wurde von Einstein als »der vielleicht größte Fortschritt im Denken, den je ein einzelner machen durfte«, gepriesen.

Newtons Bewegungsgleichungen sind die Grundlage der klassischen Mechanik. Sie wurden als feste Gesetze betrachtet, nach welchen Massenpunkte sich bewegen, und so dachte man, daß sie allen in der physikalischen Welt beobachteten Veränderungen Rechnung trügen. In Newtons Sicht hat Gott am Anfang die Masseteilchen, die Kraft zwischen ihnen und die Grundgesetze der Bewegung erschaffen. Auf diese Art wurde das ganze Universum in Bewegung gesetzt und lief von da an weiter wie eine Maschine, gelenkt von unveränderlichen Gesetzen.

Die mechanistische Weltanschauung ist somit eng verwandt mit einem strengen Determinismus. Die gigantische kosmische Maschine wurde als kausal und determiniert angesehen. Alles, was geschah, hatte eine definitive Ursache und eine definitive Wirkung, und die Zukunft eines jeden Teils des Systems konnte im Prinzip mit absoluter Sicherheit vorausgesagt werden, wenn sein Zustand zu irgendeiner Zeit in allen Details bekannt war.

Dieser Glauben kommt am deutlichsten in den berühmten Worten des französischen Mathematikers Pierre Simon Laplace zum Ausdruck:

> Ein Intellekt, der zu einem gegebenen Zeitpunkt alle in der Natur wirkenden Kräfte kennt und die Lage aller Dinge, aus denen die Welt besteht – angenommen, der erwähnte Intellekt wäre groß genug, diese Daten zu analysieren –, würde in derselben Formel die Bewegungen der größten Körper im Universum und die der kleinsten Atome erfassen; ihm wäre nichts ungewiß, und die Zukunft wie die Vergangenheit wären seinen Augen gegenwärtig.[9]

Die philosophische Grundlage dieses strengen Determinismus war die grundsätzliche Trennung vom Ich und der Welt, die Descartes einführte. Als Folge dieser Trennung glaubte man, daß die Welt objektiv beschrieben werden könne, d. h. ohne jemals den menschlichen Beobachter zu erwähnen, und diese objektive Beschreibung der Natur wurde das Ideal aller Wissenschaften.

Das achtzehnte und neunzehnte Jahrhundert waren Zeuge des gewaltigen Erfolges der Newtonschen Mechanik. Newton selbst wandte seine Theorie auf die Bewegung der Planeten an und konnte damit die Grundzüge des Sonnensystems erklären. Sein Planetenmodell war jedoch stark vereinfacht, da es z. B. die Gravitationseinflüsse der Planeten untereinander vernachlässigte, und so fand er gewisse Unregelmäßigkeiten, die er nicht erklären konnte. Er löste dieses Problem durch die Annahme, daß Gott im Universum allgegenwärtig sei, um diese Unregelmäßigkeiten zu korrigieren.

Laplace, der große Mathematiker, stellte sich selbst die ehrgeizige Aufgabe, Newtons Berechnungen in einem Buch zu verfeinern und zu verbessern, das »eine vollständige Lösung der großen mechanischen Probleme des Sonnensystems bieten und die Theorie in so enge Übereinstimmung mit den Beobachtungen bringen sollte, daß empirische Gleichungen keinen Platz mehr in astronomischen Tabellen finden«.[10] Das Resultat war ein umfangreiches Werk in fünf Bänden, mit dem Titel *Mécanique Céleste,* in dem es Laplace gelang, die Bewegungen der Planeten, Monde und Kometen bis in das kleinste Detail zu erklären, sowie auch den Wechsel der Gezeiten und andere, mit der Schwerkraft zusammenhängende Phänomene. Er zeigte, daß die Newtonschen Bewegungsgesetze die Stabilität des Sonnensystems sicherstellten, und behandelte das Universum als eine sich selbst perfekt regulierende Maschine. Als Laplace die erste Ausgabe seines Werkes Napoleon vorlegte, soll dieser gesagt haben: »Monsieur Laplace, man erzählt mir, Sie hätten dieses umfangreiche Buch über das System des Universums geschrieben, ohne den Namen des Schöpfers auch nur zu erwähnen.« Hierauf antwortete Laplace kurz: »Diese Hypothese benötigte ich nicht.«

Ermutigt durch den glänzenden Erfolg der Newtonschen Mechanik in der Astronomie wandten die Physiker sie auch auf die kontinuierliche Bewegung flüssiger und auf die Schwingungen elastischer Körper an, und wieder funktionierte sie. Schließlich konnte sogar die Wärmelehre auf die Mechanik zurückgeführt werden, als klar wurde, daß Wärme die Energie ist, die durch komplizierte »Zitterbewegungen« der Moleküle erzeugt wird. Wenn z. B. die Temperatur des Wassers erhöht wird, nimmt die Bewegung der Wassermoleküle zu, bis sie die sie zusammenhaltenden Kräfte überwinden und auseinanderfliegen. So wird Wasser zu Dampf. Wenn die Wärmebewegung andererseits durch Kühlung des Wassers verlangsamt wird, ordnen sich die Moleküle schließlich zu einer neuen, festeren Struktur, dem Eis. Auf diese Art können viele andere thermische Phänomene vom rein mechanistischen Gesichtspunkt recht gut verstanden werden.

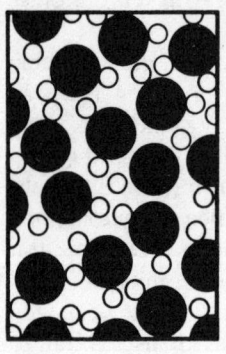 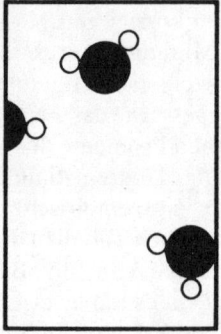 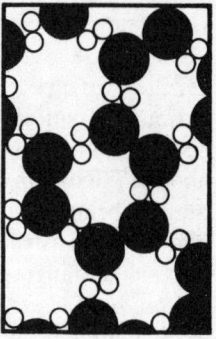

Wasser *Dampf* *Eis*

Der enorme Erfolg des mechanistischen Modells ließ die Physiker des frühen neunzehnten Jahrhunderts glauben, daß das Universum wirklich ein mächtiges mechanisches System sei, das nach den Newtonschen Bewegungsgesetzen funktionierte. Diese Gesetze wurden als grundlegende Naturgesetze angesehen, und Newtons Mechanik galt als die endgültige Theorie der Naturerscheinungen. Und doch wurde weniger als hundert Jahre später eine neue physikalische Realität entdeckt, die die Grenzen des Newtonschen Modells sichtbar machte und zeigte, daß nichts daran absolute Gültigkeit besaß.

Diese Erkenntnis kam nicht von ungefähr, sondern wurde von Entwicklungen angeregt, die schon im neunzehnten Jahrhundert begonnen und den Weg für die wissenschaftlichen Revolutionen unserer Zeit vorbereitet hatten. Die erste dieser Entwicklungen war die Entdeckung und Erforschung elektrischer und magnetischer Phänomene, die durch das mechanische Modell nicht richtig beschrieben werden konnten und bei denen eine neue Art von Kraft mitspielte. Der bedeutende Schritt wurde von Michael Faraday und Clerk Maxwell gemacht. Der eine war einer der größten Experimentatoren in der Geschichte der Wissenschaft, der andere ein brillanter Theoretiker. Als Michael Faraday in einer Kupferspule einen elektrischen Strom erzeugte, indem er einen Magneten nahe der Spule bewegte und so mechanische Arbeit – die Bewegung des Magneten – in elektrische Energie umwandelte, führte er in der Wissenschaft und Technik einen Wendepunkt herbei. Dieses fundamentale Experiment ließ einerseits das ungeheure Gebiet der Elektrotechnik entstehen, andererseits bildete es die Basis seiner und Maxwells theoretischen Spekulationen, die schließlich eine vollständige Theorie des Elektromagnetismus ergaben. Faraday und Maxwell studierten nicht nur die Wirkung elektrischer und magnetischer Kräfte, sondern machten diese Kräfte selbst zum Hauptobjekt ihrer Untersuchungen. Sie ersetzten den Begriff einer Kraft durch den eines Kraftfeldes und gingen damit als erste über die Newtonsche Physik hinaus.

Anstatt die gegenseitige Einwirkung einer positiven und einer negativen Ladung dadurch zu erklären, daß sie einander wie zwei Massen in der Newtonschen Mechanik anziehen, fanden Faraday und Maxwell es richtiger, daß jede Ladung um sich im

Raum eine »Störung« oder »Kondition« erzeugt, so daß die andere Ladung eine Kraft fühlt. Diese Kondition im Raum, welche eine Kraft erzeugen kann, nennt man ein Feld. Es wird von einer einzigen Ladung erzeugt und existiert unabhängig davon, daß eine andere Ladung hineingebracht wird und die Wirkung spürt.

Dies war eine sehr grundlegende Änderung in der Auffassung des Menschen von der physikalischen Realität. Nach Newtonscher Sicht hängen die Kräfte starr mit den Körpern, auf die sie wirken, zusammen. Jetzt wurde der Kraft-Begriff durch den viel subtileren Begriff eines Feldes ersetzt, welches seine eigene Realität hat und ohne Bezug auf materielle Körper studiert werden konnte. Diese, Elektrodynamik genannte, Theorie kulminierte in der Erkenntnis, daß Licht nichts anderes als ein schnell wechselndes elektromagnetisches Feld ist, welches sich in Form von Wellen durch den Raum bewegt. Heute wissen wir, daß Rundfunkwellen, Lichtwellen oder Röntgenstrahlen alles elektromagnetische Wellen – d. h. oszillierende elektrische und magnetische Felder – sind, die sich nur durch die Frequenz ihrer Schwingungen unterscheiden, und daß Licht nur einen kleinen Bruchteil des elektromagnetischen Spektrums darstellt.

Trotz dieser tiefgreifenden Änderungen hielt die Newtonsche Mechanik zuerst noch ihre Stellung als die Grundlage der Physik. Maxwell selbst versuchte seine Resultate im Sinne der Mechanik zu erklären. Er interpretierte die Felder als mechanische Spannungszustände in einem sehr leichten, den Raum füllenden Medium, genannt Äther, und die elektromagnetischen Wellen als elastische Schwingungen dieses Äthers. Dies war nur natürlich, da Wellen gewöhnlich als Schwingungen einer Materie wahrgenommen werden, Wasserwellen als Schwingungen des Wassers, Schallwellen als Schwingungen der Luft. Maxwell benutzte jedoch mehrere mechanische Interpretationen seiner Theorie gleichzeitig und nahm anscheinend keine davon wirklich ernst. Es muß ihm intuitiv klargeworden sein, selbst wenn er dies nicht ausdrücklich sagte, daß die fundamentalen Elemente seiner Theorie die Felder waren und nicht die mechanischen Modelle. Es war Einstein, der diese Tatsache fünfzig Jahre später klar erkannte, als er erklärte, daß es keinen

Äther gebe und daß die elektromagnetischen Felder selbständige physikalische Erscheinungen seien, die den leeren Raum durchqueren und mechanisch nicht erklärt werden können.

Zu Beginn des zwanzigsten Jahrhunderts hatten die Physiker also zwei erfolgreiche Theorien, die auf verschiedene Phänomene anwendbar waren: Newtons Mechanik und Maxwells Elektrodynamik. So hörte das Newtonsche Modell auf, die einzige Grundlage der Physik zu sein.

Moderne Physik

Die ersten drei Jahrzehnte unseres Jahrhunderts änderten radikal die ganze Situation der Physik. Zwei getrennte Entwicklungen, die Relativitätstheorie und die Atomphysik, zerstörten alle Grundbegriffe der Newtonschen Weltanschauung: die Vorstellung vom absoluten Raum und von der absoluten Zeit, die festen Elementarpartikel, die streng kausale Natur der physikalischen Phänomene und das Ideal einer objektiven Beschreibung der Natur. Keiner dieser Begriffe konnte auf die neuen Gebiete ausgeweitet werden, in welche die Physik nun eindrang.

Am Anfang der modernen Physik steht die intellektuelle Großtat eines Mannes, Albert Einstein. In zwei Arbeiten, beide 1905 veröffentlicht, begründete Einstein zwei revolutionäre Denkrichtungen. Die eine war seine spezielle Relativitätstheorie, die andere war eine neue Betrachtungsweise der elektromagnetischen Strahlung, die charakteristisch für die Quantentheorie, die Theorie von Atomphänomenen, werden sollte. Die vollständige Quantentheorie wurde zwanzig Jahre später von einem ganzen Physikerteam ausgearbeitet. Die Relativitätstheorie jedoch wurde in kompletter Form fast gänzlich von Einstein selbst konstruiert. Einsteins wissenschaftliche Arbeiten stehen am Anfang des zwanzigsten Jahrhunderts als ein imposantes intellektuelles Monument da – als die Pyramiden der modernen Zivilisation.

Einstein glaubte fest an die innere Harmonie der Natur, und während seines ganzen wissenschaftlichen Lebens war es sein größtes Anliegen, ein einheitliches Fundament der Physik zu

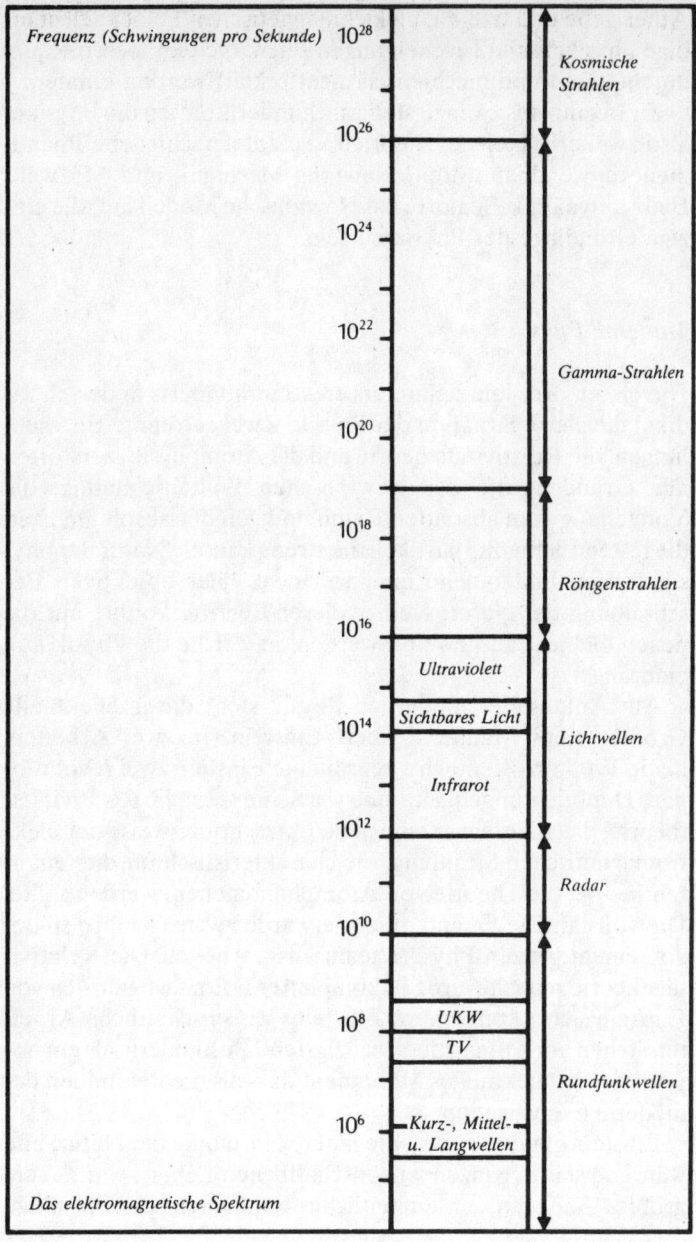

Frequenz (Schwingungen pro Sekunde) 10^{28}

Kosmische Strahlen

10^{26}

10^{24}

10^{22}

Gamma-Strahlen

10^{20}

10^{18}

Röntgenstrahlen

10^{16}

Ultraviolett

10^{14} Sichtbares Licht

Lichtwellen

Infrarot

10^{12}

Radar

10^{10}

UKW

10^{8}

TV

Rundfunkwellen

10^{6} Kurz-, Mittel- u. Langwellen

Das elektromagnetische Spektrum

finden. Er begann seinen Marsch auf dieses Ziel mit der Konstruktion einer gemeinsamen Grundlage für die Elektrodynamik und die Mechanik, die beiden getrennten Theorien der klassischen Physik. Diese Grundlage kennen wir als die spezielle Relativitätstheorie. Sie vereinheitlichte und vervollständigte die Struktur der klassischen Physik, beinhaltete aber gleichzeitig drastische Änderungen der traditionellen Begriffe von Raum und Zeit und untergrub eines der Fundamente der Newtonschen Weltanschauung.

Im Sinne der Relativitätstheorie ist der Raum nicht dreidimensional, und die Zeit ist keine selbständige Einheit. Beide hängen eng zusammen und bilden ein vierdimensionales Kontinuum, die »Raum-Zeit«. In der Relativitätstheorie können wir daher nie vom Raum sprechen, ohne die Zeit einzubeziehen, und umgekehrt. Darüber hinaus gibt es keinen einheitlichen Zeitstrom wie im Newtonschen Modell. Verschiedene Beobachter werden Ereignisse verschieden in der Zeit einordnen, wenn sie sich relativ zu den beobachteten Ereignissen mit verschiedenen Geschwindigkeiten bewegen. In einem solchen Fall können Ereignisse, die ein Beobachter als gleichzeitig sieht, anderen Beobachtern in verschiedenen zeitlichen Folgen erscheinen. Alle Messungen, die Zeit und Raum betreffen, verlieren ihre absolute Bedeutung. In der Relativitätstheorie wird der Newtonsche Begriff vom absoluten Raum als Bühne der physikalischen Erscheinungen aufgegeben, ebenso der Begriff von der absoluten Zeit. Raum und Zeit werden zu bloßen Wörtern, die ein bestimmter Beobachter zur Beschreibung der beobachteten Phänomene benutzt.

Die Begriffe von Raum und Zeit sind so grundlegend für die Beschreibung von Naturereignissen, daß ihre Abänderung eine Abänderung des gesamten Systems, das wir zur Beschreibung der Natur benutzen, zur Folge hat. Die wichtigste Konsequenz ist die Erkenntnis, daß Masse nichts als eine Energieform ist. Selbst ein ruhendes Objekt enthält in seiner Masse Energie, und der Zusammenhang zwischen beiden wird durch die berühmte Formel $E = m c^2$ gegeben, worin c die Lichtgeschwindigkeit bedeutet.

Diese Konstante c, die Lichtgeschwindigkeit, ist für die Relativitätstheorie von fundamentaler Bedeutung. Immer, wenn wir physikalische Vorgänge beschreiben, in denen Geschwindigkeiten vorkommen, die sich der Lichtgeschwindigkeit nähern, muß unsere Beschreibung die Relativitätstheorie berücksichtigen. Dies gilt speziell für elektromagnetische Phänomene, von denen das Licht nur ein Beispiel darstellt und die Einstein zur Formulierung seiner Relativitätstheorie führten.

1915 legte Einstein seine allgemeine Relativitätstheorie vor, in welcher der Rahmen der speziellen Relativitätstheorie auf die Gravitation erweitert wird und diese einschließt, d. h. die gegenseitige Anziehung aller Massenkörper. Während die spezielle Theorie inzwischen durch unzählige Experimente bestätigt wurde, konnte die allgemeine Theorie bisher nicht schlüssig bewiesen werden. Sie ist jedoch soweit die meistakzeptierte, folgerichtigste und eleganteste Gravitationstheorie und wird in weitem Umfang von der Astrophysik und der Kosmologie für die Beschreibung des Universums benutzt.

Nach Einsteins Theorie bewirkt die Gravitation eine »Krümmung« von Raum und Zeit. Dies bedeutet, daß die gewöhnliche Euklidische Geometrie in solch einem gekrümmten Raum nicht mehr gilt, genau wie die zweidimensionale Geometrie der Ebene auf einer Kugeloberfläche nicht mehr angewandt werden kann. Auf der Ebene können wir z. B. ein Quadrat zeichnen, indem wir auf einer Geraden einen Meter abmessen, am Ende der erhaltenen Strecke im rechten Winkel wieder einen Meter abtragen und dieses Verfahren noch zweimal wiederholen, worauf wir wieder am Ausgangspunkt ankommen und das Quadrat fertig ist. Auf der Kugeloberfläche jedoch funktioniert dieser Vorgang nicht, da die Regeln der Euklidischen Geometrie auf gekrümmten Oberflächen nicht gelten.

Auf die gleiche Weise können wir einen dreidimensional gekrümmten Raum als Raum definieren, in welchem die Euklidische Geometrie nicht mehr gilt. Einsteins Theorie besagt nun, daß der dreidimensionale Raum tatsächlich gekrümmt ist, und daß die Krümmung durch die Gravitationsfelder der Massenkörper hervorgerufen wird. Wo ein Massenkörper ist, z. B. ein Stern oder ein Planet, ist der Raum um diesen gekrümmt, und die Stärke der Krümmung hängt von der Masse des Objekts ab.

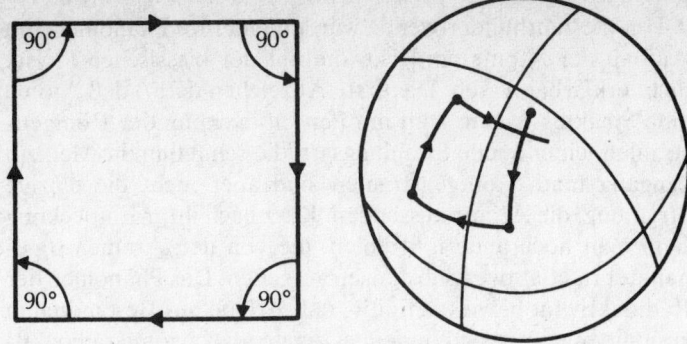

Zeichnung eines Quadrates in der Ebene und auf der Kugeloberfläche

Und da in der Relativitätstheorie Raum niemals von Zeit getrennt werden kann, wird die Zeit ebenfalls von der Anwesenheit der Materie beeinflußt und läuft in den verschiedenen Teilen des Universums verschieden ab. Einsteins allgemeine Relativitätstheorie schafft somit die Begriffe »absoluter Raum« und »absolute Zeit« vollständig ab. Nicht nur sind alle Messungen, in denen Raum und Zeit auftreten, relativ, sondern die ganze Struktur des Raum-Zeit-Kontinuums hängt von der Verteilung der Materie im Universum ab, und der Begriff vom »leeren Raum« verliert seine Bedeutung.

Die mechanistische Ansicht der klassischen Physik basierte auf der Vorstellung von festen Körpern, die sich im leeren Raum bewegen. Diese Vorstellung gilt immer noch in der »Zone der mittleren Abmessungen«, d. h. im Bereich unseres täglichen Lebens, wo die klassische Physik eine brauchbare Theorie bleibt. Beide Begriffe – der leere Raum und feste Massenkörper – sind tief in unseren Denkgewohnheiten verwurzelt, so daß es uns außerordentlich schwerfällt, uns eine physikalische Wirklichkeit vorzustellen, wo diese nicht anwendbar sind. Und doch zwingt uns die moderne Physik genau dazu, sobald wir über die mittleren Abmessungen hinausgehen. »Leerer Raum« hat seine Bedeutung in der Astrophysik und der Kosmologie verloren, und der Begriff »fester Körper« wurde von der Atomphysik, der Wissenschaft vom unendlich Kleinen, zertrümmert.

Um die Jahrhundertwende wurden mehrere Phänomene im Aufbau der Atome entdeckt, die mit der klassischen Physik nicht erklärbar waren. Das erste Anzeichen dafür, daß Atome eine Struktur haben, kam mit der Entdeckung der Röntgenstrahlen, einer neuen Strahlungsart, die schnell in die Medizin Eingang fand. Röntgenstrahlen sind aber nicht die einzige Strahlung, die Atome aussenden. Kurz nach ihrer Entdeckung fand man noch andere Strahlen, die von den Atomen sogenannter radioaktiver Substanzen ausgehen. Das Phänomen der Radioaktivität bewies definitiv, daß Atome aus Bestandteilen zusammengesetzt sind, indem es zeigte, daß Atome radioaktiver Substanzen nicht nur verschiedene Strahlen aussenden, sondern sich auch in Atome völlig verschiedener Substanzen verwandeln.

Diese Phänomene wurden intensiv studiert und auf geniale Weise als neue Werkzeuge benutzt, um tiefer in die Materie einzudringen, als vorher je möglich war. So studierte Max von Laue mit Hilfe von Röntgenstrahlen die Anordnung von Atomen in Kristallen, und Ernest Rutherford erkannte, daß die von radioaktiven Substanzen ausgestrahlten Alpha-Teilchen schnellste Projektile von subatomarer Abmessung sind, die für die Erforschung des Atom-Inneren verwendet werden können. Beschießt man damit Atome, so können aus der Art ihrer Ablenkung Rückschlüsse auf den Atomaufbau gezogen werden.

Als Rutherford Atome mit Alpha-Teilchen bombardierte, erhielt er sensationelle und völlig unerwartete Ergebnisse. Sie waren keineswegs die harten und festen Teilchen, für die man sie immer gehalten hatte, sondern erwiesen sich als weiter Raum, in dem sich extrem kleine Teilchen – die Elektronen – um den Kern bewegen, mit dem sie durch elektrische Kräfte verbunden sind. Es ist nicht leicht, sich atomare Größenordnungen vorzustellen, sie liegen zu weit außerhalb unserer makroskopischen Skala. Der Durchmesser eines Atoms beträgt etwa den hundertmillionsten Teil eines Zentimeters. Vergrößern Sie in Gedanken eine Apfelsine bis zur Größe der Erde. Deren Atome hätten dann die Größe von Kirschen. Myriaden von Kirschen, dicht gepackt in eine Kugel von der Größe der Erde – das ist ein vergrößertes Bild von den Atomen einer Apfelsine.

So klein auch das Atom im Vergleich zu makroskopischen Objekten ist, es ist riesengroß im Vergleich zum Kern in seinem Zentrum. In unserem kirschengroßen Atom wäre der Kern überhaupt nicht sichtbar. Vergrößern wir das Atom auf Zimmergröße, wäre der Kern mit dem bloßen Auge immer noch nicht erkennbar. Hierzu müßten wir das Atom auf die Größe des größten Domes der Welt, des Petersdomes in Rom, bringen, dann hätte der Kern die Größe eines Salzkörnchens! Ein Salzkörnchen in der Mitte des Petersdomes und Staubteilchen, die durch den weiten Raum des Domes wirbeln – so können wir Kern und Elektronen eines Atoms darstellen.

Bald nach Auftauchen dieses »Planetenmodells« des Atoms wurde entdeckt, daß die Anzahl der Elektronen im Atom eines Elementes dessen chemische Eigenschaften bestimmen, und heute wissen wir, daß das ganze periodische System der Elemente dadurch aufgestellt werden kann, daß man sukzessiv dem Kern des leichtesten Atoms – Wasserstoff* – Protonen und Neutronen hinzufügt und die Atomhülle mit der entsprechenden Anzahl Elektronen ausfüllt. Die sich zwischen den Atomen abspielenden Vorgänge verursachen die chemischen Prozesse, so daß die ganze Chemie jetzt im Prinzip auf der Basis der Gesetze der Atomphysik verstanden werden kann.

Diese Gesetze jedoch waren nicht leicht zu erkennen. Sie wurden in den zwanziger Jahren von einer internationalen Gruppe von Physikern entdeckt, u. a. dem Dänen Niels Bohr, dem Franzosen Louis de Broglie, den Österreichern Erwin Schrödinger und Wolfgang Pauli, dem Deutschen Werner Heisenberg und dem Engländer Paul Dirac. Mit vereinter Kraft gestalteten diese Männer über alle Grenzen hinweg eine der erregendsten Perioden der modernen Wissenschaft, die den Menschen erstmalig mit der seltsamen und unerwarteten Wirklichkeit der subatomaren Welt in Berührung brachte. Jedesmal, wenn die Physiker mit einem atomaren Experiment der Natur eine Frage stellten, antwortete die Natur mit einem Paradox, und je mehr sie die Lage zu klären versuchten, desto größer wurden die Paradoxa. Sie brauchtes lange, um die Tatsache zu akzeptieren, daß diese Paradoxa zur inneren Struktur der

---

* Das Wasserstoffatom besteht nur aus einem Proton und einem Elektron.

Atomphysik gehören, und um festzustellen, daß sie immer auftreten, wenn man versucht, atomare Vorgänge mit den traditionellen Begriffen der Physik zu beschreiben. Als dies erkannt war, lernten die Physiker, die richtigen Fragen zu stellen und Widersprüche zu vermeiden. Nach Heisenberg »nahmen sie irgendwie den Geist der Quantentheorie in sich auf« und fanden schließlich die präzise mathematische Formulierung dieser Theorie.

Auch nach der Vollendung ihrer mathematischen Formulierung waren die Begriffe der Quantentheorie nicht leicht zu akzeptieren. Ihre Auswirkungen auf das Vorstellungsvermögen der Physiker waren geradezu erschütternd. Rutherfords Versuche hatten gezeigt, daß Atome keine unzerstörbaren Festkörper, sondern leerer Raum sind, in dem sich extrem kleine Teilchen bewegen, und jetzt erklärte die Quantentheorie, daß auch diese Teilchen keine Festkörper im Sinne der klassischen Physik sind. Die subatomaren Einheiten der Materie sind sehr abstrakte Gebilde mit einer doppelten Natur. Je nachdem, wie wir sie ansehen, erscheinen sie manchmal als Teilchen, manchmal als Wellen; und diese Doppelnatur zeigt auch das Licht, das als elektromagnetische Schwingung oder Teilchen auftreten kann.

Diese Eigenschaft von Materie und Licht ist recht seltsam. Es scheint unmöglich zu akzeptieren, daß irgend etwas gleichzeitig ein Teilchen, d. h. ein auf kleinsten Raum beschränktes Gebilde, und eine Welle sein kann, die sich über weite Räume ausdehnt. Dieser Widerspruch ließ die meisten der koan-ähnlichen Paradoxa entstehen, die schließlich zur Formulierung der Quantentheorie führten. Die ganze Entwicklung begann, als Max Planck entdeckte, daß Wärmeenergie nicht kontinuierlich ausgestrahlt wird, sondern in Form von »Energiepaketen«. Einstein nannte diese Energiepakete »Quanten« und erkannte sie als fundamentalen Aspekt der Natur. Er war kühn genug zu behaupten, daß Licht und jede andere elektromagnetische Strahlung nicht nur als elektromagnetische Welle, sondern auch in Form dieser Quanten auftreten kann. Die Lichtquanten, nach denen die Quantentheorie benannt ist, werden seither als gültig akzeptiert, man nennt sie jetzt Photonen. Sie sind jedoch Teilchen von besonderer Art, masselos, und bewegen sich immer mit Lichtgeschwindigkeit.

Ein Teilchen   *Eine Welle*

Der offensichtliche Widerspruch zwischen dem Bild der Teilchen und Wellen wurde auf völlig unerwartete Weise gelöst, die die Grundlage des mechanistischen Weltbildes in Frage stellte, nämlich den Begriff der Realität der Materie. Auf der subatomaren Ebene existiert Materie nicht mit Sicherheit an bestimmten Orten, sondern zeigt eher eine »Tendenz zu existieren«, und atomare Vorgänge laufen nicht mit Sicherheit zu definierten Zeiten und auf bestimmte Weise ab, sondern zeigen eher »Tendenzen zu erscheinen«. In der Formalsprache der Quantentheorie werden diese Tendenzen als Wahrscheinlichkeiten ausgedrückt und hängen mit mathematischen Größen zusammen, die die Form von Wellen aufweisen. Daher können Partikel gleichzeitig Wellen sein. Sie sind keine »wirklichen« dreidimensionalen wie Schall- oder Wasserwellen. Sie sind »Wahrscheinlichkeitswellen«, abstrakte mathematische Größen mit all den charakteristischen Eigenschaften von Wellen, die über die Wahrscheinlichkeit Auskunft geben, mit welcher die Teilchen an bestimmten Orten und zu bestimmten Zeiten anzutreffen sind. Alle Gesetze der Atomphysik sind in der Form dieser Wahrscheinlichkeiten ausgedrückt. Wir können niemals einen atomaren Vorgang mit Sicherheit voraussagen; wir können nur sagen, wie wahrscheinlich sein Auftreten ist.

Die Quantentheorie hat somit die klassischen Begriffe von festen Körpern zerstört. Auf der subatomaren Ebene lösen sich die Festkörper der klassischen Physik in wellenartige Wahrscheinlichkeitsbilder auf, und diese Bilder endlich stellen nicht die Wahrscheinlichkeit von Dingen dar, sondern von Zusammenhängen. Eine sorgfältige Untersuchung der Beobachtungsprozesse in der Atomphysik zeigte, daß subatomare Teilchen keine Bedeutung als isolierte Gebilde haben, sondern nur als Zusammenhang zwischen der Vorbereitung eines Experiments und der darauffolgenden Messung zu verstehen sind.

Die Quantentheorie enthüllt somit die grundsätzliche Einheit des Universums. Sie zeigt, daß wir die Welt nicht in unabhängige kleinste Teilchen zerlegen können. Wenn wir in die Materie eindringen, zeigt uns die Natur keine isolierten »Grundbausteine«, sondern erscheint eher als ein kompliziertes Gewebe von Zusammenhängen zwischen den verschiedenen Teilen des Ganzen. Diese Zusammenhänge schließen immer den Beobachter ein. Der menschliche Beobachter bildet immer das Schlußglied in der Kette von Beobachtungsvorgängen, und die Eigenschaften eines atomaren Objekts können nur in Begriffen der Wechselwirkung zwischen Objekt und Beobachter verstanden werden. Dies heißt, daß die klassische Vorstellung einer objektiven Beschreibung der Natur nicht mehr gilt. Die Cartesianische Trennung von Ich und Welt, vom Beobachter und dem Beobachteten, kann im atomaren Bereich nicht durchgeführt werden. In der Atomphysik können wir nie über die Natur sprechen, ohne gleichzeitig über uns selbst zu sprechen.

Die neue Atomtheorie konnte sofort mehrere Rätsel lösen, welche bei der Untersuchung der Atomstruktur aufgetreten waren und die Rutherfords Planetenmodell nicht erklären konnte. Zuerst einmal hatten Rutherfords Untersuchungen gezeigt, daß die Atome, aus denen feste Materie besteht, selbst fast nur aus leerem Raum bestehen, was die Verteilung der Masse anbelangt. Wenn aber wir und alle Gegenstände um uns herum hauptsächlich aus leerem Raum bestehen, warum können wir dann nicht durch geschlossene Türen gehen? Mit anderen Worten: Was gibt der Materie ihr festes Aussehen?

Ein zweites Rätsel war die außerordentliche mechanische Stabilität der Atome. In der Luft zum Beispiel kollidieren Atome millionenmal in der Sekunde und behalten doch nach jedem Zusammenstoß ihre ursprüngliche Form. Kein Planetensystem, das den Gesetzen der klassischen Mechanik folgt, würde je diese Kollisionen unverändert überstehen. Aber ein Sauerstoffatom behält immer seine charakteristische Elektronenkonfiguration, ganz gleich, wie oft es mit anderen Atomen zusammenstößt. Darüber hinaus ist diese Konfiguration in allen Atomen einer gegebenen Art genau gleich. Zwei Eisenatome und folglich auch zwei Stücke reines Eisen sind völlig gleich, ohne Rücksicht auf Herkunft oder frühere Behandlung.

Die Quantentheorie zeigte, daß alle diese erstaunlichen Eigenschaften der Atome von dem Wellencharakter der Elektronen herrühren. Die Festigkeit der Materie ist die Folge eines typischen »Quanten-Effekts«, der mit der Doppelnatur »Welle-Teilchen« in der Materie zusammenhängt, einer Eigenschaft des Subatomaren, für die es im Makrokosmos keine Analogie gibt. Wenn immer ein Teilchen nur einen kleinen Raum zur Verfügung hat, reagiert es auf diese Begrenzung mit Bewegung, und je kleiner der Raum ist, desto schneller bewegt sich das Teilchen darin. Im Atom gibt es zwei entgegengesetzte Kräfte. Einerseits zieht der Kern die Elektronen durch elektrische Anziehung so dicht wie möglich an sich heran, andererseits reagieren die Elektronen auf ihre räumliche Beschränkung damit, daß sie herumwirbeln; und je dichter sie an den Kern herangezogen werden, desto größer ist ihre Geschwindigkeit. Es ergeben sich dabei Geschwindigkeiten von ca. 900 km pro Sekunde! Diese hohen Geschwindigkeiten lassen das Atom als starre Kugel erscheinen, genau wie ein schnellaufender Propeller als Scheibe erscheint. Es ist sehr schwierig, Atome zu komprimieren, und somit geben sie der Materie das vertraute feste Aussehen.

Im Atom befinden sich die Elektronen in solchen Bahnen, daß ein optimales Gleichgewicht zwischen der Kernanziehung und ihrem Widerstand gegen die räumliche Beschränkung besteht. Die Elektronenbahnen sind jedoch sehr unterschiedlich von denen der Planeten im Sonnensystem, eine Folge der Wellennatur der Elektronen. Ein Atom kann nicht als kleines Planetensystem beschrieben werden. Wir dürfen uns keine um den Kern kreisende Teilchen vorstellen, sondern Wahrscheinlichkeitswellen, die in verschiedenen Bahnen angeordnet sind. Bei jeder Messung finden wir die Elektronen irgendwo in diesen Bahnen, aber wir können nicht sagen, daß sie den Kern im Sinne der klassischen Mechanik »umkreisen«.

In den Bahnen müssen die Elektronen-Wellen so angeordnet sein, daß sich »ihre Enden treffen«, d. h. sie bilden eine sogenannte »stehende Welle«. Diese Form erscheint immer, wenn Wellen auf ein endliches Gebiet beschränkt werden wie die Schwingungen einer Gitarrensaite oder die Luft in einer Flöte. Aus diesen Beispielen ist bekannt, daß stehende Wellen nur

Stehende Wellenformen in einer schwingenden Saite

eine begrenzte Anzahl klar definierter Formen annehmen können. Im Fall der Elektronenwellen im Atom bedeutet dies, daß sie nur in bestimmten Atombahnen mit definitiven Durchmessern existieren können. Das Elektron eines Wasserstoffatoms z. B. kann nur in einer bestimmten ersten, zweiten oder dritten etc. Bahn existieren und sonst nirgendwo dazwischen. Normalerweise befindet es sich in der niedrigsten Bahn, man nennt dies den »Grundzustand« des Atoms. Von dort kann das Elektron auf höhere Bahnen springen, wenn es die hierzu notwendige Energie erhält. Es befindet sich dann im sogenannten »angeregten Zustand«, von welchem es nach einiger Zeit in den Grundzustand zurückfällt und dabei die Überschußenergie in Form eines Quantums elektromagnetischer Strahlung oder Photons abgibt.

Die Formen und gegenseitigen Abstände der Bahnen aller Atome gleicher Elektronenzahl sind genau gleich, daher sind z. B. zwei Sauerstoffatome einander genau gleich. Sie mögen sich in verschieden angeregten Zuständen befinden, vielleicht aufgrund von Zusammenstößen mit anderen Atomen in der Luft, jedoch gehen sie nach einer Weile immer in den gleichen Grundzustand über. Die Wellennatur der Elektronen ist somit der Grund für die Identität der Atome und für deren große mechanische Stabilität. Ein weiteres Merkmal der Atomzustände ist, daß sie durch einen Satz ganzer Zahlen vollständig beschrieben werden können, den »Quantenzahlen«, welche Ort und Form der Elektronenbahn angeben. Die erste Quantenzahl ist die Nummer der Bahn und gibt die Energie an, die ein Elektron haben muß, um in dieser Bahn zu sein. Zwei weitere Zahlen bestimmen die genaue Form der Elektronenwelle in der Bahn und hängen mit Geschwindigkeit und Rotationsrichtung*) des Elektrons zusammen. Die Tatsache, daß diese Details durch ganze Zahlen ausgedrückt werden, bedeutet, daß das Elektron seine Rotation nicht »stufenlos« ändern, sondern nur von einem Wert zum anderen springen kann. Auch hier stellen die höheren Werte angeregte Atomzustände dar: Im Grundzustand sind alle Elektronen in der niedrigstmöglichen Bahn und haben die kleinstmöglichen Rotationsgrößen.

Tendenzen zu existieren; Teilchen, die auf räumliche Beschränkung mit Bewegung reagieren; Atome, die plötzlich von einem Quantenzustand auf den anderen umschalten; und wesentliche innere Zusammenhänge aller Phänomene – dies sind einige der ungewöhnlichen Züge der atomaren Welt. Andererseits ist die Grundkraft, die alle diese atomaren Phänomene entstehen läßt, uns vertraut und tritt auch im Makrokosmos

---

* Die »Rotation« eines Elektrons in seiner Bahn darf nicht im klassischen Sinn verstanden werden. Sie wird durch die Form der Elektronenwelle bestimmt, ausgedrückt durch die Wahrscheinlichkeit des Aufenthalts des Partikels an bestimmten Orten in der Bahn.

auf. Es ist die elektrische Anziehung zwischen dem positiv geladenen Atomkern und den negativ geladenen Elektronen. Das Zusammenspiel dieser Kraft mit den Elektronenwellen läßt die ungeheure Vielfalt an Strukturen und Phänomenen in unserer Welt entstehen. Es ist verantwortlich für alle chemischen Reaktionen und für die Bildung von Molekülen, d. h. von Atomgruppen, die durch gegenseitige Anziehung der Atome zusammengehalten werden. Dieses Zusammenwirken von Elektronen und Atomkern ist somit die Grundlage aller Gase, Flüssigkeiten und Festkörper, auch aller lebenden Organismen und aller damit zusammenhängenden biologischen Prozesse.

In dieser ungeheuer reichen Welt atomarer Phänomene spielen die Atomkerne die Rolle extrem kleiner, stabiler Zentren, die die Quelle der elektrischen Kraft darstellen und das Gerippe der Vielfalt molekularer Strukturen bilden. Um diese Strukturen und die meisten der Naturphänomene um uns herum zu verstehen, muß man nur die Masse und die Ladung der Kerne kennen. Um jedoch die Natur der Materie zu verstehen, um zu wissen, woraus Materie letztlich gemacht ist, muß man die Atomkerne studieren, die praktisch die gesamte Masse der Materie enthalten. In den dreißiger Jahren, nachdem die Quantentheorie die Welt der Atome enträtselt hatte, war es daher die Hauptaufgabe der Physiker, die Struktur der Kerne zu verstehen, ihre Bestandteile und die Kräfte, die sie so fest zusammenhalten.

Der erste wichtige Schritt zum Verständnis des Kernaufbaus war die Entdeckung des Neutrons als zweiten Kernbaustein, ein Teilchen mit etwa der gleichen Masse wie das Proton (der erste Kernbaustein), nämlich rund das Zweitausendfache der Masse des Elektrons, jedoch ohne elektrische Ladung. Diese Entdeckung erklärte nicht nur den Aufbau der Kerne aller Elemente aus Protonen und Neutronen, sondern enthüllte auch, daß die Kernkraft, die diese Partikel im Kern so fest zusammenhält, ein völlig neues Phänomen darstellte. Sie kann nicht elektromagnetischen Ursprungs sein, da Neutronen elektrisch neutral sind. Den Physikern wurde schnell klar, daß sie hier mit einer neuen Naturkraft konfrontiert wurden, die außerhalb des Atomkerns nirgendwo in Erscheinung tritt.

Ein Atomkern hat etwa ein Hunderttausendstel der Größe

eines Atoms, enthält jedoch fast dessen gesamte Masse. Folglich muß die Materie im Kern im Vergleich zu den üblichen Formen von Materie extrem dicht sein. Wäre der ganze menschliche Körper auf nukleare Dichte zusammengepreßt, würde er den Raum eines Stecknadelkopfes einnehmen. Diese hohe Dichte ist jedoch nicht die einzige außergewöhnliche Eigenschaft der Kernmaterie. Da sie von der gleichen Quantennatur sind wie die Elektronen, reagieren die »Nukleonen«, wie Protonen und Neutronen oft genannt werden, auf die räumliche Beschränkung mit hohen Geschwindigkeiten, nur dem geringen Raum entsprechend heftiger. Sie rasen mit einer Geschwindigkeit von ca. 60 000 km pro Sekunde durch den Kern! Nukleare Masse ist also eine Masseform, die völlig anders ist als alles, was wir »hier oben« in unserer makroskopischen Welt erleben. Wir können sie vielleicht am besten als winzige Tropfen einer extrem dichten Flüssigkeit beschreiben, die heftig siedet und brodelt.

Der wesentliche neue Aspekt der Kernmaterie ist die Kernkraft mit dem eigenartigen Merkmal ihrer extrem kurzen Reichweite. Sie wirkt nur, wenn sich Nukleonen stark annähern, d. h. wenn ihr Abstand das Zwei- bis Dreifache ihres Durchmessers beträgt. Auf diese Entfernung wirkt die Kernkraft stark anziehend. Bei verringertem Abstand wirkt sie stark abstoßend, so daß die Nukleonen sich nicht weiter annähern können. Auf diese Weise hält die Kernkraft den Kern in einem extrem stabilen, wenn auch extrem dynamischen, Gleichgewicht.

Materie ist also leerer Raum mit winzigen, weit voneinander entfernten Teilchen konzentrierter Masse. Im weiten Raum zwischen den massiven und heftig »kochenden« Kernen bewegen sich die Elektronen. Sie stellen nur einen winzigen Bruchteil der gesamten Masse dar, verursachen jedoch die Festigkeit der Materie und liefern die notwendigen Bindeglieder zum Aufbau der Molekülstrukturen. Sie sind an chemischen Reaktionen beteiligt und verantwortlich für die chemischen Eigenschaften der Materie. Kernreaktionen treten gewöhnlich in dieser Form von Materie nicht von alleine auf, da die verfügbaren Energien nicht groß genug sind, um das nukleare Gleichgewicht zu stören.

Jedoch kann diese Art von Materie mit ihrer Vielzahl von Formen und Strukturierungen und ihrer komplizierten molekularen Architektur nur unter sehr speziellen Bedingungen existieren, wenn nämlich die Temperatur nicht zu hoch ist, so daß sich die Moleküle nicht zu heftig bewegen. Wird die Wärmeenergie verhundertfacht, was in den meisten Sternen der Fall ist, werden alle atomaren und molekularen Strukturen zerstört. Der größte Anteil der Materie im Universum existiert in Wirklichkeit in einem Zustand, der sich stark von dem eben beschriebenen unterscheidet. Im Zentrum der Sterne existieren große Anhäufungen von Kernmasse, und es überwiegen Kernprozesse, die auf der Erde nur sehr selten auftreten. Sie sind wesentlich für die Vielfalt der von der Astronomie beobachteten stellaren Phänomene, die meist von einer Kombination von Kernkräften und Schwerkraft verursacht werden. Für unseren Planeten sind die Kernprozesse im Zentrum der Sonne von besonderer Bedeutung, weil sie die Energie liefern, die unsere irdische Welt in Gang hält. Einer der größten Triumphe der modernen Physik war die Entdeckung, daß der ständige Energiefluß von der Sonne, unserem lebenswichtigen Bindeglied zur Welt des unermeßlich Großen, eine Folge von Kernreaktionen ist, also von Phänomenen aus der Welt des unendlich Kleinen.

In der Geschichte der Erforschung der submikroskopischen Welt wurde in den frühen dreißiger Jahren ein Stadium erreicht, wo die Wissenschaftler nun endgültig die »Grundbausteine« der Materie entdeckt zu haben meinten. Es war bekannt, daß alle Materie aus Atomen und alle Atome aus Protonen, Neutronen und Elektronen bestehen. Diese sogenannten Elementarteilchen wurden als kleinste, unzerstörbare Einheiten der Materie betrachtet: Atome im Sinne Demokrits. Damals wurde noch nicht allgemein erkannt, daß wir nach der Quantentheorie die Welt nicht in kleinste, unabhängig existierende Teilchen zerlegen können. Die klassischen Denkgewohnheiten waren so tief verwurzelt, daß die meisten Physiker die Materie in Begriffen ihrer »Grundbausteine« zu verstehen versuchten, und diese Tendenz ist auch heute noch sehr stark.

Zwei weitere Entwicklungen in der modernen Physik zeigten jedoch, daß die Anschauung von Elementarteilchen als primäre Einheiten der Materie aufgegeben werden muß. Eine dieser Entwicklungen war experimentell, die andere theoretisch, und beide begannen in den dreißiger Jahren. Als die Physiker ihre Experimentiertechniken verfeinerten, wurden neue Teilchen entdeckt. 1935 vergrößerte sich die Anzahl der entdeckten Teilchen von drei auf sechs, 1955 auf achtzehn, und heute kennen wir über zweihundert »Elementarteilchen«.

Die folgenden beiden Tabellen zeigen die meisten heute bekannten Teilchen, sie wurden einer neuen Veröffentlichung entnommen. Sie illustrieren überzeugend, daß das Adjektiv »elementar« in solcher Situation nicht mehr sehr attraktiv ist.

Mesonen-Tafel

April 1974

entry	$I^G(J^P)C_n$	entry	$I^G(J^P)C_n$	entry	$I^G(J^P)C_n$	entry	$I(J^P)$
π (140)	$1^-(0^-)+$	→ $η_N$ (1080)	$0^+(N)+$	ρ' (1600)	$1^+(1^-)-$	K (494)	$1/2(0^-)$
η (549)	$0^+(0^-)+$	A_1 (1100)	$1^-(1^+)+$	A_3 (1640)	$1^-(2^-)+$	K^* (892)	$1/2(1^-)$
ε (600)	$0^+(0^+)+$	→ N (1150)		ω (1675)	$0^-(N)-$	κ	$1/2(0^+)$
ρ (770)	$1^+(1^-)-$	→ $A_{1.5}$ (1170)	1^-	g (1680)	$1^+(3^-)-$	Q	$1/2(1^+)$
ω (783)	$0^-(1^-)-$	B (1235)	$1^+(1^+)-$	→ X (1690)	-	K^* (1420)	$1/2(2^+)$
→ M (940)		→ ρ' (1250)	$1^+(1^-)-$	→ X (1795)	1	→ K_N (1660)	$1/2$
→ M (953)	.	f (1270)	$0^+(2^+)+$	→ S (1930)	1	→ K_N (1760)	$1/2$
η' (958)	$0^+(0^-)+$	D (1285)	$0^+(A)+$	→ A_4 (1960)	1^-	L (1770)	$1/2(A)$
δ (970)	$1^-(0^+)+$	A_2 (1310)	$1^-(2^+)+$	→ ρ (2100)	1^+	→ K_N (1850)	
→ H (990)	$0^-(A)-$	E (1420)	$0^+(A)+$	→ T (2200)	1	→ K^* (2200)	
S^* (993)	$0^+(0^+)+$	→ X (1430)	0	→ ρ (2275)	1^+	→ K^* (2800)	
φ (1019)	$0^-(1^-)-$	→ X (1440)	1	→ U (2360)	1		
→ M (1033)		f' (1514)	$0^+(2^+)+$	→ N$\bar{\text{N}}$ (2375)	0	→ Exotics	
→ B_1 (1040)	1^+	F_1 (1540)	$1(A)$	→ X (2500-3600)			

Baryonen-Tafel

April 1974

N(939)	P11	****	Δ(1232)	P33	****	Λ(1116)	P01	****	Σ(1193)	P11	****	Ξ(1317)	P11	****
N(1470)	P11	****	Δ(1650)	S31	***	Λ(1330)	Dead		Σ(1385)	P13	****	Ξ(1530)	P13	****
N(1520)	D13	****	Δ(1670)	D33	***	Λ(1405)	S01	****	Σ(1440)	Dead		Ξ(1630)		**
N(1535)	S11	****	Δ(1690)	P33	*	Λ(1520)	D03	****	Σ(1480)			Ξ(1820)		***
N(1670)	D15	****	Δ(1890)	F35	***	Λ(1670)	S01	****	Σ(1620)	S11	**	Ξ(1940)		**
N(1688)	F15	****	Δ(1900)	S31	***	Λ(1690)	D03	****	Σ(1620)	P11	**	Ξ(2030)		**
N(1700)	S11	****	Δ(1910)	P31	***	Λ(1750)	P01	**	Σ(1670)	D13	****	Ξ(2250)		*
N(1700)	D13	**	Δ(1950)	F37	****	Λ(1815)	F05	****	Σ(1670)		**	Ξ(2500)		**
N(1780)	P11	***	Δ(1960)	D35	*	Λ(1830)	D05	****	Σ(1690)		**			
N(1810)	P13	***	Δ(2160)		*	Λ(1860)	P03	**	Σ(1750)	S11	***	Ω(1672)	P03	****
N(1990)	F17	**	Δ(2420)	H311	***	Λ(1870)	S01	**	Σ(1765)	D15	****			
N(2000)	F15	**	Δ(2850)		***	Λ(2010)	D03	**	Σ(1840)	P13	*			
N(2040)	D13	**	Δ(3230)		***	Λ(2020)	F07	**	Σ(1880)	P11	**			
N(2100)	S11	*				Λ(2100)	G07	****	Σ(1915)	F15	****			
N(2100)	D15	*	Z0(1780)	P01	*	Λ(2110)	?05	*	Σ(1940)	D13	***			
N(2190)	G17	***	Z0(1865)	D03	*	Λ(2350)		****	Σ(2000)	S11	*			
N(2220)	H19	***	Z1(1900)	P13	*	Λ(2585)		***	Σ(2030)	F17	****			
N(2650)		***	Z1(2150)		*				Σ(2070)	F15	*			
N(3030)		***	Z1(2500)		*				Σ(2080)	P13	**			
N(3245)		*							Σ(2100)	G17	**			
N(3690)		*							Σ(2250)		****			
N(3755)		*							Σ(2455)		***			
									Σ(2620)		**			
									Σ(3000)		**			

**** Gut, klar, unmißverständlich
*** Gut, aber Erklärung nötig und nicht absolut sicher
** Bestätigung erforderlich
* Schwach

Als im Lauf der Jahre mehr und mehr Teilchen entdeckt wurden, konnte man natürlich nicht alle »elementar« nennen. Heute ist unter Physikern die Meinung weit verbreitet, daß keines von ihnen diese Bezeichnung verdient, und zwar aufgrund der theoretischen Entwicklung, die der Entdeckung immer neuer Teilchen parallel lief. Bald nach Aufstellung der Quantentheorie wurde klar, daß eine vollständige Theorie der Kernphänomene nicht nur eine Quantentheorie, sondern auch eine Relativitätstheorie enthalten muß, da die Geschwindigkeit von Teilchen von nuklearer Größe oft der Lichtgeschwindigkeit nahekommt. Diese Tatsache ist entscheidend für die Beschreibung ihres Verhaltens, da bei solchen Geschwindigkeiten immer die Relativitätstheorie beachtet werden muß. Es muß, wie wir sagen, eine »relativistische« Beschreibung sein. Wir brauchen also für ein vollständiges Verständnis der nuklearen Welt eine Theorie, die sowohl die Quantentheorie als auch die Relativitätstheorie umfaßt. Eine solche Theorie wurde bisher nicht gefunden, und somit sind wir noch nicht in der Lage, eine vollständige Theorie des Atomkerns zu formulieren. Obwohl wir eine ganze Menge über den Kernaufbau und die Wechselwirkungen der Kernteilchen wissen, verstehen wir die Natur und die komplizierte Form der Kernkraft im wesentlichen noch nicht. Es gibt keine vollständige Theorie der nuklearen Welt, die der Quantentheorie für die atomare Welt vergleichbar wäre. Wir haben verschiedene »quantenrelativistische« Modelle, die einige Aspekte der Teilchenwelt sehr gut beschreiben, aber die Vereinigung der Quanten- und Relativitätstheorie zu einer vollständigen Theorie der Teilchenwelt ist immer noch das zentrale Problem und die große Aufgabe der modernen Physik.

In der klassischen Physik ist »Masse« assoziiert mit einer unzerstörbaren materiellen Substanz, mit irgendeinem »Stoff«, aus dem alle Dinge gemacht sind. Die Relativitätstheorie zeigte nun, daß Masse keineswegs eine Substanz, sondern eine Energieform ist. Energie ist aber eine dynamische, mit Aktivität oder einem Vorgang assoziierte Größe. Die Tatsache, daß die Masse eines Teilchens gleich einer bestimmten Energiemenge ist, bedeutet, daß das Teilchen nicht länger als statisches Objekt gesehen werden kann, sondern als dynamische Struktur, als

Prozeß der Energie, die sich als Masse des Teilchens manifestiert.

Diese neue Ansicht von Teilchen wurde von Dirac eingeführt, als er eine relativistische Gleichung aufstellte, die das Verhalten von Elektronen beschreibt. Diracs Theorie war nicht nur außerordentlich erfolgreich in der Erklärung der Feinstruktur der Atome, sondern enthüllte auch eine grundlegende Symmetrie zwischen Materie und Antimaterie. Sie sagte die Existenz eines Antielektrons voraus, mit der gleichen Masse wie ein Elektron, aber mit entgegengesetzter Ladung. Dieses positiv geladene Teilchen, welches man jetzt Positron nennt, wurde tatsächlich entdeckt, zwei Jahre nachdem Dirac es vorausgesagt hatte. Die Symmetrie zwischen Materie und Antimaterie beinhaltet, daß für jedes Teilchen ein Antiteilchen von gleicher Masse, aber entgegengesetzter Ladung existiert. Ist genügend Energie verfügbar, so können Paare von Teilchen und Antiteilchen erzeugt werden, im umgekehrten Vorgang können die Paare durch Umwandlung in reine Energie vernichtet werden. Diese Vorgänge der Erzeugung und Vernichtung von Teilchen wurde in Diracs Theorie vorausgesagt, ehe sie tatsächlich in der Natur beobachtet wurde, was seither unzählige Male geschah.

Die Erzeugung von Materieteilchen aus reiner Energie ist sicher der spektakulärste Effekt der Relativitätstheorie und kann nur mit der oben erläuterten Auffassung von den Teilchen verstanden werden. Vor der relativistischen Teilchenphysik wurden die Bestandteile der Materie immer entweder als unzerstörbare und unveränderliche Elementareinheiten betrachtet oder als zusammengesetzte, in ihre Bestandteile zerlegbare Objekte. Die zentrale Frage war, ob man Materie immer weiter zerlegen könne oder ob man schließlich zu irgendwelchen kleinsten unteilbaren Einzelheiten gelange. Nach Diracs Entdeckung erschien die ganze Frage der Zerlegung der Materie in neuem Licht. Wenn zwei Teilchen mit hoher Energie kollidieren, zerbrechen sie gewöhnlich in Stücke, aber diese Stücke sind nicht kleiner als die ursprünglichen Teilchen. Die Stücke sind Teilchen der gleichen Art und wurden aus der Bewegungsenergie (»kinetischen Energie«) des Kollisionsvorgangs erzeugt. Das ganze Problem der Zerteilung der Materie ist somit auf unerwartete Weise gelöst. Die einzige Möglichkeit, subatomare Teilchen weiter zu teilen, ist, sie mit hoher Energie zusammenprallen zu lassen. Auf diese Weise können wir Materie immer weiter zerlegen, erhalten aber niemals kleinere Teile, weil wir eben aus der am Prozeß beteiligten Energie Teilchen erzeugen. Die subatomaren Teilchen sind also gleichzeitig zerstörbar und unzerstörbar.

Das scheinbare Paradox löst sich erst dann auf, wenn wir uns von der Auffassung lösen, daß Objekte aus Grundbausteinen zusammengesetzt sind, und uns statt dessen die dynamische, relativistische Anschauung zu eigen machen. Die Teilchen erscheinen dann als dynamische Strukturen oder Prozesse, die eine bestimmte Energiemenge mit sich bringen, die uns als ihre Masse erscheint. Bei einer Kollision wird die Energie der beiden kollidierenden Teilchen umverteilt zu einer neuen Struktur, und wenn eine ausreichende Menge an Bewegungsenergie hinzukommt, können in dieser neuen Struktur zusätzliche Teilchen erscheinen. Hochenergie-Kollisionen sind die hauptsächliche Methode zum Studium der Eigenschaften dieser Partikel, daher heißt die Teilchenphysik auch »Hochenergie-Physik«. Die hier erforderlichen kinetischen Energien werden in mächtigen Teilchen-Beschleunigern erzeugt, in riesigen kreisförmigen Maschinen von mehreren Kilometern Umfang, in denen Protonen bis nahe an die Lichtgeschwindigkeit beschleunigt werden, um dann mit anderen Protonen oder Neutronen zusammenzustoßen. Es ist eindrucksvoll, daß zum Studium des unendlich Kleinen Maschinen dieser Größe erforderlich sind. Sie sind die Supermikroskope unserer Zeit.

Die meisten bei diesen Kollisionen erzeugten Teilchen leben nur extrem kurze Zeit – weit weniger als eine millionstel Sekunde – und zerfallen dann wieder in Protonen, Neutronen oder Elektronen. Trotz ihrer außerordentlich kurzen Lebensspanne kann man sie nicht nur entdecken und ihre Eigenschaften messen, sondern auch ihre Spuren fotografieren. Diese Spuren werden in sogenannten Blasenkammern erzeugt, ähnlich dem Kondensstreifen einer Düsenmaschine am Himmel. Die eigentlichen Teilchen sind um viele Größenordnungen kleiner als ihre Bahnspuren, aber aus der Dicke und der Krümmung einer Bahn kann der Physiker das die Spur verursa-

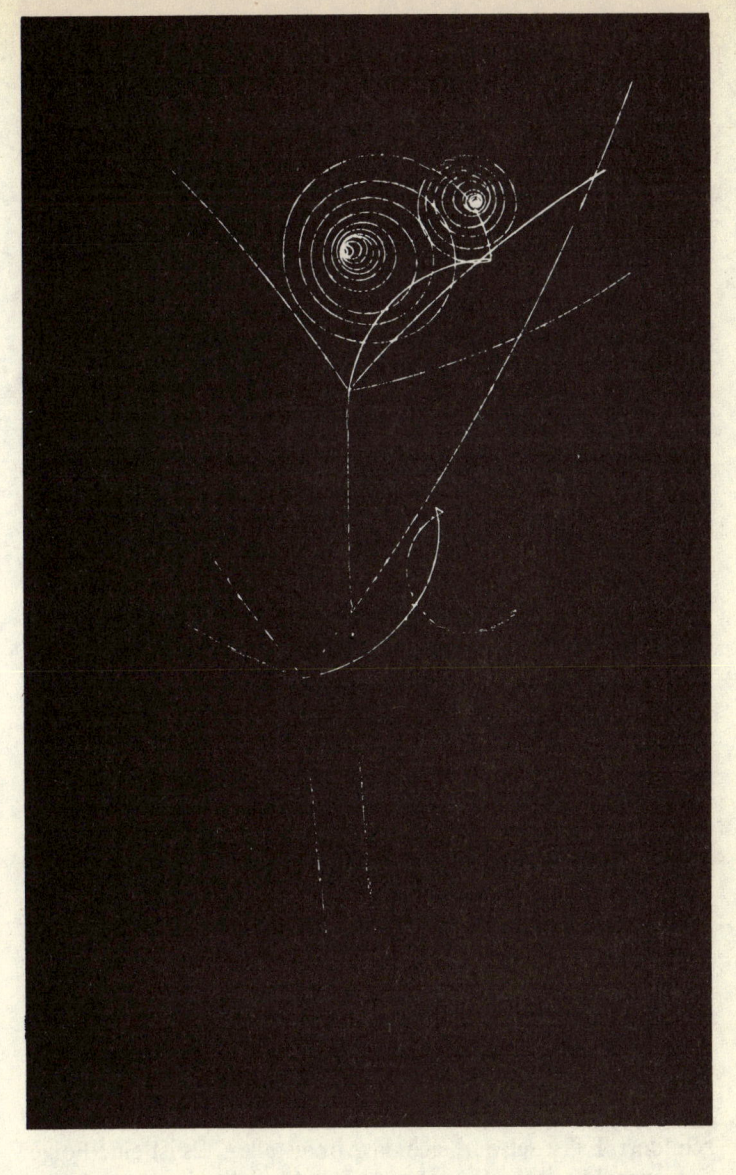

chende Partikel identifizieren. Das Bild auf S. 79 zeigt solche Bahnspuren. Die Punkte, von denen mehrere Bahnen ausgehen, sind Orte von Teilchen-Zusammenstößen, und die Kurven werden von Magnetfeldern verursacht, welche die Beobachter für die Identifizierung der Teilchen benutzen. Teilchenzusammenstöße sind unsere wichtigste Versuchsmethode, und die wunderschönen Linien, Spiralen und Kurven, die die Teilchen als Spuren in der Nebelkammer hinterlassen, sind von überragender Bedeutung für die moderne Physik.

Die Hochenergie-Streuexperimente der vergangenen Jahrzehnte zeigten uns überzeugend die dynamische und ständig wechselnde Natur der Teilchen. Die Materie erschien in diesen Versuchen als völlig wandelbar. Alle Teilchen können in andere Teilchen umgewandelt werden; sie können aus Energie entstehen und zu Energie zerfallen. In dieser Welt haben klassische Begriffe wie »Elementarteilchen«, »materielle Substanz« oder »isoliertes Objekt« ihre Bedeutung verloren. Das ganze Universum erscheint als dynamisches Gewebe von untrennbaren Energiestrukturen. Soweit haben wir noch keine komplette Theorie gefunden, um diese subatomare Welt zu beschreiben, aber wir haben mehrere theoretische Modelle, die manche Aspekte sehr gut erklären. Keines dieser Modelle ist frei von mathematischen Schwierigkeiten, und in gewisser Weise widersprechen sie sich alle gegenseitig, aber sie alle reflektieren die grundsätzliche Einheit und den innerlich dynamischen Charakter der Materie. Sie zeigen, daß die Eigenschaften eines Teilchens nur aus seiner Aktivität verstanden werden können – seiner Wechselwirkung mit der Umgebung –, und daß das Teilchen deshalb nicht als isoliertes Gebilde, sondern als integrierter Teil des Ganzen zu verstehen ist.

Die Relativitätstheorie hat nicht nur unsere Vorstellung von den Teilchen drastisch beeinflußt, sondern auch unser Bild von den Kräften zwischen diesen Teilchen. In einer relativistischen Beschreibung der Wechselwirkungen der Teilchen werden die Kräfte zwischen den Teilchen, d. h. ihre gegenseitige Anziehung oder Abstoßung, als Austausch von anderen Teilchen geschildert. Es ist schwer, sich das vorzustellen. Es ist eine Folge des vierdimensionalen Raum-Zeit-Charakters der subatomaren Welt, und weder unsere Intuition noch unsere Sprache kann mit diesem Bild viel anfangen. Und doch ist es entscheidend für das Verständnis subatomarer Phänomene. Es verbindet die Kräfte zwischen den Bestandteilen der Materie mit den Eigenschaften anderer Bestandteile der Materie und vereinigt so die zwei Begriffe, Kraft und Materie, die seit den griechischen Atomisten als gegensätzlich betrachtet wurden. Heute sieht man den gemeinsamen Ursprung sowohl der Kraft als auch der Materie in den dynamischen Strukturen, die wir Teilchen nennen.

Die Tatsache, daß Teilchen durch Kräfte, die sich als Austausch anderer Partikel manifestieren, aufeinander einwirken, ist noch ein weiterer Grund dafür, daß die subatomare Welt nicht in Bestandteile zerlegt werden kann. Von der makroskopischen Ebene bis hinunter zum Atomkern sind die Kräfte, die die Dinge zusammenhalten, relativ schwach, und man kann in guter Näherung sagen, daß die Dinge aus Bestandteilen bestehen. So läßt sich sagen, daß ein Salzkörnchen aus Salzmolekülen besteht, die Salzmoleküle aus zwei Arten von Atomen, diese Atome aus Kernen und Elektronen und die Kerne aus Protonen und Neutronen. Auf der Teilchen-Ebene kann man die Dinge jedoch nicht mehr so sehen.

In jüngster Zeit gab es zunehmend Anzeichen dafür, daß Protonen und Neutronen ebenfalls zusammengesetzte Objekte sind, aber die Kräfte, die sie zusammenhalten, sind so stark, oder – was auf dasselbe herauskommt – die Geschwindigkeiten der Bestandteile sind so groß, daß das relativistische Bild angewendet werden muß, wo Kräfte gleichzeitig Teilchen sind. Somit verschwimmt der Unterschied zwischen den Teilchen, die Bestandteile sind, und denen, die Bindungskräfte darstellen, und die angenäherte Annahme von einem Objekt, das aus Bestandteilen besteht, bricht zusammen. Die Teilchen können nicht in Elementarbestandteile zerlegt werden.

In der modernen Physik zeigt sich das Universum als dynamisches, unteilbares Ganzes, das seinem Wesen nach immer den Beobachter einschließt. Hier verlieren die traditionellen Begriffe von Raum, Zeit, von isolierten Objekten, von Ursache und Wirkung ihre Bedeutung. Diese Erfahrung ist jedoch der der östlichen Mystiker sehr ähnlich. Die Ähnlichkeit wird offensichtlich in der Quanten- und Relativitätstheorie und wird noch stärker in den quanten-relativistischen Modellen der subatomaren Physik, wo sich beide Theorien vereinen, um die auffallendsten Parallelen zum östlichen Mystizismus zu erzeugen.

Ehe ich diese Parallelen im einzelnen beschreibe, will ich für den hiermit nicht vertrauten Leser einen kurzen Abriß der Schulen der östlichen Philosophie vorlegen, die für den Vergleich wichtig sind, nämlich des Hinduismus, Buddhismus und Taoismus. In den folgenden fünf Kapiteln werden der historische Hintergrund, die charakteristischen Züge und philosophischen Begriffe dieser religiösen Traditionen beschrieben, mit Betonung der Aspekte und Begriffe, die für den nachfolgenden Vergleich mit der Physik von Bedeutung sind.

II
Der Weg
der östlichen Mystik

Um die philosophischen Traditionen zu verstehen, die im folgenden beschrieben werden, muß man sich klarmachen, daß sie in ihrem Wesen religiös sind. Sie zielen auf die direkte mystische Erfahrung der Wirklichkeit, und diese Erfahrung ist von Natur aus religiös. Mehr als für alle anderen östlichen Traditionen gilt das für den Hinduismus, in dem die Verbindung zwischen Religion und Philosophie besonders stark ist. Man sagt, daß in Indien fast alle Gedanken in gewissem Sinne religiös sind, und der Hinduismus hat nicht nur viele Jahrhunderte lang das intellektuelle Leben Indiens, sondern auch das soziale und kulturelle Leben fast völlig geprägt.

Man kann den Hinduismus weder Philosophie noch eine klar definierte Religion nennen. Er ist vielmehr ein großer, komplexer sozio-religiöser Organismus und besteht aus zahllosen Sekten, Kulten und philosophischen Systemen mit verschiedenen Ritualen, Zeremonien und geistigen Disziplinen sowie der Verehrung unzähliger Götter und Göttinnen. Die vielen Facetten dieser komplexen, aber beständigen und mächtigen Tradition spiegeln die geographische, rassische, sprachliche und kulturelle Vielfalt des weiten indischen Subkontinents. Die Manifestationen des Hinduismus reichen von hochintellektuellen Philosophien mit Begriffen von fabelhafter Tiefe und Reichweite bis zu den von den Massen praktizierten naiven und kindlichen Ritualen. Wenn auch die Mehrheit der Hindus einfache Dorfbewohner sind, die mit ihrem täglichen Ritual die populäre Religion aufrechterhalten, so hat der Hinduismus andererseits eine große Zahl glänzender geistiger Lehrer hervorgebracht, die seine tiefen Erkenntnisse vermitteln.

Die geistige Quelle des Hinduismus sind die »Veden«, eine Sammlung alter Schriften, die von unbekannten Weisen, den sogenannten »Vedischen Sehern«, aufgezeichnet wurden. Es gibt vier Veden, der älteste davon ist der Rig-Veda. Geschrieben in Sanskrit, der alten heiligen Sprache Indiens, blieben die Veden die höchste religiöse Autorität für die meisten Sekten des Hinduismus. In Indien gilt jedes philosophische System, das die Autorität der Veden nicht akzeptiert, als unorthodox.

Jeder dieser Veden besteht aus mehreren Teilen, die zu verschiedenen Zeiten entstanden, wahrscheinlich zwischen 1500 und 500 v. Chr. Die ältesten Teile sind heilige Hymnen und Gebete. Die darauf folgenden Teile befassen sich mit Opferritualen, die mit den Vedischen Hymnen zusammenhängen, und der letzte Teil, genannt die »Upanischaden«, führt den praktischen und philosophischen Inhalt aus. Die Upanischaden enthalten den Kern der geistigen Botschaft des Hinduismus. Sie haben in den letzten fünfundzwanzig Jahrhunderten die bedeutendsten Persönlichkeiten Indiens geleitet und inspiriert, entsprechend dem Rat ihrer Verse:

> Die große Waffe, die Geheimlehre (Upanischad), nehme er als Bogen, lege darauf den durch Meditation geschärften Pfeil, spanne ihn mit dem vom Herrn gegebenen Geiste; in diesem Unwandelbaren ... erkenne dein Ziel.[1]

Die Masse des indischen Volkes hat jedoch die Lehren des Hinduismus nicht durch die Upanischaden empfangen, sondern durch eine große Anzahl volkstümlicher Erzählungen, die in umfangreichen Epen gesammelt sind, auf denen der ungeheure, farbenprächtige indische Mythos beruht. Eine dieser Epen, die *Mahabharata,* enthält Indiens beliebtesten religiösen Text, das wunderbare spirituelle Gedicht der *Bhagavad Gita.* Die *Gita,* wie sie gewöhnlich genannt wird, ist ein Dialog zwischen dem Gott Krishna und dem Krieger Arjuna, der in großer Verzweiflung ist. In dem großen Familienkrieg, der die Hauptgeschichte der *Mahabharata* bildet, soll er gegen seine eigenen Stammesangehörigen kämpfen. Krishna, als Arjunas Wagenlenker verkleidet, lenkt den Wagen genau zwischen die beiden Heere, und auf diesem dramatischen Schauplatz enthüllt er Arjuna die tiefsten Wahrheiten des Hinduismus. Während der Gott spricht, tritt der realistische Hintergrund des Krieges zwischen den beiden Familien zurück, und es wird klar, daß der Kampf des Arjuna der geistige Kampf des Menschen ist, der

Kampf des Kriegers auf der Suche nach Erleuchtung. Krishna selbst rät Arjuna:

> Töte darum den aus Unwissenheit geborenen Zweifel in deinem Herzen mit dem Schwert der Weisheit. Sei im Einklang mit dir selbst, im Yoga, und erhebe dich, großer Krieger, erhebe dich.[2]

Die Grundlage von Krishnas geistiger Lehre ist, wie überall im Hinduismus, die Vorstellung, daß die Vielzahl von Dingen und Ereignissen nur verschiedene Manifestationen derselben letzten Wirklichkeit sind. Diese Wirklichkeit, genannt Brahman, ist der einigende Begriff, der dem Hinduismus seinen monistischen Charakter gibt, trotz der Verehrung zahlreicher Götter und Göttinnen.

Brahman, die letzte Wirklichkeit, wird als die »Seele« oder der Wesenskern aller Dinge verstanden. Er ist unendlich und jenseits aller Begriffe; er kann weder vom Intellekt verstanden noch mit Worten zulänglich erklärt werden: »Brahman, ohne Anfang, allerhöchstes: Jenseits des Seienden und des Nichtseienden«[3] »Unbegreiflich ist diese allerhöchste Seele, ohne Grenzen, ungeboren, dem Verstand unzugänglich, undenkbar.«[4] Und doch möchten die Menschen über diese Wirklichkeit sprechen, und die Hindu-Weisen mit ihrer charakteristischen Vorliebe für den Mythos haben Brahman als göttlich dargestellt und sprechen über ihn in mythologischer Sprache. Den verschiedenen Aspekten des Göttlichen wurden die Namen verschiedener Götter gegeben, die die Hindus anbeten, aber die Schriften machen klar, daß alle diese Götter nur Reflexionen der einen letzten Wirklichkeit sind:

> Das, was Menschen sagen: »Bete zu diesem Gott! Bete zu jenem Gott!«, einer nach dem anderen, das ist wirklich seine (Brahmans) Schöpfung! Und er selbst ist alle diese Götter.[5]

Brahmans Manifestation in der menschlichen Seele heißt »Atman«, und die Vorstellung, daß Atman und Brahman, die individuelle und die letzte Wirklichkeit, eins sind, ist die Essenz der Upanischaden:

> Das, was der feinste Stoff ist, ist die Seele der ganzen Welt. Das ist das Wahre. Das ist Atman, das bist du.[6]

Das immer wiederkehrende Thema der indischen Mythologie ist die Erschaffung der Welt durch die Selbstopferung Gottes, als »Sakrifizium« im ursprünglichen Sinn von »heiligen«. Dadurch wird Gott zur Welt, die wiederum zu Gott wird. Diese schöpferische Tat des Göttlichen heißt »Lila«, das Spiel Gottes, und die Welt wird als Bühne dieses göttlichen Spiels gesehen. Wie das meiste in der Hindu-Mythologie, ist der Mythos von »Lila« stark magisch angehaucht. Brahman ist der große Magier, der sich selbst in die Welt verwandelt, und er vollbringt diese Tat mit seiner »magischen, schöpferischen Kraft«, das ist die ursprüngliche Bedeutung von »Maya« im *Rig-Veda*. Das Wort »Maya«, einer der wichtigsten Begriffe in der indischen Philosophie, hat seine Bedeutung im Lauf der Jahrhunderte verändert. Ursprünglich »Macht« oder »Kraft« des göttlichen Schauspielers und Magiers, bedeutet es heute den psychischen Zustand des Individuums unter dem Zauber des magischen Spiels. Solange wir die Myriaden von Formen der göttlichen »Lila« mit der Realität verwechseln, ohne die Einheit des Brahman zu erkennen, die allen diesen Formen zugrundeliegt, stehen wir unter dem Zauber von Maya.

Maya bedeutet daher nicht, daß die Welt eine Illusion ist, wie oft fälschlicherweise behauptet wird. Die Illusion liegt lediglich in unserer Betrachtungsweise, wenn wir denken, daß die Formen und Strukturen, Dinge und Vorgänge um uns herum Gegebenheiten der Natur sind, anstatt zu erkennen, daß sie Begriffe unseres messenden und kategorisierenden Verstandes sind. Maya ist die Illusion, diese Begriffe für das Wirkliche zu halten, die Verwechslung der Landkarte mit dem Land.

Nach der hinduistischen Auffassung sind in der Natur alle Formen relative, fließende, sich stets verändernde Maya, von dem großen Magier des göttlichen Schauspiels herbeigezaubert. Die Welt der Maya ändert sich ständig, weil die göttliche »Lila« ein rhythmisches, dynamisches Schauspiel ist. Die dynamische Kraft dieses Spieles ist »Karma«, ein anderer wichtiger Begriff der indischen Gedankenwelt. Karma bedeutet »Aktion«. Es ist das aktive Prinzip des Schauspiels, das ganze Universum in Aktion, wo alles mit allem dynamisch verbunden ist. Mit den Worten der *Gita*: »Karma ist die Kraft der Schöpfung, von der alle Dinge ihr Leben haben.«[7]

Die Bedeutung von Karma wie die von Maya wurde von ihrer ursprünglichen kosmischen Ebene auf die menschliche Ebene heruntergeführt, wo sie einen psychologischen Sinn annahm. Solange unsere Ansicht von der Welt zersplittert ist, solange wir unter Mayas Zauber denken, daß wir von unserer Umwelt getrennt existieren und unabhängig handeln können, sind wir von Karma gebunden. Von dieser Bindung frei zu sein, heißt, die Einheit und Harmonie der ganzen Natur zu erkennen, einschließlich des Menschen, und entsprechend zu handeln. Die *Gita* spricht das deutlich aus:

> Alle Taten finden aufgrund der Verknüpfung der Naturkräfte in der Zeit statt, aber der Mensch in seiner selbstsüchtigen Verblendung denkt, er selbst sei der Handelnde.
> Aber der Mensch, der den Zusammenhang zwischen den Kräften der Natur und den Taten kennt, sieht, wie einige Naturkräfte auf andere Naturkräfte einwirken, und wird nicht ihr Sklave.[8]

Von Mayas Zauber frei zu sein, die Bande des Karma zu lösen, heißt, zu erkennen, daß alle von unseren Sinnen wahrgenommenen Phänomene Teil derselben Wirklichkeit sind. Es heißt konkret und persönlich zu erfahren, daß alles, wir selbst eingeschlossen, Brahman ist. In der Hindu-Philosophie heißt diese Erfahrung »Moksha« oder »Befreiung« und ist die eigentliche Essenz des Hinduismus.

Nach dem Hinduismus gibt es unzählige Arten der Befreiung. Er erwartet nicht von seinen Anhängern, daß sie sich dem Göttlichen alle auf die gleiche Art nähern können und bietet daher verschiedene Konzepte, Rituale und geistige Übungen für die verschiedenen Arten des Bewußtseins an. Die Tatsache, daß sich viele dieser Konzepte und Praktiken widersprechen, bekümmert die Hindus nicht im geringsten, weil sie wissen, daß Brahman sowieso jenseits aller Konzepte und Bilder liegt. Aus dieser Haltung kommt die große Toleranz und Vielfältigkeit des Hinduismus.

Die intellektuellste Schule ist der Vedanta, der auf den Upanischaden beruht und Brahman als unpersönlichen, metaphysischen Begriff bezeichnet, frei von irgendwelchen mythologischen Inhalten. Trotz seines hohen philosophischen und intellektuellen Niveaus ist der vedantische Weg zur Befreiung jedoch sehr verschieden von allen Schulen der westlichen Philosophie, da er tägliche Meditationen und andere geistige Übungen einschließt, um die Vereinigung mit Brahman herbeizuführen.

Eine andere wichtige Methode der Befreiung ist bekannt als »Yoga«, ein Wort, das »verbinden, vereinigen« bedeutet und sich auf die Vereinigung der individuellen Seele mit Brahman bezieht. Es gibt mehrere Schulen oder »Wege« des Yoga; sie beinhalten einige körperliche Grundübungen und verschiedene geistige Disziplinen für die verschiedenen Menschentypen, je nach ihrem geistigen Niveau.

Der gewöhnliche Hindu verehrt das Göttliche am liebsten in Gestalt eines persönlichen Gottes oder einer Göttin. Die fruchtbare indische Vorstellungskraft hat Tausende von Gottheiten geschaffen, die in unzähligen Manifestationen erscheinen. Die drei am meisten verehrten Gottheiten in Indien sind heute Shiva, Vishnu und die Göttliche Mutter. Shiva ist einer der ältesten indischen Götter, der viele Formen annehmen kann. Er heißt Mahesvara, der Große Herr, wenn er als die Personifikation der Fülle des Brahman auftritt. Er kann aber auch viele einzelne Aspekte des Göttlichen verkörpern. Seine berühmteste Erscheinung ist die des Nataraja, des Königs der Tänzer. Als der kosmische Tänzer ist Shiva der Gott der Erschaffung und der Zerstörung, der durch seinen Tanz die endlosen Rhythmen des Universums erhält.

Vishnu hat ebenfalls viele Gesichter; eins davon ist das des Gottes Krishna aus der *Bhagavad Gita*. Im allgemeinen verkörpert Vishnu den Erhalter des Universums. Die dritte Gottheit in dieser Triade ist Shakti, die göttliche Mutter, die Ur-Göttin, die in ihren vielen Formen die weibliche Energie des Universums repräsentiert.

Shakti erscheint auch als Shivas Gattin. In großartigen Tempelskulpturen sind beide oft in leidenschaftlicher Umarmung abgebildet und strahlen eine so außerordentliche Sinnlichkeit aus, wie sie in der westlichen religiösen Kunst völlig unbekannt ist. Im Gegensatz zu den meisten westlichen Religionen wurde die Sinnenfreude im Hinduismus niemals unterdrückt, weil er den Körper immer als integralen Bestandteil des Menschen betrachtete und nicht als vom Geist getrennt. Der Hindu versucht daher nicht, seine körperlichen Triebe durch den bewußten Willen zu kontrollieren, sondern zielt auf die Selbstverwirklichung seines ganzen Wesens, seines Körpers und Geistes. Der Hinduismus hat sogar eine Richtung entwickelt, den mittelalterlichen Tantrismus, wo die Erleuchtung durch ein tiefes Erleben der sinnlichen Liebe gesucht wird, »in der jeder zugleich beide ist«, in Übereinstimmung mit den Worten der Upanischaden:

> Wie ein von einer liebenden Frau umfangener Mann kein Bewußtsein von draußen oder drinnen hat, so hat dieser in dem Körper wohnende Atman, von dem erkennenden Atman umfangen, kein Bewußtsein von draußen oder drinnen.[9]

Shiva steht in engem Zusammenhang mit dieser mittelalterlichen Form erotischer Mystik, ebenso Shakti und viele andere weibliche Gottheiten, die es in der Hindu-Mythologie in großer Zahl gibt. Dieses Übermaß an Göttinnen zeigt erneut, daß die körperliche und die sinnliche Seite der menschlichen Natur, die immer mit dem Weiblichen in Verbindung gebracht wird, im Hinduismus ein integraler Teil des Göttlichen ist. Hindu-Göttinnen treten nicht als heilige Jungfrauen auf, sondern in sinnlicher Umarmung von hinreißender Schönheit.

Der westliche Verstand wird leicht durch die ungeheure Anzahl von Göttern und Göttinnen verwirrt, die die Hindu-Mythologie in ihren verschiedenen Erscheinungen und Inkarnationen bevölkern. Die Hindus kommen mit dieser Vielzahl von Gottheiten zurecht, weil diese für sie im Grunde identisch sind. Alle sind Manifestationen derselben göttlichen Wirklichkeit und spiegeln die verschiedenen Aspekte des unendlichen, allgegenwärtigen und letztlich unfaßbaren Brahman.

Bild 1: Selbstverwirklichung durch die Erfahrung der sinnlichen Liebe (vgl. Kapitel 5). Steinskulptur aus dem Citragupta-Tempel von Khajuraho, um 1000 n. Chr.

Bild 2: Der große Gott Shiva Mahesvara, in seinen drei Aspekten (vgl. Kapitel 11). Aus dem Shiva-Tempel in Elephanta, 8. Jahrhundert n. Chr.

Bild 3: Anordnung der acht Trigramme, die ein Abbild allen kosmischen und menschlichen Geschehens sind (vgl. Kapitel 17), auf einem achteckigen Tusche-stein von Ch'eng Chung-fang, 17. Jahrhundert.

Bild 4: Das Antlitz des Buddha, transzendentale Ruhe und Spiritualität aus-strahlend (vgl. Kapitel 6). Steinskulptur aus Indien, 5. Jahrhundert n. Chr.

Bild 5: Kalligraphie – eine östliche Weise, den meditativen Bewußtseinszustand zu wecken (vgl. Kapitel 2). »Geist-Mond-Kreis« von Ryokwan, 18. oder frühes 19. Jahrhundert.

Bild 6: Shiva in adrogyner Gestalt – halb männllich, halb weiblich – als Symbol der Einheit der Geschlechter (vgl. Kapitel 11). Aus dem Shiva-Tempel in Ele-phanta, 8. Jahrhundert n. Chr.

Bild 7: Der Tanz Shivas, dargestellt von östlichen Künstlern aus dem 12. Jahr-hundert und westlichen Physikern aus dem 20. Jahrhundert (vgl. Kapitel 15).

Der Buddhismus war für viele Jahrhunderte die vorherrschende religiöse Tradition im größten Teil Asiens, einschließlich Indochina sowie Sri Lanka, Nepal, Tibet, China, Korea und Japan. Wie der Hinduismus in Indien hatte er starken Einfluß auf das intellektuelle, kulturelle und künstlerische Leben dieser Länder. Im Gegensatz zum Hinduismus geht der Buddhismus jedoch auf einen einzelnen Gründer zurück, auf Siddharta Gautama, den »historischen« Buddha. Er lebte in Indien in der Mitte des sechsten Jahrhunderts v. Chr., zu einer außergewöhnlichen Zeit, in der so viele spirituelle und philosophische Genies geboren wurden: Konfuzius und Lao-tzu in China, Zarathustra in Persien, Pythagoras und Heraklit in Griechenland.

Der Hinduismus ist mythologisch und ritualistisch ausgerichtet, der Buddhismus ausgesprochen psychologisch. Der Buddha war nicht daran interessiert, menschliche Neugier über den Ursprung der Welt, die Natur des Göttlichen oder ähnliche Fragen zu befriedigen. Ihn kümmerte ausschließlich die menschliche Situation, die Leiden und Frustrationen der Menschen. Seine Lehre war daher psychotherapeutisch, nicht metaphysisch. Er wies auf den Ursprung menschlicher Frustrationen hin und auf den Weg, diese zu überwinden. Hierfür verwendete er traditionelle indische Begriffe wie Maya, Karma, Nirvana etc., die er neu, dynamisch und psychologisch direkt anwendbar deutete.

Nach Buddhas Tod entwickelte sich der Buddhismus in zwei Hauptrichtungen, Hinayana und Mahayana. Hinayana, oder der »Kleine Wagen«, ist eine orthodoxe Schule, die auf der wörtlichen Lehre Buddhas beharrt, während Mahayana, oder der »Große Wagen«, eine flexiblere Haltung einnimmt und glaubt, daß der Geist der Lehre wichtiger ist als ihre ursprüngliche Formulierung. Die Hinayana-Schule etablierte sich in Ceylon, Burma und Thailand, während sich Mahayana in Nepal, Tibet, China und Japan ausbreitete und schließlich zur bedeutenderen von beiden wurde. In Indien selbst wurde der Buddhismus nach vielen Jahrhunderten vom flexiblen und assimilierenden Hinduismus absorbiert, und der Buddha wurde schließlich als eine Inkarnation des vielgesichtigen Gottes Vishnu übernommen.

Der sich über Asien ausbreitende Mahayana-Buddhismus kam mit Menschen vieler verschiedener Kulturen und Mentalitäten in Berührung, die Buddhas Lehre nach ihren eigenen Ansichten deuteten, manche Feinheit vertieften und ihre eigenen Vorstellungen hinzufügten. Auf diese Weise hielten sie den Buddhismus über Jahrhunderte lebendig und entwickelten eine subtile Philosophie mit tiefen psychologischen Einsichten. Trotz des hohen intellektuellen Niveaus dieser Philosophie verliert sich der Mahayana-Buddhismus jedoch nie in abstrakten Spekulationen. Wie immer in der östlichen Mystik wird der Intellekt lediglich als Mittel betrachtet, den Weg zur direkten mystischen Erfahrung freizumachen, welche die Buddhisten das »Erwachen« nennen. Das Wesen dieser Erfahrung liegt darin, daß die Grenzen der intellektuellen Unterscheidungen und Gegensätze überschritten werden, um die Welt von *acintya* zu erreichen, das Undenkbare, wo die Wirklichkeit als ungeteiltes und undifferenziertes »So-Sein« erscheint.

Dies war die Erfahrung, die Siddharta Gautama eines Nachts, nach sieben Jahren strenger Askese in den Wäldern, machte. Wie er in tiefer Meditation unter dem berühmten Bodhi-Baum saß, dem Baum der Erleuchtung, gewann er plötzlich endgültige und definitive Klarheit über all sein Suchen und seine Zweifel durch den Vorgang des »unübertroffenen, vollständigen Erwachens«, das ihn zum Buddha machte, zum »Erwachten«. Für die östliche Welt ist das Bild des meditierenden Buddha so charakteristisch wie das Bild des gekreuzigten Christus für den Westen, und es hat zahllose Künstler in ganz Asien zu großartigen Skulpturen inspiriert.

Nach buddhistischer Überlieferung ging Buddha sofort nach seinem »Erwachen« zum Wildpark von Benares, um seinen Brüdern, die früher mit ihm Eremiten gewesen waren, seine Lehre zu verkünden. Diese drückte er in den berühmten »Vier

Edlen Wahrheiten« aus, die das Wesentliche der Lehre in prägnanter Form enthalten. Sie gleichen der Aussage eines Arztes: Zuerst wird die Ursache der Krankheit der Menschheit identifiziert, dann versichert, daß die Krankheit geheilt werden kann, und schließlich das Heilmittel verschrieben.

Die erste Edle Wahrheit charakterisiert die menschliche Situation als *duhkha,* das ist »Leiden« oder »Frustration«. Die Frustration besteht aus unserer Unfähigkeit, die Grundtatsachen des Lebens einzusehen, daß nämlich alles um uns herum unbeständig und nur ein Übergang ist. »Alle Dinge entstehen und vergehen«[1], sagte der Buddha, und die Wurzel des Buddhismus ist das Wissen, daß Fließen und Wechsel das Wesen der Natur ausmachen. Nach buddhistischer Ansicht entstehen Leiden immer dann, wenn wir dem Fluß des Lebens widerstreben und uns an feste Formen klammern, die alle Maya sind, seien es Dinge, Ereignisse, Menschen oder Ideen. Diese Lehre von der Unbeständigkeit schließt auch das Wissen ein, daß es kein Ego gibt, kein »Selbst«, welches das beständige Subjekt unserer wechselnden Erfahrungen ist. Nach dem Buddhismus ist die Idee eines selbständigen Individuums eine Illusion, einfach eine andere Form von Maya, ein intellektueller Begriff ohne Realität. Sich an diesen Begriff zu klammern, führt zu der gleichen Frustration wie das Festhalten an irgendeiner anderen fixierten Denkkategorie.

Die zweite Edle Wahrheit behandelt die Ursache allen Leidens, *trishna,* das heißt »Klammern« oder »Greifen«. Es ist das vergebliche Greifen nach dem Leben, das auf einer falschen Anschauung beruht, die in der buddhistischen Philosophie *avidya* heißt, »Ignoranz«. Aufgrund dieser Ignoranz unterteilen wir die wahrgenommene Welt in individuelle, einzelne Dinge und beschränken somit die fließenden Formen der Realität auf fixierte Kategorien, die der Verstand erschaffen hat. Solange diese Ansicht vorherrscht, müssen wir eine Frustration nach der anderen erleiden. Klammern wir uns an Dinge, die wir als fest und beständig sehen, die in Wirklichkeit aber ewig wechselnde Übergänge sind, so sind wir in einem Circulus vitiosus gefangen, wo jede Handlung weitere Handlungen erzeugt und die Antwort auf jede Frage neue Fragen stellt. Der Buddhismus nennt diesen Circulus vitiosus *samsara,* den Kreislauf von Geburt und Tod. Er wird vom Karma angetrieben, der nie endenden Kette von Ursache und Wirkung.

Die dritte Edle Wahrheit behauptet, daß Leiden und Frustration beendet werden können. Es ist möglich, aus dem Circulus vitiosus des *samsara* auszubrechen, sich von den Fesseln des Karma zu befreien und den Zustand der vollständigen Befreiung, das Nirvana, zu erreichen. In diesem Zustand sind die falschen Vorstellungen von einem eigenständigen Selbst für immer verschwunden, und man nimmt nur noch die Einheit allen Lebens wahr. Nirvana ist das gleiche wie *moksha* in der Hindu-Philosophie, und da es ein Bewußtseinszustand jenseits aller intellektuellen Begriffe ist, läßt es sich nicht weiter beschreiben. Nirvana zu erreichen heißt, das Erwachen oder die Buddhaschaft zu erreichen.

Die vierte Edle Wahrheit ist Buddhas Rezept für die Beendigung allen Leidens, der Achtfache Weg der Selbstentwicklung, der zum Zustand der Buddhaschaft führt. Die ersten beiden Abschnitte dieses Weges betreffen das richtige Sehen und das richtige Wissen, das heißt die klare Einsicht in die menschliche Situation als notwendigen Ausgangspunkt. Die nächsten vier Abschnitte betreffen die richtigen Handlungen. Sie geben als Regeln für die buddhistische Lebensweise einen Mittelweg zwischen entgegengesetzten Extremen. Die letzten beiden Abschnitte betreffen das richtige Bewußtsein und die richtige Meditation und beschreiben die direkte mystische Erfahrung der Realität, das Endziel.

Der Buddha baute seine Lehre nicht zu einem festen philosophischen System aus, sondern betrachtete sie als ein Mittel, zur Erleuchtung zu kommen. Seine Aussagen über die Welt beschränken sich auf die Betonung der Unbeständigkeit aller »Dinge«. Er besteht auf Freiheit von geistiger Autorität einschließlich seiner eigenen und sagt, daß er nur den Weg zur Buddhaschaft zeigen kann und daß jeder sich selbst bemühen muß, diesen Weg zu Ende zu gehen. Buddhas letzte Worte auf seinem Totenbett sind für seine Weltanschauung und für seine Haltung als Lehrer charakteristisch. »Der Verfall ist Bestandteil aller Dinge«, sagte er vor dem Dahinscheiden, und: »Strebt eifrig weiter.«[2]

In den ersten Jahrhunderten nach Buddhas Tod hielten die

führenden Mönche des buddhistischen Ordens mehrere große Beratungen ab, bei denen die gesamte Lehre laut rezitiert und Differenzen in der Deutung geklärt wurden. Die vierte dieser Beratungen fand im ersten Jahrhundert n. Chr. auf Ceylon statt. Dort wurde die Lehre, die über fünf Jahrhunderte nur mündlich überliefert worden war, erstmals niedergeschrieben. Diese Niederschrift in der Pali-Sprache kennen wir als den Pali-Kanon, die Basis der orthodoxen Hinayana-Schule. Die Mahayana-Schule andererseits basiert auf einer Reihe sogenannter Sutras, Schriften von mächtigem Umfang, die ein- oder zweihundert Jahre später in Sanskrit geschrieben wurden und die Buddhas Lehre in einer sehr vertieften und viel subtileren Art wiedergeben als der Pali-Kanon.

Die Mahayana-Schule nennt sich selbst »Großer Wagen des Buddhismus«, weil sie ihren Anhängern eine Vielzahl von Methoden oder »kunstgerechten Mitteln« zum Erzielen der Buddhaschaft bietet. Diese reichen von Lehren, die den religiösen Glauben an die Lehren Buddhas betonen, bis zu einer ausgefeilten Philosophie mit Begriffen, die der modernen wissenschaftlichen Denkweise sehr nahekommen.

Der erste Interpret der Mahayana-Doktrin und einer der weisesten Denker unter den buddhistischen Patriarchen war Ashvaghosha. Er lebte im ersten Jahrhundert n. Chr. und schrieb die Grundgedanken des Mahayana-Buddhismus – speziell die, die sich auf den buddhistischen Begriff des »So-Seins« beziehen – in einem kleinen Buch mit dem Titel *Das Erwachen des Glaubens* nieder. Dieser klare und außerordentlich schöne Text, der in vieler Hinsicht an die *Bhagavad Gita* erinnert, stellt die erste repräsentative Abhandlung der Mahayana-Lehre dar und wurde zu einer Grundlage für alle Schulen des Mahayana-Buddhismus.

Ashvaghosha hatte wahrscheinlich einen starken Einfluß auf Nagarjuna, den intellektuellsten Mahayana-Philosophen, der eine sehr feine Dialektik benutzte, um die Grenzen aller Begriffe der Realität zu zeigen. Mit glänzenden Argumenten widerlegte er die metaphysischen Behauptungen seiner Zeit und demonstrierte, daß Realität letztlich nicht mit Begriffen und Ideen erfaßbar ist. Daher gab er ihr den Namen *sunyata*, die »Leere«, ein Ausdruck, der Ashvaghoshas *tathata* oder »So-

Sein« entspricht. Wer die Vergeblichkeit alles begrifflichen Denkens erkennt, wird die Realität als reines So-Sein erfahren. Nagarjunas Grundsatz, daß die Leere die wesentliche Natur der Realität sei, ist weit von dem Nihilismus entfernt, den man ihm oft zur Last legt. Er meint lediglich, daß alle Begriffe von der Realität, die der menschliche Verstand hervorgebracht hat, letztlich leer sind. Realität bzw. Leere selbst ist kein Zustand des bloßen Nichts, sondern die eigentliche Quelle allen Lebens und die Essenz aller Formen.

Diese Anschauungen des Mahayana-Buddhismus geben seine intellektuelle, spekulative Seite wieder. Dies ist jedoch nur eine Seite des Buddhismus. Sie wird ergänzt durch das religiöse Bewußtsein des Buddhismus, welches Glauben, Liebe und Barmherzigkeit umfaßt. Der Mahayana sieht wahre, erleuchtete Weisheit (*bodhi*) als aus zwei Elementen zusammengesetzt, die D. T. Suzuki »die zwei Säulen, die das große Gebäude des Buddhismus tragen«, nannte. Es sind *prajna*, die transzendente Weisheit oder intuitive Intelligenz, und *karuna*, Liebe oder Barmherzigkeit. Entsprechend wird die wesentliche Natur aller Dinge im Mahayana-Buddhismus nicht nur durch die abstrakten metaphysischen Ausdrücke So-Sein und Leere beschrieben, sondern auch durch den Ausdruck *dharmakaya*, »Körper des Seins«, der die Realität so beschreibt, wie sie dem religiösen Bewußtsein des Buddhisten erscheint. *Dharmakaya* ähnelt dem *brahman* im Hinduismus. Es durchdringt alle materiellen Dinge im Universum und wird auch im menschlichen Verstand als *bodhi* reflektiert, als erleuchtete Weisheit. Sie ist somit gleichzeitig geistig und materiell.

Die Betonung von Liebe und Barmherzigkeit als wesentliche Bestandteile der Weisheit kam am stärksten im Ideal des Bodhisattva zum Ausdruck, eine der charakteristischen Entwicklungen des Mahayana-Buddhismus. Ein Bodhisattva ist ein hochentwickelter Mensch, der auf dem Wege ist, ein Buddha zu werden und die Erleuchtung nicht für sich allein sucht, sondern vor seinem Einzug in das Nirvana allen anderen Wesen helfen will, die Buddhaschaft zu erreichen. Der Ursprung dieser Vorstellung liegt in der Entscheidung des Buddha – in der buddhistischen Überlieferung als bewußte und durchaus nicht leichte Entscheidung dargestellt –, nicht einfach in das Nirvana einzuziehen, sondern zur Welt zurückzukehren, um seinen Mitmenschen den Weg zum Heil zu zeigen. Das Bodhisattva-Ideal steht auch im Einklang mit der buddhistischen Doktrin vom Nicht-Ego, denn wenn es kein separates individuelles Selbst gibt, ist die Vorstellung eines für sich allein in das Nirvana einziehenden Individuums offensichtlich sinnlos.

Das Element des Glaubens schließlich wird in der sogenannten Reine-Land-Schule des Mahayana-Buddhismus hervorgehoben. Die Basis dieser Schule ist die buddhistische Lehre, daß die ursprüngliche Natur aller Menschen die eines Buddha ist und daß man nur an seine ursprüngliche Buddha-Natur glauben muß, um in das Nirvana eingehen zu können.

Nach der Meinung vieler Autoren haben buddhistische Gedanken ihren Höhepunkt in der »Avatamsaka«-Schule erreicht, die auf dem Sutra gleichen Namens basiert. Dieses Sutra gilt als Kern des Mahayana-Buddhismus und wird von Suzuki mit den enthusiastischen Worten gepriesen:

> Die Avatamsaka-Schule ist wirklich die Summe buddhistischer Gedanken, buddhistischer Gefühle und buddhistischer Erfahrung. Nach meiner Meinung kann keine religiöse Literatur in der Welt jemals die Großartigkeit der Konzeption, der Tiefe des Gefühls und der großartigen Gestaltung dieses Sutras nahekommen. Es ist der Urquell des Lebens, von dem kein religiöser Geist durstig oder nur teilweise befriedigt zurückkehrt.[3]

Als der Mahayana-Buddhismus sich über Asien ausbreitete, regte dieses Sutra mehr als alles andere chinesische und japanische Denker an. Der Kontrast zwischen Chinesen und Japanern einerseits und Indern andererseits ist so groß, daß man sagte, sie repräsentieren zwei Pole des menschlichen Geistes. Während die ersteren praktisch, pragmatisch und sozial eingestellt sind, sind letztere phantasievoll, metaphysisch und transzendental. Als die chinesischen und japanischen Philosophen das *Avatamsaka,* eine der größten vom indischen religiösen Genie hervorgebrachten Schriften, übersetzten und deuteten, vereinten sich beide Pole und bildeten eine neue dynamische Einheit. Das Ergebnis war die *Hua-yen*-Philosophie in China und die *Kegon*-Philosophie in Japan, die nach Suzuki »den Gipfel buddhistischen Denkens, der im Fernen Osten in den letzten zweitausend Jahren entwickelt wurde«[4], darstellen.

Das Zentralthema des *Avatamsaka* ist die Einheit und der innere Zusammenhang aller Dinge und Ereignisse, eine Vorstellung, die nicht nur die eigentliche Essenz der östlichen Weltanschauung ist, sondern auch eines der Grundelemente der Weltanschauung der modernen Physik. Daher wird man sehen, daß das *Avatamsaka*-Sutra, dieser alte religiöse Text, die auffallendsten Parallelen zu den Modellen und Theorien der modernen Physik bietet.

Als der Buddhismus um das erste Jahrhundert nach China kam, begegnete er einer mehr als zweitausend Jahre alten Kultur. In dieser alten Kultur hatten philosophische Gedanken ihren Höhepunkt in der späten Chou-Periode (ca. 500–221 v. Chr.) erreicht, dem Goldenen Zeitalter der chinesischen Philosophie, und sie genossen von da an immer die höchste Achtung.

Von Anfang an hatte diese Philosophie zwei sich ergänzende Aspekte. Da die Chinesen praktisch veranlagte Menschen mit einem hochentwickelten sozialen Bewußtsein sind, befaßten sich alle ihre philosophischen Schulen irgendwie mit dem Leben in der Gesellschaft, mit menschlichen Beziehungen, moralischen Werten und der Regierung. Dies ist aber nur ein Aspekt der chinesischen Gedankenwelt. Ergänzt wird er durch die mystische Seite des chinesischen Charakters, der verlangt, daß das höchste Ziel der Philosophie das Überschreiten der sozialen Welt und des täglichen Lebens und das Erreichen einer höheren Bewußtseinsebene sein solle. Dies ist die Ebene des Weisen, das chinesische Ideal des erleuchteten Menschen, der die mystische Vereinigung mit dem Universum erreicht hat.

Der chinesische Weise lebt jedoch nicht ausschließlich auf dieser hohen geistigen Ebene, sondern befaßt sich auch mit weltlichen Angelegenheiten. Er vereint in sich beide Seiten der menschlichen Natur – intuitive Weisheit und praktisches Wissen, innere Einkehr und soziale Aktion –, die der Chinese dem Weisen und dem König zuschreibt. Nach den Worten Chuang-tzus werden ganz verwirklichte Menschen »durch ihre Ruhe zu Weisen, durch ihre Taten zu Königen«.[1] Während des sechsten Jahrhunderts v. Chr. entwickelten sich die beiden Seiten der chinesischen Philosophie zu zwei bestimmten philosophischen Schulen, dem Konfuzianismus und dem Taoismus. Der Konfuzianismus war die Philosophie der sozialen Organisation, des gesunden Menschenverstandes und des praktischen Wissens. Er gab der chinesischen Gesellschaft ein Erziehungssystem und strenge Regeln des Anstands. Ein Hauptziel war die Bildung einer ethischen Basis für das traditionelle chinesische Familiensystem mit seiner komplexen Struktur und seinen Ritualen der Ahnenverehrung. Der Taoismus andererseits befaßte sich in erster Linie mit Naturbeobachtung und der Erforschung ihres Weges, des Tao. Nach den Taoisten wird der Mensch glücklich, wenn er der natürlichen Ordnung folgt, spontan handelt und ihrem intuitiven Wissen vertraut. Diese zwei Denkrichtungen repräsentieren entgegengesetzte Pole in der chinesischen Philosophie, aber in China wurden sie immer als Pole ein und derselben menschlichen Natur gesehen, die sich ergänzen. Der Konfuzianismus wurde im allgemeinen bei Erziehung von Kindern vorgezogen, damit sie die für das Leben in der Gesellschaft notwendigen Verhaltensregeln lernten, während die älteren Leute dem Taoismus folgten, um die ursprüngliche, von den gesellschaftlichen Konventionen zerstörte Spontaneität wiederzugewinnen und zu entwickeln. Im elften und zwölften Jahrhundert versuchten die Neukonfuzianer eine Synthese aus Konfuzianismus, Buddhismus und Taoismus zu schaffen, die in der Philosophie des Chu Hsi, eines der größten aller chinesischen Denker, gipfelte. Chu Hsi war ein überragender Philosoph, der konfuzianische Gelehrsamkeit mit einem tiefen Verständnis des Buddhismus und Taoismus verband und Elemente aller drei Überlieferungen in seine philosophische Synthese einbaute.

Der Name »Konfuzianismus« kommt von Kung Fu-tzu oder Konfuzius, einem sehr einflußreichen Lehrer mit zahlreichen Anhängern, der die Übermittlung des alten Kulturerbes an seine Schüler als seine Hauptaufgabe betrachtete. Dabei ging er jedoch über die simple Wissensvermittlung hinaus, denn er deutete die überlieferten Ideen nach seinen eigenen Moralbegriffen. Seine Lehren basierten auf den sogenannten Sechs Klassikern, alten Büchern über philosophische Gedanken, Rituale, Poesie, Musik und Geschichte, welche das geistige und kulturelle Erbe der »heiligen Weisen« aus Chinas Vergangenheit repräsentierten. Die chinesische Überlieferung hat Konfuzius mit all diesen Werken in Verbindung gebracht, entweder als Autor, Kommentator oder Herausgeber. Aber nach neuen Erkenntnissen war er weder Autor noch Kommentator, noch Herausgeber irgendwelcher Klassiker. Seine eigenen Gedanken wurden durch die *Konfuzianischen Analekten Lun Yü* bekannt, eine Aphorismensammlung, die von seinen Schülern zusammengetragen worden war.

Der Begründer des Taoismus war Lao-tzu, dessen Name wörtlich »Alter Meister« bedeutet und der nach der Überlieferung ein älterer Zeitgenosse des Konfuzius war. Er soll der Autor einer kurzen Aphorismensammlung sein, die als die taoistische Hauptschrift gilt. In China heißt sie generell einfach *Lao-tzu,* und im Westen ist sie als *Tao Te Ching* bekannt, der »Klassiker des Weges und der Kraft«, ein Name, den er später erhielt. Ich erwähnte bereits den paradoxen Stil und die kraftvolle und poetische Sprache dieses Buches, das Joseph Needham für »das unbestritten tiefste und schönste Werk in chinesischer Sprache«[2] hält.

Das zweitbedeutendste taoistische Buch ist das *Chuang-tzu,* ein viel umfangreicheres Werk als das *Tao Te Ching,* dessen Autor, Chuang-tzu, etwa zweihundert Jahre nach Lao-tzu gelebt haben soll. Nach modernen Erkenntnissen kann jedoch das *Chuang-tzu* und wahrscheinlich auch das *Lao-tzu* nicht als Werk eines einzelnen Autors betrachtet werden, sondern stellt eher eine Sammlung taoistischer Schriften dar, die von verschiedenen Autoren zu verschiedenen Zeiten zusammengetragen wurden.

Sowohl die *Konfuzianischen Analekten* als das *Tao Te Ching* sind in dem kompakten, suggestiven Stil geschrieben, der für die chinesische Denkweise typisch ist. Der chinesischen Mentalität lag abstraktes logisches Denken nicht, und sie entwickelte eine Sprache, die sich von den westlichen stark unterscheidet. Viele ihrer Wörter konnten als Hauptwörter, Adjektive oder Verben benutzt werden, und ihre Reihenfolge wurde nicht so sehr durch grammatische Regeln, sondern durch den Gefühlsinhalt des Satzes bestimmt. Das klassische chinesische Wort unterschied sich stark von einem abstrakten, einen klaren Begriff darstellenden Zeichen. Es war eher ein Lautsymbol mit starker suggestiver Kraft, das einen unbestimmten Komplex bildlicher

Vorstellungen und Emotionen hervorrief. Der Sprechende beabsichtigte nicht so sehr, eine intellektuelle Idee auszudrücken, sondern eher den Zuhörer anzusprechen und zu beeinflussen. Dementsprechend waren die Schriftzeichen nicht einfach abstrakte Chiffren, sondern eine organische Struktur, eine »Gestalt«, die den ganzen Komplex der Vorstellungen und die suggestive Kraft des Wortes enthielten.

Da sich die chinesischen Philosophen in einer für ihre Denkweise so gut geeigneten Sprache ausdrückten, konnten ihre Schriften und Aussagen kurz und unscharf artikuliert und dennoch reich an suggestiven Bildern sein. Es ist klar, daß vieles von diesen Bildern bei Übersetzungen in andere Sprachen verlorengeht. Die Übersetzung eines Satzes aus dem *Tao Te Ching* zum Beispiel kann nur einen kleinen Teil des reichen Ideenkomplexes des Originals wiedergeben. Daher sehen verschiedene Übersetzungen voller Widersprüche oft wie völlig andere Texte aus. Wie Fung Yu-Lan sagte: »Es bedarf einer Kombination aller schon bestehenden Übersetzungen und vieler noch zu machenden, um den Reichtum der Originalfassung des Lao-tzu und der *Konfuzianischen Analekten* zu enthüllen.«[3]

Die Chinesen glauben wie die Inder, daß es eine letzte Realität gibt, die den von uns beobachteten Dingen und Ereignissen zugrunde liegt und die sie vereinigt:

Es gibt die drei Ausdrücke – »vollkommen«, »allumfassend«, »das Ganze«. Diese Namen sind verschieden, aber die in ihnen zu suchende Realität ist die gleiche: Bezug auf das Eine.[4]

Sie nannten diese Realität das »Tao«, was ursprünglich »Weg« bedeutete. Es ist der Weg oder der Prozeß des Universums, die Ordnung der Natur. Später gaben ihm die Konfuzianer eine andere Deutung. Sie sprachen vom Tao des Menschen oder dem Tao der menschlichen Gesellschaft und verstanden es als die richtige Lebensart im moralischen Sinn.

In seinem ursprünglichen, kosmischen Sinn ist das Tao die letzte, undefinierbare Realität und damit das Gegenstück zum hinduistischen *brahman* und dem buddhistischen *dharmakaya*. Es unterscheidet sich jedoch von diesen indischen Begriffen durch seine innere Dynamik, die nach chinesischer Ansicht die

Essenz des Universums ist. Das Tao ist der kosmische Prozeß, an dem alle Dinge beteiligt sind; die Welt wird als dauerndes Fließen und dauernder Wandel gesehen.

Der indische Buddhismus mit seiner Doktrin von der Unbeständigkeit hatte ähnliche Ansichten, jedoch nur als Grundbedingung der menschlichen Situation, und wandte sich dann ihren psychologischen Konsequenzen zu. Die Chinesen glauben andererseits nicht nur, daß Fließen und Wandel das Wesen der Natur ausmachen, sondern auch, daß es konstante Strukturen in diesem Wandel gibt, die der Mensch beobachten soll. Der Weise erkennt diese Strukturen und richtet sein Handeln danach aus. Damit wird er »eins mit dem Tao«, lebt in Harmonie mit der Natur und hat Erfolg mit allem, was er unternimmt. Mit den Worten von Huai Nan-tzu, eines Philosophen des zweiten Jahrhunderts v. Chr.:

> »Wer mit dem Lauf des Tao übereinstimmt und den natürlichen Vorgängen des Himmels und der Erde folgt, findet es leicht, die Welt zu lenken.«[5]

Was ist also die Struktur des kosmischen Weges, die der Mensch erkennen soll? Das Hauptmerkmal des Tao ist die zyklische Natur seiner unaufhörlichen Bewegung und Wandlung. Lao-tzu sagt: »Die Bewegung des Tao ist das Zurückkehren«, und: »Weit gehen heißt zurückkehren.«[6] Es ist die Vorstellung, daß alle Entwicklungen in der Natur, in der physischen Welt und in der menschlichen Situation zyklische Strukturen des Kommens und Gehens, der Ausdehnung und der Kontraktion aufweisen.

Diese Vorstellung war zweifellos von der Bewegung der Sonne und des Mondes und vom Wechsel der Jahreszeiten abgeleitet, wurde aber dann auch als Regel des Lebens aufgefaßt. Die Chinesen glauben, daß eine Situation, die sich bis zum äußersten entwickelt, sich wenden und in ihr Gegenteil umschlagen muß. Dieser Grundglaube gab ihnen Mut und Durchhaltevermögen in Zeiten der Not und machte sie vorsichtig und bescheiden in Zeiten des Erfolges. Er führte zur Doktrin der goldenen Mitte, an die Taoisten und Konfuzianer glaubten. Lao-tzu sagt: »Der Weise vermeidet das Übermaß, die Zügellosigkeit und die Genußsucht.«[7]

Nach chinesischer Ansicht ist es besser, zu wenig zu haben als zu viel, und besser, etwas ungetan zu lassen, als es zu übertreiben, denn wenn man auch auf diese Weise nicht sehr weit kommt, so geht man doch bestimmt in der richtigen Richtung. Wer weiter und weiter nach Osten gehen will, findet sich im Westen wieder, und wer mehr und mehr Geld anhäuft, um seinen Reichtum zu vergrößern, wird arm enden. Die moderne Industriegesellschaft mit ihrem stetigen Versuch, den »Lebensstandard« zu heben, die dabei aber die Lebensqualität für alle ihre Mitglieder senkt, ist eine überzeugende Veranschaulichung dieser alten chinesischen Weisheit. Die Vorstellung von der zyklischen Struktur der Bewegung des Tao erhielt durch die Gegenpole Yin und Yang ein definiertes Gerüst. Sie sind die beiden Pole, die den Zyklus des Wandels in seine Grenzen setzen.

> Hat Yang seinen Gipfel erreicht, zieht es sich zugunsten des Yin zurück; hat Yin seinen Gipfel erreicht, zieht es sich zugunsten des Yang zurück.[8]

Nach chinesischer Ansicht werden alle Manifestationen des Tao durch das dynamische Zusammenspiel dieser beiden polaren Kräfte erzeugt. Diese Vorstellung ist sehr alt, und viele Generationen haben am Symbolismus des archetypischen Paares Yin und Yang gearbeitet, bis es zum Grundbegriff der chinesischen Gedankenwelt wurde. Die ursprüngliche Bedeutung der Worte Yin und Yang war die der schattigen und der sonnigen Seite eines Berges, eine Bedeutung, die eine gute Vorstellung von der Relativität der beiden Begriffe gibt:

> Was einmal das Dunkle und einmal das Lichte hervortreten läßt, das ist der *Sinn* (Tao).[9]

Seit alters her repräsentieren die beiden archetypischen Pole der Natur nicht nur hell und dunkel, sondern auch männlich und weiblich, fest und nachgiebig, oben und unten. Yang, die starke, männliche, schöpferische Kraft, wurde mit dem Himmel assoziiert; Yin, das dunkle, empfangende, weibliche Element, dagegen mit der Erde. Der Himmel ist oben und voller Bewegung, die Erde – nach der alten geozentrischen Anschauung –

unten und in Ruhe, und somit symbolisiert Yang Bewegung und Yin Ruhe. Im Reich der Gedanken ist Yin die komplexe, weibliche, intuitive Denkweise, Yang der klare und rationale männliche Intellekt. Yin ist die stille, nachdenkliche Ruhe des Weisen, Yang die starke, schöpferische Tatkraft des Königs. Der dynamische Charakter von Yin und Yang wird durch das alte chinesische Symbol *T'ai-chi T'u* oder »Diagramm des Allerhöchsten Prinzips« illustriert:

Dieses Diagramm ist eine symmetrische Anordnung des dunklen Yin und des hellen Yang, aber die Symmetrie ist nicht statisch. Es ist eine Rotationssymmetrie, die sehr stark eine kontinuierliche zyklische Bewegung suggeriert:

> Yang kehrt zyklisch zu seinem Anfang zurück; Yin erreicht sein Maximum und macht dem Yang Platz.[10]

Die beiden Punkte im Diagramm symbolisieren die Vorstellung, daß jedesmal, wenn eine der beiden Kräfte ihren Extremwert erreicht, sie bereits die Saat des Gegenteils in sich trägt.

Das Paar Yin und Yang ist das große Leitmotiv, das die chinesische Kultur durchzieht und alle Züge der traditionellen chinesischen Lebensweise bestimmt. Chuang-tzu sagt: »Leben ist die gemischte und aufeinander abgestimmte Harmonie von

Yin und Yang.«[11] Als ein Volk von Bauern waren die Chinesen mit den Bewegungen von Sonne und Mond und mit dem Wechsel der Jahreszeiten vertraut. Jahreszeitliche Wandlung und die daraus entstehenden Phänomene von Wachstum und Verfall in der organischen Natur sahen sie somit als klarsten Ausdruck des Zusammenspiels zwischen Yin und Yang, zwischen dem kalten und dunklen Winter und dem hellen und warmen Sommer. Das jahreszeitliche Zusammenspiel der beiden Gegensätze wird auch in unserer Nahrung reflektiert, die Elemente von Yin und Yang enthält. Eine gesunde Ernährung besteht für den Chinesen darin, diese Yin- und Yang-Elemente aufeinander abzustimmen. Die traditionelle chinesische Medizin beruht ebenfalls auf dem Gleichgewicht von Yin und Yang im menschlichen Körper, und jede Krankheit wird als Störung dieses Gleichgewichts betrachtet. Der Körper besteht aus Yin- und Yang-Teilen. Im ganzen gesehen ist das Körperinnere Yang, die Oberfläche Yin; der Rücken ist Yang, die Vorderseite Yin; im Körper gibt es Yin- und Yang-Organe. Das Gleichgewicht zwischen all diesen Teilen wird durch einen kontinuierlichen Fluß von *ch'i* oder »Lebensenergie« aufrechterhalten, die an einem System von Meridianen entlangfließt, an denen die Akupunktur-Punkte liegen. Mit jedem Organ hängt ein Meridian so zusammen, daß Yang-Meridiane zu Yin-Organen gehören und umgekehrt. Immer, wenn der Fluß zwischen Yin und Yang blockiert ist, wird der Körper krank. Die Krankheit wird geheilt, indem man Nadeln in die Akupunktur-Punkte sticht und den Fluß des *ch'i* wieder in Gang setzt.

Das Zusammenspiel von Yin und Yang, des Ur-Gegensatzpaares, erscheint so als das alle Bewegungen des Tao leitende Prinzip, aber die Chinesen blieben hier nicht stehen. Sie fuhren fort, verschiedene Kombinationen von Yin und Yang zu studieren, aus denen sie ein System kosmischer Archetypen entwickelten. Dieses System ist im *I Ching* oder »Buch der Wandlungen« dargelegt.

Das »Buch der Wandlungen« ist das erste unter den konfuzianischen Klassikern und ist als das Werk anzusehen, das direkt in das Herz des chinesischen Kultur- und Gedankengutes führt. Die Autorität und Wertschätzung, die es in China über Jahrtausende genoß, ist nur mit den heiligen Schriften anderer

Kulturen, wie den Veden oder der Bibel, vergleichbar. Der bekannte Sinologe Richard Wilhelm beginnt die Einführung seiner Übersetzung des Buches mit folgenden Worten:

> Das Buch der Wandlungen, chinesisch *I Ging,* gehört unstreitig zu den wichtigsten Büchern der Weltliteratur. Seine Anfänge reichen in mythisches Altertum zurück. Bis auf den heutigen Tag beschäftigt es die bedeutendsten Gelehrten Chinas. Fast alles, was in der 3000 Jahre alten chinesischen Geschichte an großen und wichtigen Gedanken gedacht wurde, ist teils angeregt durch dieses Buch, teils hat es rückwirkend auf die Erklärung des Buches Einfluß ausgeübt, so daß man ruhig sagen kann, daß im *I Ging* die reifste Weisheit von Jahrtausenden verarbeitet ist.[12]

Das »Buch der Wandlungen« ist somit ein Werk, das über die Jahrtausende organisch gewachsen ist. Es besteht aus vielen Schichten, die den wichtigsten Perioden des geistigen Schaffens in China entstammen. Der Ausgangspunkt des Buches war eine Sammlung von vierundsechzig Figuren oder Hexagrammen, die auf dem Yin-Yang-Symbolismus basieren und als Orakel benutzt wurden. Jedes Hexagramm besteht aus sechs Linien, entweder unterbrochen (Yin) oder durchgehend (Yang), und die vierundsechzig umfassen zusammen alle ihrer mathematisch möglichen Kombinationen.

Diese Diagramme, die später im einzelnen erläutert werden, wurden als kosmische Urtypen betrachtet. Sie repräsentieren die Strukturen des Tao in der Natur und in menschlichen Situationen. Jedes von ihnen erhielt einen Titel und wurde durch einen kurzen Text ergänzt, genannt »das Urteil«, um den Handlungsverlauf anzugeben, der seiner kosmischen Struktur entsprach. Das sogenannte »Bild« ist ein anderer kurzer Text, der später hinzugefügt wurde und der die Bedeutung des Hexagramms in wenigen, oft äußerst poetischen Zeilen darstellt. Ein dritter Text deutet jede der sechs Linien des Hexagramms in einer an mythischen Bildern reichen Sprache, die oft schwer zu verstehen sind.

Diese drei Textkategorien bilden die grundlegenden Teile des Buches, die für Weissagungen benutzt wurden. Ein kompliziertes Ritual unter Verwendung von fünfzig Schafgarbenhalmen wurde angewendet, um das der persönlichen Situation des Fragestellers entsprechende Hexagramm zu bestimmen. Man wollte die kosmische Struktur dieses Augenblicks im Hexagramm sichtbar machen und vom Orakel erfahren, welche Handlungsweise angebracht sei:

> In den Wandlungen sind Bilder, um zu zeigen; es sind Urteile beigefügt, um zu erläutern; es wird Heil oder Unheil bestimmt, um zu entscheiden.[13]

Der Zweck der Befragung des *I Ching* war somit nicht bloß das Erkennen der Zukunft, sondern eher das Aufdecken der Disposition der gegenwärtigen Lage, um richtig handeln zu können. Diese Haltung erhob das *I Ching* über das Niveau eines gewöhnlichen Wahrsagebuches und machte es zu einem Buch der Weisheit.

Die Benutzung des *I Ching* als Buch der Weisheit ist in Wirklichkeit von weit größerer Bedeutung als seine Benutzung als Orakel. Es hat die führenden Köpfe Chinas in jedem Zeitalter inspiriert, unter anderen Lao-tzu, der einige seiner tiefsinnigsten Aphorismen aus dieser Quelle bezog. Konfuzius studierte es intensiv, und die meisten Kommentare zum Text, die die späteren Schichten des Buches ausmachen, gehen auf seine Schule zurück. Diese Kommentare, die sogenannten »Zehn Flügel«, kombinieren die strukturelle Deutung der Diagramme mit philosophischen Erklärungen. Im Zentrum der konfuzianischen Kommentare, wie auch des ganzen *I Ching,* liegt die Betonung des dynamischen Aspekts aller Phänomene. Die ununterbrochene Umwandlung aller Dinge und Verhältnisse ist die zentrale Aussage des »Buches der Wandlungen«:

> Die Wandlungen sind ein Buch,
> Dem man nicht ferne bleiben darf.
> Sein *Sinn* ist stets wechselnd,

Veränderung, Bewegung ohne Rast,
Durchfließend die sechs leeren Plätze;
Sie steigen und fallen ohn' Verharren,
Die Festen und die Weichen wandeln sich.
Man kann sie nicht in eine Regel schließen;
Nur Änderung ist es, was hier wirkt.[14]

Von den beiden wichtigsten chinesischen Denkrichtungen, Konfuzianismus und Taoismus, ist letzterer der mystisch orientierte und somit von größerer Bedeutung für unseren Vergleich mit der modernen Physik. Wie der Hinduismus und Buddhismus ist der Taoismus mehr an intuitiver Weisheit interessiert als an rationalem Wissen. In Erkenntnis der Grenzen und der Relativität des rationalen Denkens ist der Taoismus im Grunde ein Weg der Befreiung von dieser Welt und in dieser Hinsicht mit den Wegen des Yoga und des Vedanta im Hinduismus oder mit dem Achtfachen Pfad des Buddha vergleichbar. Im Kontext der chinesischen Kultur bedeutete die taoistische Befreiung im besonderen eine Befreiung von den strikten Regeln der Konvention. Mißtrauen gegenüber konventionellem Wissen und Argumentieren ist im Taoismus stärker als in allen anderen Schulen östlicher Philosophie. Es basiert auf dem festen Glauben, daß der menschliche Intellekt niemals das Tao verstehen kann. Mit den Worten Chuang-tzus:

> Das größte Wissen weiß es nicht unbedingt; Argumentieren macht die Menschen nicht darin weise. Die Weisen haben gegen beide dieser Methoden entschieden.[1]

Chuang-tzus Buch ist voll von Passagen, die die Geringschätzung des Taoisten von Argumentation und Diskussion widerspiegeln, z. B.:

> Ein Hund gilt nicht als gut, weil er gut bellt, und ein Mann gilt nicht als weise, weil er gewandt redet.[2]

Oder:

> Der Disput ist ein Beweis dafür, daß keine Klarheit herrscht.[3]

Logisches Argumentieren sowie gesellschaftliche Etikette und Moral betrachteten die Taoisten als Teil der künstlichen Welt des Menschen. Sie waren an dieser Welt überhaupt nicht interessiert, sondern konzentrierten ihre Aufmerksamkeit ganz auf die Beobachtung der Natur, um die »Merkmale des Tao« zu erkennen. So entwickelten sie eine im Grunde wissenschaftliche Haltung, und nur ihr tiefes Mißtrauen gegenüber der analytischen Methode hielt sie davon ab, richtige wissenschaftliche Theorien aufzustellen. Nichtsdestoweniger führte die sorgfältige Beobachtung der Natur, kombiniert mit starker mystischer Intuition, die taoistischen Weisen zu tiefen Einsichten, die von modernen wissenschaftlichen Theorien bestätigt werden.

Eine der wichtigsten Erkenntnisse der Taoisten war, daß Umwandlung und Wechsel wesentliche Züge der Natur sind. Eine Passage bei Chuang-tzu zeigt deutlich, wie die fundamentale Bedeutung des Wandels durch Beobachtung der organischen Welt erkannt wurde:

> Im Wandel und im Wachstum aller Dinge hat jeder Keim und jeder Zug die ihm gemäße Form. Darin sehen wir ihr allmähliches Reifen und Verfallen, den konstanten Fluß von Wandlung und Wechsel.[4]

Die Taoisten sahen jede Wandlung in der Natur als Manifestation des Zusammenspiels zwischen den Gegenpolen Yin und Yang, und so glaubten sie, daß in jedem Gegensatzpaar die Pole dynamisch aufeinander bezogen sind. Es fällt dem westlichen Denken außerordentlich schwer, diese Vorstellung von der Einheit aller Gegensätze zu akzeptieren. Es erscheint uns ausgesprochen paradox, daß Erfahrungen und Werte, die wir immer für gegensätzlich hielten, am Ende Aspekte derselben Sache sein sollen. Im Osten jedoch wurde es immer als wichtig für die Erleuchtung betrachtet, »über irdische Gegensätze hinaus«[5] zu gehen, und in China liegt die polare Beziehung aller Gegensätze direkt an der Basis des taoistischen Denkens. So sagt Chuang-tzu:

> »Dieses« ist auch »Jenes«. »Jenes« ist auch »Dieses« ... Die eigentliche Essenz des Tao ist, daß »Jenes« und »Dieses« aufhören, Gegensätze zu sein. Diese Essenz allein, als Achse gleichsam, ist der Mittelpunkt des Kreises und reagiert auf die endlosen Wandlungen.[6]

Aus der Ansicht, daß die Bewegungen des Tao ein kontinuierliches Zusammenspiel von Gegensätzen sind, leiten die Taoisten zwei Grundregeln für menschliches Verhalten ab. Wer irgend etwas erreichen will, sagen sie, soll mit dem Gegenteil beginnen. So spricht Lao-tzu:

> Um zu verkleinern, muß man sicher erst erweitern.
> Um zu schwächen, wird man sicher erst stärken.
> Um niederzuwerfen, wird man sicher erst erhöhen.
> Um zu nehmen, wird man sicher erst geben.
> Dies nennt man subtile Weisheit.[7]

Wenn man andererseits etwas behalten will, soll man darin etwas von seinem Gegenteil zulassen:

> Sei gebogen, und du wirst gerade bleiben.
> Sei leer, und du wirst voll bleiben.
> Sei abgenutzt, und du wirst neu bleiben.[8]

Dies ist die Lebensart des Weisen, der auf einer höheren Warte steht, von der aus die Relativität und der polare Zusammenhang aller Gegensätze klar wahrgenommen werden. Diese Gegensätze schließen vor allem die Begriffe von Gut und Böse ein, die genauso zusammenhängen wie Yin und Yang. In Erkenntnis der Relativität von Gut und Böse und somit aller ethischen Normen strebt der taoistische Weise nicht nach dem Guten, sondern versucht eher, ein dynamisches Gleichgewicht zwischen Gut und Böse herzustellen. Chuang-tzu spricht dies deutlich aus:

> Die Sprüche: »Sollen wir nicht dem Recht folgen und es ehren und nichts mit dem Unrecht zu tun haben?« und »Sollen wir nicht denen folgen und die ehren, die eine gute Regierung sichern, und nichts mit denen zu tun haben, die Unordnung hervorrufen?« zeigen einen Mangel an Kenntnis der Prinzipien von Himmel und Erde und der verschiedenen Eigenschaften der Dinge. Es ist, als wenn man dem Himmel folgt und ihn ehrt und die Erde nicht in Betracht zieht, als wenn man dem Yin folgt und es ehrt und das Yang nicht in Betracht zieht. Es ist klar, daß solch ein Kurs nichts taugt.[9]

Es ist erstaunlich, daß zur gleichen Zeit, als Lao-tzu und seine Anhänger ihre Weltanschauung entwickelten, die wesentlichen Züge dieses Taoismus auch in Griechenland gelehrt wurden, von einem Mann, dessen Lehren uns nur in Fragmenten bekannt sind und der bis heute oft mißverstanden wurde. Dieser griechische »Taoist« war Heraklit von Ephesus. Er teilte mit Lao-tzu nicht nur die Betonung des ständigen Wandels, was er mit seinem berühmten Wort »Alles fließt« zum Ausdruck brachte, sondern auch die Vorstellung, daß alle Wandlungen zyklisch sind. Er verglich die Weltordnung mit einem »ewigen Feuer, aufflammend nach Maß und erlöschend nach Maß«[10], ein Bild, das der chinesischen Vorstellung vom Tao mit seinem zyklischen Zusammenspiel von Yin und Yang entspricht.

Es ist leicht einzusehen, wie dieses Konzept vom Wandel als dynamisches Zusammenspiel von Gegensätzen Heraklit sowie Lao-tzu zu der Entdeckung führte, daß alle Gegensätze polar und somit vereinigt sind. »Der Weg nach oben und nach unten ist ein und dasselbe«, sagte der Grieche, und »Gott ist Tag-Nacht, Winter-Sommer, Krieg-Frieden, Sattsein-Hunger.«[11] Wie die Taoisten sah er jedes Paar von Gegensätzen als Einheit und war sich der Relativität all dieser Begriffe wohl bewußt. Wieder erinnern uns die Worte Heraklits: »Kaltes erwärmt sich, Warmes kühlt ab, Feuchtes trocknet, Trockenes wird feucht«[12], stark an die des Lao-tzu: »Das Leichte bedingt das Schwierige ... Resonanz harmonisiert den Klang, das Später folgt dem Vorher.«[13]

Überraschenderweise ist die große Ähnlichkeit der Weltanschauung dieser beiden Weisen des sechsten Jahrhunderts v. Chr. nicht allgemein bekannt. Heraklit wird oft im Zusammenhang mit der modernen Physik erwähnt, aber kaum je in Verbindung mit dem Taoismus. Diese Perspektive zeigt jedoch am besten die Parallele zwischen seinen Anschauungen und denen der modernen Physik.

Wenn wir über den taoistischen Begriff des Wandels sprechen, müssen wir uns klarmachen, daß dieser Wandel nicht als Folge einer Kraft zu sehen ist, sondern eher als Tendenz, die allen Dingen und Situationen eigen ist. Die Bewegungen des Tao werden ihm nicht aufgezwungen, sondern entstehen natürlich und spontan. Das taoistische Prinzip der Aktion ist Spontaneität, und da sich menschliches Verhalten nach dem Tao ausrichten sollte, so sollte die Spontaneität auch ein Merkmal aller menschlichen Handlungen sein. In Harmonie mit der Natur zu handeln meint somit für den Taoisten, spontan und entsprechend seiner wahren Natur zu handeln. Es meint, der intuitiven Intelligenz zu trauen, die dem menschlichen Verstand innewohnt, so wie die Gesetze des Wandels in allen Dingen um uns herum enthalten sind.

Die Handlungen des taoistischen Weisen entstehen somit aus seiner intuitiven Weisheit, spontan und in Harmonie mit seiner Umgebung. Er braucht weder sich noch seine Umwelt zu zwingen, sondern paßt lediglich seine Handlungen den Bewegungen des Tao an. Mit den Worten Huai Nan-tzus:

> Die der natürlichen Ordnung folgen, fließen im Strom des Tao.[14]

Diese Handlungsweise heißt in der taoistischen Philosophie »Wu-Wei«, ein Ausdruck, der wörtlich »Nicht-Handlung« bedeutet und den Joseph Needham als »Enthaltung von gegen die Natur gerichteten Handlungen« übersetzt. Er rechtfertigt diese Übersetzung mit einem Zitat von Chuang-tzu:

> Nicht-Handeln bedeutet nicht »nichts tun und schweigen«. Alles soll tun dürfen, was es von Natur aus tut, so daß seine Natur zufriedengestellt wird.[15]

Wenn man sich der Handlungen gegen die Natur enthält oder, wie Needham sagt, »des Angehens gegen den Strich der Dinge«, steht man in Harmonie mit dem Tao, und die Handlungen werden erfolgreich sein. Dies ist die Bedeutung von Lao-tzus anscheinend so rätselhaften Worten: »Durch Nicht-Handeln kann alles getan werden.«[16] Der Gegensatz zwischen Yin und Yang ist nicht nur das Grundprinzip der ganzen chinesischen Kultur, sondern wird auch von den beiden herrschenden Richtungen der chinesischen Gedankenwelt widergespiegelt. Konfuzianismus war rational, maskulin, aktiv und herrschend. Der Taoismus andererseits betonte alles Intuitive, Feminine, Mystische und Nachgiebige. Lao-tzu sagt: »Am besten ist, nicht zu wissen, daß man weiß«, und: »Der Weise führt seine Geschäfte ohne Handlungen und gibt seine Lehren ohne Worte.«[17] Die Taoisten glaubten, daß man durch Hervorkehren der weiblichen, nachgiebigen Eigenschaften der menschlichen Natur am leichtesten ein vollkommen ausgeglichenes Leben in Harmonie mit dem Tao führen kann. Ihr Ideal wird am besten von Chuang-tzu zusammengefaßt in seiner Beschreibung des taoistischen Paradieses:

Als es noch kein Chaos gab, hatten die Menschen der alten Zeit eine stille Ruhe, die der ganzen Welt eigen war. Zu der Zeit waren Yin und Yang harmonisch und still; ihre Ruhe und ihre Bewegungen gingen ohne Störung vonstatten; die vier Jahreszeiten hatten ihre festen Termine, nicht einem einzigen Ding geschah Unrecht, und kein Lebewesen kam zu einem vorzeitigen Ende. Die Menschen mögen die Fähigkeit zu wissen besessen haben, sie hatten aber keine Gelegenheit, sie zu gebrauchen. Dies war, was man den Zustand vollkommener Einheit nennt. Zu dieser Zeit gab es keine Handlung, sondern nur die ständige Manifestation der Spontaneität.[18]

Als das chinesische Denken mit dem indischen Buddhismus um das erste Jahrhundert n. Chr. in Berührung kam, fanden zwei parallele Entwicklungen statt. Einerseits regte die Übersetzung der buddhistischen Sutren die chinesischen Denker an und veranlaßte sie, die Lehren des indischen Buddha im Licht ihrer eigenen Philosophie zu deuten. Es entstand ein ungeheuer fruchtbarer Gedankenaustausch, der, wie schon erwähnt, in der Hua-Yen (Sanskrit: Avatamsaka)-Schule des Buddhismus in China und der Kegon-Schule in Japan seinen Höhepunkt erreichte.

Andererseits ist die chinesische Mentalität auch pragmatisch und betonte daher die praktischen Aspekte des indischen Buddhismus. Sie entwickelte diese zu einer speziellen Art geistiger Disziplin, die den Namen »Ch'an« erhielt, ein Wort, das gewöhnlich mit »Meditation« übersetzt wird. Diese Ch'an-Philosophie wurde um das zwölfte Jahrhundert n. Chr. von den Japanern übernommen und unter dem Namen Zen bis in die Gegenwart hinein als lebendige Tradition kultiviert. Zen ist somit eine einzigartige Mischung der Philosophien und Eigenheiten dreier verschiedener Kulturen. Er ist eine typisch japanische Lebensweise und reflektiert doch die Mystik Indiens, die taoistische Liebe zur Natürlichkeit und Spontaneität und den gründlichen Pragmatismus des konfuzianischen Geistes.

Dennoch ist Zen seinem Wesen nach rein buddhistisch, weil sein Ziel kein anderes als das des Buddha selbst ist: die Erleuchtung, eine Erfahrung, die im Zen »Satori« genannt wird. Die Erfahrung der Erleuchtung ist die Essenz aller Schulen östlicher Philosophie, aber Zen ist einzigartig darin, daß er sich ausschließlich auf diese Erfahrung konzentriert und an keinerlei weiteren Deutungen interessiert ist. Mit Suzukis Worten: »Zen ist die Schulung zur Erleuchtung.« Vom Standpunkt des

Zen sind das Erwachen des Buddha und die Lehre Buddhas, daß jedem dieses Erwachen möglich sei, das Wesentliche am Buddhismus. Der Rest der Lehre, erläutert in den umfangreichen Sutren, wird als Anhang betrachtet.

Die Erfahrung des Zen ist somit die Erfahrung des Satori, und da diese Erfahrung letztlich alle Denkkategorien überschreitet, ist Zen an keinerlei Abstraktion oder begrifflichem Denken interessiert. Er hat keine spezielle Philosophie oder Doktrin, keine Glaubensbekenntnisse oder Dogmen und versichert, daß diese Freiheit von allem fixierten Glauben ihn wahrhaft geistig mache. Mehr als alle anderen Schulen östlicher Mystik ist Zen überzeugt, daß Worte niemals die letzte Wahrheit ausdrücken können. Er muß diese Überzeugung vom Taoismus geerbt haben, der die gleiche kompromißlose Haltung zeigt. Chuang-tzu sagt: »Wenn jemand nach dem Tao fragt, und ein anderer antwortet ihm, dann weiß es keiner von beiden.«[1]

Und doch kann die Zen-Erfahrung vom Lehrer zum Schüler weitergegeben werden, wie es in der Tat durch spezielle Methoden über viele Jahrhunderte geschah. In einer klassischen Zusammenfassung von vier Zeilen wird Zen beschrieben als:

Eine besondere Übermittlung jenseits von Schriften,
Nicht gegründet auf Wörter und Buchstaben,
Direkt auf den menschlichen Geist zeigend,
In die eigene Natur blickend und Buddhatum erreichend.

Diese Technik des »direkten Zeigens« ist das Besondere am Zen. Sie ist typisch für die japanische Denkweise, die mehr intuitiv als intellektuell ist und Tatsachen gerne als Tatsachen ohne viel Kommentar weitergibt. Die Zen-Meister redeten nicht viel und verachteten alles Theoretisieren und Spekulieren. So entwickelten sie Methoden, direkt auf die Wahrheit zu zeigen, mit plötzlichen und spontanen Handlungen oder Worten, die die Paradoxa des begrifflichen Denkens enthüllten und, wie die schon erwähnten Koans, den Denkprozeß stoppen sollen, um den Lernenden für die mystische Erfahrung bereit zu machen. Diese Technik wird in den folgenden Beispielen von kurzen Unterhaltungen zwischen Meister und Schüler erläutert. In diesen Beispielen, die den größten Teil der Zen-Literatur ausmachen, sprechen die Meister so wenig wie möglich und benutzen ihre Worte, um die Aufmerksamkeit des Schülers von abstrakten Gedanken zur konkreten Realität hin zu lenken.

Ein Mönch, der um Weisungen bat, sagte zu Bodhidharma: »Ich habe keinen Seelenfrieden. Bitte befriede meine Seele.« »Bring mir deine Seele her«, antwortete Bodhidharma, »und ich werde sie befrieden!« »Aber wenn ich meine eigene Seele suche«, sagte der Mönch, »dann kann ich sie nicht finden.« »Da!« rief Bodhidharma aus: »Ich habe deine Seele befriedet!«[2]

Ein Mönch sagte zu Joshu: »Ich bin soeben im Kloster angekommen. Bitte, unterrichte mich.« Joshu fragte: »Hast du deinen Reisbrei gegessen?« Der Mönch antwortete: »Ich habe gegessen.« Joshu sagte: »Dann wasche deine Schale aus.«[3]

Diese Dialoge beleuchten einen anderen Aspekt, der für Zen charakteristisch ist. Erleuchtung heißt in Zen nicht Zurückziehen von der Welt, sondern im Gegenteil aktive Teilnahme an den Dingen des Alltags. Dieser Gesichtspunkt sprach die chinesische Mentalität sehr stark an, die großen Wert auf ein praktisches, produktives Leben und auf die Fortpflanzung der Familie legte und den asketischen Charakter des indischen Buddhismus nicht akzeptieren konnte. Die chinesischen Meister betonten immer, daß Ch'an oder Zen unsere tägliche Erfahrung ist, der »Alltagsverstand«, wie Ma-tzu verkündete. Ihr Gewicht lag auf dem Erwachen mitten in den täglichen Angelegenheiten, und sie machten klar, daß sie das tägliche Leben nicht nur als Weg zur Erleuchtung sahen, sondern als Erleuchtung selbst. Im Zen bedeutet Satori die unmittelbare Erfahrung der Buddha-Natur aller Dinge. Die sind zuallererst die Dinge, Angelegenheiten und Menschen des täglichen Lebens, so daß Zen, während er die praktischen Seiten des Lebens betont, nichtsdestoweniger tief mystisch ist. Wer ganz in der Gegenwart lebt und den täglichen Angelegenheiten seine volle Aufmerksamkeit widmet, wer Satori erreicht hat, erfährt die Wunder und Mysterien des Lebens in jeder einzelnen Handlung:

Wie wunderbar, wie geheimnisvoll!
Ich trage Brennholz, ich hole Wasser![4]

Die Vollendung des Zen besteht somit darin, das tägliche Leben natürlich und spontan zu leben. Als Po-Chang gebeten wurde, Zen zu definieren, sagte er: »Iß, wenn du hungrig bist, schlafe, wenn du müde bist.« Obwohl das offensichtlich und simpel klingt, wie so vieles im Zen, ist es in Wirklichkeit eine schwierige Aufgabe. Die Natürlichkeit unserer ursprünglichen Natur zurückzugewinnen, erfordert langes Training und stellt eine große geistige Leistung dar. Mit den Worten eines berühmten Zen-Spruches:

> Bevor du Zen studierst, sind Berge Berge und Flüsse Flüsse; während du Zen studierst, sind Berge keine Berge mehr und Flüsse keine Flüsse; aber wenn du einmal die Erleuchtung hast, sind Berge wieder Berge und Flüsse wieder Flüsse.

Die Betonung im Zen von Natürlichkeit und Spontaneität wurzelt sicher im Taoismus, aber die Basis dafür ist streng buddhistisch. Es ist der Glaube an die Vollkommenheit unserer ursprünglichen Natur, die Erkenntnis, daß der Vorgang der Erleuchtung lediglich darin besteht, zu werden, was wir schon von Anfang an waren. Als der Zen-Meister Po-Chang nach der Suche nach der Buddha-Natur gefragt wurde, antwortete er: »Das ist, wie wenn man auf einem Ochsen reitet, um den Ochsen zu suchen.«

Es gibt zwei Hauptrichtungen des Zen im heutigen Japan, die sich durch ihre Lehrmethoden unterscheiden. Die Rinzai- oder »plötzliche« Schule benutzt die Koan-Methode, die in einem früheren Kapitel dargestellt wurde. In regelmäßigen formalen Unterredungen mit dem Meister, die »Sanzen« heißen, werden die Schüler aufgefordert, ihr Koan zu lösen. Die Lösung eines Koan erfordert lange Perioden intensiver Sammlung, die zur plötzlichen Einsicht des Satori führen. Ein erfahrener Meister weiß, wann der Schüler an den Rand der plötzlichen Erleuchtung gekommen ist, und kann ihn oder sie durch den Schock einer unerwarteten Handlung, z. B. durch einen Stockhieb oder einen lauten Schrei, zur Satori-Erfahrung bringen.

Die Soto- oder »allmähliche« Schule vermeidet die Schockmethoden des Rinzai und zielt auf das allmähliche Reifen des Zen-Schülers »wie das Frühlingslüftchen, das die Blume liebkost und ihr zu blühen hilft.«[5] Sie befürwortet »ruhiges Sitzen«

und den Gebrauch der gewöhnlichen Arbeit als zwei Formen der Meditation.

Sowohl die Soto- als auch die Rinzai-Schule legen größten Wert auf Zazen, die sitzende Meditation, die in den Zen-Klöstern täglich viele Stunden praktiziert wird. Richtige Haltung und richtiges Atmen ist bei dieser Art der Meditation das erste, was jeder Zen-Schüler zu lernen hat. Im Rinzai-Zen wird Zazen benutzt, um den intuitiven Verstand auf das Koan vorzubereiten, und die Soto-Schule betrachtet es als wichtigstes Mittel der inneren Reifung und Entwicklung zum Satori hin. Darüber hinaus wird es als die tatsächliche Realisierung der Buddha-Natur des einzelnen gesehen. Körper und Geist werden zu einer harmonischen Einheit verschmolzen, die keine weitere Verbesserung benötigt. Wie ein Zen-Gedicht sagt:

> Während ich still sitze und nichts tue,
> kommt der Frühling, und das Gras sprießt.[6]

Da Zen behauptet, daß sich die Erleuchtung in alltäglichen Angelegenheiten manifestiert, hatte es einen enormen Einfluß auf alle Aspekte der traditionellen japanischen Lebensweise. Diese umfassen nicht nur die Künste der Malerei, der Kalligraphie, der Gartenarchitektur etc., und die verschiedenen Kunsthandwerke, sondern auch zeremonielle Handlungen wie das Zubereiten von Tee oder das Anordnen von Blumen und die kriegerischen Künste des Bogenschießens, Schwertfechtens und Judo. Jede dieser Aktivitäten nennt man in Japan ein »Do«, das ist ein Tao oder »Weg« zur Erleuchtung. Sie alle benutzen die verschiedenen Merkmale der Zen-Erfahrung und werden gebraucht, um den Geist zu trainieren und zur letzten Realität hinzuführen.

Ich habe schon die langsame, rituelle Handlung des *cha-no-yu*, der japanischen Teezeremonie, erwähnt, die spontane Bewegung der Hand, die man für Kalligraphie und Malerei braucht, und die Geistigkeit des *bushido*, des »Weges des Kriegers«. Alle diese Künste sind Ausdrücke der Spontaneität, Einfachheit und der totalen Gegenwart des Geistes, die für das Zen-Leben charakteristisch sind. Technische Perfektion erfordern sie alle, wirkliche Meisterschaft wird jedoch nur erreicht,

126

wenn die Technik überschritten und die Kunst eine »kunstlose Kunst« wird, die aus dem Unbewußten wächst.

Wir haben das Glück, in Eugen Herrigels kleinem Buch *Zen in der Kunst des Bogenschießens* eine wunderbare Beschreibung solcher »kunstlosen Kunst« zu besitzen. Herrigel verbrachte mehr als fünf Jahre mit einem berühmten japanischen Meister, um seine mystische Kunst zu lernen, und er gibt uns in seinem Buch einen persönlichen Bericht darüber, wie er Zen durch Bogenschießen erlebte. Er beschreibt, wie ihm das Bogenschießen als religiöses Ritual dargestellt wurde, das in spontanen, mühelosen und ziellosen Bewegungen »getanzt« wird. Er brauchte viele Jahre harter Übung, die sein ganzes Wesen umformten, um zu lernen, wie man den Bogen »spirituell« zieht, mit einer mühelosen Kraft, und die Sehne »ohne Absicht« losläßt und den Schuß »wie eine reife Frucht vom Schützen fallen« läßt. Auf dem Höhepunkt seiner Vollendung wurden Bogen, Pfeil, Ziel und Schütze eins, und er schoß nicht, sondern »es« geschah für ihn. Herrigels Beschreibung des Bogenschießens ist eine der reinsten Darstellungen des Zen, weil sie von Zen gar nicht spricht.

III
Die Parallelen

Die Einheit aller Dinge

Obwohl die in den letzten fünf Kapiteln beschriebenen spirituellen Traditionen sich in vielen Details unterscheiden, ist ihre Weltanschauung im wesentlichen die gleiche. Es ist eine auf mystischer Erfahrung basierende Anschauung. Diese direkte, nichtintellektuelle Erfahrung der Wirklichkeit hat einige Grundzüge, die vom geographischen, historischen oder kulturellen Hintergrund des Mystikers unabhängig sind. Ein Hindu und ein Taoist mögen verschiedene Aspekte der Erfahrung hervorheben; ein japanischer Buddhist mag seine Erfahrung mit Ausdrücken deuten, die sich von denen eines indischen Buddhisten sehr unterscheiden: Die Grundelemente der Weltanschauung in all diesen Traditionen sind die gleichen. Diese Elemente scheinen auch die Grundzüge der Weltanschauung zu sein, die aus der modernen Physik hervorgeht.

Das wichtigste Merkmal der östlichen Weltanschauung – man könnte es ihre Essenz nennen – ist das Gewahrsein der Einheit und gegenseitigen Beziehung aller Dinge und Ereignisse, die Erfahrung aller Phänomene in der Welt als Manifestationen einer einzigen fundamentalen Identität. Alle Dinge werden als voneinander abhängige und untrennbare Teile des kosmischen Ganzen gesehen, als verschiedene Manifestationen der gleichen letzten Wirklichkeit. Die östlichen Traditionen beziehen sich ständig auf diese letzte, unteilbare Wirklichkeit, die sich in allem manifestiert, und alle Dinge sind Teile von ihr. Im Hinduismus heißt sie Brahman, im Buddhismus Dharmakaya, im Taoismus Tao. Da sie alle Begriffe und Kategorien übersteigt, nennen sie die Buddhisten auch »Tathata« oder »So-Sein«:

Was die Seele mit »So-Sein« meint, ist das Eins-Sein der Totalität aller Dinge, das große, allesumfassende Ganze.[1]

Im normalen Leben sehen wir diese Einheit aller Dinge nicht, sondern teilen die Welt in getrennte Objekte und Ereignisse. Diese Unterteilung ist nützlich und notwendig, um mit unserer alltäglichen Umgebung umgehen zu können, aber sie ist kein Grundzug der Wirklichkeit. Es ist eine Abstraktion unseres unterscheidenden und kategorisierenden Intellekts, eine Illusion. Hindus und Buddhisten sagen, daß diese Illusion auf »Avidya«, Unwissenheit, beruht, die ein Gehirn unter dem Zauber von »Maya« produziert. Daher ist es das erste Ziel der östlichen mystischen Traditionen, das Gehirn »zurechtzurücken«, indem man es durch Meditation zentriert und beruhigt. Der Sanskrit-Ausdruck für Meditation: »Samadhi« heißt wörtlich »geistiges Gleichgewicht«. Er bezeichnet den Zustand, in dem die grundsätzliche Einheit des Universums erfahren wird:

> Beim Eintreten in das Samadhi der Reinheit (erlangt man) alles durchdringende Einsicht und wird dadurch der absoluten Einheit des Universums bewußt.[2]

Diese grundsätzliche Einheit des Universums ist auch eine der bedeutendsten Offenbarungen der modernen Physik. Sie tritt im atomaren Bereich zutage und manifestiert sich immer deutlicher, wenn man tiefer in die Materie, hinunter in das Reich der subatomaren Teilchen, eindringt. Das Thema von der Einheit aller Dinge und Ereignisse taucht bei unserem Vergleich der modernen Physik mit der östlichen Philosophie immer wieder auf. Wenn wir die verschiedenen Modelle der subatomaren Physik studieren, sehen wir, daß sie immer wieder auf verschiedene Weise die gleiche Einsicht ausdrücken: daß die Bestandteile der Materie und die daran beteiligten Grundphänomene alle zusammenhängen, zueinander in Beziehung stehen und voneinander abhängen; daß sie nicht als isolierte Einheiten, sondern nur als integrierte Teile des Ganzen verstanden werden können.

In diesem Kapitel möchte ich mit Hilfe einer ausführlichen Analyse des Beobachtungsvorgangs die aus der Quantentheorie hervorgehende Verkettung der Natur darstellen.*

Vorher muß ich jedoch auf den Unterschied zwischen dem mathematischen Gerüst einer Theorie und ihrer verbalen Fassung zurückkommen. Das mathematische Gerüst der Quantentheorie hat zahlreiche Tests erfolgreich bestanden und wird jetzt als richtige und genaue Beschreibung aller atomaren Phänomene anerkannt. Die verbale Formulierung aber, d. h. die Metaphysik der Quantentheorie, steht auf weit weniger festem Grund. Tatsächlich konnten die Physiker in mehr als vierzig Jahren kein klares metaphysisches Modell liefern.

Die folgende Diskussion basiert auf der sogenannten Kopenhagener Deutung der Quantentheorie, die in den späten zwanziger Jahren von Bohr und Heisenberg entwickelt wurde und immer noch das anerkannteste Modell darstellt. Im folgenden beziehe ich mich auf die Darlegung von Henry Stapp von der Universität von Kalifornien[3], die sich mit bestimmten Aspekten der Theorie und mit einem bestimmten Typ von experimenteller Situation befaßt, dem man in der subatomaren Physik häufig begegnet.**

Der Ausgangspunkt der Kopenhagener Deutung ist die Unterteilung der physikalischen Welt in ein beobachtetes System (Objekt) und ein beobachtendes System. Das beobachtete System kann ein Atom, ein subatomares Teilchen, ein atomarer Vorgang etc. sein. Das beobachtende System besteht aus den Versuchsapparaten und schließt einen oder mehrere menschliche Beobachter ein. Eine erhebliche Schwierigkeit entsteht jetzt aus der Tatsache, daß die beiden Systeme verschieden behandelt werden. Das beobachtende System wird mit Ausdrücken der klassischen Physik beschrieben, diese Ausdrücke können aber für die Beschreibung des beobachteten Objekts nicht sinnvoll angewendet werden. Wir wissen, daß klassische Begriffe auf dem atomaren Niveau unzureichend sind, aber wir müssen sie benutzen, um unsere Versuche zu beschreiben und die Ergebnisse festzuhalten. Aus diesem Paradox gibt es keinen

---

* Obwohl ich die Mathematik ganz beiseite lasse und die Analyse stark vereinfache, kann die folgende Diskussion ziemlich trocken und technisch wirken. Vielleicht sollte man sie als Yoga-Übung auffassen, die wie viele geistige Übungen der östlichen Traditionen möglicherweise nicht viel Spaß macht, aber zu tiefen und wunderbaren Einsichten in die Natur der Dinge führen kann.
** Andere Aspekte der Quantentheorie werden in den folgenden Kapiteln dargelegt.

Ausweg. Die technische Sprache der klassischen Physik ist nur eine Verfeinerung der Umgangssprache, und sie ist die einzige Sprache, die uns zum Übermitteln der Versuchsergebnisse zur Verfügung steht.

Die beobachteten Systeme werden in der Quantentheorie in Form von Wahrscheinlichkeiten beschrieben. Das bedeutet, daß wir den Aufenthaltsort eines subatomaren Teilchens nie mit Sicherheit voraussagen können, auch nicht, wie ein atomarer Vorgang ablaufen wird. Zum Beispiel sind die meisten heute bekannten subatomaren Teilchen instabil, d. h. sie zerfallen nach einer bestimmten Zeit in andere Teilchen. Es ist jedoch unmöglich, diese Zeit genau vorauszusagen. Wir können nur die Wahrscheinlichkeit des Zerfalls nach einer bestimmten Zeit voraussagen oder, anders ausgedrückt, die durchschnittliche Lebensdauer einer großen Zahl gleichartiger Teilchen. Das gleiche gilt für die Art und Weise des Zerfallens. Generell kann ein instabiles Teilchen zu verschiedenen Kombinationen anderer Teilchen zerfallen, und wieder können wir nicht voraussagen, welche Kombination ein bestimmtes Teilchen wählen wird. Wir können nur voraussagen, daß von einer großen Anzahl Teilchen etwa 60 % auf die eine Art zerfallen werden, 30 % auf die andere und 10 % auf eine dritte. Es ist klar, daß man viele Messungen braucht, um solche statistischen Voraussagen zu bestätigen. Und bei den Kollisionsversuchen der Hochenergie-Physik werden wirklich Zehntausende von Teilchenzusammenstößen aufgezeichnet und analysiert, um die Wahrscheinlichkeit für einen bestimmten Vorgang zu ermitteln.

Wichtig ist die Feststellung, daß die statistische Formulierung der Gesetze der Atom- und Subatomphysik nicht unsere Unwissenheit über die physikalische Situation wiedergibt, wie dies bei der Anwendung der Wahrscheinlichkeitsrechnung durch Versicherungsgesellschaften oder Glücksspieler der Fall ist. In der Quantentheorie haben wir die Wahrscheinlichkeit als Grundeigenschaft der atomaren Realität erkannt, welche alle Prozesse steuert, sogar die Existenz der Materie. Subatomare Teilchen existieren nicht mit Sicherheit an bestimmten Orten, sondern zeigen eher »Tendenzen zu existieren«, und atomare Vorgänge verlaufen nicht mit Sicherheit zu bestimmten Zeiten und auf bestimmte Weise, sondern zeigen eher »Tendenzen aufzutreten«. Es ist z. B. nicht möglich, mit Sicherheit zu sagen, wo sich ein Elektron zu einer bestimmten Zeit im Atom aufhält. Sein Ort hängt von der Anziehungskraft des Atomkerns und vom Einfluß der anderen Elektronen im Atom ab. Diese Bedingungen bestimmen das Bild der Aufenthaltswahrscheinlichkeit des Elektrons in den verschiedenen Räumen des Atoms.

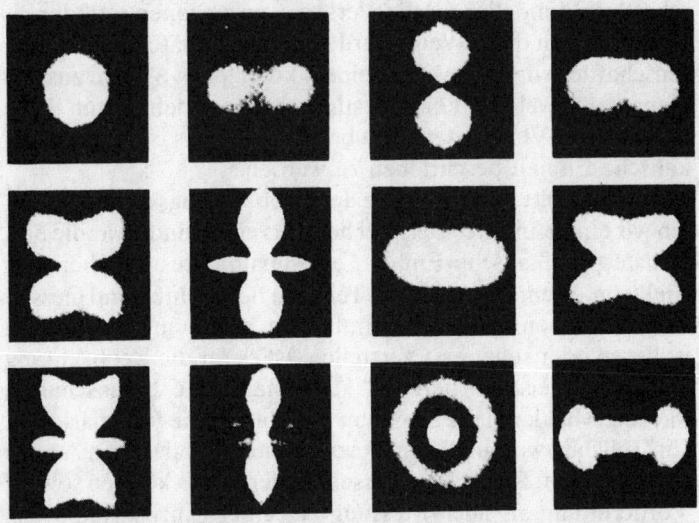

Modelle der Aufenthaltswahrscheinlichkeiten von Elektronen in ihren Räumen

Obiges Bild zeigt einige Modelle von Strukturen solcher Aufenthaltswahrscheinlichkeiten. Die Aufenthaltswahrscheinlichkeit des Elektrons ist groß an den hellen Stellen, klein an den dunklen. Wichtig dabei ist, daß das gesamte Bild das Elektron zu einer gegebenen Zeit darstellt. Innerhalb des Bildes können wir den Aufenthaltsort des Elektrons nicht angeben, sondern nur seine Tendenz, in bestimmten Gegenden zu sein. Im mathematischen Formalismus der Quantentheorie werden diese Tendenzen oder Wahrscheinlichkeiten durch die sogenannte Wahrscheinlichkeitsfunktion dargestellt, die die Wahrscheinlichkeit angibt, mit der das Elektron zu verschiedenen Zeiten an verschiedenen Orten aufzufinden ist.

Der Gegensatz zwischen den beiden Beschreibungsarten – klassische Begriffe für die Versuchsanordnung und Wahrscheinlichkeitsfunktionen für die beobachteten Objekte – führt zu großen metaphysischen Problemen, die bisher nicht gelöst werden konnten. In der Praxis werden jedoch diese Probleme umgangen, indem zur Beschreibung des Beobachtungssystems »Betriebsanleitungen« gegeben werden, die es den Wissenschaftlern ermöglichen, die Versuche anzuordnen und durchzuführen. Auf diese Weise werden die Meßgeräte und die Wissenschaftler wirkungsvoll zu einem komplexen System zusammengefaßt, welches keine bestimmten, klar definierten Teile hat, und der Versuchsapparat braucht nicht als isolierte physikalische Einheit beschrieben zu werden.

Für die weitere Erörterung des Beobachtungsvorgangs wollen wir ein definiertes Beispiel herausgreifen, und zwar die einfachste physikalische Einheit, ein subatomares Teilchen, ein Elektron. Wenn wir solch ein Teilchen beobachten und messen wollen, müssen wir es zuerst mit einem bestimmten Verfahren isolieren oder sogar erst herstellen. Ist es für die Beobachtung auf diese Weise vorbereitet, kann man seine Eigenschaften messen. Man kann die Situation symbolisch wie folgt darlegen. Ein Teilchen wird im Raum A vorbereitet, wandert von A nach B und wird im Raum B gemessen. In der Praxis können sowohl Vorbereitung als auch Messung aus einer ganzen Reihe von recht komplizierten Vorgängen bestehen. Bei den Kollisionsversuchen der Hochenergie-Physik zum Beispiel besteht die Vorbereitung der als Geschosse benutzten Teilchen darin, daß man sie auf einer Kreisbahn so lange beschleunigt, bis ihre Energie ausreichend hoch ist. Dieser Prozeß findet im Teilchenbeschleuniger statt. Nach Erreichen der gewünschten Energie verlassen sie den Beschleuniger (A) und wandern zum Zielraum (B), wo sie mit anderen Teilchen zusammenstoßen. Diese Zusammenstöße finden in einer Blasenkammer statt, wo die Teilchen sichtbare Spuren hinterlassen, die fotografiert werden.* Die Eigenschaften der Teilchen werden dann aus ei-

* Siehe Abb. S. 201.

ner mathematischen Analyse ihrer Spuren gefolgert. Eine solche Analyse kann sehr komplex sein und wird oft mit Hilfe von Computern durchgeführt. All diese Vorgänge und Aktivitäten stellen die Messung dar.

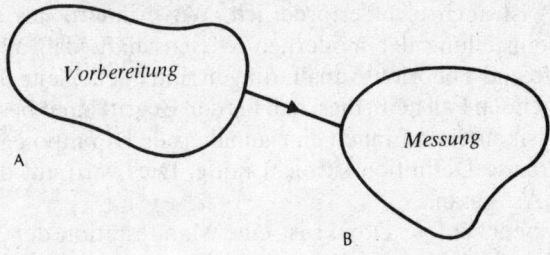

Wichtig bei dieser Analyse der Beobachtung ist, daß das Teilchen ein Zwischensystem darstellt, welches die Vorgänge in A und B miteinander verbindet. Nur in diesem Zusammenhang existiert es und hat Bedeutung; nicht als isolierte Einheit, sondern nur als Verbindung zwischen den Vorgängen der Vorbereitung und der Messung. Die Eigenschaften des Teilchens können nicht unabhängig von diesen Vorgängen definiert werden. Wird die Vorbereitung oder die Messung verändert, so ändern sich die Eigenschaften des Teilchens ebenfalls.

Andererseits zeigt die Tatsache, daß wir über das »Teilchen« oder irgendein anderes beobachtetes System sprechen, daß wir eine unabhängige physikalische Einheit im Sinn haben, die erst vorbereitet und dann gemessen wird. Das Grundproblem mit den Beobachtungen in der Atomphysik ist somit – in den Worten von Henry Stapp – daß »das beobachtete System isoliert sein muß, um definiert zu werden, aber wechselwirkend, um beobachtet zu werden.«[4] Dieses Problem wird in der Quantentheorie auf pragmatische Weise gelöst, nämlich durch die Forderung, daß das beobachtete System von äußeren Störungen freizuhalten ist, die durch den Beobachtungsvorgang während eines Zeitraums zwischen Vorbereitung und darauf folgender Messung verursacht werden. Solch eine Bedingung kann erwartet werden, wenn Vorbereitungs- und Meßeinrichtungen räumlich weit getrennt sind, so daß das beobachtete Objekt vom Vorbereitungsort zur Meßstelle wandern kann.

Wie groß muß dann diese Entfernung sein? Im Prinzip muß sie unendlich sein. Im Rahmen der Quantentheorie kann der Begriff einer bestimmten physikalischen Einheit nur dann präzis definiert werden, wenn diese Einheit unendlich weit von den Meß-Mitteln entfernt ist. In der Praxis ist das natürlich unmöglich; es ist auch nicht erforderlich. Wir erinnern uns an die Grundeinstellung der modernen Wissenschaft, daß alle ihre Begriffe und Theorien Annäherungen sind (siehe Seite 39). Im vorliegenden Fall heißt dies, daß für den Begriff einer bestimmten physikalischen Einheit eine annähernde Definition genügt, eine präzise Definition ist nicht nötig. Dies wird auf die folgende Art getan.

Das beobachtete Objekt ist eine Manifestation der Wechselwirkung zwischen den Vorbereitungs- und den Meßvorgängen. Diese Wechselwirkung ist im allgemeinen komplex und enthält verschiedene Effekte, die sich über verschiedene Entfernungen erstrecken. Es hat verschiedene »Reichweiten«, wie wir in der Physik sagen. Wenn jetzt der dominierende Teil des Zusammenwirkens eine große Reichweite hat, wandert die Manifestation dieses Effekts mit großer Reichweite über eine große Entfernung. Sie ist dann frei von äußeren Störungen und kann als bestimmte physikalische Einheit bezeichnet werden. Im Gerüst der Quantentheorie sind daher »bestimmte physikalische Einheiten« Idealisierungen und nur in dem Ausmaß bedeutsam, wie der Hauptteil der Wechselwirkung eine große Reichweite hat. Eine solche Situation kann mathematisch genau definiert werden. Physikalisch bedeutet dies, daß die Meßeinrichtungen so weit auseinander aufgestellt sind, daß ihre Hauptwechselwirkung durch den Austausch eines Teilchens, oder, in komplizierteren Fällen, eines Netzwerks von Teilchen, erfolgt. Immer treten zusätzlich andere Effekte auf, aber solange die Meßeinrichtungen weit genug getrennt stehen, können diese Effekte vernachlässigt werden. Nur wenn die Meßeinrichtungen zu dicht stehen, werden die Effekte von kurzer Reichweite übermächtig. In diesem Fall bildet das ganze makroskopische System ein einheitliches Ganzes, und der Begriff von einem beobachteten Objekt bricht zusammen.

Die Quantentheorie enthüllt so einen wesentlichen inneren Zusammenhang des Universums. Sie zeigt, daß wir die Welt nicht in unabhängig existierende kleinste Teilchen zerlegen können.* Beim Eindringen in die Materie finden wir, daß sie aus Teilchen besteht, aber dies sind nicht die Grundbausteine im Sinne von Demokrit und Newton. Sie sind lediglich Idealisierungen; vom praktischen Standpunkt aus von Nutzen, aber ohne fundamentale Bedeutung. Mit den Worten von Niels Bohr: »Isolierte Materie-Teilchen sind Abstraktionen, ihre Eigenschaften sind nur durch ihr Zusammenwirken mit anderen Systemen definierbar und wahrnehmbar.«[5]

Die Kopenhagener Deutung der Quantentheorie wird nicht universell akzeptiert. Es gibt mehrere Gegenvorschläge, und die damit zusammenhängenden philosophischen Probleme sind noch lange nicht gelöst. Der Universalzusammenhang der Dinge und Ereignisse scheint jedoch ein Grundzug der Realität zu sein, der nicht von einer bestimmten Deutung der mathematischen Theorie abhängt.[6] Auf der atomaren Ebene lösen sich also die »festen« Objekte der klassischen Physik in Wahrscheinlichkeitsstrukturen auf. Diese Strukturen stellen nicht die Wahrscheinlichkeit von Dingen dar, sondern vielmehr die Wahrscheinlichkeit von Zusammenhängen. Die Quantentheorie zwingt uns, das Universum nicht als eine Ansammlung physikalischer Objekte zu sehen, sondern als kompliziertes Gewebe von Beziehungen zwischen den verschiedenen Teilen eines vereinigten Ganzen. Dies ist jedoch die Art, in der östliche Mystiker die Welt erfahren haben, und einige von ihnen haben ihre Erfahrungen in fast den gleichen Worten ausgedrückt, die Atomphysiker benutzen. Hier sind zwei Beispiele:

> Das stoffliche Objekt wird . . . etwas anderes, als was wir jetzt sehen, nicht ein selbständiges Objekt vor dem Hintergrund oder in der Umgebung der übrigen Natur, sondern ein untrennbares Teil und auf subtile Art sogar ein Ausdruck der Einheit von allem, was wir sehen.[7]
>
> *S. Aurobindo*

> Dinge leiten ihre Natur und ihr Sein von gegenseitiger Abhängigkeit her und sind nichts in sich selbst.[8]
>
> *Nagarjuna*

---

* Siehe S. 309 ff. Dort wird die Wechselwirkung der Quanten erörtert, und zwar am Beispiel der in Bells Theorem implizierten »nichtlokalen« Zusammenhänge.

Wenn diese Aussagen als Beschreibung der Natur in der Atomphysik gelten können, dann klingen die beiden folgenden Aussagen von Atomphysikern wie eine Beschreibung der mystischen Erfahrung der Natur:

> Ein Elementarteilchen ist keine unabhängig existierende, analysierbare Einheit. Es ist im Grunde eine Reihe von Zusammenhängen, die sich nach außen zu anderen Dingen hin erstrecken.[9]
>
> *H. P. Stapp*

> Die Welt erscheint in dieser Weise als ein kompliziertes Gewebe von Vorgängen, in dem sehr verschiedenartige Verknüpfungen sich abwechseln, sich überschneiden und zusammenwirken und in dieser Weise schließlich die Struktur des ganzen Gewebes bestimmen.[10]
>
> *W. Heisenberg*

Das Bild dieser Verkettung gleich einem kosmischen Netz, das aus der modernen Physik aufsteigt, wurde im Osten viel benutzt, um die mystische Erfahrung der Natur mitzuteilen. Für den Hindu ist Brahman der bindende Faden im kosmischen Gewebe, die letzte Ursache allen Seins:

> Ihr kennt diesen, in den Himmel, Erde und Luftraum, das Manas zusammen mit allen Hauchen verwebt sind, als den einen Atman (die Seele).[11]

Im Buddhismus spielt das Bild vom kosmischen Gewebe eine noch größere Rolle. Der Kern des *Avatamsaka-Sutra*, eine der Hauptschriften des Mahayana-Buddhismus (siehe S. 103) ist eine Beschreibung der Welt als perfektes Netzwerk von gegenseitigen Beziehungen, wo alle Dinge und Ereignisse miteinander auf unendlich komplizierte Weise zusammenwirken. Die Mahayana-Buddhisten haben viele Gleichnisse entwickelt, um diesen universellen inneren Zusammenhang zu illustrieren, von denen einige später im Zusammenhang mit der relativistischen Version der »Gewebe-Philosophie« in der modernen Physik erörtert werden. Das kosmische Gewebe spielt schließlich eine zentrale Rolle im tantrischen Buddhismus, einem Zweig des Mahayana, der um das dritte Jahrhundert n. Chr. in Indien ent-

140

stand und heute die Hauptrichtung des tibetischen Buddhismus bildet. Die Schriften dieser Schule heißen die »Tantras«, ein Wort, dessen Wurzel im Sanskrit »Weben« bedeutet und das sich auf die Verwobenheit und gegenseitige Abhängigkeit aller Dinge und Ereignisse bezieht.

In der östlichen Mystik schließt diese universelle Verwobenheit immer den menschlichen Beobachter und dessen Bewußtsein ein, und das gleiche gilt in der Atomphysik. Auf der atomaren Ebene können »Objekte« nur in Begriffen der Wechselwirkung zwischen den Vorbereitungs- und Meßverfahren verstanden werden. Das Ende dieser Kette von Vorgängen liegt immer im Bewußtsein des menschlichen Beobachters. Messungen sind Vorgänge, die in unserem Bewußtsein »Empfindungen« hervorrufen, z. B. die visuelle Wahrnehmung eines Lichtblitzes oder eines dunklen Flecks auf einer Fotoplatte, und die Gesetze der Atomphysik sagen uns, mit welcher Wahrscheinlichkeit ein atomares Objekt eine bestimmte Empfindung hervorrufen wird, wenn wir es auf uns einwirken lassen. Heisenberg schreibt: »Die Naturwissenschaft beschreibt und erklärt die Natur nicht einfach so, wie sie ›an sich‹ ist. Sie ist vielmehr ein Teil des Wechselspiels zwischen der Natur und uns selbst.«[12] Der entscheidende Zug der Atomphysik ist, daß der menschliche Beobachter nicht nur für die Beobachtung der Eigenschaften eines Objekts notwendig ist, sondern sogar, um diese Eigenschaften zu definieren. In der Atomphysik können wir nicht von den Eigenschaften eines Objekts als solchem sprechen. Sie sind nur im Zusammenhang mit der Wechselwirkung des Objekts mit dem Beobachter von Bedeutung. Mit Heisenbergs Worten: »Was wir beobachten, ist nicht die Natur selbst, sondern Natur, die unserer Art der Fragestellung ausgesetzt ist.«[13] Der Beobachter entscheidet, wie er die Messungen aufstellt, und diese Anordnung entscheidet bis zu einem gewissen Grad die Eigenschaften des beobachteten Objekts. Wird die Versuchsanordnung verändert, ändern sich die Eigenschaften des beobachteten Objekts ebenfalls.

Dies kann mit dem einfachen Fall eines subatomaren Teilchens erläutert werden. Beim Beobachten eines solchen Teilchens kann man beispielsweise u. a. seinen Ort und seinen Impuls (Impuls = Masse mal Geschwindigkeit des Teilchens) messen. Wir werden im nächsten Kapitel sehen, daß ein wichtiges Gesetz der Quantentheorie – Heisenbergs Unschärferelation – besagt, daß diese beiden Größen nie gleichzeitig genau gemessen werden können. Wir können entweder genau den Ort des Teilchens feststellen und über seinen Impuls (und damit seine Geschwindigkeit) nichts erfahren oder umgekehrt, oder wir können sehr ungenaue Werte von beiden Größen erhalten.

Diese Einschränkungen haben nichts mit mangelhafter Meßtechnik zu tun, sie sind in der atomaren Realität enthalten. Wenn wir den Ort des Teilchens messen, hat das Teilchen einfach keinen klar definierbaren Impuls, und wenn wir den Impuls messen, hat es keinen klar definierten Ort.

In der Atomphysik kann also der Wissenschaftler nicht die Rolle eines unbeteiligten objektiven Beobachters spielen, sondern er wird in die beobachtete Welt miteinbezogen und beeinflußt die Eigenschaften des beobachteten Objekts. Diese Einbeziehung des Beobachters in den Versuchsvorgang sieht der Wissenschaftler John Wheeler als den wichtigsten Zug der Quantentheorie an. Er empfiehlt daher, den Ausdruck »Beobachter« durch »Teilnehmer« zu ersetzen: »In irgendeinem merkwürdigen Sinn ist das Universum ein teilnehmendes Universum.«[14]

Diese Vorstellung einer Teilnahme statt Beobachtung wurde in der modernen Physik erst kürzlich formuliert, aber jedem, der sich mit Mystik beschäftigt, ist sie wohlbekannt. Mystisches Wissen kann niemals nur durch Beobachtung erlangt werden, sondern nur durch volle Teilnahme mit dem ganzen Wesen. Der Begriff des Teilnehmers ist somit entscheidend für die östliche Weltanschauung. Die östlichen Mystiker gehen sogar noch viel weiter als die Atomphysiker. In der Meditation gelangen sie an einen Punkt, wo der Unterschied zwischen Beobachter und Beobachtetem völlig zusammenbricht, wo Objekt und Subjekt zu einem vereinigten, undifferenzierten Ganzen verschmelzen. So heißt es in den Upanischaden:

Wo es eine Dualität gibt, da sieht eins das andere; da riecht eins das andere, da schmeckt eins das andere … Aber wo alles das eigene Selbst geworden ist, womit und wen würde man sehen? Womit und was würde man riechen? Womit und wen würde man schmecken?[15]

Dies ist das endgültige Begreifen der Einheit aller Dinge. Nach dem Zeugnis der Mystiker kann man es in einem Bewußtseinszustand erreichen, in dem die Welt der Sinne und die Vorstellung von »Dingen« überschritten wird. Mit den Worten Chuang-tzus:

> Meine Verbindung zum Körper und seinen Teilen ist gelöst. Meine Sinnesorgane sind abgeschafft. Indem ich so meine stoffliche Form und mein Wissen fahrenlasse, werde ich eins mit dem Großen Durchdringer. Dies nenne ich sitzen und alle Dinge vergessen.[16]

Die moderne Physik arbeitet natürlich in einem ganz anderen Rahmen und kann in der Erfahrung der Einheit aller Dinge nicht so weit gehen. Aber sie machte mit der Atomtheorie einen großen Schritt in Richtung auf die Weltanschauung der östlichen Mystiker. Die Quantentheorie hat den Begriff von grundsätzlich selbständigen Objekten abgeschafft, hat den Begriff des Teilnehmers eingeführt, der den Begriff des Beobachters ersetzen soll, und mag es sogar notwendig finden, das menschliche Bewußtsein in ihre Beschreibung der Welt einzubeziehen. Sie sieht jetzt das Universum als zusammenhängendes Gewebe physikalischer und geistiger Beziehungen, dessen Teile nur durch ihre Beziehung zum Ganzen definiert werden können. Die aus der Atomphysik hervorgehende Weltanschauung wird mit den Worten eines tantrischen Buddhisten, Lama Anagarika Govindas, gut zusammengefaßt:

> Der Buddhist glaubt nicht an eine unabhängig oder getrennt existierende äußere Welt, in deren dynamische Kräfte er sich hineinprojizieren könnte. Die äußere Welt und seine innere Welt sind für ihn nur zwei Seiten desselben Gewebes, in dem die Fäden aller Kräfte und aller Ereignisse, aller Formen des Bewußtseins und ihrer Objekte zu einem unauflöslichen Netz von endlosen, sich gegenseitig beeinflussenden Zusammenhängen verwoben sind.[17]

Wenn die östlichen Mystiker sagen, daß sie alle Dinge und Ereignisse als Manifestationen einer Grundeinheit erfahren, so heißt das nicht, daß sie alle Dinge für gleich erklären. Sie erkennen die Individualität der Dinge, sind sich aber gleichzeitig bewußt, daß innerhalb der alles umfassenden Einheit alle Unterschiede und Gegensätze relativ sind. Unserem normalen Bewußtsein fällt es außerordentlich schwer, diese Einheit aller Kontraste – und speziell die Einheit der Gegensätze – zu akzeptieren. Sie liegt der östlichen Weltanschauung zugrunde, ist jedoch gleichzeitig einer ihrer verwirrendsten Züge. Gegensätze sind abstrakte Begriffe, die in das Reich der Gedanken gehören, und somit sind sie relativ. Allein schon durch die Konzentration unserer Aufmerksamkeit auf irgendeinen Begriff schaffen wir dessen Gegensatz. Wie Lao-tzu sagt: »Wenn alle in dieser Welt die Schönheit als schön ansehen, dann gibt es auch Häßlichkeit; wenn alle die Güte als gut ansehen, dann gibt es auch das Böse.«[1] Die Mystiker überschreiten also dieses Reich der intellektuellen Begriffe und werden dabei der Relativität und polaren Beziehung aller Gegensätze gewahr. Sie erkennen, daß Gut und Böse, Lust und Schmerz, Leben und Tod keine absoluten, zu verschiedenen Kategorien gehörenden Erfahrungen sind, sondern nur zwei Seiten derselben Realität; die Extreme eines einzigen Ganzen. Das Bewußtsein, daß alle Gegensätze polar und somit eine Einheit sind, gilt als eins der höchsten Ziele des Menschen in den spirituellen Traditionen des Ostens. »Sei in Wahrheit ewig, jenseits irdischer Gegensätze!« lautet Krishnas Rat in der *Bhagavad Gita,* und der gleiche Rat wird den Anhängern des Buddhismus gegeben. So schreibt D. T. Suzuki:

Die Grundidee des Buddhismus ist, über die Welt der Gegensätze hinauszugehen, über die aus intellektuellen Unterscheidungen und emotionellen Verunreinigungen aufgebaute Welt, und die spirituelle Welt der Unterschiedslosigkeit zu erkennen, die das Erreichen einer absoluten Ansicht beinhaltet.[2]

Die ganze buddhistische Lehre, ja, die gesamte östliche Mystik, dreht sich um diese absolute Ansicht, die in der Welt von *acintya,* oder »Nicht-Denken«, erreicht wird, wo die Einheit aller Gegensätze zur lebendigen Erfahrung wird.

Mit den Worten eines Zen-Dichters:

In der Abenddämmerung verkündet der Hahn das Morgengrauen, um Mitternacht die helle Sonne.[3]

Das Wissen um die Polarität aller Gegensätze, daß Licht und Dunkel, Gewinnen und Verlieren, Gut und Böse nur verschiedene Aspekte des jeweils gleichen Phänomens sind, ist eins der Grundprinzipien der östlichen Lebensweise. Da alle Gegensätze voneinander abhängen, kann ihr Konflikt niemals den totalen Sieg einer Seite bringen, sondern er wird immer eine Manifestation des Zusammenspiels der beiden Seiten sein. Im Osten ist daher ein rechtschaffener Mensch nicht einer, der die unmögliche Aufgabe unternimmt, nach dem Guten zu streben und das Böse zu eliminieren, sondern vielmehr einer, der das dynamische Gleichgewicht zwischen Gut und Böse halten kann.

So ist die Einheit der Gegensätze in der östlichen Mystik zu verstehen. Sie ist nie statisch, sondern immer ein dynamisches Zusammenspiel von zwei Extremen. Dieser Aspekt wurde am stärksten von den chinesischen Weisen durch die Symbolik der archetypischen Pole Yin und Yang betont. Sie nannten die hinter Yin und Yang stehende Einheit das Tao und sahen dieses als einen Vorgang ihres Zusammenspiels: »Das, was jetzt das Dunkel, jetzt das Licht erscheinen läßt, ist das Tao.«[4] Die dynamische Einheit polarer Gegensätze kann durch das einfache Beispiel einer Kreisbewegung und deren Projektion illustriert werden. Angenommen, wir lassen einen Ball kreisen. Wird diese Bewegung auf einen Bildschirm projiziert, so wird sie zu einer Schwingung zwischen zwei Extremwerten. Um die Analogie mit der chinesischen Gedankenwelt aufrechtzuerhalten, habe ich den Kreis mit »Tao« und die beiden Grenzwerte mit »Yin« und »Yang« bezeichnet. Der Ball kreist mit konstanter Geschwindigkeit, aber in der Projektion verlangsamt sich die Geschwindigkeit bei Annäherung an die Endwerte, kehrt dann um, beschleunigt und verlangsamt sich dann wieder – und so weiter in einem endlosen Zyklus.

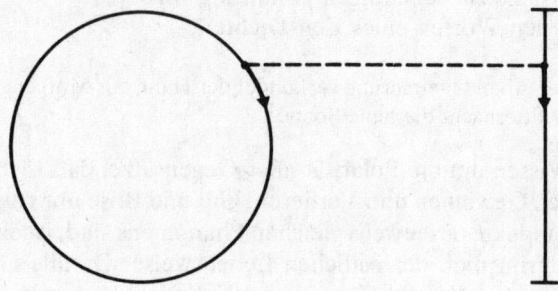

Dynamische Einheit polarer Gegensätze

In jeder Projektion dieser Art erscheint die Kreisbewegung als Schwingung zwischen zwei entgegengesetzten Punkten, aber in der Bewegung selbst sind die Gegensätze vereinigt und gehen ineinander über. Dieses Bild einer dynamischen Vereinigung von Gegensätzen hatten die chinesischen Denker im Sinn, wie aus den Zitaten des *Chuang-tzu* ersichtlich wird (s. z. B. S. 117).

Eine der Grundpolaritäten im Leben ist die zwischen der männlichen und der weiblichen Seite der menschlichen Natur. Wie mit der Polarität von Gut und Böse oder Leben und Tod fühlen wir uns mit dieser Polarität des Männlichen und Weiblichen in uns selbst unbehaglich und geben daher der einen oder der anderen Seite das Übergewicht. Die westliche Gesellschaft hat traditionsgemäß mehr die männliche als die weibliche Seite bevorzugt. Anstatt zu erkennen, daß die Persönlichkeit jedes Mannes und jeder Frau das Ergebnis des Zusammenspiels männlicher und weiblicher Elemente ist, hat sie eine statische Ordnung errichtet, wo alle Männer männlich und alle Frauen

146

weiblich zu sein haben, und sie gab den Männern die führenden Rollen und die meisten gesellschaftlichen Privilegien. Diese Einstellung bewirkte eine Überbetonung aller Yang- (oder männlichen) Aspekte der menschlichen Natur: Aktivität, rationales Denken, Konkurrenzkampf, Aggressivität usw. Die Yin- (oder weiblichen) Formen des Bewußtseins, die als intuitiv, religiös, mystisch, okkult oder psychisch beschrieben werden können, wurden in unserer männlich orientierten Welt stets unterdrückt.

In der östlichen Mystik wird die weibliche Seite entwickelt und eine Einheit zwischen den beiden Aspekten der menschlichen Natur gesucht. Ein voll entwickelter Mensch ist nach Lao-tzus Worten der, »der das Männliche kennt und doch das Weibliche hält«. In vielen östlichen Traditionen ist das dynamische Gleichgewicht zwischen den männlichen und den weiblichen Formen des Bewußtseins das Hauptziel der Meditation und wird oft in Kunstwerken dargestellt. Eine prächtige Skulptur Schivas im Hindutempel von Elephanta zeigt drei Gesichter des Gottes: Das rechte stellt sein männliches Profil voll Virilität und Willenskraft dar, das linke seinen weiblichen Aspekt – sanft, reizend, verführerisch – und das mittlere die vollendete Einheit beider Aspekte im großartigen Haupt von Schiva Mahesvara, dem großen Gott, das gelassene Ruhe und transzendentale Erhabenheit ausstrahlt. Im selben Tempel wird Schiva auch in Zwitterform dargestellt, halb männlich, halb weiblich, und die fließenden Bewegungen des göttlichen Körpers und das heitere Gelöstsein seines/ihres Gesichts symbolisieren wieder die dynamische Vereinigung des Männlichen und des Weiblichen.

Im tantrischen Buddhismus wird die männlich-weibliche Polarität oft mit Hilfe von Sexualsymbolen erläutert. Intuitive Weisheit wird als die passive, weibliche Eigenschaft der menschlichen Natur gesehen, Liebe und Mitgefühl als die aktive, männliche Eigenschaft, und die Vereinigung beider im Prozeß der Erleuchtung wird durch die ekstatische sexuelle Umarmung männlicher und weiblicher Gottheiten dargestellt. Die östlichen Mystiker versichern, daß eine solche Vereinigung der männlichen und weiblichen Seiten nur auf einer höheren Bewußtseinsebene erfahren werden kann, wo das Reich der

Gedanken und der Sprache überschritten wird und alle Gegensätze als dynamische Einheit erscheinen. Wie bereits erwähnt, hat die moderne Physik eine ähnliche Ebene erreicht. Die Erforschung der subatomaren Welt hat eine Wirklichkeit enthüllt, die immer wieder Sprache und logisches Argumentieren überschreitet, und die Vereinigung von Begriffen, die bisher entgegengesetzt und unvereinbar erschienen, erweist sich als einer der überraschendsten Züge dieser neuen Realität.

Beispiele für die Einheit gegensätzlicher Begriffe können in der modernen Physik auf der subatomaren Ebene gefunden werden, wo Teilchen sowohl zerstörbar als auch unzerstörbar sind; wo Materie sowohl kontinuierlich als auch diskontinuierlich ist und wo Energie und Materie lediglich verschiedene Aspekte desselben Phänomens sind. In all diesen Beispielen, die später noch eingehend besprochen werden, zeigt sich, daß der Rahmen von gegensätzlichen Begriffen, abgeleitet aus unserer alltäglichen Erfahrung, für die Welt subatomarer Teilchen zu eng ist. Die Relativitätstheorie ist entscheidend für die Beschreibung dieser Welt, und im relativistischen System werden die klassischen Begriffe überschritten, indem man zu einer höheren Dimension übergeht, der vierdimensionalen Raum-Zeit. Raum und Zeit selbst sind zwei anscheinend völlig unterschiedliche Begriffe, aber in der Relativitätsphysik wurden sie vereint. Diese fundamentale Einheit ist die oben erwähnte Basis der Vereinigung von Gegensätzen. Wie die von den Mystikern erfahrene Vereinigung von Gegensätzen findet sie auf einer höheren Ebene statt, d. h. in einer höheren Dimension, und wie die Erfahrung der Mystiker ist auch sie dynamisch, weil die relativistische Raum-Zeit-Realität eine durch und durch dynamische Realität ist, wo Objekte gleichzeitig Vorgänge und alle Formen dynamische Strukturen sind.

Um die Vereinigung von scheinbar getrennten Größen zu erfahren, brauchen wir keine Relativitätstheorie. Man kann sie auch erfahren, indem man von einer zu zwei oder von zwei zu drei Dimensionen übergeht. Im oben genannten Beispiel einer Kreisbewegung und deren Projektion sind die entgegengesetzten Pole der Schwingung in einer Dimension (entlang einer Linie) mit der Kreisbewegung in zwei Dimensionen (in einer Ebene) vereinigt. Die folgende Abbildung stellt ein anderes

Beispiel dar, den Übergang von zwei zu drei Dimensionen. Sie zeigt einen Wulstring, der horizontal von einer Ebene geschnitten wird. In der zweidimensionalen Ebene erscheinen die Schnitte als völlig voneinander unabhängige Scheiben, aber in drei Dimensionen erkennt man sie als Teile ein und desselben Objekts.

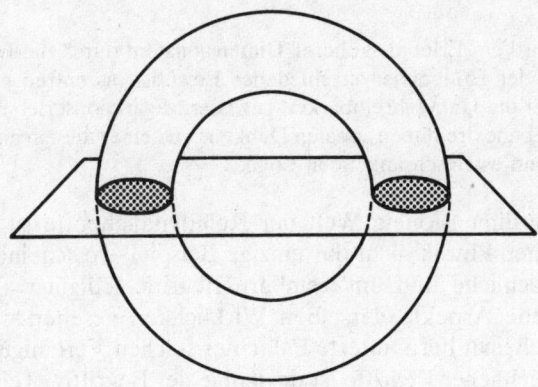

Eine ähnliche Vereinigung von anscheinend selbständigen und unvereinbaren Einheiten wird in der Relativitätstheorie durch den Übergang von drei zu vier Dimensionen erreicht. In der vierdimensionalen Welt der relativistischen Physik sind Masse und Energie vereinigt, dort kann Masse als diskontinuierliches Teilchen oder als kontinuierliches Feld auftreten. In diesen Fällen können wir uns jedoch die Einheit nicht mehr gut vorstellen. Physiker können die vierdimensionale Raum-Zeit durch den abstrakten mathematischen Formalismus ihrer Theorien »erfahren«, aber ihr bildliches Vorstellungsvermögen ist wie das eines jeden anderen auf die dreidimensionale Welt der Sinne beschränkt. Unsere Sprache und unsere Denkweise haben sich in dieser dreidimensionalen Welt entwickelt, und daher fällt uns der Umgang mit der vierdimensionalen Realität der relativistischen Physik außerordentlich schwer.

Andererseits scheinen östliche Mystiker eine höherdimensionale Wirklichkeit direkt und konkret erfahren zu können. Im Zustand tiefer Meditation können sie die dreidimensionale

Welt des täglichen Lebens überschreiten und eine völlig andere Wirklichkeit erfahren, wo alle Gegensätze zu einem organischen Ganzen vereint sind. Wenn die Mystiker ihre Erfahrung in Worte zu kleiden versuchen, stoßen sie auf die gleichen Schwierigkeiten wie die Physiker bei ihren Versuchen, die vierdimensionale Realität der relativistischen Physik zu interpretieren. Mit den Worten Lama Govindas:

> So wird ein Erlebnis höherer Dimensionalität durch die Integrierung der Erlebnisse verschiedener Bewußtseinszentren erreicht. Daher die Unbeschreibbarkeit gewisser Meditationserlebnisse auf der Ebene dreidimensionalen Denkens und einer diesem angepaßten und es einschränkenden Logik.[5]

Die vierdimensionale Welt der Relativitätstheorie ist in der modernen Physik nicht das einzige Beispiel, wo scheinbar widersprüchliche und unvereinbare Begriffe lediglich als verschiedene Aspekte derselben Wirklichkeit gesehen werden. Der vielleicht berühmteste Fall einer solchen Vereinigung widersprüchlicher Begriffe ist derjenige der Begriffe »Teilchen« und »Welle« in der Atomphysik.

Auf der atomaren Ebene hat die Materie einen zweifachen Aspekt: Sie erscheint als Teilchen und als Welle. In manchen Situationen überwiegt der Teilchen-Aspekt, in anderen verhalten sich die Teilchen mehr wie Wellen. Die gleiche Doppelnatur zeigen auch das Licht und alle anderen elektromagnetischen Strahlungen. Licht wird zum Beispiel in Form von »Quanten« oder »Photonen« ausgestrahlt und absorbiert, aber wenn diese Lichtteilchen sich durch den Raum bewegen, erscheinen sie als schwingende elektrische und magnetische Felder, die sich genauso wie Wellen verhalten. Elektronen werden normalerweise als Teilchen angesehen, wird jedoch ein Strahl dieser Teilchen durch einen schmalen Spalt geschickt, so wird er genau wie ein Lichtstrahl gebrochen, mit anderen Worten: Elektronen verhalten sich wie Wellen.

Ein Teilchen   *Eine Welle*

Dieser erstaunliche doppelte Aspekt von Materie und Strahlung ließ viele der »Quanten-Koans« entstehen, die zur Formulierung der Quantentheorie führten. Das Bild einer Welle, die sich immer über einen Raum erstreckt, ist grundsätzlich anders als das Teilchenbild mit einem genauen Standort. Die Physiker brauchten eine lange Zeit, um die Tatsache zu akzeptieren, daß sich Materie auf zwei Weisen manifestiert, die sich dem Anschein nach gegenseitig ausschließen: daß Teilchen gleichzeitig Wellen sind und Wellen gleichzeitig Teilchen.

Bei der Betrachtung der beiden Bilder könnte ein Laie meinen, daß der Widerspruch gelöst werden kann, indem man das rechte Bild als sich wellenförmig bewegendes Teilchen bezeichnet. Dieses Argument beruht jedoch auf einem Mißverständnis über die Natur der Wellen. Wellenförmig sich bewegende Teilchen gibt es in der Natur nicht. Im Wasser z. B. bewegen sich die Wasserteilchen nicht mit den Wellen, sondern beschreiben Kreise, wenn die Welle vorbeizieht. Ähnlich schwingen Luftteilchen in einer Schallwelle lediglich hin und her, bewegen sich aber nicht mit der Schallwelle fort. Es wird nur die Störung, die das Wellenphänomen verursachte, die Welle entlang mittransportiert, aber nicht ein Masseteilchen. In der Quantentheorie sprechen wir daher nicht von der Teilchenbahn, wenn wir sagen, daß das Teilchen auch eine Welle ist. Was wir meinen, ist, daß die Wellenstruktur als Ganzes eine Manifestation des Teilchens ist.

Richtung der Welle

Eine Wasserwelle

Das Bild einer wandernden Welle unterscheidet sich somit so sehr vom Bild eines wandernden Teilchens wie »Wellen auf einem See von einem Fischschwarm, der in gleicher Richtung zieht« (V. Weißkopf).[6]

Dem Wellenphänomen begegnet man in der ganzen Physik in vielen verschiedenen Zusammenhängen, und es kann mit den gleichen mathematischen Formeln beschrieben werden, wo immer es auftritt. Die gleichen mathematischen Formeln werden für die Beschreibung einer Lichtwelle, einer vibrierenden Gitarrensaite, einer Schallwelle oder einer Wasserwelle benutzt. In der Quantentheorie wiederum werden sie zur Beschreibung der Wellennatur der Teilchen angewendet. Diesmal sind die Wellen jedoch sehr viel abstrakter. Sie hängen eng mit der statistischen Natur der Quantentheorie zusammen, d. h. mit der Tatsache, daß atomare Phänomene nur als Wahrscheinlichkeit beschrieben werden können. Die Information über die Wahrscheinlichkeiten eines Teilchens ist in der sogenannten »Wahrscheinlichkeitsfunktion« enthalten, und die mathematische Form dieser Größe ist die einer Welle, d. h. sie gleicht den Formen, die für die Beschreibung anderer Wellenarten benutzt werden. Die mit Teilchen zusammenhängenden Wellen sind jedoch keine »realen« dreidimensionalen Wellen wie die Wasser- oder Schallwellen, sondern »Wahrscheinlichkeitswellen«, abstrakte mathematische Größen, welche mit den Wahrscheinlichkeiten zusammenhängen, das Teilchen an verschiedenen Orten und mit verschiedenen Eigenschaften anzutreffen.

Die Einführung von Wahrscheinlichkeitswellen löst in gewissem Sinn das Paradox der Teilchen, die auch Wellen sind, indem sie es in einen ganz neuen Zusammenhang stellt. Gleichzeitig führt dies aber zu einem anderen gegensätzlichen Begriffspaar, das noch viel fundamentaler ist, dem der Existenz und Nicht-Existenz. Dieses Paar von Gegensätzen wird ebenfalls in der atomaren Realität aufgehoben. Wir können niemals sagen, daß ein atomares Teilchen an einem bestimmten Ort existiert, noch können wir sagen, daß es nicht existiert. Da es eine Wahrscheinlichkeitsstruktur ist, hat das Teilchen Tendenzen, an verschiedenen Orten zu existieren, und manifestiert so eine sonderbare Art von physikalischer Realität zwischen Existenz und Nicht-Existenz. Wir können daher den Zustand des Teilchens nicht in festen gegensätzlichen Begriffen beschreiben. Es ist nicht an einem definitiven Ort anwesend, noch ist es abwesend. Es ändert einen Ort nicht, noch bleibt es in Ruhe. Was sich ändert, sind die Wahrscheinlichkeitsstruktur und somit die Tendenzen des Teilchens, an gewissen Orten zu existieren:

> Wenn wir zum Beispiel fragen, ob die Position des Elektrons die gleiche bleibt, müssen wir »nein« sagen; wenn wir fragen, ob die Position des Elektrons sich mit der Zeit ändert, müssen wir »nein« sagen; wenn wir fragen, ob das Elektron in Ruhe verharrt, müssen wir »nein« sagen; fragen wir, ob es in Bewegung ist, müssen wir »nein« sagen (J. R. Oppenheimer).[7]

Die Wirklichkeit des Atomphysikers überschreitet wie die des östlichen Mystikers den engen Rahmen gegensätzlicher Begriffe. Oppenheimers Worte erscheinen so als Echo der Worte der Upanischaden:

> Es bewegt sich. Es bewegt sich nicht.
> Es ist weit, und es ist nahe.
> Es ist in all diesem,
> und es ist außerhalb von all diesem.[8]

Materie und Energie, Teilchen und Wellen, Bewegung und Ruhe, Existenz und Nicht-Existenz, das sind einige der gegensätzlichen oder widersprüchlichen Begriffe, die in der modernen Physik überschritten werden. Von all diesen Gegensatzpaaren scheint das letzte das fundamentalste zu sein, und dennoch müssen wir in der Atomphysik sogar noch über die Begriffe von Existenz und Nicht-Existenz hinausgehen. Dies ist an der Quantentheorie am schwersten zu akzeptieren, und es ist die Ursache für die anhaltende Diskussion über ihre Deutung. Gleichzeitig ist das Überschreiten der Begriffe der Existenz und Nicht-Existenz auch einer der rätselhaftesten Aspekte der östlichen Mystik. Wie die Atomphysiker befassen sich die östlichen Mystiker mit einer Wirklichkeit, die jenseits von Existenz und Nicht-Existenz liegt, und diese bedeutende Tatsache betonen sie häufig. So sagt Ashvaghosha:

> So-Sein ist weder das, was Existenz ist, noch das, was Nicht-Existenz ist, noch das, was zugleich Existenz und Nicht-Existenz ist, noch das, was nicht zugleich Existenz und Nicht-Existenz ist.[9]

Angesichts einer jenseits entgegengesetzter Begriffe liegenden Wirklichkeit müssen Physiker und Mystiker sich eine besondere Art zu denken angewöhnen, wo der Verstand nicht im starren Gerüst klassischer Logik fixiert ist, sondern seinen Gesichtspunkt ständig verlagert und verändert. In der Atomphysik sind wir es z. B. jetzt gewöhnt, sowohl den Teilchen- als auch den Wellenbegriff bei unserer Beschreibung der Materie anzuwenden. Wir haben gelernt, mit den beiden Bildern zu spielen, von einem zum anderen und zurück zu schalten, um die atomare Wirklichkeit zu begreifen. Dies ist genau die Art, in der die östlichen Mystiker denken, wenn sie ihre Erfahrung einer Wirklichkeit jenseits der Gegensätze zu interpretieren versuchen. Mit den Worten Lama Govindas: »Die östliche Denkweise ist mehr ein Kreisen um den Gegenstand der Betrachtung . . . ein vielseitiger, d. h. vieldimensionaler Eindruck, der aus der Überlagerung einzelner Eindrücke von verschiedenen Gesichtspunkten entsteht.«[10]

Um zu sehen, wie man zwischen dem Bild der Teilchen und der Wellen in der Atomphysik hin- und herschalten kann, wollen wir die Begriffe »Wellen« und »Teilchen« genauer untersuchen. Eine Welle ist eine Schwingungsfigur in Raum und Zeit. Wir können es in einem definitiven Augenblick der Zeit betrachten und sehen ein periodisches Muster im Raum, wie im folgenden Beispiel. Diese Struktur wird charakterisiert durch die Amplitude A, die Weite der Schwingung, und die Wellenlänge L, den Abstand zwischen zwei aufeinanderfolgenden Wellenkämmen. Alternativ können wir die Bewegung eines definitiven Punktes der Welle betrachten, wir sehen dann eine durch eine bestimmte Frequenz charakterisierte Schwingung, die Frequenz gibt an, wie oft der Punkt in der Sekunde hin und her schwingt. Jetzt wenden wir uns dem Teilchen zu. Nach der klassischen Vorstellung ist ein Teilchen zu jeder Zeit an einem wohldefinierten Ort, und sein Bewegungszustand kann in Begriffen seiner Geschwindigkeit und seiner Bewegungsenergie beschrieben werden. Teilchen mit großer Geschwindigkeit haben auch eine hohe Energie. In der Praxis benutzen Physiker »Geschwindigkeit« zur Beschreibung des Bewegungszustandes des Teilchens kaum, sondern eine »Impuls« genannte Größe, die als Teilchenmasse mal Geschwindigkeit definiert ist.

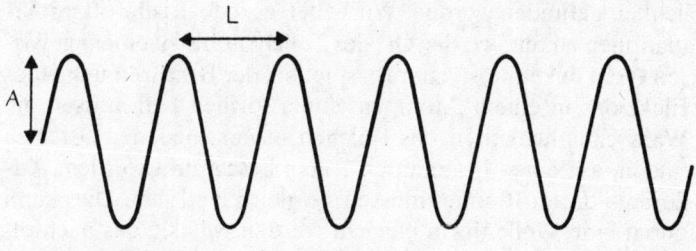

Ein Wellenmuster

Die Quantentheorie verbindet jetzt die Eigenschaften einer Wahrscheinlichkeitswelle mit den Eigenschaften des entsprechenden Teilchens, indem sie die Amplitude der Welle an bestimmten Orten zu der Wahrscheinlichkeit, das Teilchen an diesen Orten zu finden, in Beziehung setzt. Bei einer weiten Amplitude ist die Wahrscheinlichkeit groß, das Teilchen dort zu finden, bei einer kleinen Amplitude ist sie klein. Der oben abgebildete Wellenlinienzug zum Beispiel hat über seine ganze Länge die gleiche Amplitude, und das Teilchen kann daher überall entlang dieser Welle mit der gleichen Wahrscheinlichkeit gefunden werden.

Die Information über den Bewegungszustand des Teilchens ist in der Wellenlänge und der Frequenz der Welle enthalten.

Die Wellenlänge ist dem Impuls des Teilchens umgekehrt proportional, was bedeutet, daß eine Welle mit kurzer Wellenlänge (und damit hoher Frequenz) einem Teilchen mit großem Impuls (und damit hoher Geschwindigkeit) entspricht. Die Frequenz der Welle ist der Energie des Teilchens proportional, eine Welle mit hoher Frequenz bedeutet, daß das Teilchen eine hohe Energie hat. Violettes Licht zum Beispiel hat eine hohe Frequenz und eine kurze Wellenlänge und besteht daher aus Photonen von hoher Energie und mit großem Impuls, wohingegen die Photonen des roten Lichtes mit seiner niedrigeren Frequenz und längeren Wellenlänge eine geringere Energie und einen kleineren Impuls aufweisen.

Eine Welle, die sich wie in unserem Beispiel ausbreitet, sagt uns nicht viel über den Ort des entsprechenden Teilchens. Es kann überall entlang der Welle mit der gleichen Wahrscheinlichkeit gefunden werden. Wir haben es jedoch sehr oft mit Situationen zu tun, wo der Ort des Teilchens bis zu einem gewissen Grad bekannt ist, zum Beispiel bei der Beschreibung eines Elektrons in einem Atom. In einem solchen Fall müssen die Wahrscheinlichkeiten, das Teilchen an verschiedenen Orten zu finden, auf einen bestimmten Raum beschränkt werden. Außerhalb dieses Raumes müssen sie gleich Null sein. Dies kann durch eine Wellenform erreicht werden, wie sie das nachfolgende Diagramm zeigt, die einem auf das Gebiet X beschränkten Teilchen entspricht. Diese Form nennt man ein Wellenpaket.* Es setzt sich aus verschiedenen Wellenzügen mit verschiedenen Wellenlängen zusammen, die einander außerhalb des Gebietes X durch Interferenz aufheben (vgl. S. 45), so daß die Summe der Amplituden – und somit die Wahrscheinlichkeit, das Teilchen zu finden – dort gleich Null wird, während innerhalb X die Wellenform gebildet wird. Diese Form zeigt, daß das Teilchen sich irgendwo innerhalb des Gebietes X befindet, läßt aber keine weitere Lokalisierung zu. Für Punkte innerhalb des Gebietes können wir nur die Wahrscheinlichkeiten für die Gegenwart des Teilchens angeben. (Diese Wahrscheinlichkeit

---

* Der Einfachheit halber behandeln wir hier nur eine Dimension des Raumes, d. h. die Position des Teilchens irgendwo entlang einer Linie. Die auf S. 135 gezeigten Wahrscheinlichkeitsstrukturen sind zweidimensionale Beispiele, die komplizierteren Wellenpaketen entsprechen.

ist am größten im Zentrum, wo die Wahrscheinlichkeitsamplituden groß sind, und kleiner gegen den Rand des Wellenpakets, wo die Amplituden klein sind.) Die Länge des Wellenpakets gibt daher die Unsicherheit des Aufenthaltsorts des Teilchens wieder.

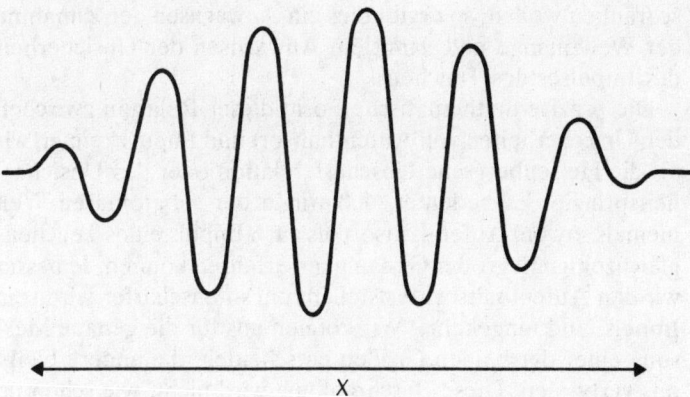

Ein Wellenpaket, das einem innerhalb des Gebiets X sich befindlichen Teilchen entspricht

Die wichtige Eigenschaft eines solchen Wellenpakets ist, daß es keine klar definierte Wellenlänge hat, d. h. die Abstände zwischen zwei aufeinanderfolgenden Wellenkämmen sind nicht durch die ganze Struktur gleich. Die Wellenlänge nimmt um einen Betrag zu, der von der Länge des Wellenpakets abhängt: je kürzer das Wellenpaket, desto größer die Zunahme der Wellenlänge (zum Rand hin). Das hat nichts mit der Quantentheorie zu tun, sondern ergibt sich einfach aus den Eigenschaften von Wellen. Wellenpakete haben keine klar definierte Wellenlänge. Die Quantentheorie kommt dann ins Spiel, wenn wir die Wellenlänge mit dem Impuls des entsprechenden Teilchens in Verbindung bringen. Wenn das Wellenpaket keine klar definierte Wellenlänge hat, hat das Teilchen keinen klar definierten Impuls. Das bedeutet, daß es nicht nur eine Unsicherheit des Aufenthaltsorts des Teilchens gibt, entsprechend der Länge des Wellenpakets, sondern auch eine Unsicherheit seines Impulses, hervorgerufen durch die Zunahme der Wellenlänge. Die beiden Unsicherheiten hängen zusammen, weil die Zunahme der Wellenlänge (d. h. die Unsicherheit des Impulses) von der Länge des Wellenpakets abhängt (d. h. von der Unsicherheit des Aufenthaltsortes). Wenn wir das Partikel genauer lokalisieren, sein Wellenpaket also auf ein engeres Gebiet beschränken wollen, so ergibt dies ein Anwachsen der Zunahme der Wellenlänge und damit ein Anwachsen der Unsicherheit des Impulses des Teilchens.

Die präzise mathematische Form dieser Relation zwischen den Unsicherheiten von Aufenthaltsort und Impuls kennen wir als die Heisenbergsche Unschärferelation oder das Unsicherheitsprinzip. Es bedeutet, daß wir in der subatomaren Welt niemals sowohl Aufenthaltsort als auch Impuls eines Teilchens gleichzeitig mit großer Genauigkeit erfahren können. Je besser wir den Aufenthaltsort feststellen, um so unschärfer wird sein Impuls, und umgekehrt. Wir können uns für die genaue Messung einer der beiden Größen entscheiden, die andere bleibt uns verborgen. Diese Beschränkung wird nicht, wie schon im vorigen Kapitel gezeigt, durch unzureichende Meßtechniken verursacht, sondern stellt eine prinzipielle Beschränkung dar. Wenn wir den Ort des Teilchens genau messen wollen, dann hat es einfach keinen klar definierten Impuls, und umgekehrt.

Die Beziehung zwischen den Unsicherheiten des Aufenthaltsorts und des Impulses eines Teilchens ist nicht die einzige Form des Unsicherheitsprinzips. Es gibt ähnliche Relationen zwischen anderen Größen, zum Beispiel zwischen der Zeit, die ein atomarer Vorgang benötigt, und der damit verbundenen Energie. Das ist leicht zu verstehen, wenn wir unser Wellenpaket nicht als räumliche Figur ansehen, sondern als Schwingungsfigur in der Zeit. Wenn das Teilchen einen bestimmten Beobachtungspunkt passiert, beginnen die Schwingungen der Wellenstruktur an diesem Punkt mit kleinen Amplituden, die zunehmen und dann wieder abnehmen, bis die Schwingung zum Schluß ganz aufhört. Die Zeit, die es braucht, um durch diesen Vorgang zu gehen, stellt die Zeit dar, die das Teilchen braucht, um durch unseren Beobachtungspunkt zu gehen. Wir können sagen, daß der Durchgang innerhalb dieser Zeitspanne erfolgt, aber wir können ihn nicht näher lokalisieren. Die Dauer der Schwingungsfigur stellt daher die Unsicherheit der zeitlichen Lokalisierung des Vorgangs dar.

Wie jetzt die räumliche Figur des Wellenpakets keine klar definierte Wellenlänge hat, so hat die entsprechende Schwingungsfigur in der Zeit keine klar definierte Frequenz. Die Zunahme der Frequenz hängt von der Dauer der Schwingungsstruktur ab, und da die Quantentheorie die Frequenz der Welle mit der Energie des Teilchens in Verbindung bringt, entspricht die Zunahme der Frequenz der Struktur einer Unsicherheit der Energie des Teilchens. Die Unsicherheit über die Lokalisierung eines Vorgangs in der Zeit steht somit zur Unsicherheit der Energie auf die gleiche Art in Beziehung wie die Unsicherheit der Lokalisierung eines Teilchens im Raum zur Unsicherheit des Impulses. Das bedeutet, daß wir niemals die Zeitdauer, in der ein Vorgang abläuft, und gleichzeitig die damit verbundene Energie genau bestimmen können. Innerhalb einer kurzen Zeitspanne ablaufende Vorgänge bedeuten eine große Unsicherheit der Energie; Vorgänge mit einer präzisen Energiemenge können nur innerhalb einer langen Zeitspanne lokalisiert werden.

Die fundamentale Bedeutung des Unsicherheitsprinzips liegt darin, daß es die Grenzen unserer klassischen Begriffe in präzise mathematische Form bringt. Wie schon vorher beschrieben, erscheint die subatomare Welt als ein Gewebe von Relationen zwischen den verschiedenen Teilen eines Ganzen.

Unsere klassischen Begriffe, die aus unseren gewöhnlichen makroskopischen Erfahrungen stammen, sind für die Beschreibung dieser Welt nicht ausreichend. Zuerst einmal ist der Begriff von einer selbständigen physikalischen Einheit, eines Teilchens, eine Idealisierung ohne fundamentale Bedeutung. Es kann nur durch seine Beziehungen zum Ganzen definiert werden, und diese sind statistischer Natur, mehr Wahrscheinlichkeiten als Sicherheiten. Wenn wir die Eigenschaften einer solchen Einheit mit klassischen Begriffen wie Aufenthaltsort, Energie, Impuls etc. beschreiben, stellen wir fest, daß es Begriffspaare gibt, die zusammenhängen und die gleichzeitig nicht genau definiert werden können. Je mehr Gewicht wir auf den einen Begriff des physikalischen Objekts legen, desto unsicherer wird der andere, und das Unsicherheitsprinzip gibt den präzisen Zusammenhang zwischen beiden an.

Zum besseren Verständnis dieser Beziehung zwischen Paaren von klassischen Begriffen hat Niels Bohr den Begriff der Komplementarität eingeführt. Er betrachtet das Teilchenbild und das Wellenbild als zwei komplementäre, d. h. sich ergänzende, Beschreibungen derselben Realität, jede davon ist nur teilweise richtig und hat einen begrenzten Anwendungsbereich. Für die volle Beschreibung der atomaren Wirklichkeit werden beide Bilder benötigt, und beide sind in den vom Unsicherheitsprinzip gegebenen Grenzen anzuwenden.

Dieser Begriff der Komplementarität wurde für die Physik zu einem wesentlichen Bestandteil ihrer Anschauung der Natur, und Bohr hat oft bemerkt, daß er auch außerhalb der Physik nützlich sein könne. In der Tat spielte er schon vor zweitausendfünfhundert Jahren eine wesentliche Rolle in der alten chinesischen Gedankenwelt, die auf der Einsicht beruhte, daß gegenteilige Begriffe in polarer – oder komplementärer – Beziehung zueinander stehen. Die chinesischen Weisen stellten diese Komplementarität von Gegensätzen durch die archetypischen Pole Yin und Yang dar. Ihre Dynamik liegt allen Naturphänomenen und allen menschlichen Situationen zugrunde.

Niels Bohr war sich der Parallele zwischen seinem Begriff der Komplementarität und der chinesischen Gedankenwelt wohl bewußt. Als er 1937 China besuchte, als seine Deutung der Quantentheorie schon ausgearbeitet war, wurde er von dem alten chinesischen Begriff der polaren Gegensätze tief beeindruckt, und von der Zeit an behielt er Interesse an der östlichen Kultur. Zehn Jahre später wurde Bohr geadelt, als Anerkennung seiner außergewöhnlichen wissenschaftlichen Leistungen und seines wichtigen Beitrags zum kulturellen Leben Dänemarks. Als er ein geeignetes Motiv für sein Wappen suchte, fiel seine Wahl auf das chinesische Symbol für *t'ai chi,* das die komplementäre Beziehung der Gegensätze Yin und Yang darstellt. Mit der Wahl dieses Symbols für sein Wappen und mit der Inschrift »Contraria sunt complementa« erkannte Niels die profunde Harmonie zwischen alter östlicher Weisheit und moderner westlicher Wissenschaft an.

Niels Bohrs Wappen
Aus dem Gedenkbuch Niels Bohr, *hrsg. von S. Rozental (North-Holland Publishing Company, Amsterdam 1967)*

Unsere Begriffe von Raum und Zeit stehen auf unserer Landkarte der Wirklichkeit an wichtiger Stelle. Sie dienen zum Ordnen der Dinge und Vorgänge in unserer Umgebung und sind daher nicht nur in unserem täglichen Leben von überragender Bedeutung, sondern auch bei unseren Versuchen, die Natur durch Wissenschaft und Philosophie zu begreifen.

Die klassische Physik basiert auf der Vorstellung eines absoluten, dreidimensionalen Raumes, der von den darin enthaltenen Objekten unabhängig ist und den Gesetzen der Geometrie nach Euklid gehorcht, und auf dem Begriff von der Zeit als einer selbständigen Dimension, die ebenfalls absolut gleichmäßig fließend von der Welt der Materie unabhängig ist. Im Westen waren diese Begriffe von Raum und Zeit im Gehirn der Philosophen und Wissenschaftler so tief verwurzelt, daß sie als wahre und unbestrittene Eigenschaften der Natur aufgefaßt wurden.

Der Glaube, daß Geometrie in der Natur selbst liege und nicht ein Teil des Gerüsts ist, das wir zur Beschreibung der Natur benutzen, entspringt der griechischen Gedankenwelt. Die darstellende Geometrie stand im Mittelpunkt der griechischen Mathematik und hatte starken Einfluß auf die griechische Philosophie. Das Tor von Platos Akademie in Athen soll die Inschrift getragen haben: »Nur wer die Geometrie beherrscht, findet hier Einlaß.« Die Griechen glaubten, daß ihre mathematischen Theoreme Ausdruck ewiger und exakter Wahrheiten über die reale Welt waren und daß geometrische Formen Ausdruck absoluter Schönheit seien. Geometrie wurde als die perfekte Kombination von Logik und Schönheit betrachtet, und man glaubte, daß sie göttlichen Ursprungs sei. Daher kommt Platos Wort: »Gott ist ein Geometer.«

Da die Geometrie als Offenbarung Gottes angesehen wurde, war es für die Griechen selbstverständlich, daß der Himmel perfekte geometrische Formen aufweist. Das bedeutet, daß die Himmelskörper sich in Kreisen zu bewegen haben. Um das Bild noch geometrischer darzustellen, glaubte man, sie seien auf einer Reihe konzentrischer Kristallsphären befestigt, welche sich als ganze, mit der Erde im Mittelpunkt, bewegten.

In den folgenden Jahrhunderten übte die griechische Geometrie weiter einen starken Einfluß auf die westliche Philosophie und Wissenschaft aus. Euklids *Elemente* war bis zu Beginn dieses Jahrhunderts ein Standardbuch an europäischen Schulen, und Euklidische Geometrie galt für mehr als zweitausend Jahre als die wahre Natur des Raumes. Erst Einstein bewies, daß Geometrie nicht in der Natur steckt, sondern eine Konstruktion des menschlichen Verstandes ist.

Im Gegensatz zu den Griechen wußte die östliche Philosophie immer schon, daß Raum und Zeit vom Intellekt konstruiert waren. Die östlichen Mystiker behandelten sie wie alle anderen intellektuellen Begriffe als relativ, begrenzt und illusorisch. In einem buddhistischen Text finden wir zum Beispiel die Worte:

Der Buddha lehret, o Mönche, daß . . . die Vergangenheit, die Zukunft, physikalischer Raum . . . und Individuen nichts als Namen, Wörter des allgemeinen Gebrauchs, lediglich oberflächliche Realitäten sind.[1]

So erhielt die Geometrie im Fernen Osten niemals den Status, den sie im alten Griechenland hatte, obwohl dies nicht bedeutet, daß die Inder und Chinesen wenig von ihr wußten. Sie benutzten sie vielfach zum Bau von Altären mit präzisen geometrischen Formen, zum Vermessen des Landes und zur Herstellung von Himmelskarten, aber nie, um abstrakte und ewige Wahrheiten festzulegen. Diese philosophische Haltung wird auch durch die Tatsache wiedergegeben, daß die alte östliche Wissenschaft es im allgemeinen nicht für nötig hielt, die Natur in ein Schema von geraden Linien und perfekten Kreisen zu pressen. In diesem Zusammenhang sind Joseph Needhams Bemerkungen über chinesische Astronomie sehr interessant:

Die chinesischen [Astronomen] hatten kein Bedürfnis nach geometrischen Formen der Erklärung – die Bestandteile des universellen Organismus folgen entsprechend ihrer eigenen Natur jeweils ihrem Tao, und ihre Bewegungen können mit der im wesentlichen »nicht-darstellenden« Form von Algebra erfaßt werden. Die Chinesen waren somit frei von der Besessenheit europäischer Astronomen mit dem Kreis als der vollkommensten Figur ... sie haben auch nicht das mittelalterliche Gefängnis der Kristallsphären erlebt.[2]

Somit hatten die alten östlichen Philosophen und Wissenschaftler schon die für die Relativitätstheorie so grundlegende Einstellung, daß unsere Vorstellung von der Geometrie keine absolute unveränderliche Eigenschaft der Natur ist.

Das gleiche gilt für unseren Zeitbegriff. Die östlichen Mystiker verbinden die Begriffe von Raum und Zeit mit bestimmten Bewußtseinszuständen, die sie mithilfe der Meditation überschreiten können. Ihre aufgrund der mystischen Erfahrung verfeinerten Begriffe von Raum und Zeit sind in vieler Hinsicht denen der modernen Physik ähnlich.

Worin besteht nun diese neue Ansicht von Raum und Zeit, die aus der Relativitätstheorie aufstieg? Sie basiert auf der Entdeckung, daß alle Raum- und Zeitmessungen relativ sind. Die Relativität räumlicher Bestimmungen war natürlich nichts Neues. Es war schon vor Einstein bekannt, daß der Aufenthaltsort eines Objektes im Raum nur in bezug auf irgendein anderes Objekt angegeben werden kann. Das erfolgt gewöhnlich mithilfe von drei Koordinaten, und der Ursprung der Koordinaten kann »Aufenthaltsort des Beobachters« genannt werden.

Um die Relativität solcher Koordinaten zu veranschaulichen, stelle man sich zwei im Raum schwebende Beobachter vor, die einen Schirm beobachten (s. Abbildung). Beobachter A sieht den Schirm zu seiner Linken und leicht geneigt, das obere Ende näher zu sich. Beobachter B sieht den Schirm zu seiner Rechten und das obere Ende weiter von sich entfernt.

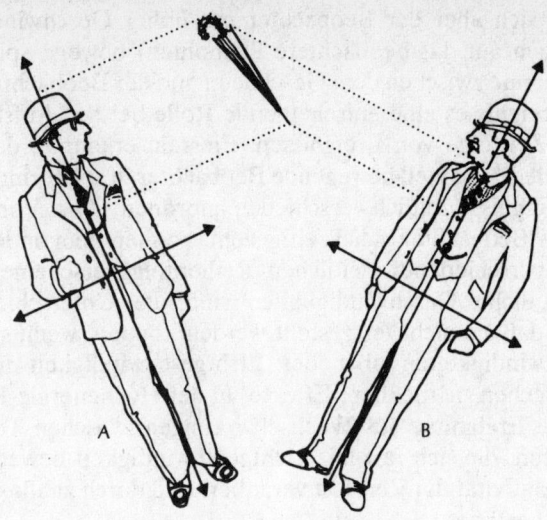

Erweitert man dieses zweidimensionale Beispiel auf drei Dimensionen, so wird klar, daß alle räumlichen Angaben wie »links«, »rechts«, »oben«, »unten«, »schräg« etc. von der Position des Beobachters abhängen und somit relativ sind. Das war lange vor der Relativitätstheorie bekannt. Was die Zeit anbelangt, so war die Situation in der klassischen Physik jedoch völlig anders. Die zeitliche Anordnung zweier Vorgänge wurde als unabhängig von jedem Beobachter angenommen. Zeitliche Angaben wie »vorher«, »nachher«, »gleichzeitig« hatten eine absolute, vom Koordinatensystem unabhängige Bedeutung.

Einstein erkannte, daß zeitliche Angaben ebenfalls relativ sind und vom Beobachter abhängen. Im täglichen Leben wird der Eindruck, daß wir die Vorgänge um uns in einer eindeutigen Zeitfolge anordnen können, durch die Tatsache erweckt, daß die Lichtgeschwindigkeit (300 000 km pro Sekunde) im Vergleich zu allen anderen Geschwindigkeiten unserer Erfahrung so groß ist, daß wir annehmen können, Vorgänge im Augenblick ihres Geschehens zu beobachten. Dies trifft jedoch nicht zu. Licht braucht Zeit für den Weg vom Vorgang zum Beobachter. Normalerweise ist diese Zeit so kurz, daß die Ausbreitung des Lichtes als augenblicklich betrachtet werden kann.

165

Wenn sich aber der Beobachter mit hoher Geschwindigkeit (bezogen auf das beobachtete Phänomen) bewegt, spielt die Zeitspanne zwischen dem Geschehen und der Beobachtung eines Ereignisses eine entscheidende Rolle bei der Aufstellung einer Zeitfolge von Ereignissen. Einstein erkannte, daß sich verschieden schnell bewegende Beobachter in solch einem Fall die Ereignisse zeitlich verschieden anordnen. Zwei Vorgänge, die ein Beobachter gleichzeitig sieht, können dem anderen in einer verschiedenen zeitlichen Reihenfolge erscheinen. Für gewöhnliche Geschwindigkeiten sind die Unterschiede so klein, daß sie nicht festgestellt werden können, wenn sich die Geschwindigkeiten aber der Lichtgeschwindigkeit nähern, verursachen sie meßbare Effekte. In der Hochenergie-Physik, wo die Ereignisse aus Wechselwirkungen zwischen Teilchen bestehen, die sich fast mit Lichtgeschwindigkeit bewegen, ist die Relativität der Zeit fest verankert und durch zahllose Versuche bestätigt.

Die Relativität der Zeit zwingt uns auch, den Newtonschen Begriff des absoluten Raumes aufzugeben. Dieser Raum enthielt zu jedem Augenblick eine definitive Anordnung von Materie. Aber jetzt, da Gleichzeitigkeit als relativer Begriff erkannt ist, die vom Bewegungszustand des Beobachters abhängt, kann man einen solchen bestimmten Augenblick für das ganze Universum nicht mehr definieren. Ein entferntes Ereignis, welches für einen Beobachter zu einem bestimmten Zeitpunkt auftritt, kann für einen anderen früher oder später eintreten. Es ist daher unmöglich, von einem »Universum zu einem gegebenen Augenblick« zu sprechen. Es gibt keinen absoluten, vom Beobachter abhängigen Raum.

Die Relativitätstheorie hat somit gezeigt, daß alle Messungen von Raum und Zeit ihre absolute Bedeutung verlieren und daß die klassischen Begriffe vom absoluten Raum und von der absoluten Zeit hinfällig sind. Da Raum und Zeit jetzt auf die subjektive Rolle von sprachlichen Elementen reduziert sind, die ein bestimmter Beobachter für seine Beschreibung von Naturphänomenen benutzt, wird jeder Beobachter die Phänomene auf verschiedene Weise beschreiben. Um universale Naturgesetze aus ihren Beschreibungen abzuleiten, müssen diese Gesetze so formuliert werden, daß sie in allen Koordinatensystemen die gleiche Form haben, d. h. für alle Beobachter an willkürlichen Orten und in relativer Bewegung. Diese Forderung ist als das »Relativitätsprinzip« bekannt und war der Ausgangspunkt für die Relativitätstheorie. Interessant ist, daß der Keim der Relativitätstheorie in einem Paradox steckte, das dem jungen Einstein auffiel, als er sechzehn war. Er versuchte sich vorzustellen, wie ein Lichtstrahl für einen mit Lichtgeschwindigkeit neben ihm herreisenden Beobachter aussehen würde. Er kam zu dem Schluß, daß dieser Beobachter den Lichtstrahl als hin- und herschwingendes, sich nicht fortbewegendes elektrisches Feld sehen würde, d. h. ohne Wellen zu bilden. Solch ein Phänomen ist jedoch in der Physik unbekannt. Somit schien es dem jungen Einstein, daß etwas, was ein Beobachter als wohlbekanntes elektromagnetisches Phänomen sah, nämlich als Lichtwelle, dem anderen Beobachter als ein den Gesetzen der Physik widersprechendes Phänomen erscheinen würde; und das konnte er nicht akzeptieren. In späteren Jahren wurde Einstein klar, daß das Relativitätsprinzip für die Beschreibung elektromagnetischer Phänomene nur dann gilt, wenn alle räumlichen *und* zeitlichen Angaben relativ sind. Die Gesetze der Mechanik, die die Bewegung von Massenkörpern beschreiben, und die Gesetze der Elektrodynamik, der Theorie von Elektrizität und Magnetismus, können dann in einem gemeinsamen »relativistischen« Gerüst formuliert werden, welches mit den drei Raumkoordinaten die Zeit als vierte, zum Beobachter relative, Koordinate einschließt.

Um zu prüfen, ob das Relativitätsprinzip erfüllt ist, d. h. ob die Gleichungen der Theorie in allen Koordinatensystemen gleich aussehen, muß man natürlich die Raum- und Zeit-Angaben von einem Koordinatensystem oder »Bezugsrahmen« in den anderen übertragen können. Solche Übertragungen oder »Transformationen« waren schon in der klassischen Physik bekannt und wurden häufig angewandt. Die Transformationen zwischen den beiden im Bild (S. 165) gezeigten Bezugssystemen zum Beispiel zeigt beide Koordinaten des Beobachters A (das Koordinatenkreuz mit Pfeilspitze ist im Bild eingetragen) als Kombination der Koordinaten des Beobachters B und umgekehrt. Die genauen Ausdrücke können mit Hilfe elementarer Geometrie leicht ermittelt werden.

In der relativistischen Physik entsteht eine neue Situation, da die Zeit als vierte Dimension den drei Raumkoordinaten hinzugefügt wird. Da die Transformation zwischen verschiedenen Bezugssystemen jede Koordinate des einen Systems als Kombination der Koordinaten des anderen Systems ausdrückt, erscheint eine Raumkoordinate des einen Systems im allgemeinen im anderen System als Mischung von Raum- und Zeitkoordinaten. Dies ist nun wirklich eine ganz neue Situation. Jeder Wechsel des Koordinatensystems vermischt Raum und Zeit auf mathematisch klar definierte Art. Die beiden können daher nicht mehr auseinandergehalten werden, da, was dem einen Beobachter als Raum erscheint, für den anderen eine Mischung aus Zeit und Raum darstellt. Die Relativitätstheorie zeigte, daß der Raum nicht dreidimensional und die Zeit keine selbständige Einheit ist. Beide sind innig und untrennbar verbunden und bilden ein vierdimensionales Kontinuum, welches »Raum-Zeit« genannt wird. Dieser Begriff von »Raum-Zeit« wurde von Hermann Minkowski in einer berühmten Vorlesung 1908 mit folgenden Worten eingeführt:

Die Ansichten von Raum und Zeit, die ich Ihnen unterbreiten möchte, wuchsen aus dem Boden der Experimentalphysik, und darin liegt ihre Stärke. Sie sind radikal. Von nun an sind der Raum an sich und die Zeit an sich verurteilt, zu wesenlosen Schatten zu verblassen, und nur eine Art Vereinigung der beiden wird eine unabhängige Realität bewahren.[3]

Die Begriffe von Raum und Zeit sind für die Beschreibung der Naturphänomene derart grundlegend, daß ihre Modifikation eine Änderung des ganzen Gerüstes, das wir in der Physik zur Naturbeschreibung benutzen, zur Folge hat. Im neuen Gerüst werden Raum und Zeit gleich behandelt und sind untrennbar miteinander verbunden. In der relativistischen Physik können wir nicht über die Zeit sprechen, ohne über den Raum zu sprechen, und umgekehrt. Dieses neue Gerüst muß immer dann angewendet werden, wo hohe Geschwindigkeiten auftreten.

Die innige Verbindung zwischen Raum und Zeit war in der Astronomie in einem anderen Zusammenhang lange vor der Relativitätstheorie bekannt. Astronomen und Astrophysiker haben mit außerordentlich großen Entfernungen zu tun, und hier ist wieder die Tatsache wichtig, daß Licht für die Reise vom beobachteten Objekt zum Beobachter Zeit benötigt. Da die Lichtgeschwindigkeit nicht unendlich ist, sehen die Astronomen das Universum nie in seinem gegenwärtigen Zustand, sondern schauen immer zurück in die Vergangenheit. Das Licht braucht acht Minuten für den Weg von der Sonne zur Erde, und somit sehen wir die Sonne immer so, wie sie vor acht Minuten war. Genauso sehen wir den nächsten Stern dort, wo er vor vier Jahren war, und mit unseren starken Teleskopen können wir Galaxien sehen, wie sie vor Jahrmillionen existierten.

Die begrenzte Lichtgeschwindigkeit ist für die Astronomen keineswegs ein Hindernis, sondern ein großer Vorteil. Sie erlaubt ihnen, die Entwicklung von Sternen, Sternhaufen und Galaxien in allen Stadien durch einfaches Hinausschauen in den Raum und Zurückschauen in die Zeit zu beobachten. Alle Arten von Phänomenen, die während der letzten Jahrmillionen aufgetreten sind, können tatsächlich irgendwo am Himmel beobachtet werden. Astronomen wissen daher, wie wichtig die Verbindung zwischen Raum und Zeit ist. Die Relativitätstheorie besagt, daß diese Verbindung nicht nur beim Umgang mit großen Entfernungen, sondern auch mit hohen Geschwindigkeiten von Bedeutung ist. Selbst hier auf der Erde sind Entfernungsmessungen nicht zeitunabhängig, weil der Bewegungszustand des Beobachters und somit ein Bezug zur Zeit zu berücksichtigen ist.

Wie im vorigen Kapitel erwähnt, hat die Vereinigung von Raum und Zeit die Vereinigung anderer Grundbegriffe zur Folge, und dieser vereinigende Aspekt ist der charakteristischste Zug des relativistischen Gerüsts. Begriffe, die in der nicht-relativistischen Physik völlig unabhängig schienen, sehen wir jetzt lediglich als verschiedene Aspekte ein und desselben Begriffs. Dieser Zug verleiht dem relativistischen Gerüst große mathematische Eleganz und Schönheit. Viele Jahre Arbeit mit der Relativitätstheorie haben uns gelehrt, diese Eleganz zu würdigen und mit dem mathematischen Formalismus gründlich vertraut zu werden. Dies hat jedoch unserer Intuition nicht sehr viel geholfen. Wir können die vierdimensionale Raum-Zeit oder die anderen relativistischen Begriffe mit unseren Sinnen nicht direkt erfassen. Wenn wir Naturphänomene studieren, die hohe Geschwindigkeiten mit sich bringen, fällt uns der Umgang mit diesen Begriffen auf der Ebene der Intuition und der gewöhnlichen Sprache sehr schwer. In der klassischen Physik wurde zum Beispiel angenommen, daß Stäbe in Bewegung und in Ruhe dieselbe Länge haben. Die Relativitätstheorie zeigte, daß das nicht zutrifft. Die Länge eines Objekts hängt von dessen Bewegung relativ zum Beobachter ab und verändert sich mit der Geschwindigkeit dieser Bewegung. Das Objekt verkürzt sich in Richtung seiner Bewegung. Ein Stab hat seine größte Länge in einem Bezugssystem, in dem er in Ruhe ist, und verkürzt sich mit relativ zum Beobachter zunehmender Geschwindigkeit. In den »Streu«-Experimenten der Hochenergie-Physik, wo Teilchen mit extrem hoher Geschwindigkeit zusammenstoßen, ist die relativistische Verkürzung so stark, daß kugelförmige Teilchen zu »Pfannkuchen« reduziert werden.

Es ist daher wenig sinnvoll, nach der »tatsächlichen« Länge eines Objekts zu fragen, genauso wenig wie nach der tatsächlichen Länge des Schattens eines Menschen. Der Schatten ist eine Projektion von Punkten im dreidimensionalen Raum auf eine zweidimensionale Ebene, und seine Länge richtet sich nach dem jeweiligen Projektionswinkel. Ähnlich ist die Länge eines sich bewegenden Objektes die Projektion von Punkten in der vierdimensionalen Raum-Zeit in den dreidimensionalen Raum, und seine Länge ist in den verschiedenen Bezugssystemen verschieden.

Was für Längen gilt, gilt auch für Zeitintervalle. Sie hängen auch vom Bezugssystem ab, aber im Gegensatz zu räumlichen Messungen werden sie mit relativ zum Beobachter zunehmender Geschwindigkeit größer. Das bedeutet, daß Uhren in Bewegung langsamer laufen; die Zeit wird langsamer. Diese Uhren können von ganz verschiedener Art sein: mechanische Uhren, Atomuhren oder sogar der menschliche Herzschlag. Würde einer von zwei Zwillingen eine schnelle Rundreise im Weltraum unternehmen, so wäre er bei der Heimkehr jünger als sein Bruder, weil alle seine »Uhren« – sein Herzschlag, sein Kreislauf, seine Gehirnwellen etc. – sich während der Reise verlangsamt hätten, vom Gesichtspunkt des Mannes auf der Erde. Der Reisende selbst würde natürlich nichts Ungewöhnliches feststellen, erst nach seiner Rückkehr würde er plötzlich merken, daß sein Bruder jetzt viel älter ist. Dieses »Zwillings-Paradox« ist vielleicht das bekannteste Paradox der modernen Physik. Es hat in wissenschaftlichen Zeitschriften heiße Diskussionen hervorgerufen, von denen manche noch andauern, ein sprechender Beweis für die Tatsache, daß die von der Relativitätstheorie beschriebene Realität mit unserem gewöhnlichen Verstand nicht leicht zu fassen ist.

Das langsamere Gehen von Uhren in Bewegung wurde, so unglaublich es klingt, in der Teilchen-Physik gründlich geprüft. Die meisten subatomaren Teilchen sind instabil, d. h. sie zerfallen nach einer gewissen Zeit in andere Teilchen. Zahlreiche Versuche haben bestätigt, daß die Lebenszeit* solcher instabilen Teilchen von ihrem Bewegungszustand abhängt. Sie nimmt mit der Geschwindigkeit des Teilchens zu. Teilchen, die sich mit 80% der Lichtgeschwindigkeit bewegen, leben etwa 1,7 mal so lange wie ihre langsamen »Zwillingsbrüder«, und bei 99% der Lichtgeschwindigkeit leben sie etwa 7 mal so lange. Das heißt wiederum nicht, daß sich die »innere« Lebenszeit des Teilchens ändert. Vom Standpunkt des Partikels aus ist seine Lebenszeit immer die gleiche, aber vom Standpunkt des Beobachters im Laboratorium aus lief die »innere Uhr« des Teilchens langsamer, und daher lebt es länger.

All diese relativistischen Effekte scheinen nur deshalb merkwürdig, weil wir die vierdimensionale Raum-Zeit-Welt nicht mit unseren Sinnen erleben, sondern nur ihre dreidimensionale Abbildung beobachten können. Diese Bilder haben in verschiedenen Bezugssystemen verschiedene Aspekte: Objekte in Bewegung sehen anders aus als Objekte in Ruhe, und sich bewegende Uhren gehen anders. Diese Effekte scheinen paradox, wenn wir uns nicht klarmachen, daß sie nur die Projektionen vierdimensionaler Phänomene sind, so wie Schatten die Projektionen dreidimensionaler Objekte sind. Wenn wir die vierdimensionale Raum-Zeit-Realität sehen könnten, gäbe es kein Paradox.

Wie schon früher erwähnt, scheinen die östlichen Mystiker

---

* Mit der Lebenszeit eines bestimmten Teilchens ist immer die durchschnittliche Lebenszeit gemeint. Wegen des statistischen Charakters der subatomaren Physik sind Aussagen über einzelne Teilchen nicht möglich.

einen außerordentlichen Bewußtseinszustand erreichen zu
können, indem sie die dreidimensionale Welt des täglichen Lebens überschreiten und eine höhere, vierdimensionale Realität
erleben. So spricht Sri Aurobindo von einer »subtilen Änderung, die das Gesicht in eine Art vierter Dimension sehen
läßt«.[4] Die Dimensionen dieser Bewußtseinszustände mögen
nicht dieselben sein, mit denen wir in der relativistischen Physik
zu tun haben, aber es ist auffallend, daß sie die Mystiker zu einem Begriff von Raum und Zeit führten, der demjenigen der
Relativitätstheorie sehr nahekommt.

Die östliche Mystik hatte ein intuitives Wissen vom Raum-
Zeit-Charakter der Wirklichkeit. Es fand vielleicht seinen klarsten Ausdruck und ist am konsequentesten durchdacht im
Buddhismus, speziell in der Avatamsaka-Schule des Mahayana-Buddhismus. Das *Avatamsaka-Sutra*, auf dem diese Schule
basiert (s. S. 103), gibt eine lebendige Beschreibung, wie die
Welt im Zustand der Erleuchtung erlebt wird. Das Bewußtsein
einer gegenseitigen »Durchdringung von Raum und Zeit« – ein
perfekter Ausdruck, um Raum-Zeit zu beschreiben – wird im
Sutra wiederholt betont und wird als wesentliches Merkmal des
erleuchteten Geisteszustandes angesehen. Mit D. T. Suzukis
Worten:

> Die Bedeutung des *Avatamsaka* und seiner Philosophie ist unver-
> ständlich, sofern wir nicht einmal einen Zustand völliger Auflösung
> erlebt haben, wo es keinen Unterschied zwischen Körper und Geist,
> zwischen Subjekt und Objekt mehr gibt . . . Wir schauen umher und
> nehmen wahr, daß jedes Objekt zu jedem anderen Objekt in Bezie-
> hung steht . . . nicht nur räumlich, auch zeitlich. Als Tatsache reiner
> Erfahrung gibt es keinen Raum ohne Zeit, keine Zeit ohne Raum;
> sie durchdringen einander.[5]

Wenn man diese Aussage eines Interpreten fernöstlicher Mystik mit der früher zitierten Aussage von Minkowski vergleicht,
fällt auf, daß sowohl der Physiker als auch der Buddhist ihre
Begriffe von Raum-Zeit auf Erfahrung gründen; in einem Fall
auf wissenschaftliche Versuche, im anderen auf mystische
Erfahrung.

Dieses intuitive Verständnis der Zeit in der östlichen Mystik
ist in meinen Augen einer der Hauptgründe dafür, daß ihre An-

schauung der Natur der modernen Wissenschaft generell viel mehr entspricht als die der meisten griechischen Philosophen. Die griechische Naturphilosophie war im großen und ganzen statisch und basierte weitgehend auf geometrischen Überlegungen. Sie war sozusagen »nicht-relativistisch«, und ihr starker Einfluß auf die westliche Denkweise ist wohl einer der Gründe dafür, daß wir so große Schwierigkeiten mit den relativistischen Modellen der modernen Physik haben. Die östlichen Philosophien dagegen sind »Raum-Zeit«-Philosophien, und ihr intuitives Wissen kommt unseren modernen relativistischen Theorien oft sehr nahe. Beide sind dynamische Weltanschauungen, die Zeit und Wandlung als wesentliche Elemente enthalten. Wenn wir die relativistischen Modelle der modernen Physik studieren, werden wir sehen, daß sie alle eindrucksvolle Illustrationen der beiden Grundelemente der östlichen Weltanschauung sind, der grundsätzlichen Einheit des Universums und dessen innerlich dynamischen Charakters.

Bisher haben wir auf die »spezielle Relativitätstheorie« Bezug genommen. Sie liefert einen gemeinsamen Rahmen für die Beschreibung der Phänomene von Körpern in Bewegung, Elektrizität und Magnetismus. Sein Grundzug ist die Relativität von Raum und Zeit und ihre Vereinigung in der vierdimensionalen Raum-Zeit.

Der Rahmen der »allgemeinen Relativitätstheorie« schließt die Schwerkraft mit ein. Nach der allgemeinen Relativitätstheorie krümmt die Schwerkraft die Raum-Zeit. Sich das vorzustellen, ist wieder außerordentlich schwierig. Wir können uns leicht eine zweidimensionale gekrümmte Oberfläche vorstellen, wie die Oberfläche eines Eies, weil wir diese gekrümmten Oberflächen im dreidimensionalen Raum liegen sehen. Die Bedeutung des Wortes »Krümmung« für zweidimensionale gekrümmte Oberflächen ist somit ganz klar, aber wenn wir zum dreidimensionalen Raum kommen – von der vierdimensionalen Raum-Zeit gar nicht zu reden –, läßt uns unser Vorstellungsvermögen im Stich. Da wir den dreidimensionalen Raum nicht »von außen« betrachten können, können wir uns nicht vorstellen, wie er »in irgendeiner Richtung gebogen« sein kann.

Um die Bedeutung der gekrümmten Raum-Zeit zu verstehen, müssen wir zweidimensionale gekrümmte Oberflächen als Analogien heranziehen. Stellen wir uns zum Beispiel die Oberfläche einer Kugel vor. Die entscheidende Tatsache, die eine Analogie zur Raum-Zeit ermöglicht, ist, daß die Krümmung eine innere Eigenschaft dieser Oberfläche ist und gemessen werden kann, ohne daß man in den dreidimensionalen Raum hineingeht. Ein zweidimensionales, auf die Kugeloberfläche beschränktes Insekt, welches den dreidimensionalen Raum nicht wahrnehmen kann, könnte dennoch herausfinden, daß die Oberfläche, auf der es lebt, gekrümmt ist, vorausgesetzt, es kann geometrische Messungen durchführen. Um zu sehen, wie das funktioniert, müssen wir die Geometrie unseres Insekts auf einer ebenen Oberfläche vergleichen.*

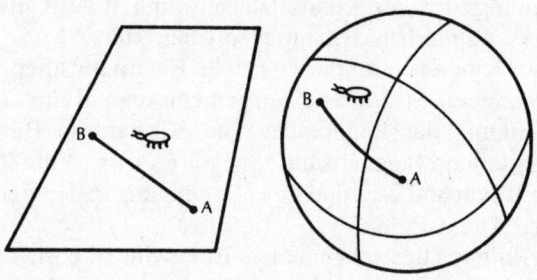

Zeichnung einer »Geraden« in der Ebene und auf der Kugeloberfläche

Angenommen, die beiden Insekten beginnen ihre Geometriestudien mit dem Ziehen einer Geraden, d. h. der kürzesten Verbindung zwischen zwei Punkten. Das Ergebnis zeigt die folgende Abbildung. Wir sehen, daß das Insekt auf der ebenen Oberfläche eine schöne gerade Linie gezogen hat, aber was tat das Insekt auf der Kugeloberfläche? Die Linie, die es gezogen hat, ist für es die kürzeste Verbindung zwischen den Punkten A und B, da alle anderen denkbaren Linienzüge länger sind; aber

* Die folgenden Beispiele sind dem Buch *The Feynman Lectures on Physics* von R. P. Feynman, R. B. Leighton und M. Sands entnommen, Band II, Kap. 42 (ADDISON-Wesley, Reading, Mass. 1966).

von unserem Gesichtspunkt aus ist sie eine Kurve. Nehmen wir jetzt an, daß die beiden Insekten Dreiecke studieren. Das Insekt auf der Ebene stellt fest, daß die Winkelsumme aller Dreiecke zwei rechte Winkel, d. h. 180°, ergibt; das Insekt auf der Kugeloberfläche stellt fest, daß die Winkelsumme seiner Dreiecke immer größer als 180° ist. Für kleine Dreiecke ist der Überschuß klein, wird aber mit zunehmender Größe der Drei-

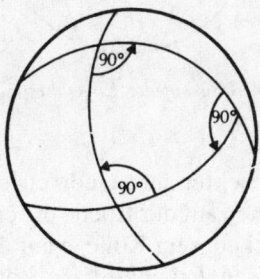

Auf der Kugeloberfläche kann ein Dreieck drei rechte Winkel haben

ecke größer; und im Extremfall kann unser Insekt auf der Kugeloberfläche sogar Dreiecke mit drei rechten Winkeln zeichnen. Zum Schluß sollen unsere Insekten Kreise ziehen und deren Umfang messen. Das Insekt auf der Ebene stellt fest, daß der Umfang immer 2π mal dem Radius beträgt, unabhängig von der Größe des Kreises. Das Insekt auf der Kugel aber stellt fest, daß der Umfang immer kleiner als 2π mal dem Radius ist.

Wie man im folgenden Bild sieht, erkennen wir aufgrund unseres dreidimensionalen Blickpunkts, daß das, was dem Insekt als Radius seines Kreises erscheint, in Wirklichkeit eine Kurve ist, die immer länger ist als der wahre Radius des Kreises.

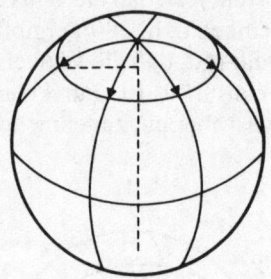

Ein Kreis auf der Kugeloberfläche

Wenn die beiden Insekten ihre Geometriestudien weiter treiben, wird das Tierchen auf der Ebene die euklidischen Axiome und Gesetze entdecken, sein Kollege auf der Kugeloberfläche wird aber zu anderen Erkenntnissen kommen. Der Unterschied ist für kleine geometrische Figuren klein, nimmt aber mit zunehmender Größe der Figuren zu. Das Beispiel der beiden Insekten zeigt, daß wir immer feststellen können, ob eine Oberfläche gekrümmt ist oder nicht, einfach durch geometrische Messungen auf der Oberfläche, und indem man die Ergebnisse mit denen der euklidischen Geometrie vergleicht. Gibt es eine Diskrepanz, dann ist die Oberfläche gekrümmt, und je größer die Diskrepanz bei gegebener Größe der Figuren, desto stärker ist die Krümmung.

Auf die gleiche Weise können wir einen gekrümmten dreidimensionalen Raum definieren als einen Raum, in dem die euklidische Geometrie nicht mehr gilt. Die geometrischen Gesetze in einem solchen Raum sind von anderer, nicht-euklidischer Art. Solche nicht-euklidische Geometrie wurde im neunzehnten Jahrhundert vom Mathematiker Georg Riemann als rein abstrakte mathematische Idee eingeführt und als solche angesehen, bis Einstein seine revolutionäre Hypothese machte, daß unser dreidimensionaler Lebensraum tatsächlich gekrümmt ist. Nach Einstein wird die Krümmung des Raumes durch Gravitationsfelder von Massenkörpern verursacht. Der

Raum ist um Massenkörper herum gekrümmt, und das Ausmaß der Krümmung, also auch der Abweichung von der Euklidischen Geometrie, hängt von der Masse des Körpers ab.

Die Gleichungen, die die Krümmung des Raumes zur Verteilung der Masse im Raum in Beziehung setzen, heißen die »Einsteinschen Feldgleichungen«. Sie können nicht nur zur Bestimmung der örtlichen Schwankungen der Krümmungen in der Nähe von Sternen und Planeten angewendet werden, sondern man kann mit ihnen auch feststellen, ob es eine Gesamtkrümmung des Raums in großem Maßstab gibt. Mit anderen Worten, die Einsteinschen Gleichungen dienen zur Bestimmung der Struktur des Universums als ganzes. Leider geben sie keine eindeutige Antwort. Es sind verschiedene mathematische Lösungen der Gleichungen möglich, und diese Lösungen ergeben die verschiedenen Modelle des Universums, mit dem sich die Kosmologie befaßt. (Einige davon werden im nächsten Kapitel besprochen.) Die Hauptaufgabe der gegenwärtigen Kosmologie ist die Feststellung der Lösung, die der tatsächlichen Struktur unseres Universums entspricht.

Da der Raum in der Relativitätstheorie nie von der Zeit zu trennen ist, kann die von der Schwerkraft verursachte Krümmung nicht auf den dreidimensionalen Raum begrenzt sein, sondern muß auf die vierdimensionale Raum-Zeit erweitert werden. Genau das sagt die allgemeine Relativitätstheorie voraus. In einer gekrümmten Raum-Zeit beeinflussen die von der Krümmung hervorgerufenen Verzerrungen nicht nur die räumlichen, von der Geometrie beschriebenen Zusammenhänge, sondern auch die Länge der Zeitintervalle. Die Zeit fließt nicht mit konstanter Geschwindigkeit, wie in der »ebenen Raum-Zeit«, und der Fluß der Zeit ist unterschiedlich, so wie die Krümmung des Raumes entsprechend der Verteilung der Massenkörper von Ort zu Ort verschieden ist. Wir müssen uns jedoch klarmachen, daß diese Veränderung des Zeitflusses nur von einem Beobachter gesehen werden kann, der nicht an dem Ort steht, wo die Uhren für die Zeitmessung angebracht sind. Wenn der Beobachter zum Beispiel an einen Ort ginge, wo die Zeit langsamer fließt, so würden auch alle Uhren langsamer laufen, und man hätte keine Möglichkeit, den Effekt zu messen.

In unserer irdischen Umgebung ist die Wirkung der Schwerkraft auf Raum und Zeit so klein, daß sie vernachlässigt werden kann, aber in der Astrophysik, die es mit massiven Körpern wie Planeten, Sternen und Galaxien zu tun hat, ist die Krümmung der Raum-Zeit ein wichtiges Phänomen. Bisher haben alle Beobachtungen Einsteins Theorie bestätigt und uns damit gezwungen zu glauben, daß die Raum-Zeit wirklich gekrümmt ist. Ihre extremste Wirkung zeigt sich beim Gravitations-Kollaps eines massiven Sterns. Nach geläufigen Vorstellungen der Astrophysik erreicht jeder Stern in seiner Entwicklung ein Stadium, wo er aufgrund der gegenseitigen Massenanziehung seiner Teilchen zusammenfällt. Da diese Anziehungskraft schnell anwächst, wenn der Abstand zwischen den Teilchen abnimmt, beschleunigt sich der Kollaps, und wenn der Stern genug Masse hat, d. h. mehr als das Zweifache der Masse der Sonne, dann kann kein Prozeß, von dem wir wissen, das weitere Zusammenstürzen verhindern.

Wenn der Stern zusammenfällt und sich immer mehr verdichtet, wird die Schwerkraft auf seiner Oberfläche immer stärker, und folglich krümmt sich die Raum-Zeit um ihn herum immer mehr. Wegen der zunehmenden Schwerkraft auf der Sternoberfläche wird es immer schwerer, von ihm fortzukommen, und schließlich erreicht der Stern ein Stadium, wo nichts, nicht einmal das Licht, von seiner Oberfläche fortkommen kann. In diesem Stadium bildet sich ein sogenannter »Ereignishorizont« um den Stern, da er kein Signal zur übrigen Welt mehr entlassen kann. Der Raum ist um den Stern dann so stark gekrümmt, daß alles Licht festgehalten wird und nicht mehr entkommen kann. Einen solchen Stern können wir nicht sehen, weil sein Licht uns nicht erreichen kann, und daher nennen wir ihn ein schwarzes Loch. Die Existenz von schwarzen Löchern wurde schon 1916 aufgrund der Relativitätstheorie vorausgesagt. In neuester Zeit hat sie viel Aufmerksamkeit erregt, weil einige kürzlich entdeckte Stern-Phänomene die Existenz eines schweren Sternes andeuten, der sich um einen unsichtbaren Partner bewegt, der ein schwarzes Loch sein könnte.

Schwarze Löcher gehören zu den geheimnisvollsten und faszinierendsten Objekten, die die moderne Astrophysik erforscht, und sie veranschaulichen die Relativitätstheorie auf spektakuläre Weise. Die starke Krümmung der Raum-Zeit um sie herum verhindert nicht nur, daß uns das Licht erreicht, sondern wirkt auch genauso auffallend auf die Zeit. Wäre eine Uhr auf der Oberfläche eines einstürzenden Sternes befestigt, d. h. ein Instrument, das Signale in unsere Richtung aussendete, so würden wir bemerken, daß sich diese Signale verlangsamen, wenn sich der Stern dem Ereignishorizont nähert; und wenn der Stern zum schwarzen Loch geworden ist, würden uns keine Signale mehr erreichen. Für einen außenstehenden Beobachter verlangsamt sich die Zeit auf der Sternoberfläche, wenn der Stern zusammenfällt, und beim Ereignishorizont kommt sie ganz zum Stillstand. Daher benötigt der vollständige Kollaps des Sternes eine unendliche Zeit. Der Stern selbst jedoch empfindet nichts Besonderes, wenn er über den Ereignishorizont hinaus zusammenfällt. Die Zeit fließt weiterhin normal, und der Kollaps ist nach einem endlichen Zeitabschnitt beendet, wenn sich der Stern zu einem Punkt unendlicher Dichte zusammengezogen hat. Wie lange dauert der Kollaps also nun wirklich, eine unendliche oder eine endliche Zeit? In der Welt der Relativitätstheorie hat eine solche Frage keinen Sinn. Die Lebensspanne eines einstürzenden Sternes ist wie alle anderen Zeitspannen relativ und hängt vom Bezugssystem des Beobachters ab.

Die allgemeine Relativitätstheorie schafft die klassischen Begriffe von Raum und Zeit als absolute und unabhängige Einheiten völlig ab. Nicht nur alle Messungen von Raum und Zeit sind relativ und vom Bewegungszustand des Beobachters abhängig, sondern die ganze Struktur der Raum-Zeit hängt unauflöslich mit der Verteilung der Materie zusammen. Der Raum ist verschieden stark gekrümmt, und die Zeit fließt an den verschiedenen Orten des Universums mit verschiedener Geschwindigkeit. Unsere Begriffe vom dreidimensionalen euklidischen Raum und vom linearen Zeitverlauf beschränken sich also auf unser alltägliches Leben, und wir müssen sie fallenlassen, wenn wir darüber hinausgehen. Die östlichen Weisen sprechen auch von einer Ausweitung ihrer Erfahrung der Welt in höheren Bewußtseinszuständen, und sie behaupten, daß diese Zustände eine grundsätzlich andere Erfahrung von Raum und Zeit beinhalten. Sie betonen, daß sie in der Meditation nicht nur über den gewöhnlichen dreidimensionalen Raum hinausgehen, sondern auch – und sogar noch stärker – über das gewöhnliche Zeitempfinden. Anstelle einer linearen Folge von Augenblicken erfahren sie eine unendliche, zeitlose und doch dynamische Gegenwart. In den folgenden Passagen sprechen drei östliche Mystiker über ihre Erfahrung dieses »ewigen Jetzt«: Chuang-tzu, der taoistische Weise; Hui-Neng, der sechste Zen-Patriarch; und D. T. Suzuki, der buddhistische Gelehrte unserer Zeit:

> Vergessen wir das Verstreichen der Zeit; vergessen wir den Konflikt der Meinungen. Laßt uns an das Unendliche appellieren und dort Stellung beziehen.[6]
>
> *Chuang-tzu*

> Der gegenwärtige Augenblick ist die absolute Ruhe. Obwohl sie in diesem Augenblick existiert, hat dieser keine Grenzen, und darin liegt ewiges Entzücken.[7]
>
> *Hui-Neng*

> In dieser spirituellen Welt gibt es keine Zeiteinteilungen wie Vergangenheit, Gegenwart und Zukunft, denn diese haben sich zu einem einzigen Augenblick der Gegenwart zusammengezogen, wo das Leben in seinem wahren Sinn vibriert ... Vergangenheit und Zukunft sind in diesem gegenwärtigen Augenblick der Erleuchtung aufgerollt, und dieser gegenwärtige Augenblick steht nicht still mit allem, was er enthält, sondern bewegt sich unaufhörlich fort.[8]
>
> *D. T. Suzuki*

Es ist fast unmöglich, über die Erfahrung einer zeitlosen Gegenwart zu sprechen, da alle Wörter wie »zeitlos«, »Gegenwart«, »Vergangenheit«, »Augenblick« etc. sich auf die konventionellen Zeitbegriffe beziehen. Es ist daher außerordentlich schwierig zu verstehen, was die Mystiker in den zitierten Passagen meinen. Aber auch hier kann die moderne Physik das Verstehen erleichtern, da man mit ihrer Hilfe graphisch darstellen kann, wie ihre Theorien die normalen Zeitbegriffe überschreiten.

In der relativistischen Physik kann die Geschichte eines Objekts, z. B. eines Teilchens, in einem sogenannten »Raum-

Zeit-Diagramm« dargestellt werden (s. Abbildung). In diesem Diagramm stellt die Horizontale den Raum*, die Vertikale die Zeit dar. Der Weg des Teilchens durch die Raum-Zeit heißt seine »Weltlinie«. Ist das Teilchen in Ruhe, so bewegt es sich dennoch durch die Zeit; in diesem Fall ist seine Weltlinie eine senkrechte Gerade. Bewegt sich das Teilchen im Raum, ist seine Weltlinie geneigt. Je stärker die Neigung der Weltlinie, desto schneller bewegt sich das Teilchen. Man beachte, daß sich das Teilchen in der Zeit-Richtung nur nach oben bewegen kann, in der Raum-Richtung aber vorwärts und rückwärts. Die Weltlinie kann sich verschieden stark gegen die Horizontale neigen, kann jedoch nie genau waagerecht werden, denn dies würde bedeuten, daß sich das Teilchen ohne irgendwelchen Zeitaufwand von einem Ort zum anderen bewegen würde.

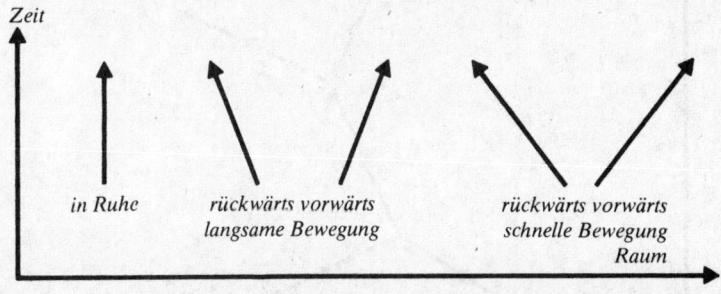

Weltlinien von Teilchen

Raum-Zeit-Diagramme benutzt man in der relativistischen Physik, um die Wechselwirkung zwischen Teilchen bildlich darzustellen. Für jeden Prozeß können wir ein Diagramm zeichnen und ihm einen definitiven mathematischen Ausdruck zuordnen, der uns die Wahrscheinlichkeit des Eintretens dieses Prozesses angibt. Zum Beispiel kann der Kollisionsvorgang zwischen einem Elektron und einem Photon in einem Diagramm wie in der nächstfolgenden Abbildung dargestellt wer-

---

* Der Raum hat in diesen Diagrammen nur eine Dimension, die beiden anderen müssen entfallen, um ein ebenes Diagramm zu ermöglichen.

den. Dieses Diagramm wird folgendermaßen gelesen (von unten nach oben, entsprechend der Richtung der Zeit): Ein Elektron (Mit e⁻ bezeichnet wegen seiner negativen Ladung) stößt mit einem Photon (mit γ, »Gamma«, bezeichnet) zusammen; das Elektron absorbiert das Photon und setzt seinen Weg mit anderer Geschwindigkeit fort (andere Neigung der Weltlinie); nach einer Weile sendet das Elektron das Photon wieder aus und kehrt seine Bewegungsrichtung um.

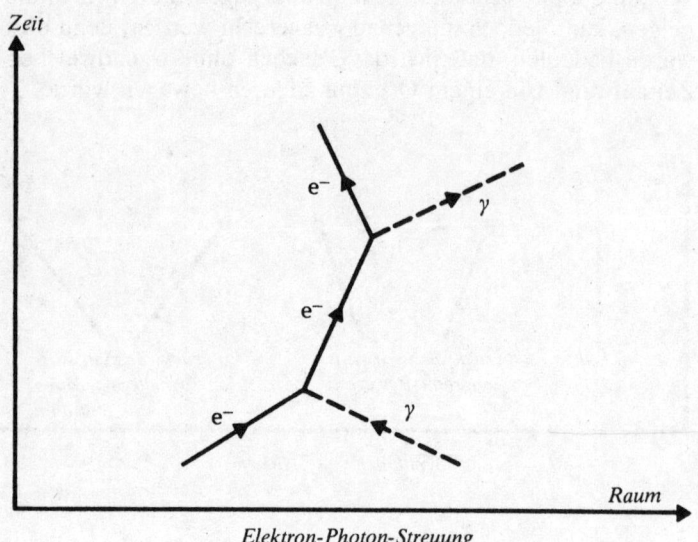

Elektron-Photon-Streuung

Die Theorie, die den Rahmen für diese Raum-Zeit-Diagramme und für die damit verbundenen mathematischen Ausdrücke liefert, nennt man »Quanten-Feldtheorie«. Sie ist eine der wichtigsten relativistischen Theorien der modernen Physik, und wir kommen auf ihre Grundbegriffe noch zurück. Für unsere Besprechung der Raum-Zeit-Diagramme genügt die Kenntnis zweier charakteristischer Züge der Theorie. Der erste ist die Tatsache, daß alle Wechselwirkungen die Erzeugung und

182

Vernichtung von Teilchen mit sich bringen, wie die Absorption und Emission des Photons in unserem Diagramm; und der zweite Zug ist die grundsätzliche Symmetrie zwischen Teilchen und Antiteilchen. Für jedes Teilchen gibt es ein Antiteilchen von gleicher Masse und entgegengesetzter Ladung. Das Antiteilchen des Elektrons z. B. heißt Positron und wird gewöhnlich mit e$^+$ bezeichnet. Das ladungsfreie Photon ist sein eigenes Antiteilchen. Paare von Elektronen und Positronen können spontan aus Photonen erzeugt und im umgekehrten Vorgang wieder zu einem Photon werden.

Raum-Zeit-Diagramme werden durch Anwendung des folgenden Tricks stark vereinfacht. Der Pfeil auf der Weltlinie wird nicht mehr als Anzeiger der Bewegungsrichtung verwendet. (Hierfür ist er sowieso überflüssig, da sich alle Teilchen in der Zeit vorwärts, d. h. im Diagramm aufwärts, bewegen.) Statt dessen dient der Pfeil zum Unterscheiden zwischen Teilchen und Antiteilchen: Zeigt er nach oben, gibt er ein Teilchen an (z. B. ein Elektron), zeigt er nach unten, gibt er ein Antiteilchen an (z. B. ein Positron). Das Photon, das sein eigenes Antiteilchen ist, wird durch eine Weltlinie ohne Pfeil dargestellt. Mit dieser Modifikation können wir jetzt alle Beschriftungen in unserem Diagramm fortlassen, ohne damit Verwirrung zu stiften: Linien mit Pfeilen stellen Elektronen dar, Linien ohne Pfeile Photonen. Wir können das Diagramm weiter vereinfachen, indem wir die Raum- und Zeit-Koordinaten fortlassen und im Gedächtnis behalten, daß die Richtung der Zeit von unten nach oben verläuft und die Vorwärtsrichtung im Raum von links nach rechts. Das resultierende Raum-Zeit-Diagramm für den Vorgang der Elektron-Photon-Streuung sieht dann so aus:

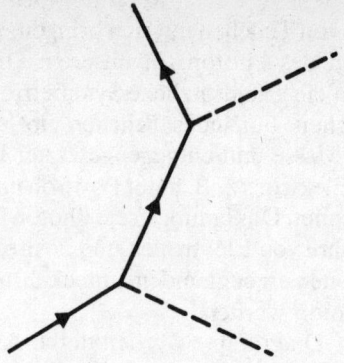

Elektron-Photon-Streuung

Für die Darstellung des Positron-Photon-Streuprozesses brauchen wir im gleichen Diagramm nur die Richtung der Pfeile umzukehren:

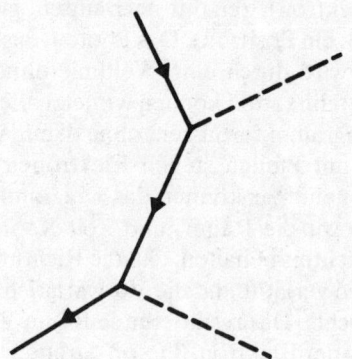

Positron-Photon-Streuung

Bisher gab es in unserer Diskussion der Raum-Zeit-Diagramme nichts Ungewöhnliches. Wir haben sie von unten nach oben gelesen, entsprechend unserer konventionellen Annahme eines linearen Zeitflusses. Der ungewöhnliche Aspekt zeigt sich in Diagrammen mit Positron-Linien. Der mathematische Formalismus der Feldtheorie läßt für diese Linien zwei Deutungsmöglichkeiten zu: als Positron, das sich in der Zeit vorwärts bewegt, oder als Elektron, das sich *in der Zeit rückwärts bewegt*! Mathematisch sind beide Interpretationen identisch. Der gleiche Ausdruck beschreibt ein Antiteilchen, das sich von der Vergangenheit in die Zukunft bewegt, oder ein Teilchen, das sich von der Zukunft in die Vergangenheit bewegt.

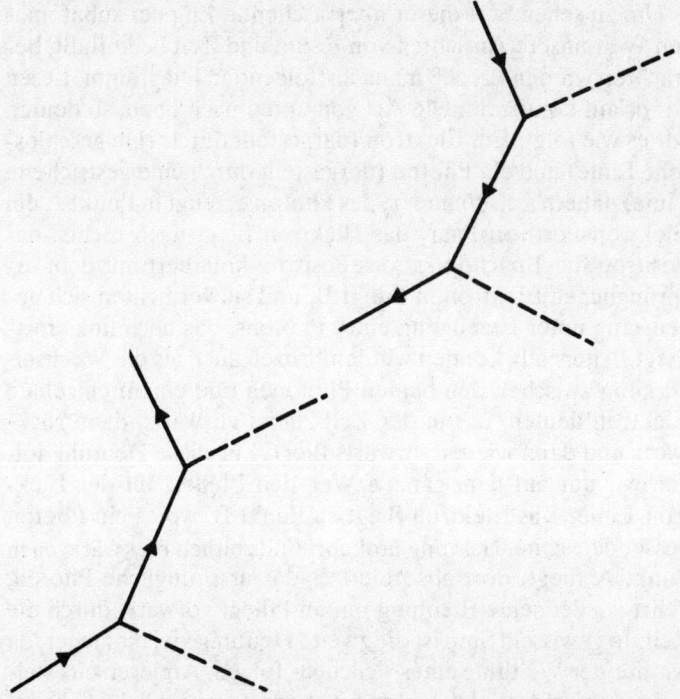

Unsere beiden Diagramme kann man damit so auffassen, als ob sie den gleichen Prozeß abbildeten, der sich in verschiedenen Richtungen der Zeit entwickelt. Beide Diagramme können als Streuung von Elektronen und Photonen gedeutet werden, aber in einem Prozeß bewegen sich die Teilchen in der Zeit vorwärts, im anderen rückwärts.* Die relativistische Theorie der Teil-

---

* Die gestrichelten Linien bedeuten immer Photonen, ob sie sich nun in der Zeit vorwärts oder rückwärts bewegen, denn das Antiteilchen eines Photons ist wieder ein Photon.

chen-Wechselwirkungen zeigt somit eine vollständige Symmetrie in bezug auf die Richtung der Zeit. Alle Raum-Zeit-Diagramme können in beiden Richtungen gelesen werden. Für jeden Prozeß gibt es einen äquivalenten Prozeß mit umgekehrter Zeitrichtung, in dem die Teilchen durch Antiteilchen ersetzt sind.*

Um zu sehen, wie dieser überraschende Zug der subatomaren Welt unsere Ansichten von Raum und Zeit beeinflußt, betrachten wir den Prozeß im nächstfolgenden Diagramm. Lesen wir es auf konventionelle Art von unten nach oben, so deuten wir es wie folgt: Ein Elektron (dargestellt durch eine geschlossene Linie) und ein Photon (dargestellt durch eine gestrichelte Linie) nähern sich einander; das Photon erzeugt in Punkt A ein Elektron-Positron-Paar; das Elektron fliegt nach rechts, das Positron fliegt nach links; das Positron kollidiert mit dem ursprünglichen Elektron in Punkt B, und sie vernichten sich gegenseitig unter Erzeugung eines Photons, das nach links fortfliegt. Alternativ können wir den Prozeß auch als die Wechselwirkung zwischen den beiden Photonen und einem einzelnen Elektron deuten, das in der Zeit zuerst vorwärts, dann rückwärts und dann wieder vorwärts fliegt. Für diese Deutung folgen wir nur auf dem ganzen Weg den Pfeilen auf der Elektron-Linie. Das Elektron fliegt zu Punkt B, wo es ein Photon aussendet, seine Richtung umkehrt und zeitlich rückwärts nach Punkt A fliegt; dort absorbiert es das ursprüngliche Photon, kehrt wieder seine Richtung um und fliegt vorwärts durch die Zeit. In gewissem Sinn ist die zweite Deutung viel einfacher, da wir nur der Weltlinie eines Teilchens folgen. Andererseits stellen wir sofort fest, daß wir damit in ernste sprachliche Schwierigkeiten geraten. Das Elektron fliegt »zuerst« zum Punkt B, »dann« zum Punkt A; doch die Absorption des Photons bei A erfolgte vor der Emission des anderen Photons in B.

* Neuere Versuche deuten an, daß dies für einen bestimmten Prozeß mit »super-schwacher« Wechselwirkung möglicherweise nicht zutrifft. Abgesehen von diesem Prozeß, bei dem die Rolle der Zeit-Umkehr-Symmetrie noch nicht klar ist, zeigen alle Teilchen-Wechselwirkungen eine grundsätzliche Symmetrie in bezug auf die Richtung der Zeit.

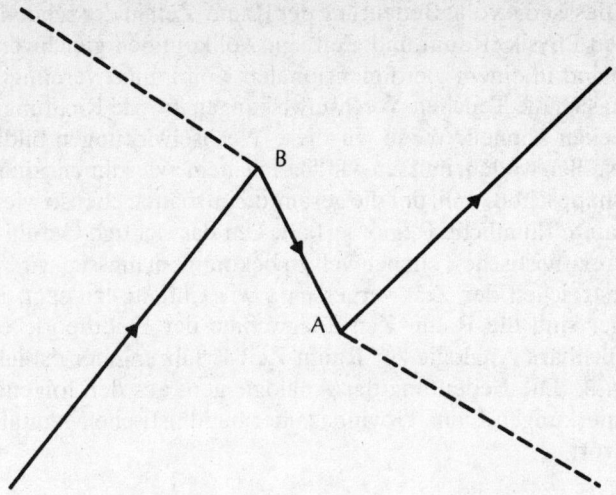

Streuprozeß mit Photonen, Elektronen und einem Positron

Diese Schwierigkeiten vermeidet man am besten dadurch, daß man Raum-Zeit-Diagramme wie das obige nicht als chronologische Aufzeichnungen des Weges von Teilchen durch die Zeit sieht, sondern als vierdimensionale Strukturen in der Raum-Zeit, die ein Netzwerk zusammenhängender Ereignisse darstellen, das keine definitive Richtung der Zeit enthält. Da sich alle Teilchen in der Zeit vorwärts und rückwärts bewegen können, genauso wie im Raum nach rechts und links, ist es nicht sinnvoll, auf den Diagrammen eine Zeitrichtung festzulegen. Sie sind einfach vierdimensionale Landkarten, die in der Raum-Zeit so ausgelegt sind, daß wir von keinerlei zeitlicher Reihenfolge sprechen können. Mit den Worten Louis de Broglies:

In der Raum-Zeit ist alles, was für einen jeden von uns Vergangenheit, Gegenwart und Zukunft darstellt, *en bloc* gegeben ... Jeder Beobachter entdeckt sozusagen beim Verstreichen seiner Zeit immer neue Schnitten der Raum-Zeit, welche ihm als aufeinanderfolgende Aspekte der materiellen Welt erscheinen, obwohl in Wirklichkeit die Gesamtheit der Ereignisse, die die Raum-Zeit darstellt, existiert, bevor er davon weiß.[9]

187

Dies ist die volle Bedeutung der Raum-Zeit in der relativistischen Physik. Raum und Zeit sind vollkommen gleichwertig. Sie sind in einem vierdimensionalen Kontinuum vereinigt, in dem sich die Teilchen-Wechselwirkungen in jede Richtung erstrecken können. Wenn wir diese Wechselwirkungen bildlich darstellen wollen, müssen wir dies in einem »vierdimensionalen Schnappschuß« tun, der die gesamte Zeitspanne ebenso wie die gesamte räumliche Region erfaßt. Um das richtige Gefühl für die relativistische Teilchenwelt zu bekommen, müssen wir »das Verstreichen der Zeit vergessen«, wie Chuang-tzu sagt, und daher sind die Raum-Zeit-Diagramme der Feldtheorie eine brauchbare Analogie zur Raum-Zeit-Erfahrung der östlichen Mystik. Die Bedeutung der Analogie geht aus den folgenden Bemerkungen Lama Govindas über buddhistische Meditation hervor:

> Und wenn wir vom Raumerlebnis der Meditation sprechen, so haben wir es hier mit einer gänzlich anderen Dimension zu tun, der die uns bekannte »dritte Dimension« als bloßer Ausgangspunkt dient und in der das zeitliche Nacheinander zum Nebeneinander, das räumliche Nebeneinander zum Ineinander, das Ineinander zum lebendigen Kontinuum wird, jenseits von Sein und Nichtsein in der Einschmelzung von Raum und Zeit . . . [10]

Obwohl die Physiker ihre mathematische Formelsprache und ihre Diagramme zur Darstellung von Wechselwirkungen *en bloc* in der vierdimensionalen Raum-Zeit benutzen, erklären sie, daß ein Beobachter in der tatsächlichen Welt die Phänomene nur in einer Reihe von Raum-Zeit-Abschnitten erleben kann, also in einer zeitlichen Reihenfolge. Die Mystiker dagegen behaupten, daß sie tatsächlich den vollen Umfang der Raum-Zeit erleben können, wo die Zeit nicht mehr fließt. Zen-Meister Dogen sagt:

> Die meisten glauben, daß die Zeit vergeht. In Wirklichkeit bleibt sie stehen, wo sie ist. Die Vorstellung des Verstreichens kann man Zeit nennen, aber es ist eine falsche Vorstellung, denn da man die Zeit nur im Verstreichen sieht, begreift man nicht, daß sie stehenbleibt, wo sie ist. [11]

Viele der östlichen Lehrer betonen, daß Denken in der Zeit stattfindet, aber daß die Vision sie überschreiten kann. Govinda sagt: »Die Vision hängt mit einem Raum höherer Dimension zusammen und ist daher zeitlos.«[12] Die Raum-Zeit der relativistischen Physik ist ebenso ein zeitloser Raum von höherer Dimension. Alle Ereignisse darin hängen zusammen, aber der Zusammenhang ist nicht kausal. Teilchen-Wechselwirkungen können nur dann in Begriffen von Ursache und Wirkung gedeutet werden, wenn die Raum-Zeit-Diagramme in einer bestimmten Richtung gelesen werden, z. B. von unten nach oben. Werden sie als vierdimensionale Strukturen ohne bestimmte Zeit-Richtung aufgefaßt, dann gibt es kein »vorher« und kein »nachher« und somit keine Ursache und Wirkung.

Ähnlich behaupten östliche Mystiker, daß sie beim Überschreiten der Zeit auch Ursache und Wirkung überschreiten. Wie unsere gewöhnlichen Begriffe von Raum und Zeit ist auch die Vorstellung vom Kausalzusammenhang auf eine bestimmte Erfahrung mit der Welt begrenzt und wird irrelevant, wenn diese Erfahrung sich erweitert. Mit den Worten Swami Vivekanandas:

> Zeit, Raum und Kausalzusammenhang sind wie das Glas, durch das man das Absolute sieht . . . Im Absoluten gibt es weder Zeit noch Raum noch Kausalzusammenhang.[13]

Die östlichen spirituellen Traditionen kennen verschiedene Wege, die über die gewöhnliche Erfahrung der Zeit hinausführen und von der Kette von Ursache und Wirkung befreien – von den Fesseln des Karma, wie Hindus und Buddhisten sagen. Östliche Mystik ist daher eine Befreiung von der Zeit, und das gleiche gilt in gewissem Sinn von der relativistischen Physik.

In der östlichen Mystik wird die eine Realität als Essenz des Universums gesehen, die der Vielfalt von Dingen und Ereignissen zugrundeliegt und sie vereinigt. Die Hindus nennen sie »Brahman«, die Buddhisten »Dharmakaya« (der Körper des Seins) oder »Tathata« (So-Sein) und die Taoisten »Tao«. Alle behaupten, daß diese höchste Realität unsere intellektuellen Begriffe übersteigt und nicht weiter beschrieben werden kann. Sie ist jedoch von ihren vielfältigen Manifestationen nicht zu trennen. Es liegt in ihrer Natur, sich in Myriaden von Formen zu manifestieren, die werden und vergehen, die sich endlos von der einen zur anderen wandeln. Das kosmische Eine ist somit durch und durch dynamisch.

Die von Hindus und Buddhisten gebrauchten Schlüsselbegriffe der indischen Philosophie haben einen dynamischen Bedeutungsgehalt. Das Wort »Brahman« ist von der Sanskrit-Wurzel *brih* (wachsen) abgeleitet und weist somit auf eine dynamische und lebendige Realität hin. Die Upanischaden nennen Brahman »dies Ungeformte, Unsterbliche, Sich-Bewegende«[1] und ordnen ihm somit Bewegung zu, obwohl es alle Formen überschreitet.

Der *Rig-Veda* drückt die dynamische Natur des Universums mit einem anderen Begriff aus, dem Begriff »Rita«. Dies Wort kommt von der Wurzel *ri* (sich bewegen). Seine ursprüngliche Bedeutung ist »der Lauf aller Dinge«, »die Ordnung der Natur«. Er spielt eine wichtige Rolle in den Legenden des Veda und hängt mit allen vedischen Gottheiten zusammen. Die Ordnung der Natur wurde von den vedischen Sehern nicht als statisches göttliches Gesetz, sondern als dynamisches Prinzip aufgefaßt, das dem Universum innewohnt. Die Idee gleicht dem chinesischen Begriff des Tao (»Weg«) als die Weise, in der das Universum funktioniert, d. h. die Ordnung der Natur. Wie die vedischen Seher sahen die chinesischen Weisen die Welt als Fluß und Wandlung und gaben somit der Vorstellung einer kosmischen Ordnung einen im wesentlichen dynamischen Begriffsinhalt. Beide Begriffe, »Rita« und »Tao«, wurden später von ihrer ursprünglichen kosmischen Ebene auf die menschliche Ebene heruntergeholt und in einem moralischen Sinn interpretiert, »Rita« als das universelle Gesetz, dem alle Götter und Menschen gehorchen müssen, und »Tao« als der rechte Weg zu leben.

Der vedische Begriff »Rita« nimmt das »Karma« vorweg, das sich als Begriff später entwickelte, um die dynamische Wechselwirkung aller Dinge und Ereignisse auszudrücken. Das Wort »Karma« bedeutet »Aktion« und bezeichnet den aktiven oder dynamischen Zusammenhang aller Phänomene. In den Worten der *Bhagavad-Gita*: »Alle Handlungen finden in der Zeit statt durch die Verknüpfung der Naturkräfte.«[2] Der Buddha griff den traditionellen Begriff des Karma auf und gab ihm eine neue Bedeutung, indem er den dynamischen Zusammenhang auf die Sphäre menschlicher Situationen erweiterte. Somit bedeutet Karma dann die nie endende Kette von Ursache und Wirkung im menschlichen Leben, die der Buddha zerbrach, indem er den Zustand der Erleuchtung erreichte.

Auch der Hinduismus fand viele Wege, die dynamische Natur des Universums in mythischer Sprache auszudrücken. So sagt Krishna, als Inkarnation des Gottes Vishnu, in der *Gita*: »Wenn ich nicht handeln würde, würden diese Welten untergehen«,[3] und Shiva, der kosmische Tänzer, ist vielleicht die vollkommenste Personifizierung des dynamischen Universums. Durch seinen Tanz erhält Shiva die vielfältigen Phänomene in der Welt, er vereinigt alle Dinge, indem er sie in seinen Rhythmus einbezieht und am Tanz teilnehmen läßt – ein großartiges Bild der dynamischen Einheit des Universums.

Der Hinduismus sieht das Universum als einen organischen, wachsenden und sich rhythmisch bewegenden Kosmos, in dem alles fließt und ständig sich wandelt, und alle statischen Formen sind Maya, d. h., sie existieren nur als illusorische Vorstellungen. Diese letzte Idee – die Unbeständigkeit aller Formen – ist der Ausgangspunkt des Buddhismus. Der Buddha lehrte, daß »alle zusammengesetzten Dinge unbeständig sind« und daß

靈寶始青 變化之圖

Ein taoistisches Diagramm der Wandlung, das den Fluß und die Umbildung in der physischen Welt darstellt. Nach dem Tao Tsang (Kanon des Taoismus), 11. Jahrhundert.

alles Leiden in der Welt dem Versuch entspringt, an fixierten Formen festzuhalten – an Gegenständen, Menschen oder Ideen –, anstatt die Welt, so wie sie sich bewegt und verändert, zu akzeptieren.

Buddhisten nennen diese Welt ständigen Wandels »Samsara«, wörtlich: »unaufhörlich in Bewegung«, und versichern, daß es darin nichts gibt, was festzuhalten sich lohnt. So ist für den Buddhisten der ein Erleuchteter, der dem Fluß des Lebens keinen Widerstand leistet, sondern sich mit ihm bewegt. Als der Ch'an-Mönch Yün-men gefragt wurde: »Was ist das Tao?«, antwortete er schließlich: »Geh weiter.« Entsprechend nennen die Buddhisten den Buddha auch *Tathagata,* d. h. »den, der so kommt und geht«.

Je mehr man die religiösen und philosophischen Texte der Hindus, Buddhisten und Taoisten studiert, um so offensichtlicher wird, daß die Welt in ihnen allen als Bewegung, Fließen und Wandlung wahrgenommen wird. Das kosmische Gewebe lebt; es bewegt sich, wächst und verändert sich laufend. Auch die moderne Physik faßt das Universum als ein solches Gewebe von Zusammenhängen auf und erkennt wie die östliche Mystik, daß es von innen her dynamisch ist. Die Quantentheorie zeigt den dynamischen Aspekt der Materie in der Wellennatur der subatomaren Teilchen. Dieser Aspekt ist, wie wir sehen werden, in der Relativitätstheorie noch wichtiger, wo die Vereinigung von Raum und Zeit ergibt, daß das Vorhandensein der Materie von ihrer Aktivität nicht getrennt werden kann.

Nach der Quantentheorie sind Teilchen gleichzeitig Wellen, und daraus ergibt sich ein sehr sonderbares Verhalten. Wird ein subatomares Teilchen auf einen kleinen Raum beschränkt, so reagiert es auf diese Begrenzung mit Bewegung. Je enger der Raum, desto schneller wirbelt das Teilchen in ihm herum. Dieses Verhalten ist ein typischer »Quanteneffekt« und hat im Makrokosmos keine Analogie.

Diese Tendenz, auf Beschränkung mit Bewegung zu reagieren, läßt auf eine grundlegende »Unruhe« der Materie schließen, die für die subatomare Welt charakteristisch ist. In dieser Welt sind die meisten Materieteilchen an molekulare, atomare und nukleare Strukturen gebunden und daher nicht in Ruhe, sondern von Natur aus rastlos.

Nach der Quantentheorie ist die Materie somit immer in einem Bewegungszustand. Makroskopisch gesehen erscheinen die Gegenstände um uns herum passiv und leblos, aber wenn wir solch ein »totes« Stück Stein oder Metall vergrößern, sehen wir, daß es voller Aktivität steckt. Alle Gegenstände um uns herum bestehen aus Atomen, die sich miteinander auf verschiedene Weise verbinden und eine ungeheure Vielfalt von molekularen Strukturen bilden, die entsprechend ihrer Temperatur und in Harmonie mit den Wärmeschwingungen ihrer Umgebung vibrieren. In den vibrierenden Atomen sind die Elektronen durch elektrische Kräfte an die Atomkerne gebun-

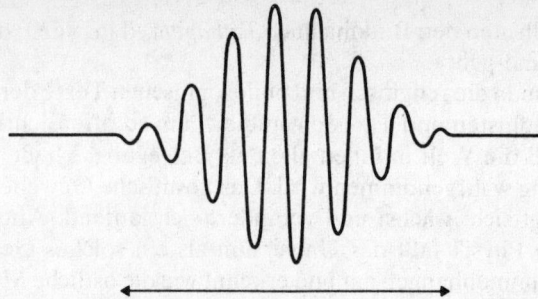

Das Wellenpaket wird in einen engeren Raum gezwängt.

den, und sie reagieren auf diese Beschränkung mit äußerst schnellem Herumwirbeln. In den Atomkernen schließlich sind Protonen und Neutronen in einem winzigen Volumen zusammengepreßt und rasen, makroskopisch unsichtbar, mit unvorstellbarer Geschwindigkeit umher.

Ein taoistischer Text bringt dieses dynamische Gleichgewicht folgendermaßen zum Ausdruck:

> Die Ruhe in der Ruhe ist nicht die wirkliche Ruhe. Nur wenn es Ruhe in der Bewegung gibt, kann der geistige Rhythmus erscheinen, der Himmel und Erde durchdringt.[4]

In der Physik erkennen wir die dynamische Natur des Universums nicht nur in den kleinen Dimensionen – der Welt der Atome und Atomkerne –, sondern auch in den großen Dimensionen der Sterne und Galaxien. Durch unsere starken Teleskope beobachten wir ein Universum in unaufhörlicher Bewegung. Rotierende Wasserstoffwolken ziehen sich zusammen und bilden Sterne. Dabei erwärmen sie sich, bis sie zu brennenden Feuern im Himmel werden. Haben sie dieses Stadium erreicht, so rotieren sie immer noch, und einige stoßen Materie in den Raum aus. Diese entfernt sich erst spiralenförmig und verdichtet sich dann zu Planeten, die den Stern umkreisen. Nach Jahrmillionen endlich, wenn der größte Teil des Wasserstoff-Brennstoffs verbraucht ist, dehnt sich der Stern aus und stürzt dann im endgültigen Gravitationskollaps zusammen. Dieser Kollaps kann von gigantischen Explosionen begleitet sein und kann sogar den Stern zum schwarzen Loch werden lassen. All diese Ereignisse – die Bildung von Sternen aus interstellaren Gaswolken, ihr Zusammenziehen, die darauffolgende Ausdehnung, und ihr endgültiger Kollaps – können tatsächlich am Himmel beobachtet werden.

Die rotierenden, sich zusammenziehenden, sich ausdehnenden oder explodierenden Sterne häufen sich zu Galaxien von verschiedenen Formen, flachen Scheiben, Kugeln, Spiralen usw. Auch sie sind nicht bewegungslos, sondern rotieren. Unsere Galaxis, die Milchstraße, ist eine ungeheure Scheibe von Sternen und Gas, die sich im Weltraum wie ein riesiges Rad dreht, so daß sich alle ihre Sterne – einschließlich der Sonne und ihrer Planeten – um den Mittelpunkt der Galaxis herum bewegen. Das Universum ist voll von Galaxien, die im für uns sichtbaren Raum verstreut sind und sich alle drehen wie die unsere.

Wenn wir das Universum als ganzes mit seinen Millionen von Galaxien studieren, haben wir die äußerste Größenordnung von Raum und Zeit erreicht. Auch auf dieser kosmischen Ebene entdecken wir, daß das Universum nicht statisch ist – es dehnt sich aus! Dies war eine der wichtigsten Entdeckungen der modernen Astronomie. Eine detaillierte Analyse des Lichtes, das wir von fernen Galaxien erhalten, zeigte, daß sich der ganze Schwarm von Galaxien ausdehnt. Die Geschwindigkeit, mit der sich eine Galaxis von uns fortbewegt, ist ihrer Entfernung proportional. Je größer die Entfernung der Galaxis, desto schneller bewegt sie sich von uns fort. Bei doppelter Entfernung ist die Geschwindigkeit ebenfalls doppelt so groß. Dies gilt nicht nur für Entfernungen, die von unserer Galaxis aus gemessen werden, sondern trifft auch für jeden anderen Bezugspunkt zu. Auf welcher Galaxis wir uns auch immer befinden, wir werden beobachten, daß sich die anderen Galaxien von uns fortbewegen; die näher gelegenen mit einigen tausend Kilometern pro Sekunde, die weiter entfernten mit größeren Geschwindigkeiten, und die Geschwindigkeiten der am weitesten entfernten nähern sich der Lichtgeschwindigkeit. Das Licht von noch weiter entfernten Galaxien kann uns nie erreichen, da sie sich doch von uns schneller als das Licht entfernen. Ihr Licht ist, mit den Worten von Sir Arthur Eddington, »wie ein Läufer auf einer sich ausdehnenden Rennbahn, wo die Zielmarke schneller zurückweicht, als er laufen kann«. Wenn wir im Rahmen der allgemeinen Relativität über das expandierende Universum sprechen, meinen wir eine Ausdehnung in einer höheren Dimension. Solch einen Begriff können wir uns, wie den Begriff vom gekrümmten Raum, nur mit Hilfe einer zweidimensionalen Analogie vorstellen. Man denke sich einen Ballon mit einer großen Anzahl von Punkten auf der Oberfläche. Der Ballon stellt das Universum dar, seine zweidimensionale gekrümmte Oberfläche stellt den dreidimensionalen gekrümmten Raum dar, und die Punkte auf der Oberfläche sind die Galaxien in diesem Raum. Wird der Ballon aufgeblasen, vergrößern sich alle Entfernungen zwischen den Punkten. Welchen Punkt wir auch als Standort wählen, alle anderen Punkte bewegen sich von ihnen fort. Das Universum expandiert auf die gleiche Weise: Auf welcher Galaxis ein Beobachter sich auch befinden mag, alle anderen Galaxien bewegen sich von ihm fort.

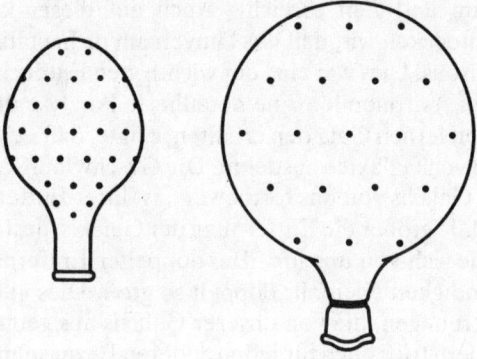

Die naheliegende Frage zum expandierenden Universum lautet: Wie hat das alles angefangen? Aus der Relation zwischen dem Abstand einer Galaxis und der Geschwindigkeit, mit der sie sich entfernt (Hubblesches Gesetz), kann man den Ausgangspunkt der Expansion berechnen, mit anderen Worten: das Alter des Universums. In der Annahme, daß sich die Expansionsgeschwindigkeit nicht verändert hat (was keineswegs sicher ist), kommt man zu einem Alter in der Größenordnung von 10 000 Millionen Jahren. Die meisten Kosmologen glauben heute, daß das Universum vor etwa 10 000 Millionen Jahren mit einem hochdramatischen Ereignis entstand, als seine gesamte Masse aus einem kleinen Ur-Feuerball heraus explodierte. Die gegenwärtige Expansion des Universums wird als der restliche Stoß aus der Anfangsexplosion betrachtet. Nach diesem »Urknall«-Modell markiert der Augenblick des Urknalls den Beginn des Universums und den Beginn von Raum und Zeit. Wenn wir wissen wollen, was vor diesem Augenblick geschah, geraten wir wiederum in große gedankliche und sprachliche Schwierigkeiten. Mit den Worten von Sir Bernard Lovell:

> Dort erreichen wir die große Gedankenbarriere, weil wir uns mit den Begriffen von Zeit und Raum herumschlagen, bevor diese in unserer täglichen Erfahrung überhaupt existierten. Mir ist, als ob ich plötzlich in eine dichte Nebelbank gefahren wäre, wo die vertraute Welt verschwunden ist.[5]

Was die Zukunft des expandierenden Universums anbetrifft, so liefern Einsteins Gleichungen keine eindeutige Antwort. Sie lassen verschiedene Lösungen zu, entsprechend verschiedenen Modellen des Universums. Einige Modelle sagen voraus, daß die Expansion für immer andauern wird, nach anderen verlangsamt sie sich und wird irgendwann in die Kontraktion umschlagen. Diese Modelle beschreiben ein oszillierendes Universum, das sich für Jahrmilliarden ausdehnt, sich dann zusammenzieht, bis sich seine gesamte Masse zu einem kleinen Klumpen von Materie verdichtet hat, und sich dann wieder ausdehnt, und so weiter ohne Ende.

Die Vorstellung eines sich periodisch ausdehnenden und zusammenziehenden Universums innerhalb einer gewaltigen räumlichen und zeitlichen Größenordnung entstand nicht nur in der modernen Kosmologie, sondern auch in der alten indischen Mythologie. Mit ihrer Erfahrung des Universums als eines organischen und sich rhythmisch bewegenden Kosmos waren die Hindus in der Lage, evolutionäre Kosmologien zu entwickeln, die unseren modernen wissenschaftlichen Modellen sehr nahekommen. Eine dieser Kosmologien basiert auf dem Mythos von »Lila«, dem göttlichen Spiel, in dem Brahman sich selbst in die Welt verwandelt (vgl. S. 88). Lila ist ein rhythmisches Spiel, das in endlosen Zyklen weitergeht, der Eine wird zum Vielen, und das Viel wird wieder zu dem Einen. In der *Bhagavad-Gita* beschreibt der Gott Krishna dieses rhythmische Spiel der Schöpfung mit den folgenden Worten:

> Am Ende der Nacht der Zeit kehren alle Dinge zu meiner Natur zurück; und wenn der neue Tag der Zeit beginnt, bringe ich sie wieder ans Licht.
> So bringe ich durch meine Natur alle Schöpfung hervor, und diese rollt umher in den Kreisen der Zeit. Doch ich bin nicht von diesem großen Schöpfungswerk gebunden. Ich bin, und ich betrachte das Drama des Werks.
> Ich betrachte, und in ihrem Schöpfungswerk bringt die Natur alles hervor, was sich bewegt und was sich nicht bewegt: Und so gehen die Kreisläufe der Welt rundherum.[6]

Die Hinduweisen identifizieren dieses rhythmische göttliche Spiel mit der Evolution des ganzen Kosmos. Sie dachten sich das Universum als periodisch expandierend und kontrahierend und gaben der unvorstellbaren Zeitspanne zwischen Beginn und Ende einer Schöpfung den Namen »Kalpa«. Der menschliche Verstand brauchte über zweitausend Jahre, um einen diesem alten Mythos ähnlichen Gedanken hervorzubringen.

Kehren wir von der Welt des ganz Großen, des expandierenden Kosmos, zurück zur Welt des unendlich Kleinen, und rekapitulieren wir. Die Physik des zwanzigsten Jahrhunderts charakterisiert ein immer tieferes Eindringen in diese Welt der submikroskopischen Dimensionen, ein Eindringen in die Welt der Atome, der Atomkerne und deren Bestandteile. Dieses Erforschen der submikroskopischen Welt wurde durch eine Grundfrage motiviert, die die Menschheit seit alters her beschäftigt: Woraus besteht die Materie? Vom Beginn der Naturphilosophie an dachte der Mensch über diese Frage nach und versuchte den »Grundstoff« zu finden, aus dem alle Materie besteht, aber erst in unserem Jahrhundert wurde es möglich, experimentell eine Antwort zu suchen. Mit Hilfe einer komplizierten Technik konnten die Physiker zuerst die Struktur der Atome erforschen und fanden heraus, daß sie aus Atomkernen und Elektronen bestehen. Dann stellte man fest, daß die Atomkerne aus den sogenannten Nukleonen, das sind Protonen und Neutronen, bestehen. In den letzten beiden Jahrzehnten ging man noch einen Schritt weiter und begann die Struktur der Nukleonen, dieser Bestandteile der Atomkerne, zu untersuchen, die anscheinend nicht die letzten Elementarteilchen, sondern wieder aus anderen Einheiten zusammengesetzt sind.

Der erste Schritt, die Erforschung der Atome, führte zu den grundlegenden Änderungen unserer Ansicht von der Materie, die in den vorigen Kapiteln besprochen wurde. Der zweite Schritt, das Eindringen in die Atomkerne und deren Bestandteile, bedingte eine nicht weniger grundlegende Änderung. In dieser subatomaren Welt haben wir es mit Messungen zu tun, die ein Hunderttausendstel der atomaren Dimensionen betragen, und diese Teilchen bewegen sich sehr viel schneller als die von atomarer Größe. Sie bewegen sich so schnell, daß sie nur mit Hilfe der speziellen Relativitätstheorie beschrieben werden können. Die Eigenschaften und Wechselwirkungen subatomarer Teilchen können nur mithilfe der Quantentheorie und der Relativitätstheorie erfaßt werden, und diese zwingt uns wieder zu einer Änderung unserer Auffassung der Materie.

Das Charakteristische an der relativistischen Theorie ist, daß sie Grundbegriffe vereinigt, die früher völlig unzusammenhängend erschienen. Eines der wichtigsten Beispiele ist die Gleichsetzung von Masse und Energie, die mathematisch durch Einsteins berühmte Gleichung $E = m c^2$ ausgedrückt wird. Um die tiefe Bedeutung dieser Äquivalenz zu verstehen, müssen wir zuerst die Bedeutung von Energie und von Masse untersuchen.

Energie ist einer der wichtigsten Begriffe in der Beschreibung von Naturerscheinungen. Wie im täglichen Leben sagen wir, daß ein Körper Energie enthält, wenn er Arbeit leisten kann. Diese Energie kann in vielen verschiedenen Formen auftreten. Es kann Bewegungsenergie sein, Wärmeenergie, Gravitationsenergie, elektrische Energie, chemische Energie und so fort. Jede Form kann zur Leistung von Arbeit benutzt werden. Zum Beispiel kann man einem Stein Gravitationsenergie geben, indem man ihn auf eine bestimmte Höhe hebt. Läßt man ihn von dieser Höhe fallen, so wird seine Gravitationsenergie in Bewegungsenergie (»kinetische Energie«) umgesetzt, und wenn der Stein zu Boden fällt, kann er Arbeit leisten, indem er etwas zerbricht. Ein anderes Beispiel: Elektrische Energie und chemische Energie können für Haushaltszwecke in Wärmeenergie umgewandelt werden. In der Physik hängt Energie immer mit einem Prozeß zusammen, mit irgendeiner Art von Aktivität, und ihre fundamentale Bedeutung liegt darin, daß die gesamte an einem Prozeß beteiligte Energie immer erhalten bleibt. Die Erhaltung der Energie ist eines der wichtigsten Grundgesetze der Physik. Es gilt für alle bekannten Naturerscheinungen, und bisher wurde keine Abweichung von diesem Gesetz beobachtet.

Die Masse eines Körpers ist andererseits ein Maß für sein Gewicht, d. h. für den Zug der Schwerkraft an diesem Körper. Außerdem bestimmt die Masse die Trägheit eines Gegenstands, d. h. seinen Widerstand gegen Beschleunigung. Schwere Gegenstände sind schwerer zu beschleunigen als leichte, wie jeder weiß, der einmal einen Wagen geschoben hat. In der klassischen Physik wurde Masse außerdem mit einer unzerstörbaren materiellen Substanz verbunden, d. h. mit dem »Stoff«, aus dem man sich alle Dinge vorstellte. Wie bei der Energie glaubte man, daß diese strikt erhalten bliebe, so daß keine Masse jemals verloren gehen könne.

Jetzt aber erwies sich durch die Relativitätstheorie, daß Masse nichts als eine Energieform ist. Energie kann nicht nur die verschiedenen, in der klassischen Physik bekannten Formen annehmen, sondern auch in der Masse eines Objektes eingeschlossen sein. Das Maß an Energie, das zum Beispiel in einem Teilchen enthalten ist, ist gleich der Masse »m« des Teilchens, mal c², dem Quadrat der Lichtgeschwindigkeit, somit:

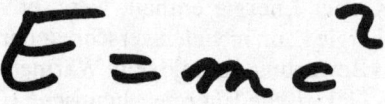

$$E = mc^2$$

Wird Masse erst einmal als Energieform betrachtet, so muß sie nicht länger unzerstörbar sein, sondern kann in andere Energieformen umgewandelt werden. Das kann geschehen, wenn subatomare Teilchen zusammenstoßen. Bei solchen Kollisionen können Partikel zerstört werden, und die in ihren Massen enthaltene Energie kann in kinetische Energie verwandelt werden, die auf die anderen, an der Kollision beteiligten Teilchen verteilt wird. Umgekehrt kann die kinetische Energie von Teilchen, die mit sehr hohen Geschwindigkeiten zusammenstoßen, zur Masse neuer Teilchen werden. Das nachstehende Foto zeigt ein extremes Beispiel einer solchen Kollision: Ein Proton tritt von links in die Blasenkammer ein, schlägt ein Elektron aus einem Atom heraus (spiralförmige Spur), stößt dann mit einem anderen Proton zusammen und erzeugt sechzehn neue Teilchen in diesem Kollisionsvorgang.

Dieses Foto wurde verkehrt, um die feinen Spuren der Teilchen deutlicher hervortreten zu lassen; eine in der Physik oft verwendete Methode.

Die Erzeugung und Zerstörung von Materieteilchen ist eine der eindrucksvollsten Konsequenzen der Gleichung von Masse und Energie. Bei den Kollisionsvorgängen der Hochenergie-Physik bleibt die Masse nicht mehr erhalten. Die zusammenstoßenden Teilchen können zerstört werden, und ihre Massen können teilweise in die Massen, teilweise in die kinetischen Energien der neu erzeugten Teilchen umgewandelt werden. Nur die an einem solchen Vorgang beteiligte Gesamtenergie, das heißt die gesamte kinetische Energie plus die in allen Massen enthaltene Energie, bleibt erhalten. Die Zusammenstöße von subatomaren Teilchen sind unser wichtigstes Werkzeug für die Erforschung ihrer Eigenschaften, und die Relation zwischen Masse und Energie ist wesentlich für ihre Beschreibung. Sie hat sich unzählige Male bestätigt, und Teilchen-Physiker haben sich an den Umgang mit der Äquivalenz von Masse und Energie so gewöhnt, daß sie die Masse von Teilchen in den entsprechenden Energieeinheiten messen.

In der modernen Physik hat Masse keine materielle Substanz mehr, und man ist daher nicht mehr der Ansicht, daß Teilchen aus irgendeinem Grund»stoff« bestehen, sondern sie sind Energiebündel. Da Energie aber mit Aktivität, mit Vorgängen zusammenhängt, folgt daraus, daß subatomare Teilchen von dynamischer Natur sind. Wie wir gesehen haben, sind sie nicht als statische dreidimensionale Objekte anzusehen, wie Billardkugeln oder Sandkörner, sondern als vierdimensionale Gebilde in der Raum-Zeit. Ihre Formen sind dynamisch zu verstehen als Formen in Raum und Zeit. Subatomare Teilchen sind dynamische Strukturen, die einen Raumaspekt und einen Zeitaspekt haben. Der Raumaspekt läßt sie als Objekte mit einer gewissen Masse erscheinen, ihr Zeitaspekt als Prozesse mit der entsprechenden Energie.

Diese dynamischen Strukturen oder Energiebündel bilden die stabilen nuklearen, atomaren und molekularen Strukturen, die die Materie aufbauen und ihr den Anschein geben, als bestünde sie aus einer festen materiellen Substanz. Auf der makroskopischen Ebene ist dieser Substanzbegriff eine brauchbare Annäherung, auf der atomaren Ebene wird sie hinfällig. Die Quantentheorie hat gezeigt, daß Teilchen keine isolierten Materiekörnchen sind, sondern Wahrscheinlichkeitsstrukturen, Verknüpfungen in einem untrennbaren kosmischen Gewebe. Die Relativitätstheorie hat sozusagen diese Strukturen zum Leben erweckt, indem sie ihren dynamischen Charakter enthüllte. Sie zeigte, daß die Aktivität der Materie die eigentliche Essenz ihres Seins ist. Die Teilchen der subatomaren Welt sind nicht nur aktiv im Sinne von schneller Bewegung, sie sind selbst Prozesse! Die Existenz der Materie und ihre Aktivität können nicht voneinander getrennt werden. Sie sind nur verschiedene Aspekte der gleichen Raum-Zeit-Realität.

In den vorhergehenden Kapiteln wurde ausgeführt, daß das Bewußtsein der gegenseitigen Durchdringung von Raum und

Zeit die östlichen Mystiker zu einer innerlich dynamischen Weltanschauung führt. Das Studium ihrer Schriften zeigt, daß sie sich die Welt nicht nur in Begriffen der Bewegung, des Fließens und des Wandels vorstellen, sondern daß sie auch ein intuitives Wissen vom Raum-Zeit-Charakter der materiellen Objekte haben, der für die relativistische Physik so typisch ist. Physiker müssen beim Studium der subatomaren Welt die Vereinigung von Raum und Zeit in Betracht ziehen, und folglich sehen sie die Objekte dieser Welt, die Teilchen, nicht statisch, sondern dynamisch als Energie, Aktivität und Prozesse. Die östlichen Mystiker sind sich in ihrem außergewöhnlichen Bewußtseinszustand der Durchdringung von Raum und Zeit auf einer makroskopischen Ebene bewußt, und so sehen sie die makroskopischen Objekte ähnlich wie die Physiker die subatomaren Teilchen. Dies ist im Buddhismus besonders auffallend. Eine der Hauptlehren des Buddha war, daß »alle zusammengesetzten Dinge unbeständig sind«.[7] Mit den Worten von D. T. Suzuki:

> Buddhisten fassen ein Objekt als Vorgang, nicht als Ding oder Substanz auf . . . Der buddhistische Begriff von »Dingen« als *samskara* (oder *sankhara*), das heißt als »Taten« oder »Vorgänge«, macht deutlich, daß die Buddhisten unsere Erfahrung als Zeit und Bewegung verstehen.[8]

Wie die modernen Physiker sehen die Buddhisten alle Objekte als Vorgänge in einem universalen Fluß und verneinen die Existenz einer materiellen Substanz. Dasselbe gilt auch für die chinesische Gedankenwelt, die eine ähnliche Anschauung der Dinge als Übergangsstadium im ewig fließenden Tao entwikkelte und sich mehr mit ihrer Wechselbeziehung als mit ihrer Reduzierung auf eine Grundsubstanz befaßte. Joseph Needham schreibt: »Die europäische Philosophie suchte die Realität in der Substanz, die chinesische Philosophie in der Relation.«[9]

Die Grundelemente des Universums sind in der Weltanschauung sowohl der modernen Physik als auch der östlichen Mystik dynamische Strukturen; Übergangsstadien im »stetigen Fluß von Wechsel und Umwandlung« (Chuang-tzu). Nach unserem gegenwärtigen Wissensstand sind die Grundstrukturen der Materie die subatomaren Teilchen, und das Verstehen ihrer

Eigenschaften und Wechselwirkungen ist das Hauptziel der modernen Grundlagenphysik. Wir kennen heute über zweihundert Teilchen, die meisten davon werden in Kollisionsprozessen künstlich hergestellt und haben nur eine extrem kurze Lebensdauer, nämlich weit weniger als eine Millionstel Sekunde! Ganz offensichtlich stellen diese kurzlebigen Teilchen lediglich vergängliche Strukturen dynamischer Prozesse dar. Daher erheben sich die folgenden Grundfragen bezüglich dieser Strukturen oder Teilchen: Was sind ihre Unterscheidungsmerkmale? Sind sie zusammengesetzt? Wenn ja, woraus bestehen sie, oder besser, welche anderen Strukturen umfassen sie? Welche Wechselwirkung haben sie aufeinander, d. h. welche Kräfte wirken zwischen ihnen? Und schließlich, wenn diese Teilchen selbst Prozesse sind, was für welche?

Uns wurde klar, daß in der Teilchenphysik alle diese Fragen untrennbar miteinander verbunden sind. Wegen der relativistischen Natur der subatomaren Teilchen können wir deren Eigenschaften nicht verstehen ohne ihre Wechselwirkungen, und wegen des grundlegenden Zusammenhangs der subatomaren Welt werden wir kein Teilchen verstehen, ohne alle anderen zu verstehen. Die folgenden Kapitel zeigen, inwieweit wir die Eigenschaften und Wechselwirkungen der Teilchen erschlossen haben. Obwohl wir noch keine vollständige quanten-relativistische Theorie der subatomaren Welt besitzen, wurden verschiedene Teiltheorien und Modelle entwickelt, die zur Beschreibung einiger Aspekte dieser Welt tauglich sind. Eine Erläuterung der wichtigsten dieser Modelle und Theorien wird zeigen, daß alle von ihnen zu philosophischen Begriffen führen, die sich auffallend mit denen der östlichen Mystik decken.

Die moderne Physik revidierte nicht nur radikal die Vorstellung von festen, unzerstörbaren Teilchen, die sich im leeren Raum bewegen, sondern auch den klassischen Begriff der Leere. Diese Wandlung erfolgte in den sogenannten Feldtheorien. Sie begann, als Einstein die Gravitationsfelder zur Geometrie des Raumes in Beziehung setzte, und wurde noch deutlicher, als man die Quantentheorie mit der Relativitätstheorie kombinierte, um die Kraftfelder subatomarer Teilchen zu beschreiben. In diesen Quanten-Feldtheorien verliert die Grenze zwischen den Partikeln und dem sie umgebenden Raum ihre ursprüngliche Schärfe, und der leere Raum wird als dynamische Größe von überragender Bedeutung anerkannt.

Ein elektrisches Feld, als Begriff von Faraday und Maxwell in ihrer Beschreibung der Kräfte zwischen elektrischen Ladungen und Strömen eingeführt, ist eine »Kondition« im Raum um einen geladenen Körper, die eine Kraft in jeder anderen Ladung in diesem Raum hervorruft. Elektrische Felder werden somit von geladenen Körpern erzeugt, und ihre Wirkungen können nur von geladenen Körpern wahrgenommen werden. Magnetische Felder werden durch sich bewegende Ladungen erzeugt, d. h. durch elektrische Ströme, und die daraus resultierenden magnetischen Kräfte können von anderen sich bewegenden Ladungen wahrgenommen werden. In der klassischen Elektrodynamik nach Faraday und Maxwell sind die Felder primäre physikalische Größen, die ohne Bezug auf materielle Körper untersucht werden können. Schwingende elektrische und magnetische Felder können in Form von Radiowellen, Lichtwellen oder anderen Arten elektromagnetischer Strahlung durch den Raum wandern.

Die Relativitätstheorie gab der Elektrodynamik insofern eine Eleganz, als sie die Begriffe der Ladungen und Ströme und der elektrischen und magnetischen Felder vereinigte. Da alle Bewegung relativ ist, kann jede Ladung auch als Strom auftreten – in einem Bezugssystem, wo sie sich relativ zum Beobachter bewegt –, und folglich kann ihr elektrisches Feld auch als magnetisches Feld auftreten. In der relativistischen Formulierung der Elektrodynamik sind die beiden Felder somit zu einem einzigen elektromagnetischen Feld vereinigt.

Der Feldbegriff wurde nicht nur mit der elektromagnetischen Kraft in Verbindung gebracht, sondern auch mit der Schwerkraft. Gravitationsfelder werden von allen Massekörpern erzeugt und wahrgenommen, und die resultierenden Kräfte sind immer Anziehungskräfte, im Gegensatz zu den elektromagnetischen Feldern, die nur von geladenen Körpern erzeugt werden und Anziehungs- bzw. Abstoßungskräfte hervorrufen. Die richtige Feldtheorie für die Gravitationsfelder ist die allgemeine Relativitätstheorie, und in dieser Theorie reicht der Einfluß eines Massekörpers auf den ihn umgebenden Raum weiter als der entsprechende Einfluß eines geladenen Körpers in der Elektrodynamik. Wieder ist der Raum um das Objekt so »konditioniert«, daß ein anderes Objekt eine Kraft fühlt, aber diesmal beeinflußt die Konditionierung die Geometrie und somit die Struktur des Raumes.

Materie und leerer Raum – das Plenum und das Vakuum – waren die beiden grundsätzlich verschiedenen Begriffe, auf denen der Atomismus von Demokrit und Newton basierte. In der allgemeinen Relativität sind diese beiden Begriffe nicht länger zu trennen. Wo ein Massekörper ist, da ist auch ein Gravitationsfeld, und dieses Feld manifestiert sich als Krümmung des Raumes, der den Körper umgibt. Es ist jedoch nicht so, daß das Feld den Raum füllt und ihn »krümmt«. Die beiden sind identisch, das Feld *ist* der gekrümmte Raum. In der allgemeinen Relativität sind das Gravitationsfeld und die Struktur oder Geometrie des Raumes identisch. Sie werden in Einsteins Feldgleichungen durch ein und dieselbe mathematische Größe ausgedrückt. In Einsteins Theorie kann Materie nicht von ihrem Gravitationsfeld getrennt werden, und das Gravitationsfeld nicht vom gekrümmten Raum. Materie und Raum werden somit als untrennbare und zusammenhängende Teile eines einzigen Ganzen gesehen.

Materielle Objekte bestimmen nicht nur die Struktur des sie umgebenden Raumes, sondern werden auch umgekehrt von ihrer Umgebung wesentlich beeinflußt. Nach dem Physiker und Philosophen Ernst Mach ist die Trägheit eines Massekörpers – sein Widerstand gegen Beschleunigung – keine Eigenschaft der Materie selbst, sondern das Maß der Wechselwirkung zwischen ihm und dem Rest des Universums. Nach Machs Ansicht hat Materie nur deshalb Trägheit, weil es im Universum noch andere Materie gibt. Wenn ein Körper rotiert, erzeugt seine Trägheit Zentrifugalkräfte (die man zum Beispiel in einer Wäscheschleuder zum Austreiben des Wassers aus feuchter Wäsche benutzt), aber diese Kräfte treten nur auf, weil der Körper »relativ zu den Fixsternen« rotiert. Würden diese Fixsterne plötzlich verschwinden, so würden Trägheit und Zentrifugalkräfte des rotierenden Körpers mit ihnen vergehen.

Diese Auffassung von der Trägheit, die als das Machsche Prinzip bekannt wurde, hatte einen starken Einfluß auf Albert Einstein und war seine ursprüngliche Motivation für die Aufstellung der allgemeinen Relativitätstheorie. Da Einsteins Theorie mathematisch außerordentlich kompliziert ist, konnten sich die Physiker bisher nicht darüber einigen, ob sie tatsächlich das Machsche Prinzip einschließt oder nicht. Die meisten Physiker meinen jedoch, daß es auf irgendeine Weise in einer vollständigen Theorie der Gravitation enthalten sein sollte.

So zeigt uns die moderne Physik wieder einmal, und zwar diesmal im makroskopischen Bereich, daß materielle Objekte keine selbständigen Einheiten, sondern untrennbar mit ihrer Umgebung verkettet sind; daß ihre Eigenschaften nur als Wechselwirkung zwischen ihnen und der übrigen Welt verstanden werden können. Nach dem Machschen Prinzip reicht diese Wechselwirkung bis weit in das Universum hinaus, bis zu fernen Sternen und Spiralnebeln. Die grundsätzliche Einheit des Kosmos manifestiert sich daher nicht nur in der Welt des ganz Kleinen, sondern auch in der Welt des sehr Großen. Diese Tatsache wird in der modernen Astrophysik und Kosmologie immer mehr anerkannt, der Astronom Fred Hoyle bestätigt:

Heutige Entwicklungen in der Kosmologie weisen beharrlich darauf hin, daß die jetzigen Zustände nicht fortbestehen könnten, gäbe es nicht die fernen Teile des Universums, daß alle unsere Vorstellungen von Raum und Geometrie restlos ungültig würden, wenn die fernen Teile des Universums verschwinden würden. Unsere tägliche Erfahrung, bis in die kleinsten Einzelheiten, scheint so fest in das große Universum integriert zu sein, daß es so gut wie unmöglich ist, beide getrennt zu betrachten.[1]

Die Einheit und die Wechselbeziehung zwischen einem materiellen Objekt und seiner Umgebung, die sich im makroskopischen Maßstab in der allgemeinen Relativitätstheorie manifestiert, zeigt sich noch viel auffallender im subatomaren Bereich. Hier sind die Vorstellungen der klassischen Feldtheorie mit denen der Quantentheorie kombiniert, um die Wechselwirkungen zwischen subatomaren Teilchen zu beschreiben. Wegen der komplizierten mathematischen Form von Einsteins Gravitationstheorie war eine solche Kombination für die Gravitationswechselwirkungen noch nicht möglich, aber die andere klassische Feldtheorie, die Elektrodynamik, wurde mit der Quantentheorie zur »Quanten-Elektrodynamik« verschmolzen, die alle elektromagnetischen Wechselwirkungen zwischen subatomaren Teilchen beschreibt. Diese Theorie enthält die Quantentheorie und die Relativitätstheorie. Sie war das erste quanten-relativistische Modell der modernen Physik und ist immer noch das erfolgreichste.

Das auffallend Neue der Quanten-Elektrodynamik ergibt sich aus der Kombination von zwei Begriffen: dem des elektromagnetischen Feldes und dem des Photons als Teilchenaspekt elektromagnetischer Wellen. Da Photonen auch elektromagnetische Wellen und da diese Wellen vibrierende Felder sind, müssen die Photonen Manifestationen elektromagnetischer Felder sein. Daher kommt der Begriff »Quantenfeld«, d. h. ein Feld, das die Form von Quanten oder Teilchen annehmen kann. Dies ist tatsächlich ein völlig neuer Begriff, der auf die Beschreibung aller subatomaren Partikel und ihrer Wechselwirkungen ausgedehnt wurde, wobei jeder Teilchentyp einem anderen Feld entspricht. In diesen Quanten-Feldtheorien ist der klassische Gegensatz zwischen festen Teilchen und dem diese umgebenden Raum völlig überwunden. Das Quantenfeld wird als die fundamentale physikalische Einheit betrachtet, ein kontinuierliches Medium, das überall im Raum vorhanden ist, Teilchen sind lediglich eine örtliche Verdichtung des Feldes, eine Konzentration von Energie, die kommt und geht und dabei ihren individuellen Charakter verliert und sich im zugrunde liegenden Feld auflöst. Mit den Worten Albert Einsteins:

> Wir können daher Materie als den Bereich des Raumes betrachten, in dem das Feld extrem dicht ist . . . in dieser neuen Physik ist kein Platz für beides, Feld und Materie, denn das Feld ist die einzige Realität.[2]

Diese Vorstellung von physikalischen Dingen und Erscheinungen als vergängliche Manifestationen einer zugrundeliegenden fundamentalen Einheit entspricht auch der östlichen Weltanschauung. Wie Einstein betrachten die östlichen Mystiker die grundlegende Einheit als die einzige Realität; während alle ihre Erscheinungsformen als vorübergehend und illusorisch gelten. Diese Realität der östlichen Mystik kann nicht mit dem Quantenfeld der Physiker identifiziert werden, weil sie als das Wesen *aller* Erscheinungen dieser Welt gesehen wird und folglich jenseits aller Begriffe und Vorstellungen liegt. Das Quantenfeld dagegen ist ein klar definierter Begriff, der nur einem Teil der physikalischen Erscheinungen Rechnung trägt. Nichtsdestoweniger kommt die Intuition des östlichen Mystikers, der seine Erfahrung von der Welt im Sinne einer grundlegend letzten Wirklichkeit interpretiert, der Deutung der Physiker der subatomaren Welt als Quantenfeld sehr nahe. Anschließend an die Entstehung des Feldbegriffs versuchten die Physiker, die verschiedenen Felder zu einem einzigen fundamentalen Feld zu vereinigen, das alle physikalischen Erscheinungen umfaßt. Besonders Einstein verbrachte seine letzten Lebensjahre mit der Suche nach einem solchen einheitlichen Feld. Das Brahman der Hindus, wie das Dharmakaya der Buddhisten und das Tao der Taoisten kann vielleicht als das endgültige einheitliche Feld angesehen werden, aus dem nicht nur alle physikalischen Erscheinungen entstehen, sondern auch alle anderen Phänomene.

Nach östlicher Ansicht ist die allen Phänomenen zugrundeliegende Realität jenseits aller Formen und trotzt jeder Beschreibung und Definition. Es heißt darum oft, daß sie formlos oder leer sei. Aber diese Leere darf nicht als bloßes Nichts aufgefaßt werden. Es ist im Gegenteil das Wesen aller Formen und die Quelle allen Lebens, wie es in den Upanischaden heißt:

> Brahman ist Leben. Brahman ist Freude. Brahman ist die Leere . . .
> Freude, wahrhaftig, ist das gleiche wie die Leere. Die Leere, wahrhaftig, ist das gleiche wie Freude.[3]

Mit ihrer Bezeichnung »Sunyata« (Leere) für die höchste Realität drücken die Buddhisten die gleiche Vorstellung aus und versichern, daß es eine lebendige Leere ist, aus der alle Erscheinungen der Welt entstehen. Die Taoisten schreiben dem Tao eine gleiche unendliche Kreativität zu und nennen es ebenfalls »leer«. »Das Tao des Himmels ist leer und formlos«, sagt das *Kuan-tzu*[4], und Lao-tzu gebraucht verschiedene Metaphern, um diese Leere zu erläutern. Er vergleicht das Tao oft mit einem ausgehöhlten Tal oder einem leeren Behälter, der dadurch fähig ist, eine Unendlichkeit von Dingen zu enthalten.

Obwohl sie den Ausdruck »leer« gebrauchen, machen die östlichen Weisen deutlich, daß mit Brahman, Sunyata oder Tao keine gewöhnliche Leere gemeint ist, sondern im Gegenteil eine Leere mit unbegrenztem schöpferischen Potential. So kann die Leere der östlichen Mystiker leicht mit dem Quantenfeld der subatomaren Physik verglichen werden. Wie das Quantenfeld läßt sie eine unbegrenzte Vielfalt von Formen zu, die sie unterhält und gelegentlich wieder absorbiert. Wie die Upanischaden sagen:

> In Ruhe bete er Es an
> Als das, von dem er kommt,
> Als das, in dem er sich auflösen wird,
> Als das, in dem er atmet.[5]

Die Erscheinungsformen der mystischen Leere sind wie die subatomaren Partikel nicht statisch und permanent, sondern dynamisch und wandelbar; sie entstehen und vergehen in einem unaufhörlichen Tanz von Bewegung und Energie. Wie die subatomare Welt des Physikers ist die Formenwelt der östlichen Mystiker eine Welt des »Samsara«, der steten Folge von Geburt und Tod. Als vergängliche Erscheinungsformen der

Leere haben die Dinge in dieser Welt keinerlei fundamentale Identität. Dies wird besonders in der buddhistischen Philosophie hervorgehoben, die keine Existenz einer materiellen Substanz gelten läßt und betont, daß die Vorstellung von einem konstanten »Selbst«, das verschiedene Erfahrungen macht, eine Illusion ist. Die Buddhisten haben diese Illusion von einer materiellen Substanz und einem individuellen Selbst oft mit einer Wasserwelle verglichen, in der die Auf- und Abbewegung der Wasserpartikel uns glauben läßt, daß sich ein »Stück« Wasser über die Oberfläche bewegt (vgl. S. 152). Es ist interessant, daß Physiker im Zusammenhang mit der Feldtheorie die gleiche Analogie benutzen, um auf die Illusion einer von einem sich bewegenden Teilchen erzeugten Substanz hinzuweisen. So schreibt Hermann Weyl:

> Nach der Feldtheorie der Materie ist ein Masseteilchen wie ein Elektron nur ein kleiner Bereich des elektrischen Feldes, in dem die Feldstärke enorm hohe Werte annimmt, so daß eine vergleichsweise sehr große Feldenergie sich in einem sehr kleinen Raum konzentriert. Solch ein Energieknoten, der keineswegs klar gegen das übrige Feld abgegrenzt ist, breitet sich wie eine Wasserwelle auf der Oberfläche eines Sees durch den leeren Raum aus. So etwas wie ein und dieselbe Substanz, aus der das Elektron die ganze Zeit besteht, gibt es nicht.[6]

In der chinesischen Philosophie ist die Feldidee nicht nur in der Vorstellung vom »Leeren und Formlosen« enthalten, sondern wird auch im Begriff des »Ch'i« ausgedrückt. Dieser Begriff spielte eine wichtige Rolle in fast jeder Schule der chinesischen Naturphilosophie und war im Neo-Konfuzianismus besonders wichtig, der eine Synthese aus Konfuzianismus, Buddhismus und Taoismus anstrebte (vgl. S. 112). Das Wort »Ch'i« bedeutet wörtlich »Gas« oder »Äther« und bezeichnete im alten China den Lebensatem oder die Energie, die den Kosmos belebt. Im menschlichen Körper sind die »Pfade des Ch'i« die Grundlage der traditionellen chinesischen Medizin. Das Ziel der Akkupunktur ist die Anregung des Flusses des Ch'i durch diese Kanäle. Das Fließen des Ch'i ist auch die Basis der fließenden Bewegungen des T'ai Chi Ch'uan, des taoistischen Tanzes des Kriegers.

Die Neo-Konfuzianer entwickelten eine Vorstellung vom Ch'i, die eine auffallende Ähnlichkeit mit dem Begriff des Quantenfelds in der modernen Physik aufweist. Wie das Quantenfeld wird Ch'i als dünne, nicht wahrnehmbare Form von Materie aufgefaßt, die im gesamten Raum vorhanden ist und sich zu festen materiellen Objekten verdichten kann. Mit den Worten von Chang Tsai:

> Wenn sich das Ch'i verdichtet, wird seine Sichtbarkeit augenscheinlich, so daß es dann die Formen (der individuellen Dinge) gibt. Wenn es sich verdünnt, ist seine Sichtbarkeit nicht mehr augenscheinlich, und es gibt keine Formen. Kann man bei seiner Verdichtung etwas anderes sagen, als daß dies nur zeitweilig ist? Aber kann man bei seiner Zerstreuung vorschnell sagen, daß es dann nicht existiert?[7]

So verdichtet und verdünnt sich Ch'i rhythmisch und erzeugt alle Formen, die sich gelegentlich wieder in der Leere auflösen. Dasselbe bringt Chang Tsai zum Ausdruck:

> Die große Leere kann nur aus Ch'i bestehen; dieses Ch'i muß sich verdichten, um alle Dinge zu bilden; und diese Dinge müssen sich wieder auflösen, um wieder die große Leere zu bilden.[8]

Wie in der Feldtheorie ist das Feld – oder das Ch'i – nicht nur die grundlegende Essenz aller materiellen Objekte, sondern es trägt auch die gegenseitigen Wechselbeziehungen in Form von Wellen. Die folgende Beschreibung des Feldbegriffs der modernen Physik von Walter Thirring und der chinesischen Ansicht von der physikalischen Welt von Joseph Needham decken die starke Ähnlichkeit auf:

> Die moderne theoretische Physik . . . hat unser Denken vom Wesen der Materie in andere Bahnen gelenkt. Sie hat den Blick von dem zunächst Sichtbaren, nämlich den Teilchen, weitergeführt zu dem, was dahinterliegt, dem Feld. Anwesenheit von Materie ist nur eine Störung des vollkommenen Zustandes des Feldes an dieser Stelle, etwas Zufälliges, man möchte fast sagen nur ein »Schmutzeffekt«. Dementsprechend gibt es auch keine einfachen Gesetze, welche die Kräfte zwischen Elementarteilchen beschreiben. . . . Ordnung und Symmetrie sind in dem dahinterliegenden Feld zu suchen.[9]

Im Altertum und im Mittelalter war das chinesische physikalische Universum ein vollkommen kontinuierliches Ganzes. Zu greifbarer Materie verdichtetes Ch'i war nicht teilchenhaft in irgendeinem wichtigen Sinn, aber individuelle Objekte agierten und reagierten mit allen anderen Objekten in der Welt auf wellenähnliche oder vibrierende Weise, die letztlich vom rhythmischen Wechsel auf allen Ebenen der beiden Fundamentalkräfte Yin und Yang abhängt. Individuelle Objekte hatten somit ihre inneren Rhythmen. Und diese waren ... in das allgemeine Bild der Harmonie der Welt integriert.[10]

Mit dem Begriff des Quantenfelds fand die moderne Physik eine unerwartete Antwort auf die alte Frage, ob die Materie aus unteilbaren Atomen oder aus einem zugrundeliegenden Kontinuum bestehe. Das Feld ist ein überall im Raum gegenwärtiges Kontinuum, und doch hat es in seinem Teilchen-Aspekt eine diskontinuierliche »körnige« Struktur. Die beiden anscheinend widersprüchlichen Begriffe sind somit vereinigt und werden lediglich als verschiedene Aspekte derselben Wirklichkeit gesehen. Wie immer in der relativistischen Theorie findet die Vereinigung der beiden gegensätzlichen Begriffe auf dynamische Art statt: Die beiden Aspekte der Materie wandeln sich unaufhörlich ineinander um. Die östlichen Mystiker betonen eine ähnliche dynamische Einheit zwischen der Leere und den Formen, die sie schafft. So sagt Lama Govinda:

Nur vom Erlebnis der Form können wir zum Erlebnis des Formlosen vordringen, und ohne das Erlebnis der »Leere« oder des Raumes verliert der Begriff der Form seine dynamische, lebendige Bedeutung.[11]

Die Verschmelzung dieser gegensätzlichen Begriffe zu einem einzigen Ganzen wurde in einem buddhistischen Sutra mit den berühmten Worten ausgedrückt:

Form ist Leere, und Leere ist Form. Leere unterscheidet sich nicht von Form, Form unterscheidet sich nicht von Leere. Was Form ist, das ist Leere, was Leere ist, das ist Form.[12]

Die Feldtheorien der modernen Physik führten nicht nur zu einer neuen Ansicht über subatomare Teilchen, sondern änderten auch entscheidend unsere Vorstellungen von den Kräften zwischen diesen Teilchen. Der Feldbegriff war ursprünglich mit dem Kraftbegriff verbunden, und selbst in der Quanten-Feldtheorie hängt er noch mit den Kräften zwischen Teilchen zusammen. Das elektromagnetische Feld zum Beispiel kann als »freies Feld« in Form von wandernden Wellen/Photonen auftreten, oder es kann die Rolle eines Kraftfeldes zwischen geladenen Teilchen spielen. Im letzteren Fall manifestiert sich die Kraft selbst als Photonenaustausch zwischen den wechselwirkenden Teilchen. Die elektrische Abstoßung zwischen zwei Elektronen wird beispielsweise durch diesen Photonenaustausch hervorgerufen.

Diese neue Auffassung von einer Kraft scheint schwer verständlich, sie wird aber viel deutlicher, wenn der Austausch eines Photons im Raum-Zeit-Diagramm aufgezeichnet wird. Das nachstehende Diagramm zeigt zwei sich einander nähernde Elektronen. Eines davon sendet im Punkt A das Photon (mit γ bezeichnet) aus, das andere absorbiert es im Punkt B. Beim Aussenden des Photons kehrt das erste Elektron seine Marschrichtung um und ändert seine Geschwindigkeit (wie die geänderte Richtung und Neigung seiner Weltlinie zeigt), das zweite Elektron handelt beim Absorbieren des Photons genauso. Schließlich fliegen beide Elektronen auseinander, sie haben sich durch Austausch des Photons gegenseitig abgestoßen.

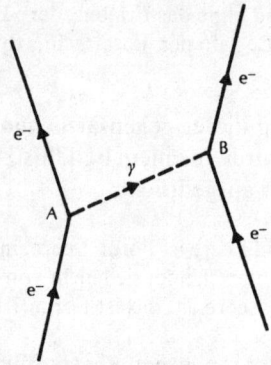

Gegenseitige Abstoßung zweier Elektronen durch Austausch eines Photons

Die volle Wechselwirkung zwischen den Elektronen beinhaltet eine Reihe von Photonenaustauschen, und folglich sieht es so aus, als ob sich die Elektronen in einer sanft geschwungenen Kurve gegenseitig ablenken.

In der klassischen Physik würde man sagen, daß die Elektronen eine Abstoßungskraft aufeinander ausüben. Jetzt sehen wir jedoch, daß dies eine sehr ungenaue Beschreibung ist. Keins der beiden Elektronen »spürt« eine Kraft, wenn sie sich einander nähern. Sie wirken nur mit den ausgetauschten Photonen aufeinander ein. Die Kraft ist nichts als die kollektive makroskopische Wirkung dieses vielfachen Photonenaustausches. Der Begriff der Kraft ist daher in der subatomaren Physik nicht mehr brauchbar. Es ist ein klassischer Begriff, den wir (wenn auch nur unterbewußt) mit der Newtonschen Vorstellung von einer Kraft assoziieren, die über weite Entfernung spürbar ist. In der subatomaren Welt gibt es keine solchen Kräfte, sondern nur Wechselwirkungen zwischen Teilchen, hervorgerufen durch Felder, d. h. durch andere Teilchen. Daher sprechen die Physiker lieber von Wechselwirkungen als von Kräften.

Nach der Quanten-Feldtheorie entstehen alle Wechselwirkungen durch den Austausch von Teilchen. Im Fall der elektromagnetischen Wechselwirkungen sind die ausgetauschten Teilchen Photonen; Nukleonen dagegen wirken durch die viel stärkere Kernkraft oder »starke Wechselwirkung«, die sich durch Austausch einer neuen Art von Teilchen, genannt »Mesonen«, manifestiert. Es gibt viele verschiedene Arten von Mesonen, die zwischen Protonen und Neutronen ausgetauscht werden können. Je näher die Nukleonen einander sind, desto zahlreicher und schwerer sind die Mesonen, die sie austauschen. Die Wechselwirkungen zwischen Nukleonen sind somit an die Eigenschaften der ausgetauschten Mesonen gekoppelt, und diese wiederum wirken durch den Austausch anderer Teilchen aufeinander. Aus diesem Grund werden wir die Kernkraft grundsätzlich nicht verstehen können, ohne das ganze Spektrum subatomarer Teilchen zu verstehen.

In der Quanten-Feldtheorie können alle Teilchen-Wechselwirkungen in Raum-Zeit-Diagrammen dargestellt werden, und jedes Diagramm ist mit einem mathematischen Ausdruck verbunden, der die Berechnung der Wahrscheinlichkeit für das

Auftreten des entsprechenden Vorgangs gestattet. Die exakte Entsprechung zwischen Diagrammen und den mathematischen Ausdrücken wurde 1949 von Richard Feynman aufgestellt, und seitdem kennt man diese Diagramme als Feynman-Diagramme. Eine entscheidende Eigenschaft dieser Theorie ist die Erzeugung und Vernichtung von Teilchen. So wird z. B. das Photon in unserem Diagramm im Emissionsprozeß in Punkt A erzeugt und in Punkt B absorbiert und damit vernichtet. Solch ein Prozeß kann nur in einer relativistischen Theorie begriffen werden, wo Teilchen nicht als unzerstörbare Objekte gelten, sondern als dynamische Strukturen mit einem bestimmten Energiegehalt, der umverteilt werden kann, wenn neue Strukturen entstehen.

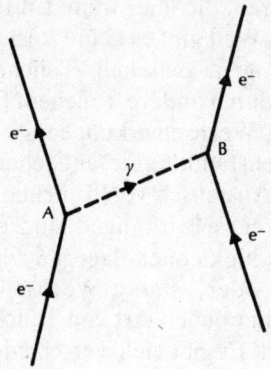

Die Erzeugung von Masseteilchen ist nur möglich, wenn die der Masse entsprechende Energie geliefert wird, zum Beispiel in Kollisionsprozessen. Im Fall der starken Wechselwirkung ist diese Energie nicht immer verfügbar, wenn z. B. in einem Atomkern zwei Nukleonen miteinander wechselwirken. In solchen Fällen müßte der Austausch von massetragenden Mesonen daher unmöglich sein. Und doch findet dieser Austausch statt. Zwei Protonen können beispielsweise ein »Pi-Meson« oder »Pion« austauschen, dessen Masse etwa ein Siebtel der Protonenmasse beträgt:

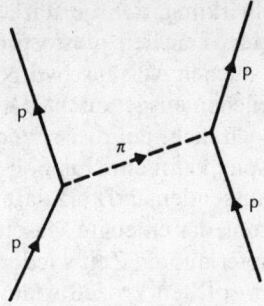

Austausch eines Pions (π) zwischen zwei Protonen (p)

Der Grund dafür, daß diese Austauschprozesse trotz des offensichtlichen Mangels an Erzeugungsenergie für das Meson stattfinden können, liegt in einem »Quanten-Effekt«, der mit dem Unsicherheitsprinzip zusammenhängt. Subatomare Vorgänge, die in einer kurzen Zeitspanne ablaufen, sind mit einer großen Unsicherheit der Energie verbunden. Der Austausch von Mesonen, d. h. ihre Erzeugung und anschließende Vernichtung, ist ein Vorgang dieser Art. Er läuft in einer so kurzen Zeit ab, daß die Unsicherheit der Energie für die Erzeugung der Mesonen ausreicht. Diese Mesonen nennt man »virtuelle« Teilchen. Sie sind anders als die in Kollisionsprozessen entstandenen »reellen« Mesonen, da sie nur in der Zeitspanne existieren können, die das Unsicherheitsprinzip gestattet. Je schwerer die Mesonen sind (d. h. je mehr Energie ihre Erzeugung erfordert), desto weniger Zeit steht dem Austauschprozeß zur Verfügung. Daher können Nukleonen schwere Mesonen nur austauschen, wenn sie einander sehr nahe sind. Der Austausch von virtuellen Photonen dagegen kann über beliebige Entfernungen erfolgen, da die masselosen Photonen aus beliebig kleinen Energiebeträgen erzeugt werden können. Diese Analyse der nuklearen und elektromagnetischen Kräfte ermöglichte es Hideki Yukawa 1935, nicht nur die Existenz des Pions zwölf Jahre, bevor es beobachtet wurde, vorauszusagen, sondern auch dessen Masse aus der Reichweite der Nuklearkräfte ungefähr abzuschätzen.

In der Quanten-Feldtheorie werden also alle Wechselwirkungen als Austausch von virtuellen Teilchen dargestellt. Je stärker die Wechselwirkung, d. h. je stärker die resultierende »Kraft« zwischen den Teilchen, desto größer ist die Wahrscheinlichkeit eines solchen Austauschvorgangs, desto häufiger werden virtuelle Teilchen ausgetauscht. Die Rolle der virtuellen Teilchen ist jedoch nicht auf diese Wechselwirkungen beschränkt. Zum Beispiel kann ein Nukleon allein durchaus ein virtuelles Teilchen aussenden und kurz darauf wieder absorbieren. Vorausgesetzt, daß das erzeugte Meson innerhalb der vom Unsicherheitsprinzip erlaubten Zeit wieder verschwindet, gibt es nichts, was einem solchen Prozeß widerspricht. Das Feynman-Diagramm eines Neutrons, das ein Pion aussendet und wieder absorbiert, ist unten abgebildet.

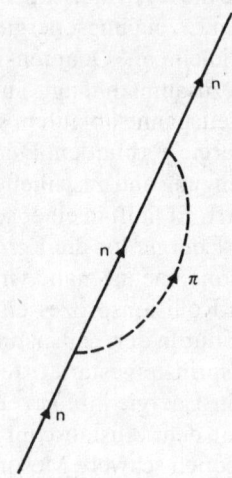

Ein Neutron (n) emittiert und reabsorbiert ein Pion

Die Wahrscheinlichkeit von solchen »Selbst-Wechselwirkungsprozessen« ist für Nukleonen wegen ihrer starken Wechselwirkung sehr groß. Das bedeutet, daß Nukleonen in Wirklichkeit die ganze Zeit über virtuelle Teilchen emittieren und absorbieren. Nach der Feldtheorie muß man sie als Zentren dauernder Aktivität betrachten, umgeben von einer Wolke virtueller Teilchen. Die virtuellen Mesonen müssen ganz kurz nach ihrer Erzeugung wieder verschwinden, sie können sich also nicht sehr weit vom Nukleon entfernen. Somit ist die Mesonenwolke sehr klein. Ihre äußeren Regionen werden von leichten Mesonen (meistens Pionen) bevölkert, die schwereren Mesonen sind auf den inneren Teil der Wolke beschränkt, da sie nach viel kürzerer Zeit absorbiert werden müssen.

Jedes Nukleon ist von einer solchen Wolke virtueller Mesonen umgeben, die nur außerordentlich kurze Zeit leben. Unter besonderen Umständen können jedoch virtuelle Mesonen zu reellen Mesonen werden. Wenn ein Nukleon von einem anderen, sehr schnellen Teilchen getroffen wird, kann ein Teil der Bewegungsenergie des Teilchens auf ein virtuelles Meson übertragen werden und es aus der Wolke befreien. Auf diese Weise werden in Hochenergie-Kollisionen reelle Mesonen erzeugt. Wenn sich andererseits zwei Nukleonen so nahe kommen, daß sich ihre Mesonenwolken überlappen, können einige virtuelle Teilchen, anstatt zu dem Nukleon, das sie erzeugte, zurückzukehren, zum anderen Nukleon »hinüberspringen« und von diesem absorbiert werden. So entstehen die Austauschprozesse, die die starken Wechselwirkungen darstellen.

Dies Bild zeigt deutlich, daß die Wechselwirkungen zwischen Teilchen, und somit die »Kräfte« zwischen ihnen, von der Zusammensetzung ihrer virtuellen Wolken bestimmt werden. Die Reichweite einer Wechselwirkung, d. h. der Abstand zwischen dem Teilchen, bei dem die Wechselwirkung einsetzt, hängt von der Ausdehnung der virtuellen Wolken ab, und die detaillierte Form der Wechselwirkung richtet sich nach den Eigenschaften der Teilchen in den Wolken. So sind die elektromagnetischen Kräfte der Anwesenheit virtueller Photonen »innerhalb« von geladenen Teilchen zuzuschreiben, während die starken Wechselwirkungen zwischen Nukleonen aus der Anwesenheit von Pionen und anderen Mesonen »innerhalb« der Nukleonen herrühren. In der Feldtheorie erscheinen die Kräfte zwischen Teilchen als innere Eigenschaften der Teilchen. Kraft und Materie, die beiden Begriffe, die im griechischen und im Newtonschen Atomismus so streng getrennt waren, haben nach heutiger Ansicht ihren gemeinsamen Ursprung in den dynamischen Strukturen, die wir Teilchen nennen.

Solche Ansicht von den Kräften ist auch für die östliche Mystik charakteristisch, die Bewegung und Wandel als wesentliche innere Eigenschaften aller Dinge betrachtet. »Alle rotierenden Dinge«, sagt Chang Tsai mit Bezug auf den Himmel, »haben eine spontane Kraft, und ihre Bewegung ist ihnen somit nicht von außen auferlegt«,[13] und im *I Ching* lesen wir: »(Die Natur-)Gesetze sind keine Kräfte außerhalb der Dinge, sondern repräsentieren die Harmonie der ihnen innewohnenden Bewegung.«[14]

Diese alte chinesische Beschreibung der Kräfte als Repräsentanten der Harmonie der in den Dingen wohnenden Bewegung erscheint im Licht der Quanten-Feldtheorie besonders angebracht, wo die Kräfte zwischen Teilchen als Ausdruck der dynamischen Strukturen (die virtuellen Wolken) gesehen werden, die diesen Teilchen innewohnen.

Die Feldtheorien der modernen Physik zwingen uns, die klassische Unterscheidung zwischen Masseteilchen und der Leere fallen zu lassen. Die Einsteinsche Gravitationstheorie und Quanten-Feldtheorie zeigen beide, daß Teilchen nicht vom sie umgebenden Raum getrennt werden können. Einerseits bestimmen sie die Struktur dieses Raumes, andererseits können sie nicht als isolierte Einheiten betrachtet werden, sondern als Verdichtungen eines kontinuierlichen Feldes, das überall im Raum vorhanden ist. In der Quanten-Feldtheorie gilt dieses Feld als die Basis aller Teilchen und ihrer gegenseitigen Wechselwirkungen.

> Das Feld existiert immer und überall; es läßt sich durch nichts entfernen, es ist der Träger allen materiellen Geschehens. Es ist das »Nichts«, aus dem das Proton die π-Mesonen schöpft. Bestehen und Vergehen von Teilchen sind nur Bewegungsformen des Feldes.[15]

Die Unterscheidung zwischen Materie und leerem Raum mußte endgültig aufgegeben werden, als entdeckt wurde, daß virtuelle Teilchen spontan aus der Leere entstehen und wieder in die Leere verschwinden können ohne Anwesenheit irgend welcher Nukleonen oder anderer stark wechselwirkender Partikel. Das nachstehende »Vakuum-Diagramm« stellt einen solchen Prozeß dar: Drei Partikel – ein Proton (p), ein Antiproton (p̄) und ein Pion (π) – werden aus dem Nichts heraus gebildet und verschwinden wieder im Vakuum. Nach der Feldtheorie finden Vorgänge wie dieser die ganze Zeit über statt. Das Vakuum ist bei weitem nicht leer. Im Gegenteil, es enthält eine unbegrenzte Anzahl von Teilchen, die ohne Ende entstehen und verschwinden.

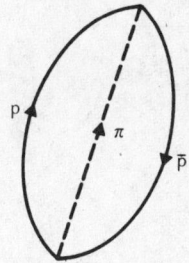

Ein Vakuum-Diagramm

Hier findet sich nun in der modernen Physik die engste Parallele zum Leerebegriff der östlichen Mystik. Wie die östliche Leere ist das »physikalische Vakuum«, wie es in der Feldtheorie genannt wird, kein Zustand des bloßen Nichts, sondern enthält die Möglichkeit für alle Formen der Teilchenwelt. Diese Formen sind wiederum keine unabhängigen physikalischen Einheiten, sondern nur vergängliche Manifestationen der zugrundeliegenden Leere. Wie das Sutra sagt: »Form ist Leere, und Leere ist in Wirklichkeit Form.«

Die Beziehung zwischen den virtuellen Teilchen und dem Vakuum ist eine im wesentlichen dynamische Beziehung. Das Vakuum ist in der Tat eine »lebende Leere«, die in endlosen Rhythmen von Erzeugung und Vernichtung pulsiert. Viele Physiker halten die Entdeckung der dynamischen Eigenschaft des Vakuums für eine der bedeutendsten in der modernen Physik. Aus seiner Rolle als leerer Behälter der physikalischen Phänomene wuchs das Vakuum zu einer dynamischen Größe von höchster Bedeutung hervor. Die Ergebnisse der modernen

Physik scheinen somit die Worte des chinesischen Weisen Chang Tsai zu bestätigen:

Wenn man weiß, daß die Große Leere voll von Ch'i ist, wird einem klar, daß es so etwas wie »Nichts« nicht gibt.[16]

Die Erforschung der subatomaren Welt im zwanzigsten Jahrhundert hat die innerlich dynamische Natur der Materie enthüllt. Sie zeigte, daß die Bestandteile der Atome, die subatomaren Teilchen, dynamische Strukturen sind, die nicht als isolierte Einheiten existieren, sondern als integrierte Teile eines unauflöslichen Netzwerks von Wechselbeziehungen. Diese Wechselwirkungen stellen einen unaufhörlichen Fluß von Energie dar, die sich als Austausch von Teilchen manifestiert; ein dynamisches Zusammenspiel, in dem Partikel in einer ständigen Variation von Energiestrukturen ohne Ende erzeugt und vernichtet werden. Die Teilchen-Wechselwirkungen lassen die stabilen Strukturen entstehen, die die materielle Welt aufbauen, die wiederum nicht in Ruhe bleiben, sondern in rhythmischen Bewegungen oszillieren. Das ganze Universum befindet sich somit in endloser Bewegung und Aktivität, in einem ständigen kosmischen Tanz von Energie.

Dieser Tanz umfaßt eine enorme Vielfalt von Strukturen, die aber überraschenderweise in wenige bestimmte Kategorien fallen. Das Studium der subatomaren Teilchen enthüllt daher eine große Ordnung. Alle Atome und somit alle Formen von Materie in unserer Umwelt sind aus nur drei Masseteilchen zusammengesetzt: dem Proton, dem Neutron und dem Elektron. Ein viertes Teilchen, das Photon, ist masselos und stellt die Einheit der elektromagnetischen Strahlung dar. Das Proton, das Photon und das Elektron sind alles stabile Teilchen, das heißt, sie können ewig leben, wenn sie nicht in einen Kollisionsprozeß geraten, der sie vernichten kann. Das Neutron dagegen kann spontan zerfallen. Dieser Zerfall heißt »Beta-Zerfall« und ist der Grundprozeß eines bestimmten Typs von Radioaktivität. Er umfaßt die Umwandlung des Neutrons zu einem Proton, begleitet von der Erzeugung eines Elektrons und eines neuen

Typs eines masselosen Teilchens, genannt das Neutrino. Wie das Proton und das Elektron ist auch das Neutrino stabil. Es wird gewöhnlich mit dem griechischen Buchstaben ν (Ny) bezeichnet; die symbolische Schreibweise des Beta-Zerfalls sieht damit so aus:

$$n \rightarrow p + e^- + \nu$$

Die Umwandlung von Neutronen zu Protonen in den Atomen einer radioaktiven Substanz hat eine Umwandlung dieser Atome zu völlig anderen Atomen zur Folge. Die bei diesem Vorgang erzeugten Elektronen werden als starke Strahlung emittiert, die in der Biologie, der Medizin und der Industrie in weitem Umfang angewendet wird. Die Neutrinos dagegen sind, obwohl sie in gleicher Anzahl emittiert werden, sehr schwer zu entdecken, da sie weder Masse noch Ladung besitzen.

Wie schon früher erwähnt, gibt es für jedes Teilchen ein Antiteilchen von gleicher Masse, aber entgegengesetzter Ladung. Das Photon ist sein eigenes Antiteilchen; das Antiteilchen des Elektrons nennt man Positron; dann gibt es ein Antiproton, ein Antineutron und ein Antineutrino. Das beim Beta-Zerfall entstehende masselose Teilchen ist, genaugenommen, nicht das Neutrino, sondern das Antineutrino (mit ν bezeichnet), so daß der Prozeß richtig so zu schreiben ist: $n \rightarrow p + e^- + \bar{\nu}$.

Die bisher erwähnten Teilchen stellen nur einen Bruchteil der heute bekannten subatomaren Teilchen dar. Alle anderen sind instabil und zerfallen in kürzester Zeit zu anderen Teilchen, von denen einige weiter zerfallen, bis eine Kombination stabiler Teilchen übrigbleibt. Die Untersuchung der unstabilen Teilchen ist sehr aufwendig, da sie jedesmal in Kollisionsprozessen neu erzeugt werden müssen, und dafür sind riesige Teilchenbeschleuniger, Blasenkammern und andere recht komplizierte Geräte zur Registrierung von Teilchen erforderlich.

Die meisten instabilen Teilchen leben nur extrem kurze Zeit nach menschlichen Begriffen: weniger als eine Millionstel Sekunde. Man muß jedoch ihre Lebensspanne im Verhältnis zu ihrer Größe sehen, die ebenfalls winzig ist. Wenn man es so betrachtet, leben viele von ihnen relativ lange, und eine millionstel Sekunde ist in der Teilchenwelt wirklich eine enorme Zeit. Ein Mensch kann in einer Sekunde eine Strecke zurücklegen, die einige Male so lang ist wie er selbst. Die entsprechende Zeitspanne für ein Teilchen wäre daher die Zeit, die es braucht, um eine Strecke zurückzulegen, die einige Male seiner eigenen Größe entspricht: Man könnte diese Zeiteinheit »Teilchen-Sekunde«* nennen.

Um einen mittelgroßen Atomkern zu durchqueren, braucht ein Teilchen etwa zehn dieser Teilchen-Sekunden, wenn es sich nahezu mit Lichtgeschwindigkeit fortpflanzt, was Teilchen in Kollisionsversuchen tun. Unter der großen Zahl von instabilen Partikeln gibt es etwa zwei Dutzend, die mehrere Atomkerne durchqueren können, ehe sie zerfallen. Diese Entfernung entspricht einige 100 000mal ihrer Größe, und sie benötigen dazu einige hundert »Teilchen-Stunden«. Diese Teilchen sind in der unten stehenden Tabelle aufgeführt, zusammen mit den schon erwähnten stabilen Teilchen. Die meisten der instabilen Teilchen in der Tabelle legen tatsächlich einen ganzen Zentimeter zurück, oder sogar mehrere Zentimeter, bevor sie zerfallen, und die am längsten leben, eine millionstel Sekunde, können mehrere hundert Meter zurücklegen, bevor sie zerfallen, eine im Vergleich zu ihrer Größe riesige Strecke.

Alle anderen soweit bekannten Teilchen gehören zur Kategorie der »Resonanzen«, die im folgenden Kapitel im einzelnen besprochen wird. Ihre Lebenszeit ist viel kürzer, sic zerfallen nach wenigen »Teilchen-Sekunden«, so daß sie nur einen Weg zurücklegen können, der wenige Male ihre eigene Größe beträgt. Das heißt, daß man sie in der Blasenkammer nicht sehen und nur indirekt auf ihre Existenz schließen kann. Die in Blasenkammern sichtbaren Spuren können nur von den in der Tabelle aufgeführten Teilchen gezogen werden.

---

* Physiker schreiben diese Zeiteinheit als 10^{-23} Sekunden, das ist ein Kürzel für eine Zahl mit zweiundzwanzig Nullen hinter dem Komma und einer davor, d. h. für 0,00000000000000000000001 Sekunden.

Name		Symbol	
		Teilchen	*Antiteilchen*
Photon		γ	
Leptonen	*Neutrino*	ν_e ν_μ	$\bar{\nu}_e$ $\bar{\nu}_\mu$
	Elektron	e^-	e^+
	Myon	μ^-	μ^+
Hadronen — Mesonen	*Pion*	π^+ π^0	π^-
	Kaon	K^+ K^0	$\bar{K}^0$ K^-
	Eta	η	
Hadronen — Baryonen	*Proton*	p	$\bar{p}$
	Neutron	n	$\bar{n}$
	Lambda	Λ	$\bar{\Lambda}$
	Sigma	Σ^+ Σ^0 Σ^-	$\bar{\Sigma}^+$ $\bar{\Sigma}^0$ $\bar{\Sigma}^-$
	Kaskadenteilchen	Ξ^0 Ξ^-	$\bar{\Xi}^0$ $\bar{\Xi}^-$
	Omega	Ω	$\bar{\Omega}^-$

Die Tabelle zeigt dreizehn verschiedene Typen von Teilchen, von denen viele in verschiedenen »Ladungszuständen« auftreten. Die Pionen zum Beispiel können positiv geladen (π^+), negativ geladen (π^-) oder elektrisch neutral (π^0) sein. Es gibt zwei Arten von Neutrinos, das eine tritt nur mit Elektronen in Wechselwirkung (ν_e), das andere nur mit Myonen ($\nu\mu$). Die Antiteilchen sind ebenfalls aufgeführt, drei der Teilchen (γ, π^0, η) sind ihre eigenen Antiteilchen. Die Teilchen sind nach steigender Masse geordnet: Photonen und Neutrinos sind masselos; das Elektron ist das leichteste Masseteilchen; die Myonen, Pionen und Kaonen sind einige hundertmal schwerer als das Elektron, die anderen Teilchen sind ein- bis dreitausendmal schwerer.

All diese Teilchen können in Kollisionsprozessen erzeugt und vernichtet werden. Jedes kann auch als virtuelles Teilchen ausgetauscht werden und somit zur Wechselwirkung zwischen anderen Teilchen beitragen. Es sieht so aus, als würde dies eine große Anzahl von Teilchen-Wechselwirkungen zur Folge haben, aber glücklicherweise, obwohl wir den Grund dafür noch nicht wissen, scheinen alle in vier Kategorien mit deutlich unterschiedlichen Wechselwirkungsstärken zu fallen: starke Wechselwirkungen, elektromagnetische Wechselwirkungen, schwache Wechselwirkungen, Gravitations-Wechselwirkungen. Unter diesen sind uns die elektromagnetischen und die Gravitations-Wechselwirkungen am vertrautesten, da wir sie in unserer normalen Welt erleben. Die Gravitation wirkt zwischen allen Teilchen, ist aber so schwach, daß sie experimentell nicht nachgewiesen werden kann. In der makroskopischen Welt aber bildet eine Unzahl von Teilchen die Massenkörper, addiert ihre Gravitations-Wechselwirkung und erzeugt die Gravitation, die das große Universum beherrscht. Elektromagnetische Wechselwirkungen finden zwischen allen geladenen Teilchen statt. Sie sind für die chemischen Prozesse und für die Bildung aller atomaren und molekularen Strukturen verantwortlich. Die starken Wechselwirkungen halten die Protonen und Neutronen im Atomkern zusammen. Sie stellen die Kernkraft dar, bei weitem die stärkste aller Kräfte in der Natur. Die elektromagnetische Anziehungskraft des Atomkerns auf Elektronen beträgt etwa zehn Einheiten (Elektronenvolt), während die Kernkraft Protonen und Neutronen mit einer Energie von etwa zehn Millionen Einheiten zusammenhält!

Die Nukleonen sind nicht die einzigen Teilchen, die durch die starke Wechselwirkung miteinander reagieren. Die überwältigende Mehrheit sind stark wechselwirkende Teilchen. Von allen heute bekannten Teilchen nehmen nur fünf (und deren Antiteilchen) nicht an der starken Wechselwirkung teil. Dies sind die Photonen und die vier oben in der Tabelle aufgeführten Leptonen.* Damit fallen alle Teilchen in zwei große Gruppen: Leptonen und Hadronen, oder stark zusammenwirkende Partikel. Die Hadronen sind unterteilt in Mesonen

---

* Vor kurzem wurde ein fünftes Lepton entdeckt und mit dem griechischen Buchstaben τ (tau) bezeichnet. Wie das Elektron und das Myon tritt es in zwei Ladungszuständen auf. Da seine Masse fast 3500mal größer ist als die des Elektrons, nennt man es auch das »schwere Lepton«. Ein nur mit dem »tau« in Wechselwirkung stehendes entsprechendes Neutrino wurde zwar postuliert, aber noch nicht gefunden.

und Baryonen, die sich auf verschiedene Weisen unterscheiden, u. a. dadurch, daß alle Baryonen separate Antiteilchen haben, während ein Meson sein eigenes Antiteilchen sein kann.

Die Leptonen beteiligen sich am vierten Typ der Wechselwirkungen, der schwachen Wechselwirkungen. Diese sind so schwach und haben eine so geringe Reichweite, daß sie nichts zusammenhalten können, während die anderen drei Bindungskräfte erzeugen. Die starken Wechselwirkungen halten die Atomkerne zusammen, die elektromagnetischen Wechselwirkungen die Atome und Moleküle und die Gravitations-Wechselwirkungen die Planeten, Sterne und Galaxien. Die schwachen Wechselwirkungen manifestieren sich nur in bestimmten Arten von Teilchenzusammenstößen und im Teilchenzerfall, so wie im vorher erwähnten Beta-Zerfall.

Alle Wechselwirkungen zwischen Hadronen werden durch den Austausch von anderen Hadronen hervorgerufen. Dieser Austausch von Masseteilchen ist die Ursache dafür, daß die starken Wechselwirkungen eine so kurze Reichweite haben. Sie erstrecken sich nur über eine Entfernung von wenigen Teilchenabmessungen und können daher niemals eine makroskopische Kraft aufbauen. Starke Wechselwirkungen erleben wir daher in unserer alltäglichen Welt nicht. Die elektromagnetischen Wechselwirkungen dagegen werden durch den Austausch von masselosen Photonen hervorgerufen und ihre Reichweite ist daher unbegrenzt, und deshalb begegnen wir elektrischen und magnetischen Kräften in unserer normalen Welt. Wir glauben, daß die Gravitations-Wechselwirkungen auch von einem masselosen Teilchen hervorgerufen werden, dem »Graviton«. Sie sind aber so schwach, daß das Graviton bisher noch nicht beobachtet werden konnte, obwohl es keinen triftigen Grund gibt, seine Existenz zu bezweifeln.

Die schwachen Wechselwirkungen schließlich haben eine außerordentlich kurze Reichweite – eine viel kürzere als die der starken Wechselwirkungen –, und man nimmt daher an, daß sie durch den Austausch sehr schwerer Teilchen hervorgerufen werden. Von diesen hypothetischen Teilchen nimmt man an, sie existierten in drei Arten mit den Bezeichnungen W^+, W^- und Z. Man glaubt, daß sie eine Rolle analog zu der der Photonen in den elektromagnetischen Wechselwirkungen spielen,

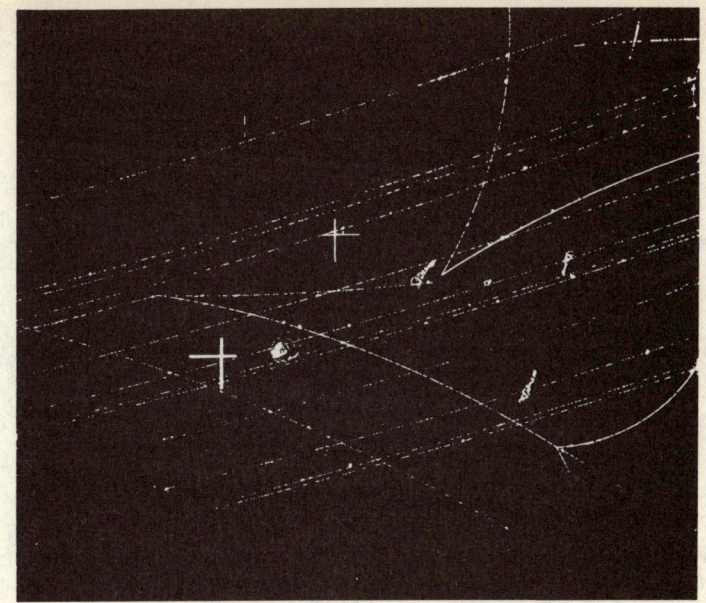

abgesehen von ihren großen Massen. Diese Analogie ist die Grundlage der jüngsten Entwicklung einer neuen Art von Quantenfeldtheorien, die unter dem Namen *Gauge*-Theorien bekanntgeworden sind und es möglich gemacht haben, eine vereinigte Feldtheorie der elektromagnetischen und der schwachen Wechselwirkungen aufzustellen.

In vielen der Kollisionsprozesse der Hochenergie-Physik erzeugt das Zusammenwirken von starken, elektromagnetischen und schwachen Wechselwirkungen eine komplizierte Folge von Vorgängen. Die zuerst zusammenstoßenden Teilchen werden oft vernichtet, und mehrere neue Teilchen werden erzeugt, die entweder wieder kollidieren oder, manchmal in mehreren Stufen, zu den schließlich übrigbleibenden stabilen Teilchen zerfallen. Das Bild oben zeigt ein Blasenkammerfoto* einer solchen Folge von Erzeugung und Vernichtung. Es ist eine ein-

---

* Zu beachten ist, daß in der Blasenkammer nur die geladenen Partikel Spuren hinterlassen. Diese werden von Magnetfeldern abgelenkt, und zwar positiv geladene Partikel im Uhrzeigersinn, negativ geladene Partikel gegen den Uhrzeigersinn.

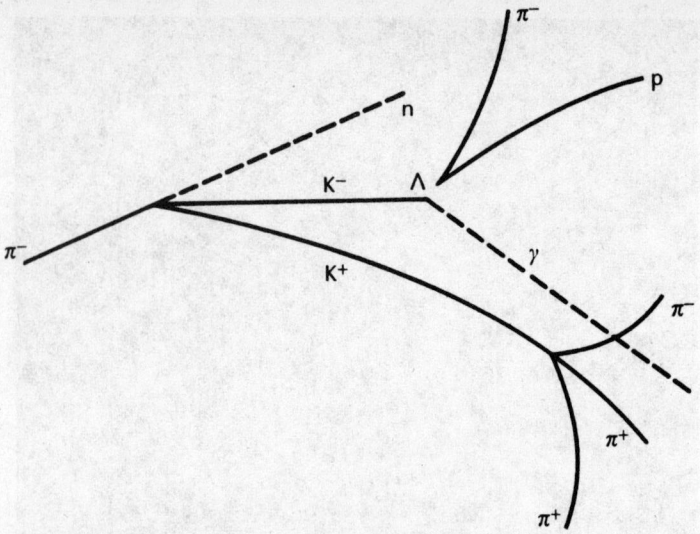

Eine komplizierte Folge von Teilchenzusammenstößen und Zerfall: Ein negatives Pion (π^-) kommt von links und stößt mit einem Proton – d. h. mit dem Kern eines Wasserstoffatoms – zusammen, das in der Blasenkammer »sitzt«; beide Teilchen werden vernichtet, und ein Neutron (n) plus zwei Kaonen (K^- und K^+) werden erzeugt. Das Neutron fliegt fort, ohne eine Spur zu hinterlassen; das K^- kollidiert mit einem anderen Proton in der Kammer, die beiden Teilchen vernichten sich gegenseitig und erzeugen ein Lambda (Λ) und ein Photon (γ). Keines dieser beiden neutralen Partikel ist sichtbar, aber das Λ zerfällt nach sehr kurzer Zeit zu einem Proton und einem π^-, die beide Spuren hinterlassen. Die kurze Entfernung zwischen der Erzeugung des Λ und seinem Zerfall ist im Foto gut zu erkennen. Das beim ersten Zusammenstoß erzeugte K^+ schließlich fliegt eine Zeitlang und zerfällt dann zu drei Pionen.

drucksvolle Illustration der Wandelbarkeit der Materie auf der Ebene der Teilchen und zeigt eine Kaskade von Energie, in der verschiedene Strukturen oder Teilchen gebildet und aufgelöst werden.

In diesen Folgen ist die Erzeugung von Materie besonders eindrucksvoll, wenn ein masseloses Photon von hoher Energie, das in der Nebelkammer nicht sichtbar ist, plötzlich in ein Paar geladener Partikel explodiert (einem Elektron und einem Positron), die sich in auseinanderlaufenden Kurven fortbewegen. Hier ist ein schönes Beispiel eines solchen Prozesses, in dem zwei dieser Paare erzeugt werden.

230

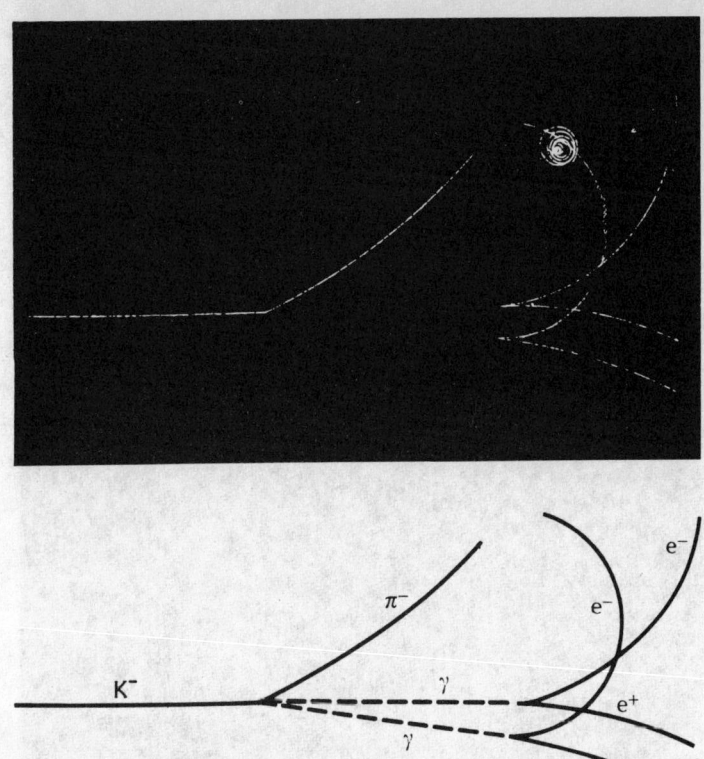

Eine Folge von Vorgängen, bei der zwei Paare erzeugt werden: ein K^- zerfällt in ein π^- und zwei Photonen (γ), von denen jedes ein Elektron-Positron-Paar erzeugt, die Positronen (e^+) kurven nach rechts, die Elektronen (e^-) nach links.

Je höher die Anfangsenergie in diesen Kollisionsprozessen ist, desto mehr Teilchen können erzeugt werden. Das nächste Foto zeigt die Erzeugung von acht Pionen in einem Zusammenstoß zwischen einem Antiproton und einem Proton, und das folgende zeigt ein Beispiel eines Extremfalles: die Erzeugung von sechzehn Teilchen in einem einzigen Zusammenstoß zwischen einem Pion und einem Proton.

231

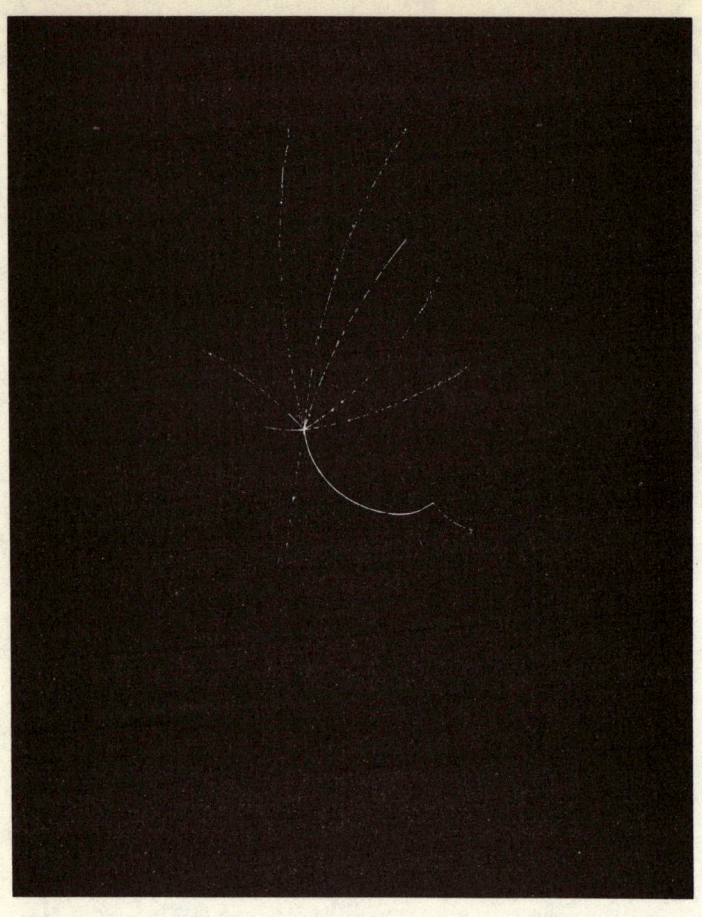

Alle diese Kollisionen wurden im Laboratorium künstlich her-
beigeführt mit Hilfe von riesigen Maschinen, in denen die Teilchen auf die erforderliche Energie beschleunigt werden. Bei
den meisten natürlichen Vorgängen hier auf der Erde reichen
die Energien nicht zur Erzeugung von Masseteilchen aus. Im
Weltraum dagegen ist die Lage völlig anders. Subatomare Teilchen treten im Zentrum der Sterne in großer Zahl auf, wo Kol-

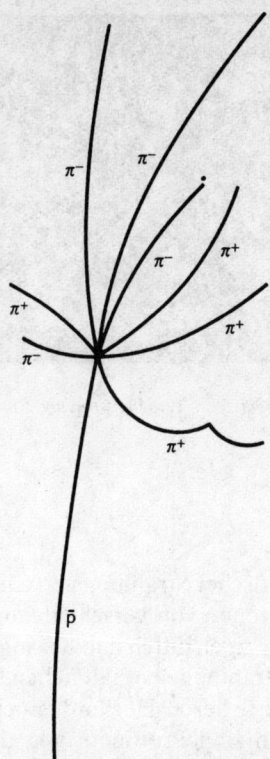

Erzeugung von acht Pionen in einem Zusammenstoß zwischen einem Antiproton ($\bar{p}$) und einem Proton (das in der Blasenkammer sitzt, s. vorangehendes Foto)

lisionsprozesse ähnlich denen in den Beschleunigerlaboratorien untersuchten von Natur aus ständig stattfinden. In einigen Sternen erzeugen diese Prozesse eine äußerst starke elektromagnetische Strahlung in Form von Radiowellen, Lichtwellen oder Röntgenstrahlen, die den Astronomen als wichtigste Informationsquelle über das Universum dient. Der interstellare Raum wie auch der Raum zwischen den Galaxien ist somit voll

Erzeugung von sechzehn Teilchen in einer Pion-Proton-Kollision

von elektromagnetischer Strahlung verschiedener Frequenzen, d. h. voll von Photonen von verschiedener Energie. Dies sind jedoch nicht die einzigen durch den Kosmos eilenden Teilchen. Die »kosmische Strahlung« enthält neben Photonen auch Masseteilchen aller Art, deren Herkunft noch ungeklärt ist. Die meisten von ihnen sind Protonen, von denen einige extrem hohe Energien enthalten, weit höher als die in den stärksten Teilchenbeschleunigern erzielten.

Wenn diese äußerst energiereichen »kosmischen Strahlen« auf die irdische Atmosphäre treffen, stoßen sie mit den Kernen der atmosphärischen Luftmoleküle zusammen und erzeugen eine große Vielfalt sekundärer Teilchen, die entweder zerfallen oder weiter Zusammenstöße erleiden, damit weitere Partikel erzeugen, die wieder kollidieren und zerfallen und so weiter, bis die letzten von ihnen die Erde erreichen. Auf diese Weise kann ein einziges Proton, das in die irdische Atmosphäre gelangt, eine ganze Kaskade von Vorgängen auslösen, in denen seine ursprüngliche kinetische Energie zu einem »Regen« von verschiedenen Teilchen umgewandelt wird, die allmählich absorbiert werden, wenn sie die Luft unter vielen Zusammenstößen durchdringen. Das gleiche Phänomen, das in den Kollisionsversuchen der Hochenergie-Physik beobachtet wird, tritt ständig natürlich, aber weit heftiger in der irdischen Atmosphäre auf, ein kontinuierlicher Fluß von Energie, der in einem rhythmischen Tanz von Erzeugung und Vernichtung eine große Vielfalt von Partikelstrukturen durchläuft. Unten ist ein großartiges Bild dieses Energietanzes, das durch Zufall aufgenommen wurde, als ein unerwarteter kosmischer Schauer eine Blasenkammer im europäischen Forschungszentrum CERN während eines Experimentes traf.

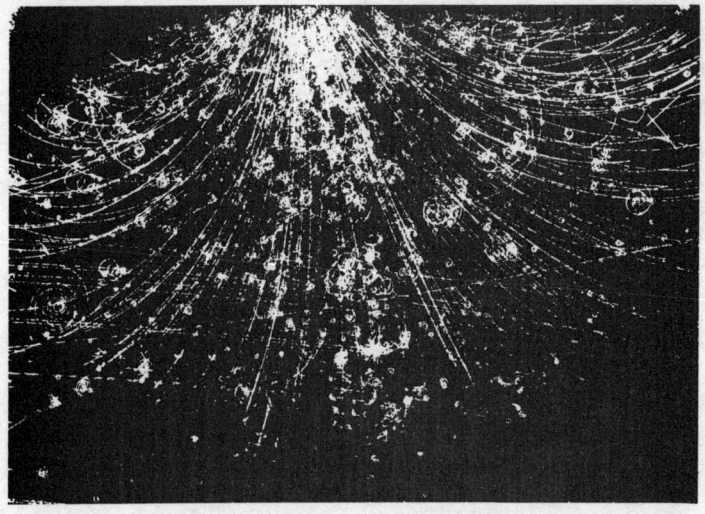

Ein Schauer von etwa hundert Teilchen, erzeugt von einem kosmischen Strahl, der durch Zufall seinen Weg in die Nebelkammer fand. Die mehr oder weniger horizontalen Spuren im Bild stammen von Teilchen aus dem Beschleuniger.

Nicht alle Prozesse der Erzeugung und Vernichtung in der Teilchenwelt kann man auf Blasenkammerfotos sehen. Es gibt auch die Erzeugung und Zerstörung von virtuellen Partikeln, die bei Teilchen-Wechselwirkungen ausgetauscht werden und nicht lange genug leben, um beobachtet zu werden. Nehmen wir zum Beispiel die Erzeugung von zwei Pionen bei einem Zu-

235

sammenstoß von einem Proton mit einem Antiproton. Ein Raum-Zeit-Diagramm dieses Vorgangs würde so aussehen:

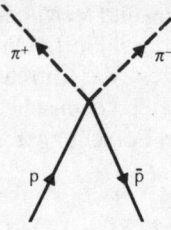

Man beachte, daß die Zeit in diesen Diagrammen von unten nach oben verläuft! Es zeigt die Weltlinien des Protons (p) und des Antiprotons (p̄), die in einem Punkt in Raum und Zeit zusammenstoßen, sich gegenseitig vernichten und die beiden Pionen (π^+ und π^-) erzeugen. Dieses Diagramm gibt jedoch nicht das ganze Bild wieder. Die Wechselwirkung zwischen dem Proton und dem Antiproton kann als Austausch eines virtuellen Neutrons dargestellt werden, wie das nächstfolgende Diagramm zeigt. Ähnlich kann der auf dem Foto auf Seite 237 gezeigte Prozeß, wo in einer Proton-Antiproton-Kollision vier Pionen erzeugt werden, als ein komplizierterer Austauschprozeß dargestellt werden, der die Erzeugung und Vernichtung von drei virtuellen Teilchen umfaßt; zwei Neutronen und ein Proton.

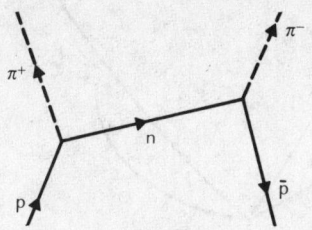

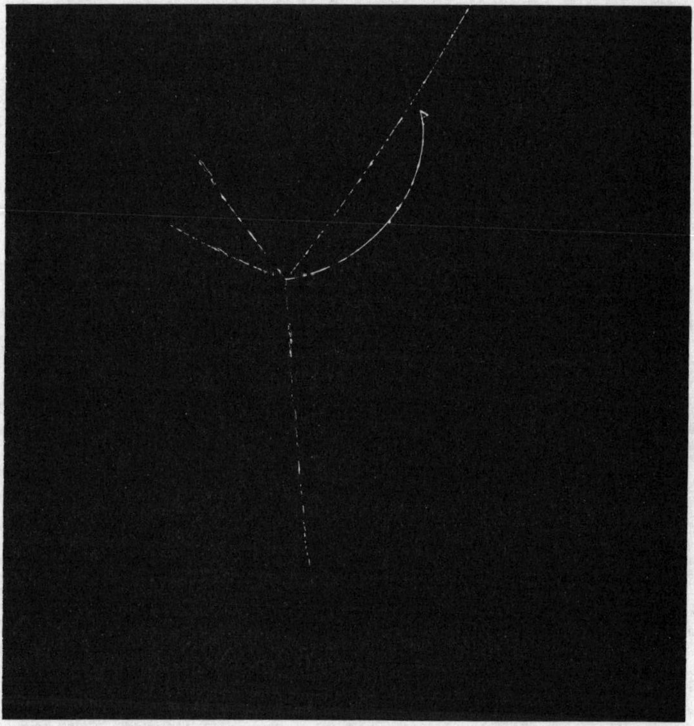

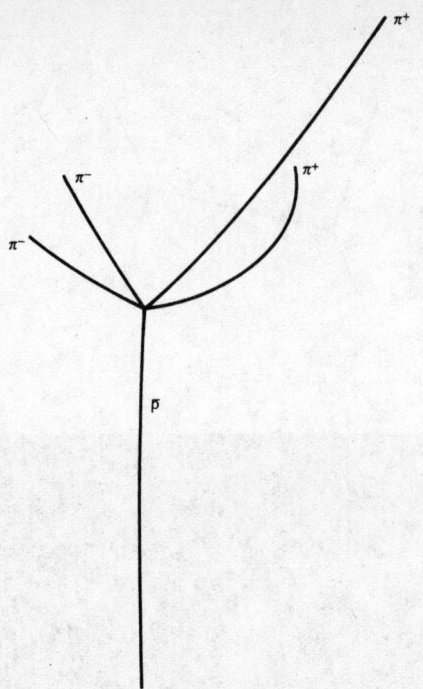

Das entsprechende Feynman-Diagramm sieht so aus*:

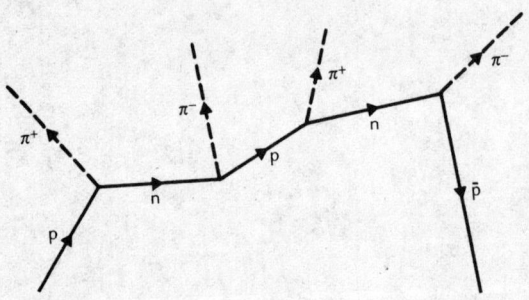

* Die folgenden Diagramme sind nur schematisch und geben nicht die richtigen Winkel der Teilchenlinien an. Man beachte auch, daß das ursprüngliche Proton, das in der Blasenkammer sitzt, auf dem Foto nicht erscheint, im Raum-Zeit-Diagramm aber eine Weltlinie hat, da es sich in der Zeit bewegt.

Dieses Beispiel verdeutlicht, wie die Linien in den Blasenkammerfotos nur ein grobes Bild von den Teilchen-Wechselwirkungen wiedergeben. Die tatsächlichen Prozesse stellen ein viel komplizierteres Netzwerk des Teilchen-Austausches dar. Die Lage wird in Wirklichkeit viel komplexer, wenn man bedenkt, daß jedes an den Wechselwirkungen beteiligte Teilchen unaufhörlich virtuelle Teilchen emittiert und reabsorbiert. Ein Proton z. B. emittiert und reabsorbiert immer wieder ein neutrales Pion; dazwischen kann es ein π^+ emittieren und zum Neutron werden, das das π^+ nach kurzer Zeit wieder absorbiert und sich zum Proton zurückverwandelt. In solchen Fällen müssen die Proton-Linien in den Feynman-Diagrammen durch die folgenden Diagramme ersetzt werden:

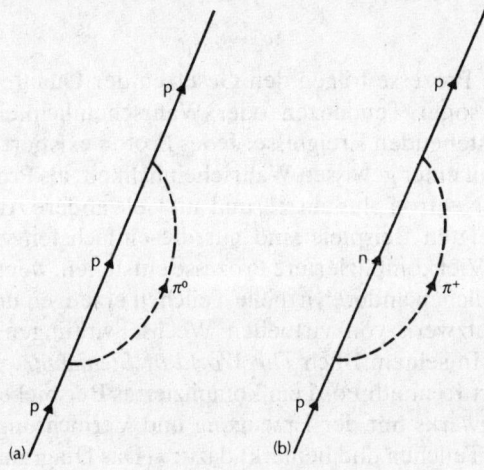

Feynman-Diagramme von einem Proton, das virtuelle Pionen emittiert und reabsorbiert

In diesen virtuellen Prozessen kann das ursprüngliche Teilchen für kurze Zeit vollständig verschwinden wie in Diagramm (b). Ein negatives Pion, um ein anderes Beispiel zu nehmen, kann ein Neutron (n̄) plus ein Antiproton (p̄) erzeugen, die sich gegenseitig vernichten, um das ursprüngliche Pion wiederherzustellen:

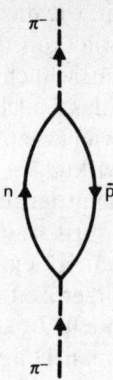

Erzeugung eines virtuellen Neutron-Antiproton-Paares

Alle diese Prozesse folgen den Gesetzen der Quantentheorie und sind somit Tendenzen oder Wahrscheinlichkeiten und keine feststehenden Ereignisse. Jedes Proton existiert potentiell, d. h. mit einer gewissen Wahrscheinlichkeit, als Proton plus ein π^0, als Neutron plus ein π^+, und auf viele andere Arten. Die oben gezeigten Beispiele sind nur die einfachsten virtuellen Prozesse. Viel kompliziertere Prozesse entstehen, wenn die virtuellen Teilchen andere virtuelle Teilchen erzeugen und so ein ganzes Netzwerk von virtuellen Wechselwirkungen hervorbringen*. In seinem Buch *The World of Elementary Particles* konstruiert Kenneth Ford ein kompliziertes Beispiel eines solchen Netzwerks mit der Erzeugung und Vernichtung von elf virtuellen Teilchen und bemerkt dazu: »(Das Diagramm) zeigt eine solche Folge von Ereignissen, die schaurig anzusehen, aber völlig real sind. Jedes Proton durchläuft gelegentlich diesen Reigen von Erzeugung und Vernichtung.«[1]
Ford ist nicht der einzige Physiker, der Ausdrücke wie »Tanz und Erzeugung und Vernichtung« oder »Energie-Tanz« benutzte. Die Vorstellung von Rhythmus und Tanz kommt einem von ganz allein, wenn man sich das Fließen der Energie durch

---

* *Die Wahrscheinlichkeiten sind nicht völlig willkürlich, sondern durch einige allgemeine Gesetze begrenzt, die im folgenden Kapitel besprochen werden.*

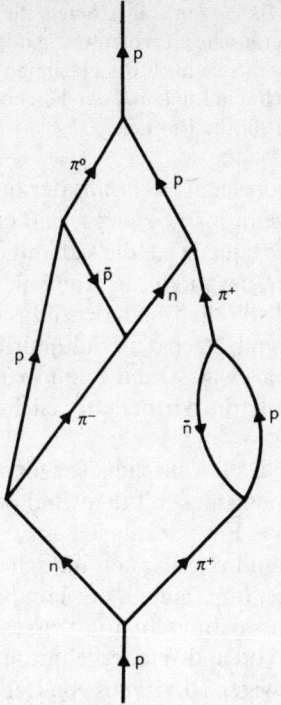

Ein Netzwerk virtueller Wechselwirkungen (Ford)

die Strukturen, die die Teilchen-Welt ausmachen, vergegenwärtigt. Die moderne Physik hat uns gezeigt, daß Bewegung und Rhythmus wesentliche Eigenschaften der Materie sind; daß alle Materie, sei es hier auf der Erde oder im Weltraum, an einem ständigen kosmischen Tanz teilnimmt.

Die östlichen Mystiker haben eine dynamische Ansicht vom Universum ähnlich wie die moderne Physik, und daher überrascht es nicht, daß auch sie das Bild des Tanzes gebrauchen. Alexandra David-Neel führt in ihrer *Tibetan Journey* ein schönes Beispiel solch einer Vorstellung von Rhythmus und Tanz auf, wo sie von einem Lama erzählt, der sich selbst »Meister des Tones« nannte und ihr seine Ansicht von der Materie mitteilte:

241

Alle Dinge sind Ballungen von Atomen, die tanzen und durch ihre Bewegungen Geräusche hervorrufen. Ändert sich der Rhythmus des Tanzes, ändern sich auch die erzeugten Töne ... Jedes Atom singt unaufhörlich sein Lied, und der Ton erzeugt in jedem Augenblick dichte und subtile Formen.[2]

Die Ähnlichkeit dieser Ansicht mit der modernen Physik fällt besonders auf, wenn man bedenkt, daß der Schall eine Welle von bestimmter Frequenz ist, die sich mit der Tonhöhe ändert, und daß Teilchen, das moderne Äquivalent zum alten Begriff »Atom«, ebenfalls Wellen sind, deren Frequenzen ihrer Energie proportional sind. Nach der Feldtheorie »singt« wirklich jedes Partikel »sein ewiges Lied« und produziert rhythmische Energiestrukturen (die virtuellen Teilchen) in »dichter und subtiler Form«.

Die Metapher des kosmischen Tanzes wird am tiefsten und schönsten im Hinduismus mit dem Bild des tanzenden Gottes Shiva ausgedrückt. Eine der vielen Inkarnationen Shivas, einer der ältesten und populärsten indischen Götter, ist die als König der Tänzer. Im Glauben der Hindus ist alles Leben ein Teil eines großen rhythmischen Prozesses von Schöpfung und Zerstörung, von Tod und Wiedergeburt, und Shivas Tanz symbolisiert diesen ewigen Rhythmus von Leben und Tod, der sich in endlosen Zyklen fortsetzt. Mit den Worten von Ananda Coomaraswamy:

In der Nacht des Brahman ist die Natur reglos und kann nicht tanzen, bis Shiva es will: Er steht aus seiner Verzückung auf und schickt tanzend pulsierende Wellen von erwachenden Tönen durch die leblose Materie, und siehe! Die Materie tanzt auch und legt sich als Glorienschein um ihn. Tanzend unterhält er ihre vielfachen Phänomene. In der Fülle der Zeit zerstört er, immer noch tanzend, alle Formen und Namen durch Feuer und schafft neue Ruhe. Dies ist Poesie und dennoch Wissenschaft.[3]

Der Tanz des Shiva symbolisiert nicht nur die kosmischen Zyklen von Schöpfung und Zerstörung, sondern auch den täglichen Rhythmus von Geburt und Tod, den die indische Mystik als Basis aller Existenz sieht. Gleichzeitig erinnert uns Shiva daran, daß die vielfältigen Phänomene in der Welt »Maya« sind

– nicht fundamental, sondern Illusionen und ständig wechselnd. Er erschafft und zerstört sie im endlosen Fluß seines Tanzes, wie Heinrich Zimmer ihn beschreibt:

In seiner Gestalt als Nataraja, König der Tänzer, beschleunigen seine wilden und anmutvollen Gebärden die kosmische Illusion. Seine wirbelnden Arme und Beine und die Schwingung seines Leibes erregen – oder sind sie eigentlich – die beständige Schöpfung und Zerstörung des Universums, wo der Tod genau die Geburt aufwiegt und Vernichtung das Ende jeden Werdens ist.[4]

Shiva Nataraja, Bronzestatue aus Südindien, 12. Jahrhundert

Indische Künstler des zehnten und zwölften Jahrhunderts haben Shivas kosmischen Tanz in wundervollen Bronzeskulpturen tanzender Figuren mit vier Armen dargestellt, deren perfekt balancierte und doch dynamische Gesten den Rhythmus und die Einheit des Lebens ausdrücken. Die verschiedenen Bedeutungen des Tanzes werden durch die Details dieser Figuren in einer komplexen bildlichen Allegorie wiedergegeben. Die obere rechte Hand des Gottes hält eine Trommel, die den Urklang der Schöpfung symbolisiert, die obere linke hält eine Flamme, das Element der Zerstörung. Die Balance dieser beiden Hände repräsentiert das dynamische Gleichgewicht zwischen Schöpfung und Zerstörung in der Welt, weiter akzentuiert durch des Tänzers ruhiges und entrücktes Gesicht zwischen den beiden Händen, in dem die Polarität der Schöpfung und Zerstörung aufgelöst und überschritten wird. Die zweite rechte Hand ist zum Zeichen »Fürchte nicht« erhoben und symbolisiert Erhaltung, Schutz und Frieden, während die verbleibende linke Hand nach unten auf den erhobenen Fuß zeigt, symbolisch für die Erlösung vom Bann der Maya. Der Gott wird auf dem Körper eines Dämons tanzend dargestellt, einem Symbol menschlicher Unwissenheit, die überwunden werden muß, bevor die Befreiung erreicht werden kann.

Shivas Tanz ist, wie Coomaraswamy sagt, »das klarste Abbild der Aktivität Gottes, dessen sich irgendeine Kunst oder Religion rühmen kann«.[5] Da Gott das Brahman personifiziert, ist seine Aktivität die der Myriaden Manifestationen des Brahman in der Welt. Der Tanz des Shiva ist das tanzende Universum, der unaufhörliche Energiefluß, der durch eine unendliche Vielfalt von Strukturen durchgeht, die ineinander verschmelzen. Die moderne Physik hat gezeigt, daß der Rhythmus von Erzeugung und Zerstörung nicht nur im Wechsel der Jahreszeiten und in Geburt und Tod aller lebenden Geschöpfe liegt, sondern auch die eigentliche Essenz der anorganischen Materie ist. Nach der Quanten-Feldtheorie finden alle Wechselwirkungen zwischen den Bestandteilen der Materie durch die Emission und Absorption virtueller Partikel statt. Mehr als das, der Tanz von Erzeugung und Vernichtung ist die Basis der Existenz der Materie, da alle Materieteilchen durch Emission und Reabsorption von virtuellen Teilchen »mit sich selbst zusammenwirken«. Die moderne Physik hat also enthüllt, daß jedes subatomare Teilchen nicht nur einen Energietanz aufführt, sondern auch ein Energietanz *ist,* ein pulsierender Prozeß von Erschaffung und Zerstörung.

Wie in der Hindu-Mythologie ist es ein ständiger Reigen von Erschaffung und Zerstörung, an dem der ganze Kosmos beteiligt ist; er ist die Basis aller Existenz und aller Naturphänomene. Vor Hunderten von Jahren erschufen indische Künstler Bildnisse tanzender Shivas in einer Reihe von herrlichen Bronzeplastiken. In unserer Zeit benutzten Physiker die fortschrittlichste Technik, um die Strukturen des kosmischen Tanzes zu porträtieren. Die Blasenkammerfotos von zusammenwirkenden Teilchen, die den kontinuierlichen Rhythmus von Erzeugung und Vernichtung im Universum bezeugen, sind sichtbare Abbildungen vom Tanz des Shiva, die denen der indischen Künstler an Schönheit und tiefer Bedeutung gleichkommen. Die Metapher des kosmischen Tanzes vereinigt somit alte Mythologie, religiöse Kunst und moderne Physik. Dies ist in der Tat »Poesie und dennoch Wissenschaft«.

Quark-Symmetrien – ein neues Koan?

Die subatomare Welt ist von Rhythmus, Bewegung und ständiger Wandlung bestimmt. Sie ist jedoch nicht willkürlich und chaotisch, sondern hält sich an bestimmte, klare Formen. Erstens sind alle Teilchen einer Gattung völlig gleich, sie haben die genau gleiche Masse, elektrische Ladung und andere charakteristische Eigenschaften. Weiterhin tragen alle geladenen Teilchen eine elektrische Ladung, die genau (oder entgegengesetzt) der Ladung eines Elektrons entspricht, oder genau dem Doppelten dieses Betrages. Das gleiche gilt für die Größen anderer Eigenschaften, deren Werte nicht willkürlich, sondern auf eine begrenzte Anzahl beschränkt sind. Damit können wir die Teilchen in einigen wenigen bestimmten Gattungen oder »Familien« anordnen. Dies führt zu der Frage, wie diese bestimmten Strukturen in der dynamischen und ständig wechselnden Teilchenwelt entstehen.

Das Auftauchen von klaren Formen in der Struktur der Materie ist keine neue Erscheinung, sondern wurde schon in der Welt der Atome beobachtet. Wie die subatomaren Teilchen sind Atome einer Gattung völlig gleich, und die verschiedenen Atomarten der chemischen Elemente wurden im Periodensystem in verschiedenen Gruppen angeordnet. Diese Klassifikation verstehen wir jetzt gut, sie beruht auf der Anzahl der Protonen und Neutronen im Atomkern und auf der Verteilung der Elektronen in den sphärischen Bahnen oder »Schalen« um die Atomkerne. Die Wellennatur der Elektronen beschränkt den gegenseitigen Abstand ihrer Bahnen und den Betrag an Rotation, den ein Elektron in einer gegebenen Bahn haben kann, auf wenige bestimmte Werte, die den bestimmten Schwingungen der Elektronenwellen entsprechen. Folglich entstehen in den Atomstrukturen ganz bestimmte Muster, die durch einen Satz von »Quantenzahlen« charakterisiert werden und die

Schwingungsformen der Elektronenwellen in ihren Orbitalen wiedergeben. Diese Schwingungen bestimmen die »Quantenzustände« eines Atoms und stellen sicher, daß zwei Atome völlig gleich sind, wenn sie sich beide in ihrem »Grundzustand« oder im gleichen »Erregungszustand« befinden.

Die Strukturen der Teilchen zeigen große Ähnlichkeiten mit denen der Atome, z. B. rotieren die meisten Partikel wie ein Kreisel um eine Achse. Ihr innerer Drall (meist mit dem englischen Wort »Spin« bezeichnet) ist auf feste Werte beschränkt, die ganze Vielfache einer Grundeinheit sind. So können die Baryonen nur Spins von $1/2$, $3/2$, $5/2$ etc. haben, während die Mesonen Spins von 0, 1, 2 etc. aufweisen. Dies erinnert stark an die Rotationsgrößen der Elektronen in ihren Bahnen, die auch auf ganz bestimmte, durch ganze Zahlen gekennzeichnete Werte beschränkt sind.

Die Analogie zu den atomaren Strukturen wird durch die Tatsache weiter verstärkt, daß alle intensiv wechselwirkenden Teilchen oder Hadronen in Folgen zusammengefaßt werden, deren Glieder gleiche Eigenschaften aufweisen, von Masse und Spin abgesehen. Die höheren Glieder dieser Folgen sind extrem kurzlebige Teilchen, die man »Resonanzen« nennt und die im letzten Jahrzehnt in großer Anzahl entdeckt wurden. Die Massen und Spins der Resonanzen steigen auf festgelegte Art innerhalb jeder Folge, die sich alle ins Unendliche zu erstrecken scheinen. Diese Regelmäßigkeiten deuten auf eine Analogie zu den Erzeugungszuständen der Atome und führten die Physiker zu der Ansicht, daß die höheren Glieder der Hadronen-Folge keine anderen Teilchen, sondern nur angeregte Zustände der Glieder mit den niedrigsten Massen sind. Wie ein Atom kann damit ein Hadron in verschiedenen kurzlebigen Erregungszuständen existieren, die durch größere Beträge an Rotation (oder Spin) und Energie (oder Masse) charakterisiert sind.

Die Ähnlichkeiten zwischen den Quantenzuständen der Atome und der Hadronen deuten an, daß Hadronen ebenfalls zusammengesetzte Objekte mit inneren Strukturen sind, die »erregt« werden können, d. h. sie können Energie absorbieren, um eine Vielfalt von Strukturen zu bilden. Zur Zeit verstehen wir jedoch noch nicht, wie diese Strukturen gebildet werden. In der Atomphysik können sie aus den Eigenschaften und gegenseitigen Wechselwirkungen der Atombausteine (Proton, Neutron und Elektron) erklärt werden, aber in der Teilchenphysik ist eine solche Erklärung noch nicht möglich. Die in der Teilchenwelt gefundenen Strukturen wurden rein empirisch bestimmt und klassifiziert und können noch nicht aus Einzelheiten der Teilchenstruktur abgeleitet werden.

Die wesentliche Schwierigkeit, der die Teilchenphysiker gegenüberstehen, liegt darin, daß der Begriff von zusammengesetzten Objekten, die aus einem bestimmten Satz von »Bestandteilen« bestehen, auf subatomare Teilchen nicht anwendbar ist. Die einzige Möglichkeit, die »Bestandteile« dieser Teilchen zu finden, ist, sie zu zerbrechen, indem man sie in Kollisionsprozessen mit hoher Energie zusammenknallen läßt. Die daraus resultierenden Bruchstücke sind jedoch nie »kleinere Teile« des ursprünglichen Teilchens. Z. B. können zwei Protonen beim Zusammenstoß mit hohen Geschwindigkeiten in eine Vielfalt von Bruchstücken zerfallen, darunter finden sich jedoch niemals »Bruchstücke eines Protons«. Die Bruchstücke sind immer vollständige Hadrone, die sich aus den kinetischen Energien und Massen der kollidierenden Protonen gebildet haben. Die Zerlegung eines Partikels in seine Bestandteile ist also keineswegs eindeutig, da sie von den am Kollisionsprozeß beteiligten Energien abhängt. Wir haben es hier mit einer relativistischen Situation zu tun, wo Energiestrukturen aufgelöst und neu angeordnet werden, und die statischen Begriffe von zusammengesetzten Objekten und Bestandteilen sind auf diese Strukturen nicht anwendbar. Die »Struktur« eines subatomaren Teilchens kann nur in einem dynamischen Sinn verstanden werden: als Prozesse und Wechselwirkungen.

Wie Teilchen in Kollisionsprozessen zu Bruchstücken zerfallen, ist durch bestimmte Regeln festgelegt, und da die Bruchstücke wieder Teilchen der gleichen Art sind, können diese Regeln auch für die Beschreibung der Regelmäßigkeiten benutzt werden, die man in der Teilchenwelt beobachten kann. In den sechziger Jahren, als die meisten der heute bekannten Teilchen entdeckt wurden und »Teilchenfamilien« auftauchten, beschäftigten die meisten Physiker sich damit, diese Regelmäßigkeiten aufzuzeichnen, und weniger mit dem mühsamen Problem, die dynamischen Ursachen der Teilchenstrukturen zu ergründen. Und damit waren sie sehr erfolgreich.

Der Begriff der Symmetrie spielte bei diesen Forschungen eine große Rolle. Die Physiker verallgemeinerten ihn und gaben ihm eine abstraktere Bedeutung, und dadurch wurde er für sie zu einem brauchbaren Werkzeug, das sich bei der Klassifizierung der Teilchen als äußerst nützlich erwies. Im täglichen Leben ist das Spiegelbild der gewöhnlichste Fall von Symmetrie. Eine Figur ist symmetrisch, wenn man durch sie eine Gerade ziehen kann und zwei spiegelbildlich gleiche Teile erhält.

Höhere Grade von Symmetrie zeigen Bilder, die mehrere »Symmetrieachsen« besitzen wie das folgende Bild aus dem buddhistischen Symbolismus:

Reflexion ist jedoch nicht der einzige mit Symmetrie zusammenhängende Vorgang. Eine Figur wird auch dann symmetrisch genannt, wenn sie nach Drehung um einen bestimmten Winkel gleich aussieht. Zum Beispiel beruht die Form des chinesischen Yin-Yang-Diagramms auf dieser »Rotationssymmetrie«.

In der Teilchenphysik sind Symmetrien außer mit Reflexionen und Rotationen noch mit vielen anderen Verfahren assoziiert, und diese können nicht nur im gewöhnlichen Raum (und in der Zeit), sondern auch in abstrakten mathematischen Räumen stattfinden. Sie werden auf Teilchen oder Gruppen von Teilchen angewandt, und da die Eigenschaften von Teilchen untrennbar mit ihren gegenseitigen Wechselwirkungen verbunden sind, gelten die Symmetrien auch für die Wechselwirkungen, d. h. für die Prozesse, an denen die Teilchen teilnehmen. Diese Symmetrien sind deshalb so nützlich, weil sie in enger Beziehung zu den »Gesetzen der Erhaltung« stehen. Weist ein Prozeß im Bereich der Teilchen eine gewisse Symmetrie auf, so gibt es eine meßbare Größe, die erhalten bleibt, d. h. eine Größe, die während des ganzen Prozesses konstant bleibt. Diese Größen liefern konstante Elemente im komplexen Reigen der subatomaren Materie und eignen sich damit ideal zur Beschreibung von Teilchen-Wechselwirkungen. Manche Größen bleiben durch alle Wechselwirkungen erhalten, andere nur durch einige, so daß jeder Prozeß mit einem Satz erhaltener Größen assoziiert ist. Somit erscheinen die Symmetrien in den Eigenschaften der Teilchen als Erhaltungsgesetze bei deren Wechselwirkungen. Im Sprachgebrauch der Physiker sind die beiden Begriffe austauschbar. Manchmal beziehen sie sich auf die Symmetrie eines Prozesses, manchmal auf das entsprechende Erhaltungsgesetz, je nachdem, was jeweils nützlicher ist.

Es gibt vier grundlegende Erhaltungsgesetze, die in allen Prozessen beobachtet werden. Drei davon hängen mit einfachen Symmetriebedingungen im gewöhnlichen Raum und in der gewöhnlichen Zeit zusammen. Alle Teilchen-Wechselwirkungen sind in bezug auf ihre Anordnung im Raum symmetrisch – sie sehen genau gleich aus, ob sie in London oder New York stattfinden. Sie sind auch in bezug auf die zeitliche Anordnung symmetrisch, was bedeutet, daß sie an einem Montag genauso auftreten wie an einem Mittwoch. Die erste dieser Symmetrien hängt mit der Erhaltung des Impulses zusammen, die zweite mit der Erhaltung der Energie. Das bedeutet, daß der gesamte Impuls aller an einer Wechselwirkung beteiligten Teilchen und ihre gesamte Energie (einschließlich aller ihrer Massen) vor und nach der Wechselwirkung genau die gleiche ist. Die dritte Grundsymmetrie bezieht sich auf die Orientierung im Raum. Zum Beispiel macht es bei einer Teilchenkollision nichts aus, ob sich die zusammenstoßenden Teilchen entlang einer Nord-Süd- oder einer Ost-West-Achse einander nähern. Als Folge dieser Symmetrie bleibt der Gesamtbetrag an Rotation (einschließlich der Spins der einzelnen Partikel) in einem Prozeß immer erhalten. Schließlich gibt es noch die Erhaltung der elektrischen Ladung. Sie hängt mit einer komplizierteren Symmetriebedingung zusammen, aber ihre Formulierung als Erhaltungsgesetz ist sehr einfach: Die Gesamtladung aller an einer Wechselwirkung beteiligten Teilchen bleibt konstant. Es gibt noch einige weitere Erhaltungsgesetze, die Symmetriebedingungen in abstrakten mathematischen Räumen entsprechen ähnlich wie bei der Erhaltung der Ladung. Einige von ihnen gelten, soviel wir wissen, für alle Wechselwirkungen, andere nur für einige von ihnen (z. B. nur für starke und elektromagnetische Wechselwirkungen, aber nicht für schwache Wechselwirkungen). Die entsprechenden erhaltenen Größen können als »abstrakte Ladungen« der Partikel betrachtet werden. Da sie immer ganzzahlige Werte (± 1, ± 2, etc.) oder halbzahlige Werte ($\pm 1/2$, $\pm 3/2$, $\pm 5/2$ etc.) aufweisen, nennt man sie Quantenzahlen, in Analogie zu den Quantenzahlen in der Atomphysik. Jedes Teilchen ist dann durch einen Satz von Quantenzahlen charakterisiert, der zusammen mit der Teilchenmasse seine Eigenschaften vollständig bestimmt.

Hadronen z. B. haben feste Werte von »Isospin« und »Hyperladung«, zwei Quantenzahlen, die in allen starken Wechselwirkungen erhalten bleiben. Wenn die acht Mesonen aus der Tabelle im vorigen Kapitel entsprechend den Werten dieser zwei Quantenzahlen angeordnet werden, bilden sie eine saubere hexagonale Struktur, das sogenannte »Mesonen-Oktett«. Diese Anordnung zeigt beachtliche Symmetrie, z. B. besetzen Teilchen und Antiteilchen im Sechseck gegenüberliegende Plätze; die beiden Partikel im Zentrum sind ihre eigenen Antiteilchen.

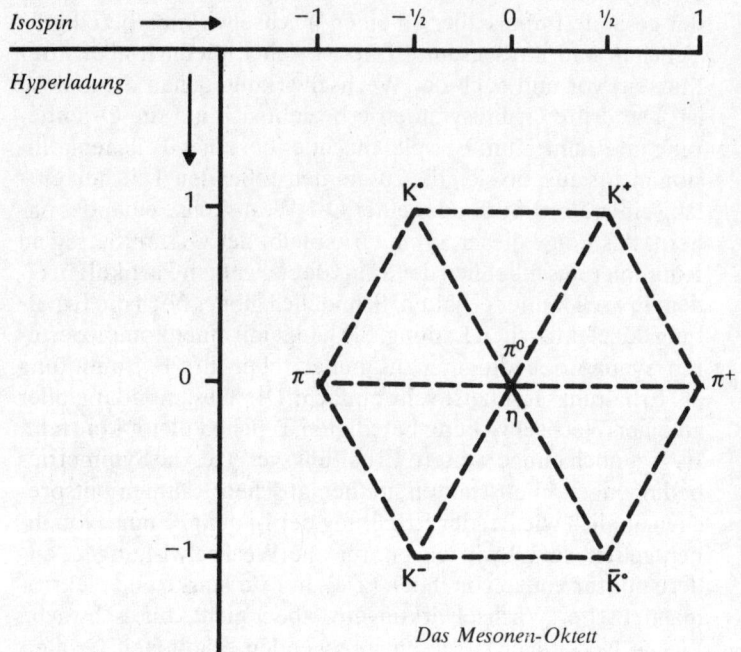

Das Mesonen-Oktett

252

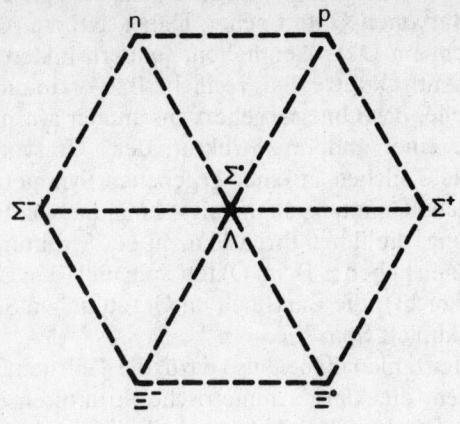

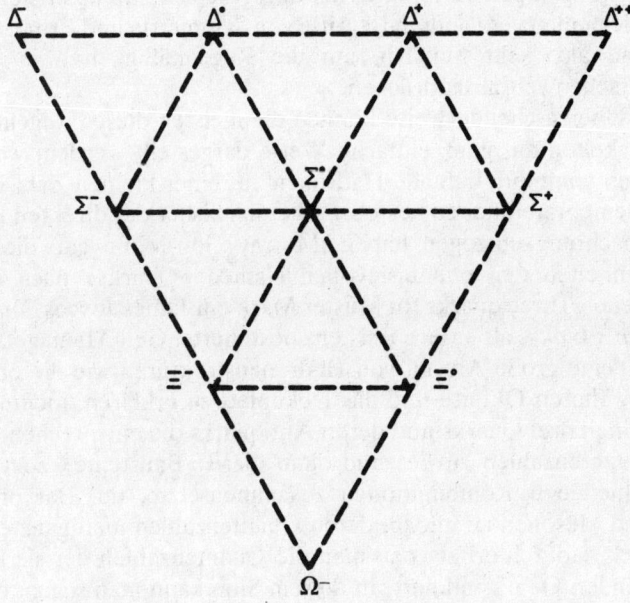

Das Baryonen-Oktett – Das Baryonen-Dekuplett

Die acht leichtesten Baryonen bilden genau das gleiche Muster, das man Baryonen-Oktett nennt. Dabei sind die Antiteilchen jedoch nicht im Oktett enthalten, sondern bilden ein genau gleiches »Anti-Oktett«. Das restliche Baryon in unserer Teilchen-Tabelle, das Omega, gehört zusammen mit neun Resonanzen zu einer anderen Struktur, dem »Baryonen-Dekuplett«. Alle Teilchen in einer gegebenen Symmetriestruktur haben gleiche Quantenzahlen, mit Ausnahme von Isospin und Hyperladung, die ihnen ihren Platz in der Struktur zuweisen. Alle Mesonen haben z. B. im Oktett Spin null (d. h. sie rotieren überhaupt nicht); die Baryonen im Oktett haben Spin $1/2$ und die im Dekuplett Spin $3/2$.

Die Quantenzahlen dienen also dazu, die Teilchen in Familien einzuordnen, die klare symmetrische Strukturen bilden, die Plätze der einzelnen Partikel innerhalb der Strukturen festzulegen und gleichzeitig die verschiedenen Teilchen-Wechselwirkungen gemäß ihren Erhaltungsgesetzen zu klassifizieren. Die beiden verwandten Begriffe von Symmetrie und Erhaltung sind also sehr nützlich, um die Regelmäßigkeiten in der Teilchenwelt auszudrücken.

Überraschenderweise können die meisten dieser Regelmäßigkeiten auf ganz einfache Weise dargestellt werden, wenn man annimmt, daß alle Hadronen aus einer kleinen Zahl von Elementareinheiten bestehen, die sich bisher der direkten Beobachtung entzogen haben. Murray Gell-Mann gab diesen Einheiten den phantasievollen Namen »Quarks« nach der Zeile »Three quarks for Muster Mark« in James Joyces *Finnegan's Wake,* als er ihre Existenz postulierte. Gell-Mann gelang es, eine große Anzahl von Hadronenstrukturen wie die oben erwähnten Oktette und das Dekuplett zu erklären, indem er seinen drei Quarks und deren Antiquarks die entsprechenden Quantenzahlen zuwies und dann diese »Bausteine« zu verschiedenen Kombinationen zusammensetzte, um Baryonen und Mesonen zu bilden, deren Quantenzahlen man ganz einfach dadurch erhält, daß man die Quantenzahlen der sie bildenden Quarks addiert. In diesem Sinn kann man sagen, daß Baryonen aus drei Quarks »bestehen«, ihre Antiteilchen aus den entsprechenden Antiquarks und Mesonen aus einem Quark plus einem Antiquark.

254

Die Einfachheit und Wirksamkeit dieses Modells ist verblüffend, aber es führt zu großen Schwierigkeiten, wenn man die Quarks ernsthaft als tatsächliche physikalische Bestandteile von Hadronen auffaßt. Bisher wurden noch keine Hadronen in die sie bildenden Quarks aufgespalten, obwohl sie mit den höchsten zur Verfügung stehenden Energien bombardiert wurden, was bedeutet, daß Quarks von extrem starken Bindungskräften zusammengehalten werden müßten. Nach unserem gegenwärtigen Verständnis von Teilchen und ihren Wechselwirkungen müssen andere Teilchen mitbeteiligt sein, und die Quarks müssen folglich irgendeine Art von Struktur aufweisen, genau wie alle anderen wechselwirkenden Teilchen. Das Wesentliche am Quark-Modell sind jedoch seine punktförmigen und strukturlosen Elemente. Aufgrund dieser fundamentalen Schwierigkeit war es bisher nicht möglich, das Quark-Modell auf konsistente Weise dynamisch zu formulieren, um den Symmetrien und den Bindungskräften Rechnung zu tragen.

Im vergangenen Jahrzehnt fand mittels Experimenten eine heftige, aber bisher erfolglose »Jagd nach dem Quark« statt. Wenn einzelne Quarks existierten, müßten sie stark auffallen, da sie nach dem Gell-Mann-Modell eine Reihe von sehr ungewöhnlichen Eigenschaften aufweisen müssen wie elektrische Ladungen von $1/3$ und $2/3$ der Elektronenladung, die in der Teilchenwelt gar nicht auftreten. Trotz intensivster Suche wurden Teilchen mit solchen Eigenschaften bisher nicht beobachtet. Das ständige Mißlingen ihrer experimentellen Entdeckung und die erheblichen theoretischen Widersprüche zu ihrer Existenz lassen die Realität von Quarks äußerst zweifelhaft erscheinen.

Andererseits bleibt das Quark-Modell bei der Beschreibung der Regelmäßigkeiten der Teilchenwelt sehr erfolgreich, obwohl es nicht mehr in seiner ursprünglichen einfachen Form benutzt wird. In Gell-Manns ursprünglichem Modell konnten alle Hadronen aus drei Arten von Quarks und deren Antiquarks gebildet werden, aber mittlerweile mußten die Physiker zusätzliche Quarks postulieren, um der großen Vielfalt von Hadronenstrukturen Rechnung zu tragen. Die drei ursprünglichen Quarks wurden ziemlich willkürlich mit u, d und s für »up« (auf), »*down*« (ab) und »*strange*« (fremd) benannt. Das Modell, das aus der detaillierten Anwendung der Quark-Hypothese auf die Gesamtheit der Teilchendaten entstand, wurde zunächst durch die Forderung erweitert, jedes Quark müsse in drei verschiedenen Varianten oder »Farben« vertreten sein. Die Verwendung des Begriffs »Farbe« ist natürlich ganz willkürlich und hat nichts mit der ursprünglichen Bedeutung des Wortes zu tun. Nach dem farbigen Quarkmodell bestehen Baryonen aus drei Quarks verschiedener Farbe, während Mesonen aus einem Quark plus einem Anti-Quark derselben Farbe bestehen.

Die Einführung von Farben ließ die Gesamtzahl der Quarks auf neun anwachsen. Und in jüngster Zeit wurde ein weiteres, ebenfalls in drei Farben existierendes Quark postuliert. Physiker neigen stets zu phantasievollen Benennungen und benannten dieses Quark mit *c* für »*charm*«. Das brachte die Gesamtzahl der Quarks auf zwölf – vier Arten, deren jede in drei Farben auftritt. Um diese unterschiedlichen Arten von Quarks von den verschiedenen Farben zu unterscheiden, führten die Physiker bald noch den Ausdruck »*flavour*« (Geschmack) ein, und jetzt sprechen sie von Quarks unterschiedlicher Farben und Flavours.

Die große Zahl von Gesetzmäßigkeiten, die mit Hilfe dieser zwölf Quarks beschrieben werden kann, ist in der Tat eindrucksvoll.* Zweifellos weisen Hadronen »Quark-Symmetrien« auf. Obwohl unser gegenwärtiges Verständnis von Teilchen und ihren Wechselwirkungen die Existenz physikalischer Quarks ausschließt, verhalten Hadronen sich oft, als bestünden sie aus punktförmigen Elementarbausteinen. Die paradoxe Situation des Quarkmodells erinnert stark an die frühen Tage der Kernphysik, als ebenso verblüffende Paradoxa den Physikern einen gewaltigen Durchbruch in ihrem Verständnis der subatomaren Teilchen ermöglichten. Wie wir in den folgenden Kapiteln sehen werden, steht dieser Durchbruch jetzt bevor. Eine Handvoll Physiker steht an der Schwelle der Lösung des Quark-*Koan* und haben aufregende neue Gedanken über die Natur der physikalischen Realität entwickelt.

---

* Siehe S. 315 ff., wo die neueren Entwicklungen des Quarkmodells erörtert werden.

Die Entdeckung symmetrischer Muster auf der Ebene der Teilchen ließ viele Physiker glauben, daß diese Strukturen die Grundgesetze der Natur wiedergeben. Während der vergangenen fünfzehn Jahre wurde viel Mühe auf die Suche nach einer letzten »fundamentalen Symmetrie« aufgewendet, die alle bekannten Teilchen umfaßt und so die Struktur der Materie »erklärt«. Dieses Ziel gibt eine philosophische Haltung wieder, die von den alten Griechen übernommen und durch viele Jahrhunderte kultiviert wurde. Symmetrie, zusammen mit Geometrie, spielte in der griechischen Wissenschaft, Philosophie und Kunst eine wichtige Rolle; sie wurden mit Schönheit, Harmonie und Vollkommenheit gleichgesetzt. So betrachteten die Pythagoräer symmetrische Zahlenanordnungen als das Wesen aller Dinge. Plato glaubte, daß die Atome der vier Elemente die Form von regelmäßigen festen Körpern hätten, und die meisten griechischen Astronomen glaubten, daß die Himmelskörper sich in Kreisen bewegten, weil der Kreis die geometrische Figur mit dem höchsten Grad von Symmetrie ist.

Die Einstellung der östlichen Philosophen zur Symmetrie steht in auffallendem Gegensatz zu der der alten Griechen. Mystische Traditionen im Fernen Osten benutzen symmetrische Strukturen häufig als Symbole oder als Meditationshilfen, aber der Begriff der Symmetrie spielt in ihrer Philosophie anscheinend keine größere Rolle. Wie die Geometrie wird Symmetrie als eine Konstruktion des Verstandes betrachtet und nicht als eine Eigenschaft der Natur, und somit ist sie nicht von fundamentaler Bedeutung. So haben viele östliche Kunstformen eine auffallende Vorliebe für Asymmetrie und vermeiden oft alle regelmäßigen oder geometrischen Formen. Die vom Zen inspirierten Bilder Chinas und Japans, oft im sogenannten »Stil der einen Ecke« ausgeführt, oder die unregelmäßige Anordnung der Steinplatten in japanischen Gärten verdeutlichen diesen Aspekt der fernöstlichen Kultur.

Es scheint also, daß die Suche nach fundamentalen Symmetrien in der Teilchenwelt zu unserem hellenischen Erbe gehört, das mit der allgemeinen Weltanschauung, die sich aus der modernen Wissenschaft zu kristallisieren beginnt, irgendwie unvereinbar ist. Die Betonung der Symmetrie ist jedoch nicht der einzige Aspekt der Teilchenphysik. Im Gegensatz zur statischen Symmetrie gab es immer eine dynamische Richtung des Denkens, die die Teilchenstrukturen nicht als fundamentale Züge der Natur betrachtet, sondern sie als Folge der dynamischen Natur und der grundsätzlichen Zusammenhänge der subatomaren Welt zu verstehen versucht. Die letzten beiden Kapitel zeigen, wie diese Richtung im vergangenen Jahrzehnt eine radikal andere Ansicht von Symmetrien und Naturgesetzen entstehen ließ, die sowohl mit der bisher beschriebenen Weltanschauung der modernen Physik harmoniert als auch mit der östlichen Philosophie übereinstimmt.

Die Darstellung der Teilchensymmetrien in einem dynamischen Modell, das die Wechselwirkungen zwischen den Teilchen beschreibt, ist eine der größten Herausforderungen der heutigen Physik. Das Problem besteht letztlich darin, wie die Quantentheorie und die Relativitätstheorie gleichzeitig herangezogen werden können. Die Strukturen der Teilchen scheinen ihre »Quanten-Natur« widerzuspiegeln, da ähnliche Strukturen bei den Atomen auftreten. In der Teilchenphysik können sie jedoch nicht als Wellenformen im Rahmen der Quantentheorie aufgefaßt werden, da die beteiligten Energien so groß sind, daß die Relativitätstheorie angewendet werden muß. Daher kann man nur von einer »quanten-relativistischen« Theorie der Teilchen erwarten, daß sie die beobachteten Symmetrien erklärt. Die Quanten-Feldtheorie war das erste Modell dieser Art. Sie gab eine ausgezeichnete Beschreibung der elektromagnetischen Wechselwirkungen zwischen Elektronen und Photonen, ist für die Beschreibung von stark wechselwirkenden Teilchen aber weit weniger geeignet.* Als immer mehr dieser Teilchen entdeckt wurden, stellte es sich bald als höchst unbefriedigend heraus, jedes von ihnen mit einem Grundfeld zu assoziieren. Da die Welt der Teilchen sich als ein immer komplexeres Gewebe von zusammenhängenden Prozessen erwies, mußten die Physiker nach anderen Modellen Ausschau halten, um diese dynamische und ständig wechselnde Realität wiederzugeben. Benötigt wurde ein mathematisches Formelsystem, das die große Vielfalt von Hadronenstrukturen dynamisch beschreiben könnte: ihre dauernde Umwandlung ineinander, ihre gegenseitige Wechselwirkung durch den Austausch anderer Teilchen, die Bildung von »gebundenen Zuständen« von zwei oder mehr Hadronen und ihr Zerfall zu verschiedenen Teilchenkombinationen. All diese Prozesse, die oft ganz allgemein

* S. S. 314 ff.

»Teilchenreaktionen« genannt werden, sind wesentliche Züge der starken Wechselwirkungen und müssen in einem quantenrelativistischen Modell der Hadronen berücksichtigt werden.

Der Rahmen, der für die Beschreibungen von Hadronen und ihren Wechselwirkungen am geeignetsten scheint, heißt »S-Matrix-Theorie«. Ihr Schlüsselbegriff, die S-Matrix, war ursprünglich 1943 von Heisenberg vorgeschlagen worden und wurde in den letzten zwei Jahrzehnten zu einer komplexen mathematischen Struktur ausgebaut, die für die Beschreibung der starken Wechselwirkungen ideal erscheint. Die S-Matrix versammelt die Wahrscheinlichkeiten für alle möglichen Reaktionen mit Hadronen. Ihr Name stammt daher, daß man sich die Gesamtzahl der möglichen Hadronenreaktionen in einer endlosen Anordnung vorstellen kann, die die Mathematiker Matrix nennen. Der Buchstabe S ist ein Überbleibsel des ursprünglichen Namens »Streuungs-Matrix«, der sich auf die Kollisions- oder Streuungsprozesse, die Mehrheit der Teilchenreaktionen, bezieht.

In der Praxis ist man natürlich nicht an der ganzen Kollektion von Hadronenprozessen interessiert, sondern immer an einigen wenigen bestimmten Reaktionen. Daher hat man es nie mit der ganzen S-Matrix zu tun, sondern nur mit Teilen von ihr oder »Elementen«, die sich auf einen bestimmten Prozeß beziehen. Diese werden symbolisch durch Diagramme dargestellt. Das nachstehende Diagramm zeigt eine der einfachsten und allgemeinsten Teilchenreaktionen: Zwei Teilchen, A und B, kollidieren und gehen als zwei neue Teilchen, C und D, aus der Kollision hervor.

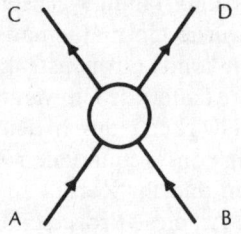

An komplizierteren Prozessen ist eine größere Anzahl von Teilchen beteiligt. Sie werden in Diagrammen wie in den folgenden dargestellt.

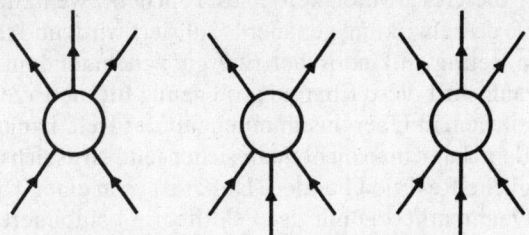

Diese S-Matrix-Diagramme sind etwas ganz anderes als die Feynman-Diagramme der Feldtheorie. Sie zeigen den detaillierten Mechanismus der Reaktion nicht, sondern geben nur die einlaufenden und die auslaufenden Teilchen an. Zum Beispiel kann der Standard-Prozeß A und B = C und D in der Feldtheorie als Austausch eines virtuellen Teilchens dargestellt werden, während man in der S-Matrix-Theorie einfach Kreise zeichnet, ohne genau festzulegen, was darin geschieht. Außerdem sind die S-Matrix-Diagramme keine Raum-Zeit-Diagramme, sondern allgemeinere symbolische Darstellungen von Teilchenreaktionen. Diese Reaktionen werden nicht einem bestimmten Punkt in Raum und Zeit zugeordnet, sondern in Begriffen der Geschwindigkeiten (oder, genauer, der Impulse) der einlaufenden und auslaufenden Teilchen beschrieben.

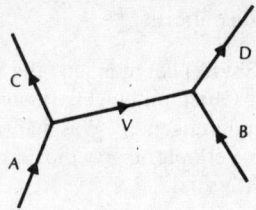

Das heißt natürlich, daß ein S-Matrix-Diagramm weit weniger Information enthält als ein Feynman-Diagramm. Andererseits vermeidet die S-Matrix-Theorie eine Schwierigkeit, die für die Feldtheorie charakteristisch ist. Die kombinierten Effekte von

261

Quanten- und Feldtheorie machen es unmöglich, eine Wechselwirkung zwischen definitiven Teilchen präzise zu lokalisieren. Aufgrund des Unsicherheitsprinzips steigt die Unsicherheit über die Geschwindigkeit eines Teilchens, wenn das Gebiet der Wechselwirkung genauer lokalisiert wird, und folglich wird sein Betrag an kinetischer Energie zunehmend unsicher. Irgendwann wird diese Energie groß genug für die Erzeugung neuer Teilchen, in Übereinstimmung mit der Relativitätstheorie, und dann kann man nicht mehr sicher sein, ob es sich um die ursprüngliche Reaktion handelt. Daher ist es in einer Theorie, die die Quantentheorie mit der Feldtheorie kombiniert, nicht möglich, den Ort eines individuellen Teilchens genau anzugeben. Falls dies wie in der Feldtheorie getan wird, kommt man an mathematische Widersprüche, die in der Tat das Hauptproblem aller Quanten-Feldtheorien darstellen. Die S-Matrix-Theorie umgeht dieses Problem, indem sie die Impulse der Partikel angibt, über das Gebiet aber, in dem die Reaktion stattfindet, nur vage Aussagen macht.

Das Wichtige an der S-Matrix-Theorie ist, daß nicht mehr Objekte, sondern Ereignisse betont werden, nicht mehr die Teilchen, sondern ihre Reaktionen. Beide, Quantentheorie und Relativitätstheorie, benötigen diese Verlagerung. Einerseits stellte die Quantentheorie klar, daß subatomare Teilchen nur als Manifestationen der Wechselwirkung zwischen verschiedenen Meßverfahren zu verstehen sind. Es ist eine Erscheinung oder ein Ereignis, weniger ein isoliertes Objekt, das andere Ereignisse auf unbestimmte Art miteinander verbindet. Mit den Worten Heisenbergs:

> (In der modernen Physik) hat man jetzt die Welt nicht in verschiedene Gruppen von Objekten eingeteilt, sondern in verschiedene Gruppen von Verknüpfungen ... Was man wirklich unterscheiden kann, ist die Art der Verknüpfungen, die für gewisse Erscheinungen in erster Linie wichtig sind.[1]

Andererseits zwang uns die Relativitätstheorie, Teilchen in Raum-Zeit-Begriffen zu erfassen: als vierdimensionale Strukturen, als Prozesse, weniger als Objekte. Der S-Matrix-Formalismus kombiniert diese beiden Ansichten. Unter Benutzung des vierdimensionalen mathematischen Formelsystems der Re-

lativitätstheorie werden alle Eigenschaften der Hadronen ausgedrückt durch Reaktionen (oder, genauer, durch Reaktionswahrscheinlichkeiten), und es stellt so eine enge Verbindung
zwischen Teilchen und Prozessen her. Jede Reaktion beteiligt
Teilchen, die sie mit anderen Reaktionen verbindet und so ein
ganzes Netzwerk von Prozessen aufbaut.

Z. B. kann ein Neutron an zwei aufeinanderfolgenden Reaktionen teilnehmen, an denen verschiedene Teilchen beteiligt
sind: an der ersten etwa ein Proton und ein π^+, an der zweiten
ein Σ^- und ein K^+. Das Neutron verbindet so diese beiden
Reaktionen und integriert sie in einen größeren Prozeß (s. folgendes Diagramm a). Jedes der in diesen Prozeß einlaufenden
und auslaufenden Teilchen ist an anderen Reaktionen beteiligt;
so kann das Proton zum Beispiel aus einer Wechselwirkung
zwischen einem K^+ und einem Λ entstehen; das K^+ in der ursprünglichen Reaktion kann an ein K^- und ein π° gekoppelt
sein, das π^- an drei weitere Pionen (s. folgendes Diagramm b).

Das ursprüngliche Neutron ist somit ein Teil eines ganzen
Netzwerks von Wechselwirkungen, die alle von der S-Matrix

(a)

(b)

263

beschrieben werden. Die Verknüpfungen in einem solchen Netzwerk sind allerdings nur als Wahrscheinlichkeiten zu beschreiben. Jede Reaktion tritt mit einer gewissen Wahrscheinlichkeit auf, die von der verfügbaren Energie und den charakteristischen Merkmalen der Reaktion abhängt, und diese Wahrscheinlichkeiten sind durch die verschiedenen Elemente der S-Matrix gegeben.

Dieses Verfahren erlaubt, die Struktur eines Hadrons auf dynamische Art zu definieren. Zum Beispiel kann das Neutron in unserem Netzwerk als »gebundener Zustand« des Protons und des π^-, aus denen es entsteht, gesehen werden, und ebenso als gebundener Zustand des Σ^- und des K^+, in die es zerfällt. Beide dieser Hadronen-Kombinationen und viele andere mehr können ein Neutron bilden, und folglich kann man sagen, daß sie

Bestandteile der »Struktur« des Neutrons sind. Die Struktur eines Hadrons ist daher nicht als definitive Anordnung von Bestandteilen aufzufassen, sondern ist durch alle Gruppen von Teilchen gegeben, die miteinander wechselwirken können, um das betrachtete Hadron zu bilden. Somit existiert ein Proton potenziell als ein Neutron-Pion-Paar, als Kaon-Lambda-Paar und so weiter. Das Proton kann auch in jede dieser Teilchenkombinationen zerfallen, sofern genug Energie verfügbar ist. Die Tendenzen eines Hadrons, in verschiedenen Manifestationen zu existieren, werden durch die Wahrscheinlichkeiten für die entsprechenden Reaktionen ausgedrückt, die alle als Aspekte der inneren Struktur des Hadrons angesehen werden können.

Mit der Definition der Struktur eines Hadrons als Tendenz, verschiedene Reaktionen zu durchlaufen, gibt die S-Matrix-Theorie dem Begriff »Struktur« einen dynamischen Inhalt. Gleichzeitig stimmt diese Auffassung von der Struktur mit den experimentellen Fakten völlig überein. Wenn Hadronen in Hochenergie-Kollisionsexperimenten aufgespalten werden, zerfallen sie in Kombinationen von anderen Hadronen. Somit kann man sagen, daß sie potenziell aus diesen Hadronenkombinationen »bestehen«. Jedes aus solch einer Kombination hervorgehende Teilchen durchläuft auch wieder verschiedene Reaktionen und erzeugt so ein ganzes Netzwerk von Vorgängen, das in der Nebelkammer fotografiert werden kann. Das folgende Bild und die Bilder in Kapitel 15 sind Beispiele solcher Netzwerke von Reaktionen.

Obwohl es vom Zufall abhängt, welches Netzwerk bei einem bestimmten Experiment entsteht, ist jedes dennoch nach festen Regeln aufgebaut, nämlich nach den schon erwähnten Erhaltungsgesetzen. Es können nur die Reaktionen auftreten, in denen ein klar definierter Satz von Quantenzahlen erhalten bleibt. Zuerst einmal muß die Gesamtenergie in jeder Reaktion konstant bleiben. Das bedeutet, daß eine bestimmte Kombination von Teilchen nur dann aus einer Reaktion hervorgehen kann, wenn die eingebrachte Energie zur Erzeugung der erforderlichen Massen ausreicht. Ferner muß die entstehende Gruppe von Teilchen zusammen dieselben Quantenzahlen aufweisen, die von den ursprünglichen Teilchen in die Reaktion

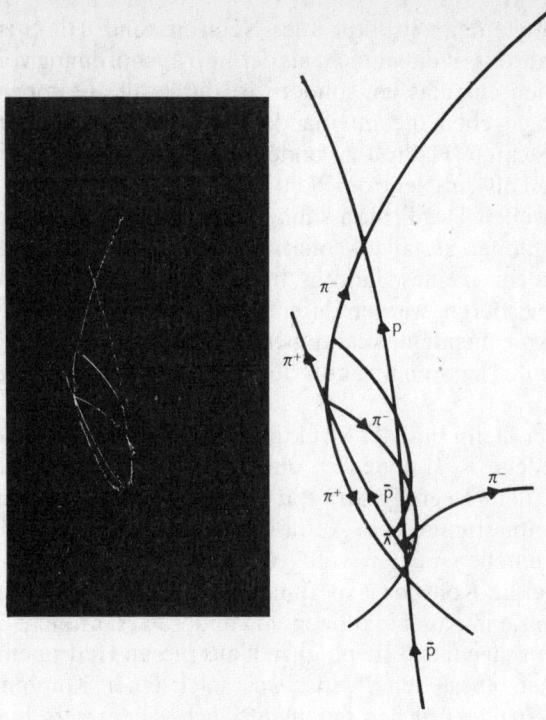

Ein Netz von Reaktionen mit Protonen, Antiprotonen, einem Lambda-Anti-lambda-Paar und mehreren Pionen

eingebracht wurden. Z. B. können ein Proton und ein π^-, deren elektrische Gesamtladung Null beträgt, in einer Kollision aufgelöst werden und zu einem Neutron und einem π° umgewandelt daraus hervorgehen, nicht jedoch als ein Neutron und ein π^+, da dieses Paar die Gesamtladung $+1$ tragen würde.

Die Hadronenreaktionen stellen also einen Fluß von Energie dar, in dem Partikel erzeugt und aufgelöst werden, aber die Energie kann nur durch bestimmte »Kanäle« fließen, die durch die Quantenzahlen, die bei den starken Wechselwirkungen erhalten bleiben, charakterisiert werden. In der S-Matrix-Theorie ist der Begriff eines Reaktionskanals fundamentaler als der eines Teilchens. Er ist als ein Satz von Quantenzahlen definiert, der von verschiedenen Hadronenkombinationen getragen werden kann, oft auch von einem einzelnen Hadron. Welche Kombinationen durch einen bestimmten Kanal fließen, untersteht der Wahrscheinlichkeit, hängt jedoch in erster Linie von der verfügbaren Energie ab. Das folgende Diagramm zeigt das Beispiel einer Wechselwirkung zwischen einem Proton und einem π^-, in dem als Zwischenzustand ein Neutron gebildet wird.

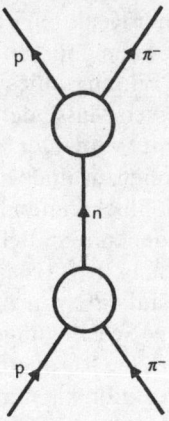

Somit besteht der Reaktionskanal zuerst aus zwei Hadronen, dann aus einem einzelnen Hadron, und zum Schluß aus dem ursprünglichen Hadronenpaar. Ist mehr Energie verfügbar, kann der gleiche Kanal aus einem Δ-K°-Paar, einem Σ^--K^+-Paar und verschiedenen anderen Kombinationen gebildet werden.

Der Begriff von Reaktionskanälen ist besonders zur Behandlung von Resonanzen geeignet, diesen extrem kurzlebigen Hadronenzuständen, die für alle starken Wechselwirkungen charakteristisch sind. Sie sind so kurzlebige Phänomene, daß die Physiker zuerst davor zurückscheuten, sie als Teilchen einzustufen, und noch heute bildet die Klärung ihrer Eigenschaften eine der Hauptaufgaben in der experimentellen Hochenergie-Physik. Resonanzen entstehen in Hadronenkollisionen und zerfallen fast augenblicklich danach. In der Blasenkammer sind sie nicht zu sehen, aber sie können aufgrund eines sehr speziellen Verhaltens von Reaktionswahrscheinlichkeiten entdeckt werden. Die Wahrscheinlichkeit für zwei zusammenstoßende Hadronen, eine Reaktion zu durchlaufen (miteinander in Wechselwirkung zu treten), hängt von der Energie ab, die an der Kollision beteiligt ist. Ändert sich der Betrag dieser Energie, so ändert sich auch die Wahrscheinlichkeit. Sie kann mit zunehmender Energie zunehmen oder abnehmen, je nach den Details der Reaktion. Es wird jedoch beobachtet, daß die Reaktionswahrscheinlichkeit bei gewissen Energiewerten steil ansteigt. Das Auftreten einer Reaktion ist bei diesen Werten weit wahrscheinlicher als bei allen anderen Energien. Dieser steile Anstieg hängt mit der Bildung eines kurzlebigen Zwischen-Hadrons zusammen, dessen Masse der Energie entspricht, bei der der Anstieg beobachtet wird. Der Name »Resonanzen« für diese kurzlebigen Hadronenzustände hängt mit einer Analogie zusammen, die zu den wohlbekannten Resonanzerscheinungen gezogen werden kann, denen man bei den Schwingungen begegnet. Im Fall des Schalls z. B. reagiert die Luft in einem Hohlraum nur schwach auf eine von außen kommende Schallwelle, gerät aber in heftige Schwingungen, wenn die Schallwelle eine bestimmte Frequenz, die Resonanzfrequenz, erreicht. Der Kanal einer Hadronenreaktion kann mit einem solchen in Resonanzschwingungen befindlichen Hohlraum verglichen werden, da die Energie der kollidierenden Hadronen mit der Frequenz der entsprechenden Wahrscheinlichkeitswelle zusammenhängt. Wenn diese Energie oder Frequenz einen bestimmten Wert erreicht, gerät der Kanal in Resonanzschwingungen. Die Schwingungen der Wahrscheinlichkeitswelle werden plötzlich sehr heftig und verursachen so einen steilen Anstieg der Wahrscheinlichkeit der Reaktion. Die meisten Reaktionskanäle haben mehrere Resonanzenergien. Jede von ihnen entspricht der Masse eines kurzlebigen Zwischen-Hadronenzustands, der entsteht, wenn die Energie der kollidierenden Partikel den Resonanzwert erreicht.

Im Rahmen der S-Matrix-Theorie existiert das Problem nicht, ob man Resonanzen »Teilchen« nennen soll oder nicht. Alle Teilchen werden als Zwischenzustände in einem Netzwerk von Reaktionen gesehen, und die Tatsache, daß die Resonanzen viel kurzlebiger sind als andere Hadronen, macht sie nicht zu etwas grundsätzlich anderem. Tatsächlich ist das Wort »Resonanz« ein sehr zutreffender Ausdruck. Es ist sowohl auf das Phänomen im Reaktionskanal als auch auf das bei diesem Phänomen gebildete Hadron anwendbar und zeigt so die innige Verbindung zwischen Teilchen und Reaktionen. Eine Resonanz ist ein Teilchen, aber kein Objekt. Es wird besser als Vorgang oder Ereignis beschrieben.

Diese Beschreibung der Hadronen in der Teilchenphysik erinnert an die auf Seite 203 zitierten Worte von D. T. Suzuki: »Buddhisten fassen ein Objekt als Vorgang, nicht als Ding oder Substanz auf.« Was den Buddhisten durch ihre mystische Erfahrung der Natur klar wurde, wurde jetzt durch die Experimente und die mathematischen Theorien der modernen Wissenschaft wiederentdeckt. Um alle Hadronen als Zwischenzustände in einem Netzwerk von Reaktionen zu beschreiben, muß man die Kräfte erklären können, mit denen sie aufeinander einwirken. Diese sind die starken Wechselwirkungskräfte, die kollidierende Hadronen ablenken oder »streuen«, sie auflösen und zu neuen Strukturen umbilden und Gruppen von ihnen aneinander binden, um gebundene Zwischenzustände zu bilden. In der S-Matrix-Theorie werden die Wechselwirkungskräfte wie in der Feldtheorie mit Teilchen assoziiert, aber der Begriff der virtuellen Teilchen wird nicht gebraucht. Statt dessen basiert die Relation zwischen Kräften und Partikeln auf einer speziellen Eigenschaft der S-Matrix, die international mit dem englischen Ausdruck »Crossing« (»Kreuzen«) bezeichnet wird. Um diese Eigenschaft zu erläutern, betrachten Sie das folgende Diagramm, das die Wechselwirkung zwischen einem Proton und einem Π^- darstellt:

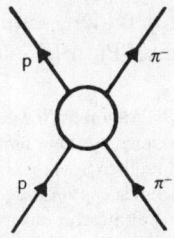

Wird dieses Bild um 90° gedreht und behalten wir die früher angenommene Übereinkunft bei (s. S. 183), nach der nach unten weisende Pfeile Antiteilchen bezeichnen, so stellt das neue Diagramm eine Reaktion zwischen einem Antiproton (p) und einem Proton (p) dar, die als Paar von Pionen aus der Reaktion hervorgehen, wobei das π^+ das Antiteilchen des π^- in der ursprünglichen Reaktion ist.

Die »Kreuzungs«-Eigenschaft der S-Matrix bezieht sich auf die Tatsache, daß beide dieser Prozesse vom selben S-Matrix-Element beschrieben werden. Das bedeutet, daß die beiden Diagramme lediglich zwei verschiedene Aspekte oder »Kanäle« derselben Reaktion darstellen.* Teilchenphysiker sind es gewöhnt, in ihren Berechnungen von einem Kanal zum anderen umzuschalten, und anstatt die Diagramme zu drehen, lesen sie sie einfach von unten nach oben oder quer von links und sprechen vom »direkten Kanal« und dem »gekreuzten Kanal«. So wird die Reaktion in unserem Beispiel im direkten Kanal als p + Π^- → p + Π^- gelesen und im gekreuzten Kanal als p + p → π^- + π^+.

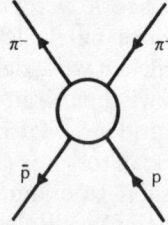

Die Verbindung zwischen Kräften und Teilchen wird durch die Zwischenzustände in den beiden Kanälen hergestellt. Im direkten Kanal unseres Beispiels können das Proton und das Π^- ein Zwischen-Neutron bilden, während im gekreuzten Kanal ein neutrales Zwischen-Pion (π°) auftreten kann.

* In Wirklichkeit kann das Diagramm noch weiter gedreht werden, und individuelle Linien können gekreuzt werden, um verschiedene Prozesse zu erhalten, die immer noch vom selben S-Matrix-Element beschrieben werden. Jedes Element stellt insgesamt sechs verschiedene Prozesse dar, von denen aber nur die beiden oben erwähnten für unsere Diskussion der Wechselwirkungskräfte von Bedeutung sind.

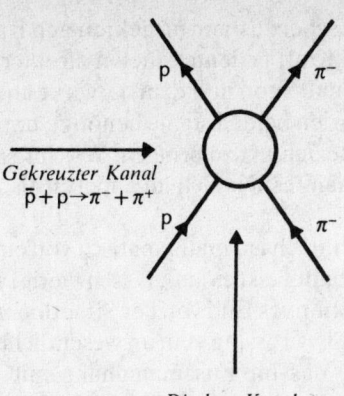

Gekreuzter Kanal
$\bar{p} + p \rightarrow \pi^- + \pi^+$

Direkter Kanal
$p + \pi^- \rightarrow p + \pi^-$

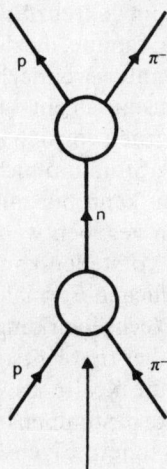

Direkter Kanal

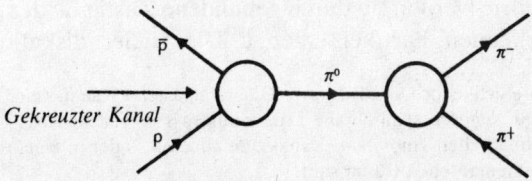

Gekreuzter Kanal

Dieses Pion – der Zwischenzustand im gekreuzten Kanal – wird als Manifestation der Kraft gedeutet, die im direkten Kanal als Bindung zwischen dem Proton und dem π^- wirkt und das Neutron bildet. Somit werden beide Kanäle benötigt, um die Kräfte mit den Teilchen in Beziehung zu bringen. Was im einen Kanal als Kraft erscheint, manifestiert sich im anderen als Zwischenteilchen.

Obwohl es relativ einfach ist, mathematisch von einem Kanal zum anderen umzuschalten, ist es äußerst schwierig, wenn nicht unmöglich, sich ein intuitives Bild von der Situation zu machen. Das kommt daher, daß »Crossing« ein im wesentlichen relativistisches Konzept ist, das im Zusammenhang mit dem vierdimensionalen Formalismus der Relativitätstheorie entsteht und somit schwer vorstellbar ist. Eine ähnliche Situation tritt in der Feldtheorie auf, wo die Wechselwirkungskräfte als Austausch virtueller Teilchen dargestellt werden. Das Diagramm mit dem Zwischen-Pion im gekreuzten Kanal erinnert tatsächlich an die Feynman-Diagramme, die diesen Teilchenaustausch darstellen,* und man könnte vereinfacht sagen, daß das Proton und das π^- durch den Austausch eines π° miteinander wechselwirken. Solche Worte werden von den Physikern oft gebraucht, aber sie beschreiben die Situation nicht vollständig. Eine angemessene Beschreibung kann nur mithilfe von direkten und von gekreuzten Kanälen gegeben werden, d. h. in abstrakten Begriffen, die man sich vorstellen kann.

Trotz des unterschiedlichen Formalismus ist die allgemeine Vorstellung von einer Wechselwirkungskraft in der S-Matrix-Theorie der in der Feldtheorie recht ähnlich. In beiden Theorien manifestieren sich die Kräfte als Teilchen, deren Massen die Reichweite der Kräfte bestimmen (s. S. 217), und in beiden Theorien werden sie als innere Eigenschaften der wechselwirkenden Teilchen angesehen. In der Feldtheorie reflektieren sie die Struktur der virtuellen Wolke der Teilchen, und in der S-Matrix-Theorie werden sie durch gebundene Zustände der zusammenwirkenden Partikel erzeugt. Die früher diskutierte

---

* Man erinnere sich jedoch, daß S-Matrix-Diagramme keine Raum-Zeit-Diagramme sind, sondern symbolische Darstellungen von Teilchen-Reaktionen. Das Umschalten von einem Kanal zum anderen findet in einem abstrakten mathematischen Raum statt.

Parallele (s. S. 220) zu der östlichen Anschauung von Kräften ist somit auf beide Theorien anwendbar. Sie läuft auf den wichtigen Schluß hinaus, daß alle bekannten Teilchen irgendeine innere Struktur haben müssen, da sie nur dann mit dem Beobachter in Wechselwirkung treten und somit registriert werden können. Mit den Worten Geoffrey Chews, eines der Hauptarchitekten der S-Matrix-Theorie: »Ein wahrhaft elementares Teilchen – ohne irgendeine innere Struktur – könnte keinerlei Kräften unterworfen sein, die uns erlauben würden, es zu entdecken. Die bloße Kenntnis der Existenz eines Teilchens bedeutet also, daß das Teilchen eine innere Struktur besitzt.«[2]

Ein besonderer Vorteil des S-Matrix-Formalismus liegt darin, daß er den »Austausch« einer ganzen Hadronen-Familie beschreiben kann. Wie im vorigen Kapitel erwähnt, fallen alle Hadronen in Folgen, deren Glieder die gleichen Eigenschaften haben, mit Ausnahme ihrer Massen und ihrer Spins. Ein ursprünglich von Tullio Regge vorgeschlagener Formalismus ermöglicht es, jede dieser Folgen als ein einziges Hadron zu behandeln, das in verschiedenen Erregungszuständen existiert. In den letzten Jahren wurde es möglich, den Regge-Formalismus in das Gerüst der S-Matrix einzubauen, wo er sehr erfolgreich für die Beschreibung von Hadronenreaktionen angewendet wurde. Dies war eine der wichtigsten Entwicklungen in der S-Matrix-Theorie und kann als erster Schritt zu einer dynamischen Erklärung der Teilchenstrukturen betrachtet werden.

Das Gerüst der S-Matrix kann also die Struktur von Hadronen, die Kräfte, mit denen sie miteinander wechselwirken, und einige der Strukturen, die sie bilden, auf dynamische Weise beschreiben, wobei jedes Hadron als integraler Bestandteil eines untrennbaren Netzwerks von Reaktionen zu verstehen ist. Die größte Aufgabe der S-Matrix-Theorie ist die Anwendung dieser dynamischen Beschreibung zur Erklärung der Symmetrien, die zu den im vorigen Kapitel diskutierten Hadronenstrukturen und Erhaltungsgesetzen führen. In einer solchen Theorie würden die Hadronen-Symmetrien in der mathematischen Struktur der S-Matrix sich so ausdrücken, daß sie nur Elemente enthält, die den von den Erhaltungsgesetzen zugelassenen Reaktionen entsprechen. Diese Gesetze hätten dann nicht mehr den Status von empirischen Regeln, sondern wären eine Konsequenz der S-Matrix-Struktur, daher eine Konsequenz der dynamischen Natur der Hadronen.

Zur Zeit versuchen die Physiker, dieses ehrgeizige Ziel dadurch zu erreichen, daß sie mehrere allgemeine Prinzipien aufstellen, die die mathematischen Möglichkeiten, S-Matrix-Elemente zu konstruieren, einschränken und somit der S-Matrix eine definitive Struktur geben. Bisher wurden drei dieser allgemeinen Prinzipien aufgestellt. Das erste legt uns die Relativitätstheorie und unsere makroskopische Erfahrung von Raum und Zeit nahe. Es besagt, daß die Reaktionswahrscheinlichkeiten (und somit die S-Matrix-Elemente) sowohl von der räumlichen und zeitlichen Anordnung der Experimentiergeräte als auch von ihrer Orientierung im Raum sowie vom Bewegungszustand des Beobachters unabhängig sein müssen. Wie im vorhergehenden Kapitel besprochen, beinhaltet die Unabhängigkeit einer Teilchenreaktion von Änderungen der Orientierung und der Anordnung in Raum und Zeit die Erhaltung des Gesamtbetrags an Rotation, Impuls und Energie, die an der Reaktion beteiligt sind. Diese Symmetrien sind für unsere wissenschaftliche Arbeitsmethode unerläßlich. Würden sich die Ergebnisse eines Versuchs mit dem Ort und der Zeit seiner Durchführung ändern, dann wäre die Wissenschaft in ihrer gegenwärtigen Form unmöglich. Die letzte Forderung schließlich, daß die Versuchsergebnisse nicht von der Bewegung des Beobachters abhängen dürfen, ist das Relativitätsprinzip, das die Grundlage der Relativitätstheorie bildet (s. S. 167).

Auf das zweite allgemeine Prinzip weist die Quantentheorie hin. Es behauptet, daß der Ausgang einer Reaktion nur als Wahrscheinlichkeit vorausgesagt werden kann, und außerdem, daß die Summe der Wahrscheinlichkeiten für alle möglichen Ausgänge – eingeschlossen den Fall, daß keine Wechselwirkung zwischen den Teilchen auftritt – gleich eins sein muß. Mit anderen Worten, wir können sicher sein, daß die Teilchen entweder miteinander in Wechselwirkung treten oder nicht. Diese anscheinend triviale Behauptung erweist sich in Wirklichkeit als mächtiges Prinzip, das unter dem Namen »Unitarität« bekannt ist und die Möglichkeiten, S-Matrix-Elemente zu konstruieren, stark einschränkt.

Das dritte und letzte Prinzip bezieht sich auf unseren Begriff von Ursache und Wirkung. Es behauptet, daß Energie und Impuls über räumliche Entfernungen nur durch Teilchen übertragen werden und daß diese Übertragung so erfolgt, daß ein Teilchen nur dann in einer Reaktion erzeugt und in einer anderen vernichtet werden kann, wenn die letztere Reaktion nach der ersteren erfolgt. Die mathematische Formulierung des Kausalitätsprinzips ergibt, daß die S-Matrix in stetiger Weise von den Energien und Impulsen der an einer Reaktion beteiligten Teilchen abhängt, außer für die Werte, bei denen die Erzeugung neuer Teilchen möglich wird. Bei diesen Werten ändert sich die Struktur der S-Matrix abrupt; sie bildet, was Mathematiker eine »Singularität« nennen. Jeder Reaktionskanal enthält mehrere dieser Singularitäten, d. h., es gibt in jedem Kanal mehrere Werte von Energie und Impuls, bei denen neue Teilchen erzeugt werden können. Die vorher erwähnten Resonanzenergien sind Beispiele solcher Werte.

Die Tatsache, daß die S-Matrix Singularitäten aufweist, ist eine Folge des Kausalitätsprinzips, aber der Ort der Singularitäten wird nicht von diesem bestimmt. Die Werte an Energie und Impuls, bei denen Teilchen erzeugt werden können, sind für verschiedene Reaktionskanäle verschieden und hängen von den Massen und anderen Eigenschaften der erzeugten Teilchen ab. Die Orte der Singularitäten reflektieren somit die Eigenschaften dieser Teilchen, und da alle Hadronen in Teilchenreaktionen erzeugt werden können, reflektieren die Singularitäten der S-Matrix alle Strukturen und Symmetrien der Hadronen.

Das zentrale Ziel der S-Matrix-Theorie ist daher, die Singularitätsstruktur der S-Matrix aus den allgemeinen Prinzipien abzuleiten. Bis jetzt war es nicht möglich, ein mathematisches Modell zu konstruieren, das allen drei Prinzipien genügt, und es kann gut sein, daß sie für die eindeutige Bestimmung aller Eigenschaften der S-Matrix – und damit aller Eigenschaften der Hadronen – ausreichen.* Falls sich herausstellt, daß dies der Fall ist, wären die philosophischen Folgen einer solchen

---

* Diese als »Bootstrap«-Hypothese bekannte Vermutung wird im folgenden Kapitel im einzelnen besprochen.

Theorie sehr weitreichend. Alle drei allgemeinen Prinzipien beziehen sich auf unsere Beobachtungs- und Meßmethoden, d. h. auf unser wissenschaftliches System. Falls diese Methoden zur Bestimmung der Hadronenstrukturen ausreichen, würde dies bedeuten, daß die Grundstrukturen der physikalischen Welt letztlich durch die Art, auf die wir sie betrachten, bestimmt sind. Jede grundsätzliche Änderung unserer Beobachtungsmethoden würde eine Änderung der allgemeinen Prinzipien zur Folge haben. Das wiederum würde zu einer anderen Struktur der S-Matrix führen und somit zu einer anderen Struktur der Hadronen.

Solch eine Theorie der subatomaren Teilchen reflektiert die Unmöglichkeit, den wissenschaftlichen Beobachter von den beobachteten Phänomenen zu trennen, was bereits im Zusammenhang mit der Quantentheorie besprochen wurde (siehe S. 141), in ihrer extremsten Form. Sie läuft darauf hinaus, daß die von uns in der Natur beobachteten Strukturen und Phänomene nichts als Gebilde unseres messenden und kategorisierenden Verstandes sind.

Daß es sich so verhält, ist eine der wichtigsten Lehrsätze der östlichen Philosophie. Die östlichen Mystiker bestätigen immer wieder, daß alle von uns wahrgenommenen Dinge und Ereignisse Schöpfungen unseres Verstandes sind, die aus einem bestimmten Bewußtseinszustand entstehen und sich wieder auflösen, wenn dieser Zustand überschritten wird. Im Hinduismus gilt, daß alle uns umgebenden Formen und Strukturen vom Verstand im Bann der Maya erschaffen sind, und unsere Tendenz, diesen Dingen tiefe Bedeutung beizumessen, ist die menschliche Grundillusion. Buddhisten nennen diese Illusion »Avidya« und sehen sie als Zustand eines »unreinen« Geistes. Mit den Worten Ashvaghoshas:

Wenn die Einheit in der Gesamtheit der Dinge nicht erkannt wird, dann entstehen Unwissenheit und Vielfalt, und damit entwickeln sich alle Phasen des unreinen Geistes ... Alle Phänomene in der Welt sind nur die illusorischen Manifestationen des Verstandes und haben keine eigene Realität.[3]

Dies ist auch das immer wiederkehrende Thema der buddhistischen Yogacara-Schule, die behauptet, daß alle von uns erblickten Formen nur »Projektionen« oder »Schatten« des menschlichen Geistes seien:

> Dem Geist entspringen zahllose Dinge, gestaltet von Unterscheidungen ... Die Menschen akzeptieren diese Dinge als äußere Welt ... Was als Äußeres erscheint, existiert in Wirklichkeit nicht; der Geist ist als Vielfalt zu sehen; der Körper, Eigentum und Wohnsitz – all dies, sage ich, ist nichts als der menschliche Geist.[4]

In der Teilchenphysik ist die Ableitung der Hadronenstrukturen von den allgemeinen Prinzipien der S-Matrix-Theorie eine lange und mühsame Aufgabe, und bisher gelangen erst wenige kleine Schritte zu ihrer Lösung. Nichtsdestoweniger muß die Möglichkeit, daß man die Hadronenstrukturen eines Tages von den allgemeinen Strukturen ableitet und damit als von unserem wissenschaftlichen Rahmen bedingt erkennt, ernstgenommen werden. Es ist eine erregende Vermutung, daß dies vielleicht ein allgemeiner Zug der Teilchenphysik ist, der dann auch in zukünftigen Theorien der elektromagnetischen, schwachen und Gravitations-Wechselwirkungen auftreten wird. Sollte sich dies als wahr erweisen, so muß die moderne Physik nolens volens den östlichen Weisen in der Ansicht zustimmen, daß die Strukturen der physikalischen Welt »Maya« sind oder »nur Gedankenprodukte«.

Die S-Matrix-Theorie kommt den östlichen Vorstellungen sehr nahe, nicht nur in ihrer letzten Schlußfolgerung, sondern auch in ihrer generellen Anschauung von der Materie. Sie beschreibt die Welt der subatomaren Teilchen als dynamisches Netzwerk von Vorgängen und betont mehr den Wechsel und die Umwandlung als Grundstrukturen oder Einheiten. Im Orient ist diese Betonung in der buddhistischen Gedankenwelt besonders stark, wo alle Dinge als dynamisch, unbeständig und illusorisch angesehen werden. So schreibt S. Radhakrishnan:

Wie kommen wir dazu, in diesem absoluten Fluß an Dinge, statt an Vorgänge zu denken? Indem wir unsere Augen vor den aufeinanderfolgenden Vorgängen verschließen. Es ist eine künstliche Einstellung, die Abschnitte im Strom des Wandels herstellt und sie Dinge nennt . . . Wenn wir die Wahrheit über die Dinge wissen, wird uns klar, wie absurd es ist, isolierte Produkte der unaufhörlichen Serie von Umwandlungen zu verehren, als ob sie ewig und real wären. Das Leben ist kein Ding und kein Zustand eines Dinges, sondern eine kontinuierliche Bewegung oder Wandlung.[5]

Die moderne Physik und die östlichen Mystiker haben erkannt, daß alle Phänomene in dieser Welt dynamisch zusammenhängen. Hindus und Buddhisten sehen diesen Zusammenhang als kosmisches Gesetz, das Gesetz des »Karma«, aber sie befassen sich im allgemeinen nicht mit spezifischen Strukturen im universalen Netzwerk von Vorgängen. Die chinesische Philosophie andererseits, die auch Bewegung und Wandel betont, hat den Begriff von dynamischen Strukturen entwickelt, die im kosmischen Fluß des Tao ständig gebildet und wieder aufgelöst werden. Im *I Ching* oder »Buch der Wandlungen« (vgl. S. 112) wurden diese Strukturen zu einem System von Ursymbolen ausgearbeitet, den sogenannten Hexagrammen.

Die Grundordnung der Strukturen im *I Ching* ist das Zusammenspiel der polaren Gegensätze Yin und Yang. Das Yang wird durch eine durchgehende Linie (–), das Yin durch eine unterbrochene Linie (– –) dargestellt, und das ganze System von Hexagrammen ist aus diesen beiden Linien aufgebaut. Werden sie zu Paaren kombiniert, erhält man vier Konfigurationen:

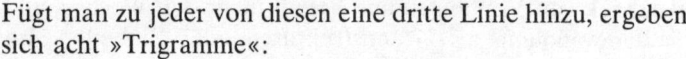

Fügt man zu jeder von diesen eine dritte Linie hinzu, ergeben sich acht »Trigramme«:

Im alten China repräsentierten die Trigramme alle möglichen kosmischen und menschlichen Situationen. Sie erhielten Namen, die ihre Grundcharakteristiken wiedergeben, wie »Das Schöpferische«, »Das Empfangende«, »Das Erregende« etc., und wurden mit vielen Bildern aus der Natur und dem sozialen Leben assoziiert. Sie repräsentieren Himmel, Erde, Donner, Wasser etc., aber auch eine Familie mit Vater, Mutter, drei Söhnen und drei Töchtern. Man verband sie außerdem mit den Himmelsrichtungen und den Jahreszeiten und ordnete sie oft so an:

In dieser Anordnung sind die acht Trigramme in der »natürlichen Ordnung«, in der sie entstanden, um einen Kreis gruppiert. Der Anfang liegt oben (bei den Chinesen immer der Süden), die ersten vier Trigramme kommen auf die linke Seite des Kreises, die zweiten vier auf die rechte. Diese Anordnung zeigt einen hohen Grad von Symmetrie; gegenüberliegende Trigramme haben Yin- und Yang-Linien vertauscht.

Um die Anzahl der möglichen Kombinationen weiter zu erhöhen, wurden die acht Trigramme paarweise übereinander angeordnet. Dadurch ergeben sich vierundsechzig Hexagramme, von denen jedes aus sechs durchgehenden oder unterbrochenen Linien besteht. Die Hexagramme wurden in verschiedenen regelmäßigen Mustern angeordnet, am häufigsten in den beiden unten abgebildeten: ein Quadrat aus acht mal acht Hexagrammen und eine kreisförmige Folge in der gleichen Symmetrie wie die Kreisanordnung der Trigramme.

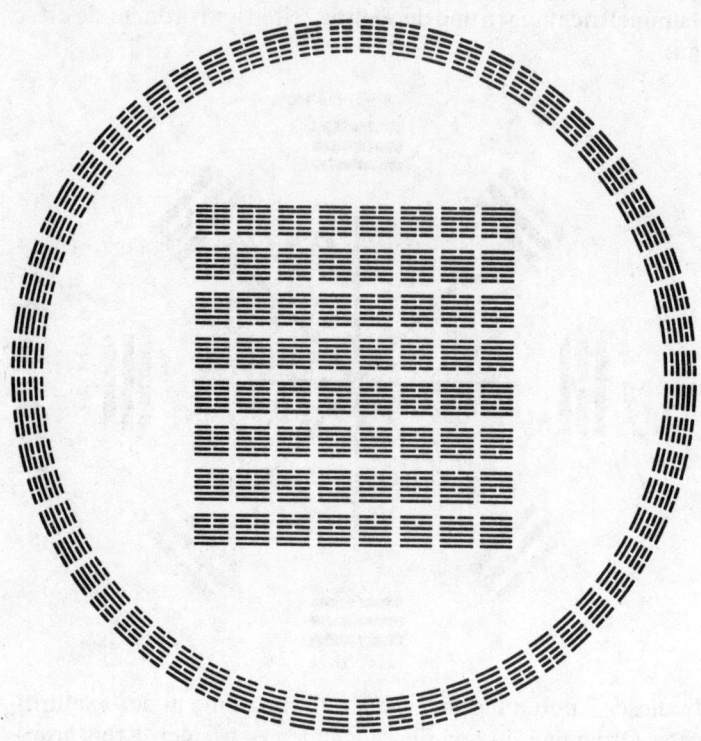

Die vierundsechzig Hexagramme sind die kosmischen Archetypen, auf denen der Gebrauch des *I Ching* (oder *I Ging*) als Orakelbuch basiert (s. S. 114). Für die Deutung jedes Hexagramms müssen die verschiedenen Bedeutungen seiner beiden Trigramme berücksichtigt werden. Liegt z. B. das Trigramm »Das Erregende« auf dem Trigramm »Das Empfangende«, so wird das Hexagramm als »Bewegung, die auf Hingabe stößt und daher mitreißend, begeisternd wirkt«, interpretiert. Der Name des ganzen Zeichens ist denn auch »Begeisterung«.⁶

Das Erregende   *Das Empfangende*   *Die Begeisterung*

Das Hexagramm für Fortschritt, um ein anderes Beispiel zu nennen, wird durch »Das Haftende« über dem »Empfangenden« dargestellt und als die aufgehende Sonne über der Erde interpretiert. Es ist somit ein Symbol des schnellen, leichten Fortschritts.

Das Haftende   *Das Empfangende*   *Der Fortschritt*

Im *I Ching* stellen die Trigramme und Hexagramme die Strukturen des Tao dar, die vom dynamischen Zusammenspiel von Yin und Yang erzeugt werden, und spiegeln sich in allen kosmischen und menschlichen Situationen. Diese Situationen werden daher nicht statisch gesehen, sondern als Stadien in einem kontinuierlichen Fluß und Wandel. Alle Dinge in der Welt sind der Wandlung unterworfen, und ihr Abbild, die Trigramme und Hexagramme, ebenso. Sie befinden sich in einem Zustand ständigen Übergangs; eins wird zum anderen, durchlaufende Linien dehnen sich und zerbrechen in zwei Teile, unterbrochene Linien ziehen sich zu einer durchlaufenden zusammen.

Wegen seiner Vorstellung von dynamischen Strukturen, die durch Wandel und Umbildung erzeugt werden, ist das *I Ching* vielleicht die beste Analogie der östlichen Gedankenwelt zur S-Matrix-Theorie. In beiden Systemen liegt die Betonung mehr auf Prozessen als auf Objekten. In der S-Matrix-Theorie sind diese Prozesse Teilchenreaktionen, die alle Phänomene der Hadronen entstehen lassen. Im *I Ching* heißen die Grundprozesse »Wandlungen«:

> Die Wandlungen sind es, wodurch die Heiligen und Weisen alle Tiefen erreicht und alle Keime erfaßt haben.[7]

Die Wandlungen in der Hadronenwelt lassen Strukturen und symmetrische Muster entstehen, die symbolisch durch die Reaktionskanäle dargestellt werden. Weder die Strukturen noch die Symmetrien können als fundamentale Züge der Hadronenwelt gelten, sondern als Folgen der dynamischen Natur der Teilchen, d. h. ihrer Tendenzen zu Wandel und Umbildung.

Im *I Ching* führen die Wandlungen auch zu Strukturen – den Trigrammen und Hexagrammen. Diese sind wie die Kanäle der Teilchenreaktionen symbolische Darstellungen von Wandlungsstrukturen. Wie die Energie durch die Reaktionskanäle fließt, so fließen die Wandlungen durch die Linien der Hexagramme:

> Veränderung, Bewegung ohne Rast
> Durchfließen die sechs leeren Plätze;
> Sie steigen auf und fallen ohn' Verharren,
> . . .
> Nur Änderung ist es, was hier wirkt.[8]

In der Anschauung der Chinesen entstehen alle Dinge und Phänomene um uns aus den Strukturen der Wandlung und sind durch die verschiedenen Linien der Trigramme und Hexagramme dargestellt. Somit werden die Dinge in der physikalischen Welt nicht als statische, unabhängige Objekte gesehen, sondern lediglich als Übergangsstadien im kosmischen Prozeß, der das Tao ist:

> Der Weg (das Tao) hat Veränderungen und Bewegungen. Darum heißen sie die veränderlichen Striche. Diese Striche haben Stufen, darum stellen sie die Dinge dar.[9]

Wie in der Teilchenwelt können die wechselnden Strukturen in verschiedenen symmetrischen Mustern angeordnet werden, so in dem gleichen achteckigen Muster, das die acht Trigramme bilden, in denen gegenüberliegende Trigramme Yin- und Yang-Linien ausgetauscht haben. Dieses Muster weist sogar eine gewisse Ähnlichkeit mit dem Mesonen-Oktett auf (vgl. Kap. 16), in dem Teilchen und Antiteilchen einander gegenüberstehen. Das Wichtige daran ist jedoch nicht diese zufällige Ähnlichkeit, sondern die Tatsache, daß sowohl die moderne Physik als auch altchinesisches Denken Wechsel und Wandlung als den primären Aspekt der Natur betrachten und die von den Wandlungen erzeugten Strukturen und Symmetrien als sekundär. Wie Richard Wilhelm in seiner Einführung zur Übersetzung des *I Ching* erklärt, betrachtet er diese Vorstellung als grundlegend für das »Buch der Wandlungen«:

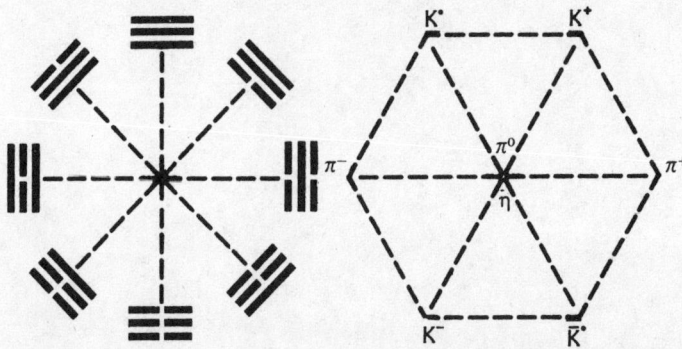

Diese acht Zeichen wurden als Bilder dessen, was im Himmel und auf Erden vorging, aufgefaßt. Dabei herrschte die Anschauung eines dauernden Übergangs des einen in das andere, ebenso wie in der Welt ein dauernder Übergang der Erscheinungen ineinander stattfindet. Hier haben wir nun den entscheidenden Grundgedanken der Wandlungen. Die acht Zeichen sind Zeichen wechselnder Übergangszustände, Bilder, die sich dauernd verwandeln. Worauf das Augenmerk gerichtet war, waren nicht die Dinge in ihrem Sein – wie das im Westen hauptsächlich der Fall war –, sondern die Bewegungen der Dinge in ihrem Wechsel. So sind die acht Zeichen nicht Abbildungen der Dinge, sondern Abbildungen ihrer Bewegungstendenzen.[10]

In der modernen Physik sehen wir jetzt die »Dinge« auf ganz ähnliche Weise. Wir betonen Bewegung, Umbildung und Wandel und betrachten die Teilchen als Übergangszustände in einem fortlaufenden kosmischen Prozeß.

Unsere Untersuchung des modernen physikalischen Weltbilds hat wiederholt gezeigt, daß die Vorstellung von »Grundbausteinen« der Materie nicht länger zu halten ist. In der Vergangenheit war dieser Begriff sehr nützlich, er führte die physikalische Welt auf einige wenige Atome zurück, die Strukturen der Atome auf einige wenige von Elektronen umgebene Atomkerne und die Kerne auf zwei »Bausteine«, das Proton und das Neutron. So wurden der Reihe nach Atome, Atomkerne und Hadronen als »Elementarteilchen« betrachtet, doch keins von ihnen entsprach der Erwartung. Jedesmal erwiesen sich diese Teilchen ihrerseits als zusammengesetzte Strukturen, und die Physiker hofften, daß die nächste Generation von Bestandteilen sich endgültig als die letzten Komponenten der Materie erweisen würde.

Andererseits machten die Theorien der atomaren und subatomaren Physik die Existenz von Elementarteilchen zunehmend unwahrscheinlich. Sie enthüllten einen grundsätzlichen Zusammenhang der Materie; sie zeigten, daß Bewegungsenergie in Masse umgewandelt werden kann, und wiesen darauf hin, daß Teilchen Prozesse, keine Objekte sind. All diese Entwicklungen zeigten deutlich, daß wir das einfache mechanistische Bild von Grundbausteinen aufgeben müssen, und doch scheuen viele Physiker noch davor zurück. Die uralte Tradition, komplexe Strukturen dadurch zu erklären, daß man sie in einfachere Bestandteile zerlegt, ist im westlichen Denken so tief verwurzelt, daß die Suche nach diesen Grundkomponenten immer noch weitergeht.

Es gibt jedoch in der Teilchenphysik eine radikal andere Denkrichtung, die von der Vorstellung ausgeht, daß die Natur nicht auf Grundeinheiten, wie Elementarteilchen oder Grundfelder, zurückgeführt werden kann. Sie muß gänzlich durch ihre

Gesamtübereinstimmung erklärt werden können, d. h. durch die Forderung, daß alle ihre Komponenten miteinander und mit sich selbst in folgerichtiger Weise übereinstimmen. Diese Idee der Gesamtübereinstimmung oder »Selbstkonsistenz«, wie sie im Fachjargon genannt wird, entstand im Rahmen der S-Matrix-Theorie und ist als die »Bootstrap«-Hypothese bekannt.* Sie stammt von Geoffrey Chew, der diese Vorstellung einerseits zu einer allgemeinen »Bootstrap«-Philosophie entwickelte und sie andererseits (in Zusammenarbeit mit anderen Physikern) für die Konstruktion einer spezifischen, in S-Matrix-Sprache formulierten Teilchentheorie benutzte. Chew beschrieb die Bootstrap-Hypothese in verschiedenen Veröffentlichungen,[1] die die Basis für folgende Darstellung liefern:

Die Bootstrap-Philosophie macht in der modernen Physik endgültig Schluß mit der mechanistischen Weltanschauung. Newtons Universum war aus einigen Grundeinheiten mit gewissen fundamentalen Eigenschaften aufgebaut; es war von Gott erschaffen und damit keiner weiteren Analyse zugänglich. Auf die eine oder andere Weise war diese Vorstellung in allen naturwissenschaftlichen Theorien enthalten, bis die Bootstrap-Hypothese ausdrücklich feststellte, daß die Welt nicht als eine Sammlung nicht weiter analysierbarer Einheiten verstanden werden kann. Die neue Weltanschauung betrachtet das Universum als dynamisches Gewebe zusammenhängender Vorgänge. Keine der Eigenschaften irgendeines Teils dieses Gewebes ist fundamental, sie alle ergeben sich aus den Eigenschaften der anderen Teile, und die Gesamtübereinstimmung der gegenseitigen Wechselbeziehungen bestimmt die Struktur des ganzen Gewebes.

So repräsentiert die Bootstrap-Philosophie den Höhepunkt einer Ansicht von der Natur, die in der Quantentheorie mit der Erkenntnis eines grundlegenden universellen Zusammenhangs einsetzte, ihren dynamischen Inhalt durch die Relativitätstheorie bekam und in der S-Matrix-Theorie als Reaktionswahrscheinlichkeiten formuliert wurde. Gleichzeitig kam diese Ansicht der östlichen Weltanschauung immer näher und ist jetzt

---

* Der Ursprung des Ausdrucks »Bootstrap«, zu deutsch »Stiefelschlaufe«, wird weiter unten klar werden.

im Einklang mit ihr, sowohl in ihrer allgemeinen Philosophie als auch in ihrer spezifischen Auffassung der Materie.

In der Bootstrap-Hypothese gibt es nicht nur keine Grundbausteine, sondern überhaupt keine fundamentalen Gesetze, Gleichungen oder Prinzipien. Damit gibt sie eine weitere Vorstellung auf, die jahrhundertelang ein wesentlicher Bestandteil der Naturwissenschaften war. Der Begriff von fundamentalen Naturgesetzen ist vom Glauben an einen göttlichen Gesetzgeber abgeleitet, der in der jüdisch-christlichen Tradition tief verwurzelt war. Mit den Worten des Thomas von Aquin:

> Es gibt ein bestimmtes ewiges Gesetz, nämlich die Ratio, die im Verstand Gottes existiert und das ganze Universum lenkt.[2]

Dieser Begriff eines ewigen göttlichen Naturgesetzes übte einen nachhaltigen Einfluß auf die westliche Philosophie und Wissenschaft aus. Descartes schrieb über die »Gesetze, die Gott in die Natur hineingelegt hat«, und Newton glaubte, daß es das höchste Ziel wissenschaftlicher Arbeit sei, die »der Natur von Gott auferlegten Gesetze« nachzuweisen. Für drei Jahrhunderte nach Newton blieb es das Ziel der Naturwissenschaftler, die letzten fundamentalen Naturgesetze zu entdecken.

In der modernen Physik hat sich eine sehr unterschiedliche Einstellung entwickelt. Die Physiker erkannten, daß alle ihre Theorien über Naturerscheinungen, einschließlich der durch sie beschriebenen »Gesetze«, Schöpfungen des menschlichen Verstandes sind; Eigenschaften unserer begrifflichen Landkarte der Wirklichkeit, nicht die Wirklichkeit selbst. Dieses begriffliche Schema ist notwendigerweise begrenzt und nur annähernd richtig, und dies gilt auch für alle wissenschaftlichen Theorien und sogenannten »Naturgesetze«, die es enthält. Alle Naturerscheinungen hängen letztlich miteinander zusammen, und um eine zu erklären, müssen wir alle anderen verstehen, was offensichtlich unmöglich ist. Der Erfolg der Wissenschaft besteht darin, daß Annäherungen möglich sind. Wenn jemand mit einem ungefähren Verstehen der Natur zufrieden ist, kann er einzelne Gruppen von Phänomenen auf diese Weise beschreiben und andere Phänomene, die von geringerer Bedeutung sind, vernachlässigen. So kann man viele Phänomene mit

Hilfe einiger weniger erklären und daher verschiedene Aspekte der Natur annäherungsweise begreifen, ohne alles gleichzeitig verstehen zu müssen. Dies ist die wissenschaftliche Methode; alle wissenschaftlichen Theorien und Modelle sind nur Annäherungen an die wahre Natur der Dinge, aber der durch die Approximation eingebrachte Fehler ist oft so klein, daß diese Methode stichhält. In der Teilchenphysik wird z. B. die Gravitations-Wechselwirkung zwischen Teilchen gewöhnlich ignoriert, da sie um viele Größenordnungen geringer ist als die der anderen Wechselwirkungen. Obwohl der durch diese Vernachlässigung verursachte Fehler außerordentlich klein ist, steht fest, daß die Gravitations-Wechselwirkung in zukünftigen genaueren Theorien der Teilchen einbezogen werden muß.

So konstruieren die Physiker eine Reihe von Teiltheorien und annäherungsweisen Theorien, von denen jede genauer ist als die vorhergehende, aber keine von ihnen trägt den Naturerscheinungen vollständig und endgültig Rechnung. Wie diese Theorien sind alle von ihnen beschriebenen »Naturgesetze« veränderlich und müssen, wenn die Theorien verbessert werden, genaueren Gesetzen weichen. Den unvollständigen Charakter einer Theorie erkennt man gewöhnlich an ihren willkürlichen Parametern oder »fundamentalen« Konstanten, d. h. an Größen, deren Zahlenwerte von der Theorie nicht erklärt, sondern die empirisch ermittelt werden und dann einzusetzen sind. Die Quantentheorie kann den Wert für die Masse des Elektrons nicht erklären, die Feldtheorie nicht die Größe der Ladung des Elektrons und die Relativitätstheorie nicht die Größe der Lichtgeschwindigkeit. In der klassischen Physik wurden diese Größen als fundamentale Naturkonstanten betrachtet, die keiner weiteren Erklärung bedurften. Nach moderner Ansicht ist ihre Rolle als »fundamentale Konstanten« vorübergehend und reflektiert die Begrenzungen der gegenwärtigen Theorien. Nach der Bootstrap-Philosophie sollten sie in künftigen Theorien der Reihe nach erklärt werden, wenn die Genauigkeit und der Anwendungsbereich dieser Theorien sich vergrößern. So kann man sich der idealen Situation nähern, sie jedoch vielleicht nie erreichen, wo die Theorie keine unerklärten »fundamentalen« Konstanten enthält und wo alle ihre »Gesetze« aus der Forderung der Gesamtübereinstimmung folgen.

Wir müssen uns jedoch klarmachen, daß selbst eine solche ideale Theorie einige unerklärte Züge aufweisen muß, wenn auch nicht notwendigerweise in Form von numerischen Konstanten. Solange sie eine wissenschaftliche Theorie ist, müssen gewisse Begriffe ohne Erklärung akzeptiert werden, die die wissenschaftliche Sprache bilden. Wenn man die Bootstrap-Idee noch weiterführen wollte, würde man über die Wissenschaft hinausgelangen:

> In einem weiteren Sinn ist die Bootstrap-These, so faszinierend und nützlich sie ist, unwissenschaftlich . . . Die Wissenschaft, wie wir sie kennen, bedarf eines sprachlichen Rahmens, der nicht in Frage gestellt wird. Semantisch kann daher ein Versuch, *alle* Begriffe zu erklären, kaum »wissenschaftlich« genannt werden.[3]

Es ist offensichtlich, daß die vollständige Bootstrap-Anschauung von der Natur, in der alle Phänomene im Universum einzig und allein durch die folgerichtige Übereinstimmung bestimmt werden, der östlichen Weltanschauung sehr nahe kommt. Ein unteilbares Universum, in dem alle Dinge und Vorgänge zusammenhängen, wäre kaum sinnvoll, wenn es nicht stimmig und widerspruchsfrei sein würde. In gewisser Weise sind die Forderung der Stimmigkeit, als Basis der Bootstrap-Hypothese, und die Einheit und die Wechselbeziehung aller Phänomene, die in der östlichen Mystik so stark betont werden, lediglich verschiedene Aspekte derselben Idee. Diese enge Verbindung wird am klarsten im Taoismus ausgedrückt. Für den taoistischen Weisen waren alle Phänomene der Welt ein Teil des kosmischen Weges, des Tao, und die Gesetze, denen das Tao folgt, wurden von keinem göttlichen Gesetzgeber statuiert, sondern sind in ihrer Natur angelegt. So heißt es im *Tao Te Ching*:

> Der Mensch folgt den Gesetzen der Erde;
> Die Erde folgt den Gesetzen des Himmels;
> Der Himmel folgt den Gesetzen des Tao;
> Das Tao folgt den Gesetzen seiner inneren Natur.[4]

Joseph Needham erläutert in seiner gründlichen Studie über die chinesische Wissenschaft und Zivilisation ausführlich, wie der westliche Begriff der fundamentalen Naturgesetze, ursprünglich abgeleitet von der Vorstellung eines göttlichen Gesetzgebers, in der chinesischen Gedankenwelt kein Gegenstück hat. »Nach der chinesischen Weltanschauung«, schreibt Needham, »entspringt der harmonische Zusammenklang aller Daseinsformen nicht aus den Anordnungen einer höheren Autorität von außen, sondern aus der Tatsache, daß sie alle Teil einer Hierarchie von Ganzheiten sind, die eine kosmische Struktur bilden und dem inneren Diktat ihrer eigenen Natur gehorchen.«[5]

Nach Needham hatten die Chinesen nicht einmal ein Wort, das dem klassischen westlichen Begriff »Naturgesetz« entspricht. Der Ausdruck, der dem am nächsten kommt, ist »Li«, das der neokonfuzianische Philosoph Chu Hsi als »die zahllosen Muster, die wie Adern das Tao durchziehen«, beschreibt.[6] Needham übersetzt »Li« als »Organisationsprinzip« und gibt folgenden Kommentar:

Seine älteste Bedeutung ist »das Muster in den Dingen«, die Maserung im Jade oder die Fasern der Muskeln ... Es bekam die gewöhnliche lexikalische Bedeutung »Prinzip«, aber bewahrte immer den Unterton von »Struktur« ... Darin liegt auch »Gesetz«, aber dieses ist das Gesetz, dem die Teile von Ganzheiten gehorchen müssen, eben weil sie Teil des Ganzen sind ... Das wichtigste bei Teilen ist, daß sie sich, zusammen mit den anderen Teilen, genau im ganzen Organismus, den sie bilden, einpassen.[7]

Man erkennt leicht, wie eine solche Ansicht die chinesischen Denker zu der Vorstellung führte, wie sie erst kürzlich in der modernen Physik entwickelt wurde, daß nämlich die Gesamtübereinstimmung das Wesen aller Naturgesetze ist. Das folgende Zitat von Ch'en Shun, einem direkten Schüler von Chu Hsi, der um 1200 n. Chr. lebte, stellt diese Vorstellung klar dar, in Worten, die als perfekte Erläuterung des Begriffs der Stimmigkeit in der Bootstrap-Philosophie gelten könnten:

Li ist ein natürliches und unentrinnbares Gesetz der Angelegenheiten und Dinge ... »Natürlich und unentrinnbar« heißt, daß (menschliche) Angelegenheiten und (natürliche) Dinge so beschaffen sind, daß sie genau an ihre Stelle passen. »Gesetz« heißt, daß sie ohne das geringste Zuviel oder Zuwenig an ihre Stelle passen ...

Die Menschen der alten Zeit, die den Dingen bis auf den Grund gingen und nach dem Li forschten, wollten die natürliche Unentrinnbarkeit der (menschlichen) Angelegenheiten und der (natürlichen) Dinge erhellen, und das bedeutet einfach, daß sie alle die genauen Orte suchten, wo die Dinge exakt zusammenpaßten. Nur dies.[8]

In der östlichen Anschauung wie in der modernen Physik gilt daher, daß die Eigenschaften jedes Teils nicht durch Grundgesetze bestimmt sind, sondern durch die Eigenschaften aller anderen Teile. Sowohl die Physiker als auch die Mystiker erkannten, daß dadurch ein Phänomen vollständig erklärt werden kann, aber dann gelangen sie zu verschiedenen Ansichten. Physiker geben sich, wie schon erwähnt, mit einem annäherungsweisen Verstehen der Natur zufrieden. Die östlichen Mystiker dagegen sind an einem ungefähren oder »relativen« Wissen nicht interessiert. Ihnen geht es um »absolutes« Wissen, das die Totalität des Lebens begreift. Sie wissen, daß man ein Ding nur dann erklären kann, wenn man zeigt, wie es mit allem anderen zusammenhängt. Da dies unmöglich ist, halten die östlichen Mystiker daran fest, daß kein einzelnes Phänomen erklärt werden kann. So sagt Ashvaghosha:

> Alle Dinge in ihrer fundamentalen Natur sind nicht benennbar oder erklärbar. Sie können in keinerlei Form von Sprache angemessen ausgedrückt werden.[9]

Den östlichen Weisen geht es daher mehr darum, eine direkte, nicht-intellektuelle Erfahrung der Einheit aller Dinge zu erlangen. Dies war die Einstellung des Buddha, der alle Fragen nach dem Sinn des Lebens, dem Ursprung der Welt oder der Natur des Nirvana mit einem »edlen Schweigen« beantwortete. Die unsinnigen Antworten der Zen-Meister, wenn sie irgend etwas erklären sollen, scheinen denselben Zweck zu haben. Sie wollen dem Schüler klarmachen, daß alles eine Folge des Gesamten ist, daß »die Natur erklären« einfach heißt, ihre Einheit zu zeigen, daß es letztlich nichts zu erklären gibt. Als ein Mönch den Meister Tozan, der gerade Flachs wog, fragte: »Was ist Buddha?«, sagte Tozan: »Dieser Flachs wiegt drei Pfund.«[10] Und als Joshu gefragt wurde, warum Bodhidharma nach China kam, antwortete er: »Ein Eichenbaum im Garten.«[11]

Die östliche Mystik hat es vor allem darauf abgesehen, den menschlichen Geist von Wörtern und Erklärungen zu befreien. Beide, Buddhisten und Taoisten, sprechen von einem »Netzwerk von Worten« oder einem »Netz von Begriffen«. Solange wir Dinge erklären wollen, sind wir vom »Karma« gebunden, gefangen in unserem Netzwerk der Begriffe. Worte und Erklärungen zu überschreiten bedeutet, die Fesseln des Karma zu sprengen und die Befreiung zu erreichen.

Wie in der Bootstrap-Philosophie gibt es auch in der östlichen Weltanschauung keine Grundbausteine der Materie. In einem Universum, das ein untrennbares Ganzes ist, wo alle Formen fließen und ständig wechseln, ist kein Platz für eine fixierte Grundeinheit. Der Begriff von »Grundbausteinen« der Materie ist daher generell in der östlichen Gedankenwelt nicht anzutreffen. Atomtheorien der Materie wurden in der chinesischen Gedankenwelt nie entwickelt, und obwohl sie in einigen Schulen der indischen Philosophie auftauchten, sind sie eher Randerscheinungen der indischen Mystik. Im Hinduismus tritt der Begriff vom Atom im Jaina-System auf (das als unorthodox gilt, da es die Autorität der Veden nicht akzeptiert). In der buddhistischen Philosophie entstanden Atomtheorien in zwei Schulen des Hinayana-Buddhismus, die aber von der wichtigeren Mahayana-Richtung als Illusion und Produkte von Avidya behandelt werden. So stellt Ashvaghosha fest:

Wenn wir eine zusammengesetzte Materie teilen, können wir sie auf Atome zurückführen. Aber da die Atome auch wieder geteilt werden können, sind alle Formen materieller Existenz, grob oder fein, nichts als der Schatten der Spezifizierung, und wir können ihnen keinen Grad von (absoluter oder unabhängiger) Realität zuschreiben.[12]

Die Hauptrichtungen der östlichen Mystik stimmen also mit der Ansicht der Bootstrap-Philosophie überein, daß das Universum ein miteinander verknüpftes Ganzes ist, in dem kein Teil fundamentaler ist als der andere, so daß die Eigenschaften jedes Teils von denen aller anderen bestimmt werden. In diesem Sinn kann man sagen, daß jeder Teil alle anderen »enthält«. In der Tat ist die mystische Naturerfahrung durch die

Vision gegenseitiger Verkörperung gekennzeichnet. Mit den Worten von Sri Aurobindo:

> Für den supramentalen Sinn ist nichts wirklich endlich; er beruht auf dem Gefühl von allem in jedem und jedem in allem.[13]

Auf diesen Begriff von »allem in jedem und jedem in allem« ging die Avatamsaka-Schule des Mahayana-Buddhismus am ausführlichsten ein, die oft als der letzte Gipfel buddhistischen Denkens betrachtet wird. Sie basiert auf dem *Avatamsaka-Sutra,* das der Buddha in tiefer Meditation nach seinem Erwachen geschaffen haben soll. Dieses umfangreiche Sutra, das bisher in noch keine westliche Sprache übersetzt wurde, beschreibt in vielen Einzelheiten die Wahrnehmung der Welt im erleuchteten Bewußtseinszustand, wenn »die festen Konturen der Individualität hinwegschmelzen und das Gefühl der Endlichkeit uns nicht mehr bedrückt«.[14] In seinem letzten Teil, genannt *Gandavyuha*, erzählt es die Geschichte des jungen Pilgers Sudhana und gibt einen lebendigen Bericht von seiner mystischen Erfahrung des Universums, das ihm als ein vollkommenes Netzwerk gegenseitiger Beziehungen erscheint, wo alle Dinge und Vorgänge so zusammenwirken, daß jedes von ihnen in sich selbst alle anderen enthält. Die folgende Passage aus dem Sutra, frei wiedergegeben von D. T. Suzuki, gebraucht das Bild eines großartig geschmückten Turmes, um Sudhanas Erfahrung zu vermitteln:

> Der Turm ist so breit und geräumig wie der Himmel selbst. Der Boden ist mit (zahllosen) Edelsteinen jeder Art gepflastert, und im Turm gibt es (zahllose) Paläste, Veranden, Fenster, Treppen, Geländer und Passagen, alle aus den sieben Arten von Edelsteinen hergestellt . . .
> Und innerhalb dieses Turmes, geräumig und erlesen geschmückt, gibt es wieder Hunderttausende von Türmen, von denen jeder so zierlich ausgeschmückt ist wie der Hauptturm selbst und so geräumig wie der Himmel. Und all diese Türme von unnennbarer Zahl stehen einander in keiner Weise im Wege; jeder bewahrt seine individuelle Existenz in vollkommener Harmonie mit allen übrigen; nichts hindert einen Turm, in alle anderen einzugehen, individuell oder kollektiv; es ist ein Zustand eines vollkommenen Vermischens und dennoch einer vollkommenen Ordnung. Sudhana, der junge

Pilger, sieht sich selbst in all diesen Türmen wie auch in jedem einzelnen Turm, wo alles im einzelnen enthalten ist und jedes einzelne alles enthält.[15]

Der Turm in dieser Passage ist natürlich eine Metapher für das Universum selbst, und das perfekte Ineinanderverschmelzen seiner Teile ist im Mahayana-Buddhismus als »gegenseitige Durchdringung« bekannt. Das *Avatamsaka* stellt klar, daß diese Durchdringung eine dynamische Wechselbeziehung ist, die nicht nur räumlich, sondern auch zeitlich stattfindet.

Die Erfahrung von der gegenseitigen Durchdringung im Zustand der Erleuchtung kann als mystische Vision der vollständigen Bootstrap-Situation gesehen werden, wo alle Phänomene im Universum harmonisch zusammenwirken. In solch einem Bewußtseinszustand wird das Reich des Intellekts überschritten, und kausale Erklärungen erübrigen sich; sie werden durch die direkte Erfahrung der gegenseitigen Abhängigkeit aller Dinge und Vorgänge ersetzt. Der buddhistische Begriff der gegenseitigen Durchdringung geht somit weit über jede wissenschaftliche Bootstrap-Theorie hinaus. Nichtsdestoweniger gibt es in der modernen Physik Modelle von subatomaren Teilchen, die auf der Bootstrap-Hypothese basieren und die verblüffendsten Parallelen zu den Ansichten des Mahayana-Buddhismus aufweisen.

Wird die Bootstrap-Idee in einem wissenschaftlichen Rahmen formuliert, so muß sie begrenzt und angenähert bleiben, vor allem durch die Vernachlässigung aller Wechselwirkungen außer den starken. Da diese etwa hundertmal stärker sind als die elektromagnetischen Kräfte und um viele Größenordnungen stärker als schwache und Gravitations-Wechselwirkungen, scheint hier eine solche Annäherung vernünftig. Der wissenschaftliche Bootstrap hat es dann ausschließlich mit stark wechselwirkenden Teilchen oder Hadronen zu tun und wird daher oft »Hadronen-Bootstrap« genannt. Er ist innerhalb der S-Matrix-Theorie formuliert, und sein Ziel ist, alle Eigenschaften der Hadronen und ihrer Wechselwirkungen eindeutig aus den Forderungen der Selbstkonsistenz abzuleiten. Die einzig zulässigen »Grundgesetze« sind die im vorigen Kapitel besprochenen allgemeinen S-Matrix-Prinzipien, die von unseren Beobachtungs- und Meßmethoden gefordert werden und somit den nicht in Frage stehenden, für alle Wissenschaft notwendigen Rahmen bilden. Andere Eigenschaften der S-Matrix werden vorläufig als »Grundprinzipien« postuliert werden müssen, aber man erwartet, daß sie sich in der vollständigen Theorie als notwendige Folge der Selbstkonsistenz ergeben. Die These, daß alle Hadronen Reihen bilden, wie der Regge-Formalismus (s. S. 273) sie beschreibt, könnte von dieser Art sein.

In der Sprache der S-Matrix-Theorie postuliert also die Bootstrap-Hypothese, daß die volle S-Matrix und damit alle Eigenschaften der Hadronen eindeutig von den allgemeinen Prinzipien bestimmt werden können, weil es nur eine mögliche S-Matrix gibt, die mit allen drei Prinzipien übereinstimmt. Diese Vermutung wird durch die Tatsache gestützt, daß es den Physikern nie auch nur annähernd gelang, ein mathematisches Modell zu konstruieren, das den drei allgemeinen Prinzipien genügt. Wenn die einzige folgerichtige S-Matrix *alle* Eigenschaften und Wechselwirkungen der Hadronen beschreibt, wie die Bootstrap-Hypothese annimmt, wird ersichtlich, warum die Physiker in ihrem Versuch, eine folgerichtige teilweise S-Matrix zu konstruieren, gescheitert sind.

Die Wechselwirkungen der subatomaren Teilchen sind so komplex, daß keineswegs sicher ist, ob die komplette folgerichtige S-Matrix jemals konstruiert wird, aber eine Reihe teilweise erfolgreicher Modelle kleineren Umfangs ist vorstellbar. Jedes davon wäre so erdacht, daß es nur einen Teil der Hadronenphysik umfaßt, und würde daher einige unerklärte Parameter enthalten, die seine Grenzen angeben, aber die Parameter des einen Modells könnten von einem anderen erklärt werden. So könnten mehr und mehr Hadronen-Phänomene stufenweise mit zunehmender Genauigkeit erfaßt werden, durch ein Mosaik ineinandergreifender Modelle, deren Nettoanzahl an unerklärten Parametern ständig abnimmt. Die Bezeichnung »Bootstrap« eignet sich somit nie für irgendein individuelles Modell, sondern kann nur auf eine Kombination miteinander vereinbarer Modelle angewendet werden, von denen keines fundamentaler ist als das andere. Wie Chew es ausdrückte:

Ein Physiker, der jede Anzahl von verschiedenen, teilweise erfolgreichen Modellen ansehen kann, ohne eines zu bevorzugen, ist automatisch ein »Bootstrapper«.[16]

Eine Anzahl von Teilchenmodellen dieser Art existiert bereits, ein Hinweis darauf, daß das Bootstrap-Programm in einer nicht allzu fernen Zukunft wahrscheinlich durchgeführt werden wird. Was die Hadronen angeht, so bestand die größte Herausforderung für die S-Matrix-Theorie und den Bootstrap von Anfang an darin, die für die starken Wechselwirkungen so charakteristische Quark-Struktur zu erklären. Bis vor kurzem konnte die Bootstrap-Methode diese auffallenden Regelmäßigkeiten nicht erklären, was der Hauptgrund dafür war, daß sie in Kreisen der Physiker nicht besonders ernst genommen wurde. Die meisten Physiker zogen es vor, mit dem Quarkmodell zu arbeiten, das zwar keine folgerichtige Erklärung, zumindest aber eine phänomenologische Beschreibung lieferte. In den vergangenen sechs Jahren aber hat sich diese Situation auffallend geändert.[17]

Das Bild von Hadronen, das aus diesen Bootstrap-Modellen hervorgeht, wird oft in der provokativen Aussage: »Jedes Teilchen besteht aus allen anderen Teilchen« zusammengefaßt. Man darf sich jedoch nicht vorstellen, daß jedes Hadron alle anderen in einem klassischen statischen Sinn enthält. Sie »enthalten« sich nicht, sondern »verwickeln« sich ineinander im Sinn von Dynamik und Wahrscheinlichkeit der S-Matrix-Theorie: Jedes Hadron ist ein potentieller »gebundener Zustand« aller Gruppen von Teilchen, die wechselweise aufeinander wirken können, um das betrachtete Hadron zu bilden (vgl. S. 265). In diesem Sinn sind alle Hadronen zusammengesetzte Strukturen, deren Bestandteile wieder Hadronen sind, und keines davon ist elementarer als die anderen. Die Strukturen zusammenhaltenden Bindungskräfte manifestieren sich durch den Austausch von Teilchen, und diese ausgetauschten Teilchen sind wieder Hadronen. Jedes Hadron spielt daher drei Rollen: Es ist eine zusammengesetzte Struktur, es kann Bestandteil eines anderen Hadrons sein, und es kann zwischen Bestandteilen ausgetauscht werden und somit einen Teil der Kräfte darstellen, die eine Struktur zusammenhalten. Der Begriff des »Crossing« ist für dieses Bild entscheidend. Jedes Hadron wird durch Kräfte zusammengehalten, die mit dem Austausch anderer Hadronen im gekreuzten Kanal in Bezug stehen, und jedes ausgetauschte Hadron wird wiederum von Kräften zusammengehalten, zu denen das erste Hadron beisteuert. So »hilft jedes Teilchen, andere Teilchen zu erzeugen, die wiederum es selbst erzeugen«.[18] Die ganze Gruppe von Hadronen erzeugt sich auf diese Weise selbst oder zieht sich sozusagen an seinen »Bootstraps« (Stiefelschlaufen) hoch. Dieser äußerst komplexe Bootstrap-Mechanismus bestimmt sich selbst, das heißt, er kann nur auf eine Weise erfolgen. Mit anderen Worten, es gibt nur eine mögliche, in sich stimmige Gruppe von Hadronen – nämlich die, die man in der Natur findet.

Im Hadronen-Bootstrap setzen sich alle Teilchen dynamisch auf selbstkonsistente Weise gegenseitig zusammen, und in diesem Sinn »enthalten« sie einander. Im Mahayana-Buddhismus wird eine sehr ähnliche Auffassung auf das ganze Universum angewendet. Dieses kosmische Netzwerk sich gegenseitig durchdringender Dinge und Vorgänge wird im *Avatamsaka-Sutra* durch die Metapher von Indras Netz dargestellt, das Sir Charles Eliot folgendermaßen beschreibt:

> Im Himmel Indras, so sagt man, hängt ein Netzwerk von Perlen so angeordnet, daß du beim Anblick einer Perle alle anderen in dieser widergespiegelt siehst. Genauso ist jeder Gegenstand in der Welt nicht bloß er selbst, sondern ein Teil jedes anderen, er *ist* in Wirklichkeit alles andere. In jedem Staubkörnchen sind Buddhas ohne Zahl vorhanden.[19]

Die Ähnlichkeit dieses Bildes mit dem Hadronen-Bootstrap ist verblüffend. Die Metapher von Indras Netz könnte man das erste Bootstrap-Modell nennen, etwa 2500 Jahre vor Beginn der Teilchenphysik von östlichen Weisen erschaffen. Die Buddhisten halten daran fest, daß der Begriff der gegenseitigen Durchdringung nicht intellektuell, aber von einem erleuchteten Geist im Zustand der Meditation erfahren werden kann. So schreibt D. T. Suzuki:

> Der Buddha (in *Gandavyuha*) ist nicht mehr der, der in der Welt von Raum und Zeit lebt. Sein Bewußtsein ist nicht das des gewöhnlichen Verstandes, der mit den Sinnen und der Logik operiert . . . Der Buddha des *Gandavyuha* lebt in einer geistigen Welt, die ihre eigenen Gesetze hat.[20]

In der modernen Physik ist die Situation sehr ähnlich. Die Vorstellung, daß jedes Teilchen alle anderen enthält, ist im gewöhnlichen Raum und in der gewöhnlichen Zeit undenkbar. Sie beschreibt eine Wirklichkeit, die wie diejenige des Buddha ihre eigenen Gesetze hat. Im Fall des Hadronen-Bootstrap sind es die Gesetze der Quantentheorie und der Relativitätstheorie; der Schlüssel zu ihm ist darin zu sehen, daß die Kräfte, die die Teilchen zusammenhalten, selbst Teilchen sind, die in den gekreuzten Kanälen ausgetauscht werden. Diesem Begriff kann man eine genaue mathematische Deutung geben, vorstellen kann man ihn sich so gut wie nicht. Es ist ein spezifisch relativistischer Zug des Bootstrap, und da wir die vierdimensionale Raum-Zeit-Welt nicht direkt erfahren, ist es äußerst schwierig, sich vorzustellen, wie ein einzelnes Teilchen alle anderen Teilchen enthalten und gleichzeitig Teil eines jeden sein kann. Dies ist jedoch genau die Ansicht des Mahayana:

> Wenn das Eine gegen alle anderen gesetzt wird, sieht man, wie das Eine alles durchdringt und gleichzeitig alles in sich selbst einschließt.[21]

Die Vorstellung, daß jedes Teilchen alle anderen enthält, entstand nicht nur in der östlichen Mystik, sondern auch im mystischen Gedankengut des Westens. William Blakes berühmte Zeilen sind ein Beispiel:

> In einem Sandkorn sieh die Welt,
> den Himmel im Blütengrunde,
> Unendlichkeit in deiner Hand
> und Ewigkeit in der Stunde.

Hier hat wieder eine mystische Vision zu einem Bild vom Bootstrap-Typ geführt. Wenn der Dichter die Welt in einem Sandkorn sieht, dann sieht sie der moderne Physiker in einem Hadron.

Ein ähnliches Bild erscheint in der Philosophie von Leibniz, in der die Welt von Grundsubstanzen, den sogenannten »Monaden«, aufgebaut ist, von denen sich jede im ganzen Universum widerspiegelt.* In seiner Monadologie schreibt Leibniz:

> Jedes Stück Materie kann gleichsam als ein Garten voller Pflanzen
> oder als ein Teich voller Fische aufgefaßt werden. Aber jeder Zweig
> der Pflanze, jedes Glied des Tieres, jeder Tropfen seiner Säfte ist
> wieder ein solcher Garten und ein solcher Teich.[22]

Es ist interessant, daß die Ähnlichkeit dieser Zeilen mit den
Passagen des *Avatamsaka-Sutra* von einem tatsächlichen
buddhistischen Einfluß auf Leibniz herrühren könnte. Joseph
Needham argumentiert[23], daß die chinesische Kultur und Gedankenwelt Leibniz durch Übersetzungen, die er von Jesuiten
erhielt, vertraut war und daß seine Philosophie durchaus von
der ihm bekannten neokonfuzianischen Schule des Chu Hsi
inspiriert gewesen sein könnte. Diese Schule hat jedoch eine
Wurzel im Mahayana-Buddhismus, und speziell in der Ava-
tamsaka-(chinesisch: Hua-yen)Schule der Mahayana-Richtung. Needham erwähnt das Gleichnis von Indras Perlennetz
ausdrücklich in Verbindung mit den Leibnizschen Monaden.

Ein eingehender Vergleich von Leibniz' Begriff der Monaden als »ein unaufhörlicher lebendiger Spiegel des Universums« mit der Vorstellung der gegenseitigen Durchdringung im
Mahayana zeigt jedoch, daß die beiden verschieden sind und
daß die buddhistische Auffassung von der Materie dem Geist
der modernen Physik viel näher kommt als die von Leibniz. Der
Hauptunterschied zwischen der Monadologie und der buddhistischen Ansicht ist, daß die Leibnizschen Monaden Grundsubstanzen sind, die als die letzten Bestandteile der Materie angesehen werden. Leibniz beginnt seine Monadenlehre mit den
Worten: »Die Monade, von der wir hier sprechen wollen, ist
nichts anderes als eine einfache Substanz, die in die zusammengesetzten Dinge eingeht; ›einfach‹ heißt soviel wie: ohne Teile.« Er fährt fort: »Und die Monaden sind so die wahren Atome
der Natur, und, in einem Wort, die Elemente der Dinge.«[24]

Solch eine fundamentalistische Ansicht steht in auffallendem
Gegensatz zur Bootstrap-Philosophie und unterscheidet sich
stark von der Ansicht des Mahayana-Buddhismus, der alle fun-

---

* Die Parallelen zwischen Leibniz' Ansicht von der Materie und dem Hadronen-Bootstrap wurden kürzlich erörtert; vgl. G. Gale, »Chew's Monadology« in: *Journal of History of Ideas*, Band 35 (April–Juni 1974), S. 339–348.

damentalen Einheiten oder Substanzen ablehnt. Leibniz' fundamentalistische Denkweise drückt sich auch in seiner Ansicht der Kräfte aus, die er als Gesetze »durch göttlichen Erlaß« und als wesentlich verschieden von der Materie betrachtet. »Kräfte und Aktivitäten«, schreibt er, »können nicht Zustände von etwas Passivem sein, wie es die Materie ist.«[25] Dies steht wiederum im Gegensatz zu den Ansichten der modernen Physik und der östlichen Mystik.

Was die tatsächliche Wechselbeziehung zwischen den Monaden anbelangt, scheint der Hauptunterschied zum Hadronen-Bootstrap darin zu liegen, daß die Monaden nicht miteinander wechselwirken; sie »haben keine Fenster«, wie Leibniz sagt, sie spiegeln sich lediglich wider. Im Hadronen-Bootstrap dagegen, wie im Mahayana liegt die Betonung auf der Wechselwirkung oder gegenseitigen Durchdringung aller Teilchen. Darüber hinaus sind die Ansichten von der Materie sowohl des Bootstrap als auch des Mahayana »Raum-Zeit«-Ansichten, die Objekte als Vorgänge sehen. Deren gegenseitige Durchdringung versteht man nur, wenn einem klar ist, daß sich Raum und Zeit auch gegenseitig durchdringen.

Die Bootstrap-Theorie der Hadronen ist bei weitem noch nicht vollständig durchdacht, und die Schwierigkeiten bei ihrer Formulierung sind noch beträchtlich. Dennoch haben die Physiker bereits damit begonnen, den Begriff der Stimmigkeit oder des folgerichtigen Gesamtzusammenhanges über die Beschreibung der stark wechselwirkenden Teilchen hinaus zu erweitern. Eine solche Erweiterung muß über den gegenwärtigen Kontext der S-Matrix-Theorie hinausgehen, die ja speziell für die Beschreibung der starken Wechselwirkungen entwickelt wurde. Es muß ein allgemeiner Rahmen gefunden werden, in dem einige der Begriffe, die bisher noch ohne Erklärung akzeptiert werden, nach dem Bootstrap-Prinzip behandelt werden. Das heißt, sie müssen von der Stimmigkeit des Ganzen abgeleitet werden.

Nach Geoffrey Chew könnte unser Begriff von der makroskopischen Raum-Zeit dazugehören und vielleicht sogar das menschliche Bewußtsein:

Wenn man sie logisch zu Ende denkt, impliziert die Bootstrap-Hypothese, daß die Existenz des Bewußtseins zusammen mit allen anderen Aspekten der Natur nötig ist für die Stimmigkeit des Ganzen.[26]

Dies steht wiederum völlig im Einklang mit den mystischen Überlieferungen des Ostens, die das Bewußtsein immer als integralen Bestandteil des Universums betrachteten. Nach östlicher Anschauung sind die Menschen sowie alle anderen Lebensformen Teile eines unteilbaren organischen Ganzen. Aus ihrer Intelligenz läßt sich daher auf die Intelligenz des Ganzen schließen. Der Mensch wird als lebender Beweis für die kosmische Intelligenz angesehen. In uns wiederholt das Universum immer und immer wieder seine Fähigkeit, Formen zu erzeugen, durch die es sich seiner selbst bewußt wird.

In der modernen Physik entstand die Frage des Bewußtseins im Zusammenhang mit der Beobachtung atomarer Phänomene. Die Quantentheorie hat klar erwiesen, daß diese Phänomene nur als Glieder in einer Kette von Prozessen zu verstehen sind. Das Ende dieser Kette liegt im Bewußtsein des menschlichen Beobachters. Nach den Worten von Eugene Wigner: »Die Gesetze (der Quantentheorie) konnten nur unter Bezugnahme auf das Bewußtsein folgerichtig formuliert werden.«[27] Die pragmatische Formulierung der Quantentheorie, die die Wissenschaftler bei ihrer Arbeit benutzen, bezieht das Bewußtsein nicht ausdrücklich ein. Wigner und andere Physiker argumentieren jedoch, daß die ausdrückliche Einbeziehung des menschlichen Bewußtseins ein wesentlicher Aspekt künftiger Theorien von der Materie sein könnte.

Eine solche Entwicklung würde erregende Möglichkeiten auftun, daß Physik und östliche Mystik einander befruchten könnten. Das Verstehen des eigenen Bewußtseins und seine Beziehung zum übrigen Universum ist der Ausgangspunkt aller mystischen Erfahrung. Die östlichen Mystiker haben Jahrhunderte hindurch verschiedene Bewußtseinsmodalitäten erforscht, und die Schlüsse, zu denen sie kamen, unterscheiden sich oft radikal von den Vorstellungen des Westens. Wenn die Physiker wirklich die Natur des menschlichen Bewußtseins in das Reich ihrer Forschung einbeziehen wollen, kann ihnen das

Studium östlicher Ideen sehr wohl neue und anregende Gesichtspunkte liefern.

Die Erweiterung des Hadronen-Bootstrap durch das »Bootstrapping« der Raum-Zeit und vielleicht sogar des menschlichen Bewußtseins würde vermutlich über den konventionellen Rahmen der Wissenschaft hinausgehen:

> Ein solcher künftiger Schritt würde wesentlich tiefergreifende Konsequenzen haben als alles, was im Zusammenhang mit dem Hadronen-Bootstrap erreicht werden kann. Wir wären gezwungen, uns mit dem schwer faßbaren Begriff der Beobachtung und sogar des Bewußtseins auseinanderzusetzen. Unser gegenwärtiges Ringen um den Hadronen-Bootstrap wäre dann vielleicht nur ein Vorgeschmack auf eine völlig neue Form menschlichen intellektuellen Bemühens, das nicht nur außerhalb der Physik liegt, sondern nicht einmal als »wissenschaftlich« bezeichnet werden kann.[28]

Wohin führt uns dann die Bootstrap-Hypothese? Das weiß natürlich niemand, aber es ist faszinierend, über ihr endgültiges Schicksal nachzudenken. Man kann sich ein Netzwerk künftiger Theorien vorstellen, die einen ständig wachsenden Bereich von Naturerscheinungen mit ständig zunehmender Genauigkeit erfassen; ein Netzwerk, das immer weniger unerklärte Züge enthält, das seine Struktur immer mehr von der wechselseitigen Stimmigkeit seiner Teile ableitet. Eines Tages wird dann ein Punkt erreicht sein, wo die Elemente des wissenschaftlichen Rahmens die einzigen unerklärten Züge dieses Netzwerks von Theorien sein werden. Jenseits dieses Punktes wird die Theorie nicht mehr in der Lage sein, ihre Ergebnisse in Worten oder in rationalen Begriffen auszudrücken, und somit wird sie die Wissenschaft überschreiten. Anstelle einer Bootstrap-*Theorie* der Natur wird sie zu einer Bootstrap-*Vision* der Natur, jenseits von Gedanken und Sprache und aus der Wissenschaft heraus in die Welt des *acintya*, des Undenkbaren, führen. Das in solcher Vision enthaltene Wissen wird vollständig sein, aber nicht mit Worten vermittelt werden können. Es wird das Wissen sein, das Lao-tzu vor mehr als zweitausend Jahren meinte, als er sagte:

> Wer weiß, redet nicht,
> Wer redet, weiß nicht.[29]

Epilog

Die östlichen Religionsphilosophien befassen sich mit zeitlosem mystischen Wissen, das die Logik übersteigt und nicht angemessen in Worte zu fassen ist. Die Beziehung dieses Wissens zur modernen Physik ist nur einer ihrer vielen Aspekte und kann wie alle anderen nicht schlüssig bewiesen, sondern nur auf direkte, intuitive Art erfahren werden. Ich hoffe daher, daß es mir einigermaßen gelungen ist, dem Leser weniger eine strenge Beweisführung, als hin und wieder die Gelegenheit zu einer Erfahrung gegeben zu haben, die für mich zu einer Quelle dauernder Freude und Inspiration wurde; der Erfahrung, daß die Grundtheorien und Modelle der modernen Physik zu einer Weltanschauung führen, die innerlich stimmig ist und mit den Anschauungen der östlichen Mystik vollkommen harmoniert. Für diejenigen, die diese Harmonie erfahren haben, gibt es keinen Zweifel an der Bedeutung der Parallelen zwischen der Weltanschauung der Physiker und der Mystiker. Die interessante Frage ist dann nicht, *ob* diese Parallelen existieren, sondern *warum,* und weiter, was daraus folgt.

In seinen Versuchen, das Mysterium des Lebens zu ergründen, schlug der Mensch viele verschiedene Wege ein, u. a. den Weg der Wissenschaft und den der Mystik, aber noch viele andere mehr: den Weg des Dichters, des Kindes, des Clowns, des Schamanen, um nur einige zu nennen. Diese Wege führten zu verschiedenen verbalen und nicht-verbalen Beschreibungen der Welt, die verschiedene Aspekte betonen. Alle sind in dem Rahmen, in dem sie entstanden, nützlich und anwendbar. Sie sind jedoch alle nur Beschreibungen oder Darstellungen der Wirklichkeit und daher begrenzt. Keine kann ein vollständiges Weltbild geben.

Die mechanistische Weltanschauung der klassischen Physik ist brauchbar für die Beschreibung der Phänomene, denen wir in unserem täglichen Leben begegnen, und damit für den Umgang mit unserer Umgebung, und sie erwies sich auch als Basis für die Technik als äußerst tauglich. Sie ist jedoch ungeeignet für die Beschreibung der physikalischen Phänomene im submikroskopischen Bereich. Die Ansicht der Mystiker ist dem mechanistischen Begreifen der Welt entgegengesetzt; sie ist »organisch«, da sie alle Phänomene im Universum als integrale Bestandteile eines unteilbaren harmonischen Ganzen betrachtet. Diese Weltanschauung entsteht in den mystischen Traditionen aus dem meditativen Bewußtseinszustand. In ihrer Beschreibung der Welt gebrauchen die Mystiker Begriffe, die von diesen außergewöhnlichen Erfahrungen abgeleitet sind und sich im allgemeinen für eine wissenschaftliche Beschreibung makroskopischer Phänomene nicht eignen. Die organische Weltanschauung bringt für die Konstruktion von Maschinen keine Vorteile, auch nicht für die Behandlung der technischen Probleme in einer übervölkerten Welt.

Im täglichen Leben sind also beide, die mechanistische und die organische Ansicht vom Universum, gültig und nützlich; die eine für Wissenschaft und Technik, die andere für ein ausgeglichenes und erfülltes spirituelles Leben. Jenseits der Dimensionen unserer täglichen Umgebung verlieren die mechanistischen Begriffe jedoch ihre Gültigkeit und müssen durch organische Begriffe ersetzt werden, die denen der Mystik sehr ähnlich sind. Dies ist die wesentliche Erfahrung der modernen Physik, die das Thema unserer Diskussion war. Die Physik im zwanzigsten Jahrhundert zeigte, daß die Begriffe der organischen Weltanschauung, obwohl von geringem Wert für Wissenschaft und Technik im menschlichen Bereich, auf der atomaren und subatomaren Ebene äußerst nützlich wurden. Die organische Anschauung scheint daher grundlegender zu sein als die mechanistische. Die klassische Physik, die auf letzterer basiert, läßt sich von der Quantentheorie ableiten, was umgekehrt nicht möglich ist. Diese Anzeichen lassen erwarten, daß eine Ähnlichkeit besteht zwischen der Weltanschauung der modernen Physik und der östlichen Mystik. Beide treten auf, wenn der Mensch dem Wesen der Dinge auf den Grund geht – wenn er in die tieferen Schichten der Materie eindringt wie in der Physik oder in die tieferen Schichten des Bewußtseins wie in der Mystik, wenn er also hinter den oberflächlichen, mechanischen Erscheinungen des täglichen Lebens eine andere Wirklichkeit entdeckt.

Die Parallelen werden noch plausibler, wenn wir uns die anderen Ähnlichkeiten ins Gedächtnis zurückrufen, die trotz der unterschiedlichen Ansätze existieren. Erstens sind ihre Methoden rein empirisch: Physiker leiten ihr Wissen von Versuchen ab, Mystiker von meditativen Erkenntnissen. Beides sind Beobachtungen, und in beiden Bereichen werden diese Beobachtungen als einzige Quelle des Wissens anerkannt. Der Gegenstand der Beobachtung ist freilich in beiden Fällen sehr verschieden. Die Mystiker schauen nach innen und erforschen ihr Bewußtsein auf verschiedenen Ebenen, die den Körper als physische Manifestation des Geistes einschließen. Die Körpererfahrung wird in vielen östlichen Traditionen betont und oft als Schlüssel zur mystischen Welterfahrung betrachtet. Wenn wir gesund sind, fühlen wir die einzelnen Teile unseres Körpers nicht, sondern sind uns seiner als integriertes Ganzes bewußt, und dieses Bewußtsein erzeugt ein Gefühl des Wohlbehagens und des Glücks. Auf ähnliche Weise ist sich der Mystiker der Ganzheit des gesamten Kosmos bewußt, der als Ausdehnung des Körpers erfahren wird: Mit den Worten Lama Govindas:

> Der erleuchtcte Mensch aber, dessen Bewußtsein das Universum umfaßt, hat das Universum zum »Körper«, während sein physischer Körper zur Manifestation des universellen Geistes wird, seine Schauung zum Ausdruck höchster Wirklichkeit und seine Rede zum mantrischen Machtwort und heiliger Verkündung.[1]

Im Gegensatz zum Mystiker beginnt der Physiker seine Erforschung des Wesens der Dinge mit dem Studium der materiellen Welt. Beim Eindringen in die tieferen Schichten der Materie wurde er sich der Einheit aller Dinge und Vorgänge bewußt. Darüber hinaus hat er auch gelernt, daß er selbst und sein Bewußtsein ein integraler Teil dieser Einheit sind. So kommen der Mystiker und der Physiker zu derselben Schlußfolgerung, der eine ausgehend vom Reich des Inneren, der andere von der äußeren Welt. Die Harmonie zwischen ihren Ansichten bestätigt die alte indische Weisheit, daß Brahman, die letzte äußere Realität, mit Atman, der inneren Realität, identisch ist.

Eine weitere Ähnlichkeit zwischen dem Weg des Physikers

und dem des Mystikers liegt darin, daß ihre Beobachtungen auf Ebenen stattfinden, die den gewöhnlichen Sinnen nicht zugänglich sind. In der modernen Physik ist dies die atomare und subatomare Welt; in der Mystik sind es die außergewöhnlichen Bewußtseinszustände, in denen die Welt der Sinne überschritten wird. Die Mystiker sprechen oft von der Erfahrung höherer Dimensionen, in denen Eindrücke von verschiedenen Bewußtseinszentren zu einem harmonischen Ganzen integriert sind. Ähnlich verhält es sich in der modernen Physik, wo ein vierdimensionales Raum-Zeit-Formelsystem entwickelt wurde, das Begriffe und Beobachtungen vereint, die in der gewöhnlichen dreidimensionalen Welt verschiedenen Kategorien angehören. Auf beiden Gebieten überschreiten die mehrdimensionalen Erfahrungen die Welt der Sinne, und es ist daher fast unmöglich, sie in gewöhnlicher Sprache auszudrücken.

Wenn die Parallelen zwischen westlicher Wissenschaft und östlicher Mystik einmal anerkannt sind, wird eine Reihe von Fragen über ihre Bedeutung auftauchen. Entdeckt die moderne Physik mit ihrer komplizierten Maschinerie nur alte Weisheiten neu, die die östlichen Weisen seit Jahrtausenden kennen? Sollten die Physiker ihre wissenschaftliche Methode aufgeben und zu meditieren anfangen? Können Wissenschaft und Mystik sich gegenseitig befruchten, vielleicht sogar zu einer Synthese führen?

Ich meine, daß die Antwort auf alle diese Fragen nein lautet. Ich sehe Wissenschaft und Mystik als zwei sich ergänzende Manifestationen des menschlichen Geistes, seiner rationalen und seiner intuitiven Fähigkeiten. Die moderne Physik erfährt die Welt durch eine extreme Spezialisierung des rationalen Verstandes, die Mystik durch extreme Schärfung des intuitiven Sinnes. Die beiden Ansätze sind ganz verschieden und umfassen weit mehr als eine bestimmte Anschauung von der physikalischen Welt. Sie sind jedoch »komplementär«, wie wir in der Physik sagen. Keine von ihnen ist in der anderen enthalten, noch kann eine auf die andere zurückgeführt werden, aber beide sind notwendig und ergänzen sich für ein vollständiges Begreifen der Welt. Um ein altes chinesisches Sprichwort abzuwandeln: Mystiker verstehen die Wurzeln des Tao, aber nicht seine Zweige; Wissenschaftler verstehen seine Zweige, aber nicht seine Wurzeln. Die Wissenschaft braucht die Mystik nicht und die Mystik nicht die Wissenschaft, aber der Mensch braucht beides. Mystische Erfahrung ist nötig, um das Wesen der Dinge zu begreifen, und Wissenschaft ist für das moderne Leben unerläßlich. Wir brauchen daher keine Synthese, sondern ein dynamisches Zusammenspiel der mystischen Intuition und der wissenschaftlichen Analyse.

Dies wurde bisher in unserer Gesellschaft nicht erreicht. Zur Zeit ist unsere Haltung zu »Yang«, um wieder einen chinesischen Ausdruck zu benutzen, zu rational, männlich und aggressiv. Die Wissenschaftler selbst sind typische Beispiele. Obwohl ihre Theorien zu einer Weltanschauung führen, die derjenigen der Mystiker ähnlich ist, fällt auf, wie wenig dies die Einstellung der meisten Wissenschaftler beeinflußt hat. In der Mystik kann Wissen nicht von einer bestimmten Lebensweise getrennt werden, die zu ihrer lebendigen Manifestation wird. Mystisches Wissen zu erwerben heißt, sich einer Wandlung zu unterziehen. Man könnte sogar sagen, daß dieses Wissen die Wandlung *ist*. Dagegen kann das wissenschaftliche Wissen oft im Abstrakten und Theoretischen bleiben. So nehmen die meisten heutigen Physiker die philosophischen, kulturellen und spirituellen Auswirkungen ihrer Theorien anscheinend nicht zur Kenntnis. Viele von ihnen unterstützen aktiv eine Gesellschaft, die immer noch auf der mechanistischen, fragmentarischen Weltanschauung basiert, und sehen nicht ein, daß die Wissenschaft darüber hinausweist, zu einer Einheit des Universums, die nicht nur unsere natürliche Umgebung, sondern auch unsere Mitmenschen umfaßt. Ich glaube, daß die Weltanschauung, die aus der modernen Physik hervorgeht, mit unserer gegenwärtigen Gesellschaft unvereinbar ist, weil sie den harmonischen Zusammenhängen, die wir in der Natur beobachten, nicht Rechnung trägt. Um einen solchen Zustand des dynamischen Gleichgewichts zu erreichen, bedarf es einer völlig anderen sozialen und ökonomischen Struktur: einer kulturellen Revolution im wahren Sinne des Wortes. Das Überleben unserer ganzen Zivilisation kann davon abhängen, ob wir zu einer solchen Wandlung fähig sind. Es geht letztlich darum, daß wir einige der »Yin«-Anschauungen der östlichen Mystik übernehmen, die Natur ganzheitlich erfahren und mit ihr in Harmonie leben.

Eine Rückschau auf die Neue Physik
Nachwort zur revidierten Auflage

Seit dem Erscheinen der Erstausgabe dieses Buches wurden in mehreren Bereichen der Teilchenphysik beträchtliche Fortschritte erzielt. Im Vorwort zu dieser Neuausgabe habe ich festgestellt, daß die neuen Entwicklungen keine der Parallelen zum östlichen Denken widerlegt, sondern diese im Gegenteil bestätigt haben. Hier möchte ich nun die bedeutsamsten Ergebnisse der neuen Forschung in den Bereichen der Kern- und Teilchenphysik bis zum Sommer 1982 erörtern.

Eine der stärksten Parallelen zur östlichen Mystik bestand in der Erkenntnis, daß die Bausteine der Materie und die mit ihnen zusammenhängenden Phänomene eng miteinander verknüpft sind und nicht als isolierte Einheiten begriffen werden können, sondern nur als integrale Bestandteile eines einheitlichen Ganzen. Die Vorstellung einer grundlegenden »Quantenverknüpfung«, die ich im zehnten Kapitel in allen Einzelheiten erörtert habe, wurde von Bohr und Heisenberg im gesamten Verlauf der Geschichte der Quantentheorie stets hervorgehoben. In den vergangenen zwei Jahrzehnten fand sie jedoch erneut Beachtung, als den Physikern klar wurde, daß die einzelnen Phänomene im Universum tatsächlich auf viel subtilere Weise miteinander verknüpft sein könnten, als man bis dahin gedacht hatte. Die inzwischen festgestellte neue Art der Verknüpfung verstärkt nicht nur die Übereinstimmungen zwischen den Anschauungen der Physiker und denen der Mystiker, sie gibt uns auch die höchst interessante und anregende Möglichkeit, die Teilchenphysik mit der Jungschen Psychologie in Beziehung zu bringen, vielleicht sogar mit der Parapsychologie, und sie wirft ein neues Licht auf die fundamentale Rolle der Wahrscheinlichkeit in der Quantenphysik.

In der klassischen Physik bedient man sich des Begriffs der Wahrscheinlichkeit, wenn die an einem Geschehen teilhabenden Einzelheiten unbekannt sind. So könnten wir zum Beispiel beim Würfelspiel – im Prinzip – das Ergebnis voraussagen, wären uns nur alle im jeweiligen Spiel anfallenden mechanischen Einzelheiten bekannt: die genaue Zusammensetzung des Würfels, der Oberfläche, auf die er fällt, und so weiter. Diese Einzelheiten nennt man lokale Variablen, weil sie innerhalb der teilnehmenden Objekte liegen. In der subatomaren Physik stehen die lokalen Variablen für die Verbindung von räumlich getrennen Ereignissen mittels Signalen – Teilchen und Netzwerke von Teilchen – welche den gewöhnlichen Gesetzen räumlicher Trennung unterliegen. So kann beispielsweise kein Signal schneller als mit Lichtgeschwindigkeit übermittelt werden. In jüngster Zeit hat man jedoch jenseits dieser lokalen Zusammenhänge andere, nichtlokale entdeckt. Diese Zusammenhänge sind augenblicklich und unmittelbar und können zur Zeit nicht mit mathematischer Genauigkeit vorhergesagt werden.

Einige Physiker sehen in diesen nichtlokalen Zusammenhängen das wirklich Wesentliche der Quantenrealität. In der Quantentheorie haben individuelle Ereignisse nicht immer eine wohldefinierte Ursache. So kann etwa der Sprung eines Elektrons von einer atomaren Umlaufbahn auf eine andere oder der Zerfall eines subatomaren Teilchens ganz spontan auftreten, ohne daß irgendein bestimmtes Geschehen das verursacht. Wir können nie voraussagen, wann und wie ein solches Phänomen auftreten wird, sondern können nur seine Wahrscheinlichkeit vorhersagen. Das soll nicht heißen, daß atomare Ereignisse vollständig willkürlich eintreten, sondern nur, daß sie nicht von lokalen Ursachen ausgelöst werden. Das Verhalten jedes Teils wird bestimmt durch seine nichtlokalen Beziehungen zum Ganzen, und da wir diese nicht genau kennen, müssen wir den klassischen Begriff von Ursache und Wirkung durch den weiterreichenden Begriff statistischer Kausalität ersetzen. Die Gesetze der Kernphysik sind statistische Gesetze, nach denen die Wahrscheinlichkeiten atomarer Geschehnisse durch die Dynamik des ganzen Systems bestimmt werden. In der klassischen Physik bestimmen die Eigenschaften und das Verhalten der Teile das Verhalten des Ganzen. In der Quantenphysik ist es genau umgekehrt: Es ist das Ganze, das das Verhalten der Teile bestimmt.

Der Begriff der Wahrscheinlichkeit wird also in der klassischen wie in der Quantenphysik aus ähnlichen Gründen verwendet. In beiden Fällen gibt es uns unbekannte, „verborgene" Variablen, und diese Unkenntnis verhindert genaue Voraussagen. Es gibt jedoch einen entscheidenden Unterschied. Die verborgenen Variablen in der klassischen Physik sind lokale Mechanismen, die in der Quantenphysik nichtlokale. Es sind augenblickliche und unmittelbare Beziehungen zum Universum als Ganzem. In unserer alltäglichen makroskopischen Welt sind nichtlokale Beziehungen verhältnismäßig unwichtig, weshalb wir von separaten Objekten sprechen und Gesetze formulieren können, die deren Verhalten mit Gewißheit beschreiben. Bei kleineren Dimensionen wird der Einfluß nichtlokaler Beziehungen stärker, die Gewißheiten weichen Wahrscheinlichkeiten, und es wird zunehmend schwieriger, irgeneinen Teil des Universums vom Ganzen zu trennen.

Die Existenz nichtlokaler Zusammenhänge und die daraus resultierende fundamentale Rolle der Wahrscheinlichkeit ist etwas, was Einstein niemals akzeptieren konnte. Das war auch das Thema seiner historischen Debatte mit Bohr in den zwanziger Jahren, bei der Einstein seine Ablehnung der Bohr'schen Interpretation der Quantentheorie in die berühmte Metapher kleidete: »Der Hergott würfelt nicht.«[1] Am Ende dieser Debatte mußte Einstein zugeben, daß die Quantentheorie, so wie sie von Bohr und Heisenberg interpretiert wurde, ein in sich folgerichtiges Gedankensystem darstellte. Er blieb jedoch davon überzeugt, man werde früher oder später eine deterministische Interpretation mit Hilfe lokaler verborgener Variablen finden.

Kernstück der Meinungsverschiedenheit zwischen Einstein und Bohr war Einsteins fester Glaube an eine aus unabhängigen, räumlich getrennten Elementen bestehende äußere Wirklichkeit. Bei seinem Versuch aufzuzeigen, daß Bohrs Interpretation der Quantentheorie nicht stichhaltig sei, ersann Einstein ein Gedankenexperiment, das dann als Einstein-Podolsky-Rosen (EPR)-Experiment bekannt wurde.[2] Drei Jahrzehnte später leitete John Bell von diesem Experiment ein Theorem ab, welches nachweist, daß die Existenz lokaler verborgener Variablen nicht mit den statistischen Voraussagen der Quantentheorie in Einklang gebracht werden kann.[3] Bells Theorem versetzt der Einsteinschen Position einen vernichtenden Schlag, indem es aufzeigt, daß die Vorstellung einer Wirklichkeit, die aus separaten, durch lokale Beziehungen verbundenen Teilen zusammengesetzt ist, mit der Quantentheorie nicht vereinbar ist.

In jüngster Zeit wurde das EPR-Experiment von Physikern, die sich um eine Interpretation der Quantentheorie bemühten, mehrfach diskutiert und analysiert, weil es sich geradezu ideal dazu eignet, den Unterschied zwischen klassischen und Quantenbegriffen aufzuzeigen.[4] An dieser Stelle genügt es, eine vereinfachte Version des Experiments zu beschreiben, das sich auf zwei Elektronen mit ihrem »Spin« beschränkt und auf der von David Bohm formulierten umfassenden Darstellung beruht.[5] Um den eigentlichen Kern der Situation zu begreifen, muß man mit einigen Eigenschaften des »Kreisels« (*spin*) eines Elektrons vertraut sein. Das klassische Bild vom Tennisball mit einem Drall reicht nicht wirklich aus, den Spin eines subatomaren Teilchens zu beschreiben. In gewisser Hinsicht ist der Spin die Rotation eines Teilchens um seine eigene Achse, doch wie stets in der subatomaren Physik ist diese klassische Vorstellung nur begrenzt brauchbar. Im Falle eines Elektrons ist der Spin des Teilchens auf zwei Werte begrenzt: Die Geschwindigkeit des Spin ist stets dieselbe, doch kann das Elektron in der einen oder anderen Richtung, im Uhrzeigersinn oder im Gegensinn, um eine gegebene Achse rotieren. Physiker bezeichnen diese beiden Werte des Spin oft als »*up*« und »*down*« (»auf« und »ab«).

Die entscheidende Eigenschaft eines kreiselnden Elektrons, die man im Rahmen der klassischen Vorstellung nicht verstehen kann, ist die Tatsache, daß seine Rotationsachse nicht immer mit Gewißheit bestimmt werden kann. So wie Elektronen die Tendenz zeigen, an bestimmten Orten zu existieren, so zeigen sie auch Tendenzen, um bestimmte Achsen zu rotieren. Führt man jedoch für eine beliebige Rotationsachse eine Messung durch, so findet man, daß das Elektron in der einen oder anderen Richtung um diese Achse rotiert. Mit anderen Worten: Das Teilchen erhält im Augenblick der Messung eine bestimmte Rotationsachse; man kann jedoch nicht sagen, daß es schon *vor* der Messung um eine bestimmte Achse rotierte. Da hat es nur eine gewisse Tendenz oder das Potential, das zu tun.

Nach dieser Erklärung des Spin von Elektronen können wir uns jetzt mit dem EPR-Experiment und dem Theorem von Bell näher beschäftigen. Um das Experiment in Gang zu bringen, nutzt man eine von mehreren möglichen Methoden, zwei Elektronen in einen Zustand zu versetzen, in dem ihr Spin zusammengenommen gleich Null ist. Nehmen wir nun an, die beiden Teilchen in diesem System werden durch einen Vorgang auseinandergetrieben, der ihren jeweiligen Spin nicht beeinträchtigt. Während sie sich voneinander entfernen, ist ihre kombinierte Kreiselbewegung immer noch gleich Null. Sobald sie dann durch eine größere Entfernung getrennt sind, wird ihr jeweiliger Spin gemessen. Ein wichtiger Aspekt des Experiments ist, daß die Entfernung zwischen den beiden Teilchen im Augenblick der Messung beliebig groß sein kann. Das eine Teilchen kann sich in New York, das andere in Paris befinden, oder das eine auf der Erde und das andere auf dem Mond.

Nehmen wir nunmehr an, der Spin des Teilchens 1 werde in bezug auf eine vertikale Achse gemessen und als »aufwärts« (»*up*«) gerichtet befunden. Da der kombinierte Spin der beiden Teilchen gleich Null ist, geht aus dieser Messung hervor, daß der Spin von Teilchen 2 »abwärts« (»*down*«) gerichtet sein muß. Die Messung des Spin von Teilchen 1 bedeutet also zugleich eine indirekte Messung des Spin von Teilchen 2, ohne daß dieses Teilchen auf irgendeine Weise beeinflußt wird.

Paradox an diesem EPR-Experiment ist, daß es dem Beobachter freisteht, die Meßachse zu wählen. Die Quantentheorie sagt uns, daß in einem System von zwei Teilchen, deren gesamter Spin gleich Null ist, der Spin der beiden Teilchen um jede beliebige Achse stets in entgegengesetzten Richtungen verlaufen muß, obwohl der jeweilige Spin vor der Messung nur als Tendenz oder Möglichkeit existiert. Der entscheidende Punkt ist, daß wir unsere Meßachse im letzten Augenblick wählen können, wenn die beiden Teilchen schon weit voneinander entfernt sind. In dem Augenblick, in dem wir unsere Messung an Teilchen 1 durchführen, wird Teilchen 2, auch wenn es Tausende von Kilometern entfernt ist, einen ganz bestimmten Spin um die gewählte Achse annehmen. Woher aber weiß Teilchen 2, welche Achse wir gewählt haben? Es hat keine Zeit, diese Information mittels eines konventionellen Signals zu empfangen.

Das ist der springende Punkt am EPR-Experiment und auch der Punkt, in dem Einstein mit Bohr nicht übereinstimmte. Für Einstein war, da sich kein Signal schneller als mit Lichtgeschwindigkeit fortpflanzen kann, es unmöglich, daß die an einem Teilchen vorgenommene Messung im selben Augenblick die Richtung des Spin des anderen, Tausende von Kilometern entfernten Teilchens bestimmen kann. Nach Bohr ist das Zwei-Teilchen-System ein unteilbares Ganzes, selbst wenn die Teilchen durch riesige Entfernungen voneinander getrennt sind. Ein solches System kann man nicht in Begriffen von unabhängigen Teilen analysieren. Obwohl im Raum weit voneinander getrennt, sind sie durch augenblickliche und unmittelbare, nichtlokale Zusammenhänge miteinander verbunden. Diese Verbindungen sind keine Signale im Einsteinschen Sinne; sie transzendieren unsere konventionelle Vorstellung von Informationsübermittlung. Bells Theorem unterstützt Bohrs Position und weist unbestreitbar nach, daß Einsteins Anschauung einer aus unabhängigen, räumlich getrennten Elementen zusammengesetzten Wirklichkeit mit den Gesetzen der Quantentheorie unvereinbar ist. Mit anderen Worten: Bells Theorem demonstriert, daß das Universum im umfassendsten Sinne innerlich zusammenhängt, daß alle seine Teile voneinander abhängig und untrennbar sind. Das hat schon vor Hunderten von Jahren der buddhistische Weise Nagarjuna so formuliert:

Dinge leiten ihre Natur und ihr Sein von gegenseitiger
Abhängigkeit her und sind nichts in sich selbst.

Die gegenwärtige Forschung in der Physik verfolgt das Ziel, zwei grundlegende Theorien miteinander zu vereinigen, die Quanten- und die Relativitätstheorie, und daraus eine vollständige Theorie der subatomaren Teilchen zu schaffen. Bis jetzt ist es noch nicht gelungen, sie zu formulieren, doch gibt es Teiltheorien und Modelle, die gewisse Aspekte der subatomaren Phänomene sehr gut beschreiben. Im Augenblick kennt die Teilchenphysik zwei Arten von »quantenrelativistischen« Theorien, die in verschiedenen Bereichen erfolgreich waren: Erstens eine Gruppe von Quantenfeldtheorien (s. Kapitel 14), die auf elektromagnetische und schwache Wechselwirkungen anwendbar sind, zweitens die S-Matrix-Theorie (s. Kapitel 17), die bei der Beschreibung der starken Wechselwirkungen erfolgreich ist. Ein bisher ungelöstes Problem ist die Vereinigung der Quanten- und der allgemeinen Relativitätstheorie zu einer Quantentheorie der Schwerkraft. Obwohl die jüngste Entwicklung der »Superschwerkraft«-Theorien[6] einen Schritt nach vorn zur Lösung dieses Problems darstellen könnte, hat man bisher noch keine befriedigende Theorie gefunden.

Die im vierzehnten Kapitel beschriebenen Quantenfeldtheorien beruhen auf der Vorstellung des Quantenfelds, einer fundamentalen Einheit, die in kontinuierlicher Form, also als Feld, und in diskontinuierlicher Form, also als Teilchen, existieren kann, wobei verschiedene Arten von Teilchen mit verschiedenen Feldern in Verbindung gebracht werden. Diese Theorien haben die Vorstellung von Teilchen als fundamentalen Objekten durch die subtilere Vorstellung von Quantenfeldern ersetzt. Nichtsdestoweniger befassen sie sich mit fundamentalen Einheiten und sind daher in gewissem Sinne semi-klassische Theorien, welche die quantenrelativistische Natur der subatomaren Materie nicht in vollem Umfang offenbaren.

Die Quantenelektrodynamik, die erste der Quantenfeldtheorien, verdankt ihren Erfolg der Tatsache, daß die elektromagnetischen Wechselwirkungen sehr schwach sind und es daher ermöglichen, die klassische Unterscheidung zwischen Materie und Wechselwirkungskräften weitgehend aufrechtzuerhalten.* Das gilt auch für die Feldtheorien, die sich mit den schwachen Wechselwirkungen befassen. Tatsächlich wurde die Ähnlichkeit von elektromagnetischen und schwachen Wechselwirkungen seit kurzem durch die Entwicklung einer neuen Art von Quantenfeldtheorien noch erheblich deutlicher, nämlich durch die sogenannten *Gauge*-Theorien, die es möglich gemacht haben, beide Wechselwirkungen zu vereinen. In der sich daraus ergebenden vereinigten Feldtheorie – die nach ihren beiden Hauptarchitekten Steve Weinberg und Abdus Salam als Weinberg-Salam-Theorie bekannt ist – bleiben die beiden Wechselwirkungen zwar unterschieden, mathematisch je-

* Technisch ausgedrückt bedeutet dies, daß die elektronische Kupplungskonstante so klein ist, daß eine Störungsexpansion eine ausgezeichnete Annäherung ergibt.

doch werden sie miteinander verknüpft. Sie werden dementsprechend kollektiv als »elektroschwache« Wechselwirkungen bezeichnet.[7]

Den Ansatz der *Gauge*-Theorie hat man auch auf die starken Wechselwirkungen ausgedehnt, und zwar mit der Entwicklung einer als Quantenchromodynamik (QCD) bezeichneten Feldtheorie. Viele Physiker bemühen sich jetzt um die »große Vereinigung« der QCD und der Weinberg-Salam-Theorie.[8] Doch ist die Verwendung der *Gauge*-Theorie bei der Beschreibung stark wechselwirkender Teilchen ziemlich problematisch. Die Wechselwirkungen zwischen Hadronen sind so stark, daß sich die Unterscheidung zwischen Teilchen und Kräften verwischt. Daher war die QCD bei der Beschreibung von Vorgängen, an denen stark wechselwirkende Kräfte beteiligt sind, nicht sehr erfolgreich. Die QCD ist nur bei einigen sehr speziellen Phänomenen anwendbar – den sogenannten »tief unelastischen« Streuprozessen –, bei denen sich die Teilchen aus noch nicht richtig verstandenen Gründen beinahe wie klassische Objekte verhalten. Trotz großer Anstrengungen ist es den Physikern bisher nicht gelungen, die QCD über diesen engen Bereich von Phänomenen hinaus anzuwenden. Die anfänglichen Hoffnungen, sie als theoretischen Rahmen für die Ableitung der Eigenschaften stark wechselwirkender Teilchen verwenden zu können, haben sich bisher nicht erfüllt.[9]

Die Quantenchromodynamik stellt die gegenwärtige mathematische Formulierung des Quarkmodells dar (siehe Kapitel 16), wobei die Felder mit Quarks assoziiert werden und das »chromo« sich auf die Farbeigenschaften dieser Quarkfelder bezieht. Wie alle *Gauge*-Theorien wurde die QCD nach der Quantenelektrodynamik (QED) modelliert. Während in der QED die elektromagnetischen Wechselwirkungen durch den Austausch von Photonen zwischen aufgeladenen Teilchen übermittelt werden, werden die starken Wechselwirkungen durch den Austausch von »Gluonen« zwischen farbigen Quarks übermittelt. Diese Gluonen sind keine echten Teilchen, sondern eine Art von Quanten, die Quarks zu Mesonen und Baryonen zusammenleimen (engl.: *glue*).[10]

Während der vergangenen zehn Jahre mußte das Quarkmodell erheblich ausgeweitet und verfeinert werden, da in Kollisions-Experimenten mit Teilchen, die immer stärker beschleunigt werden konnten, viele neue Teilchen entdeckt wurden. In Kapitel 16 wurde beschrieben, daß jedes der ursprünglich postulierten drei Quarks mit den Eigenschaften (*flavours*) »auf«, »ab« und »fremd« (*up, down, strange*) in drei verschiedenen Farben auftreten mußte. Später wurde dann ein viertes Quark, ebenfalls in drei Farben und mit dem Buchstaben »c« für »*charm*« bezeichnet, postuliert. Neuerdings wurden diesem Modell zwei neue Flavours hinzugefügt, die man mit »t« und »b« für »*top*« und »*bottom*« (»oben« und »unten«) oder poetischer für »*true*« (wahr) und »*beautiful*« (schön) bezeichnete. Damit beträgt die Gesamtzahl der Quarks jetzt achtzehn – sechs Flavours zu je drei Farben. Es kann nicht überraschen, daß einige Physiker diese große Zahl fundamentaler Bausteine ziemlich unattraktiv finden und daher bereits vorgeschlagen haben, es sei jetzt an der Zeit, an kleinere, »wahrhaft elementare« Bestandteile zu denken, aus denen die Quarks zusammengesetzt sind ...

Während die theoretischen Physiker sich einerseits emsig mit diesen Theorien und Modellentwürfen beschäftigten, hielten die Experimentatoren weiter nach freien Quarks Ausschau, ohne bisher jedoch auch nur ein einziges entdeckt zu haben. Diese beharrliche Abwesenheit freier Quarks ist zum Hauptproblem des Quarkmodells geworden. Im Rahmen der QCD hat man diesem Phänomen den Namen Quarkeinschließung gegeben, womit gemeint ist, daß die Quarks aus irgendeinem Grunde immer in Hadronen eingeschlossen sind, so daß man sie niemals zu Gesicht bekommen wird. Man hat bereits mehrere Mechanismen vorgeschlagen, die diese Einschließung der Quarks erklären sollen, doch wurde bisher noch keine folgerichtige Theorie formuliert.

Das ist also der augenblickliche wissenschaftliche Stand des Quarkmodells: Um die beobachteten Strukturen im Hadronenspektrum zu erklären, sind offenbar mindestens achtzehn Quarks plus acht Gluonen nötig. Keines davon ist bisher jemals als freies Teilchen beobachtet worden, und ihre Existenz als physikalische Bestandteile von Hadronen würde zu ernsten theoretischen Schwierigkeiten führen. Man hat zwar verschiedene Mechanismen, mit denen man ihre permanente Einschließung erklären möchte, entwickelt, doch bietet keiner von ihnen eine befriedigende dynamische Theorie, während die QCD, der theoretische Rahmen für das Quarkmodell, sich nur auf einen sehr engen Bereich von Phänomenen anwenden läßt. Trotz dieser Schwierigkeiten halten die meisten Physiker weiterhin an der so tief in unserer abendländischen wissenschaftlichen Tradition verankerten Idee grundlegender Bausteine der Materie fest.

Die eindrucksvollsten Entwicklungen in der Teilchenphysik der jüngsten Zeit sind wahrscheinlich bei der S-Matrix-Theorie und dem Bootstrap-Ansatz zu verzeichnen (siehe Kap. 17 und 18). Letzterer akzeptiert keine fundamentalen Einheiten, sondern versucht, die Natur ganz aus ihrer Gesamtübereinstimmung zu begreifen. Ich habe in diesem Buch deutlich gemacht, daß ich die Bootstrap-Philosophie für den Höhepunkt des gegenwärtigen wissenschaftlichen Denkens halte, und dabei betont, daß sie in ihrer allgemeinen Philosophie und ihrer spezifischen Beschreibung der Materie dem östlichen Denken am nächsten kommt. Zugleich stellt sie einen sehr schwierigen Zugang zur Physik dar, dessen sich gegenwärtig nur eine kleine Minderheit der Physiker bedient. Der überkommenen Denkweise der meisten Physiker ist die Bootstrap-Philosophie allzu fremd, so daß sie diese nicht wirklich schätzen können. Dieser Mangel an Zustimmung erstreckt sich auch auf die S-Matrix-Theorie. Es ist merkwürdig und sehr bezeichnend, daß die grundlegenden Begriffe dieser Theorie zwar von allen Teilchenphysikern benutzt werden, wenn sie die Ergebnisse von Streu-Experimenten analysieren, daß jedoch noch kein einziger Nobelpreis an einen der hervorragenden Physiker verliehen wurde, die in den vergangenen Jahren zur Entwicklung der S-Matrix-Theorie beigetragen haben.

Die größte Herausforderung für die S-Matrix-Theorie und die Bootstrap-Methode bestand immer darin, die Quarkstruktur der subatomaren Teilchen zu belegen. Obwohl unser gegenwärtiges Verständnis der subatomaren Welt die Existenz von Quarks als physikalische Teilchen ausschließt, kann kein Zweifel daran bestehen, daß Hadronen Quarksymmetrien aufweisen, die durch eine erfolgreiche Theorie der starken

Wechselwirkungen erklärt werden müssen. Bis vor kurzem konnte die Bootstrap-Methode diese auffallenden Regelmäßigkeiten nicht erklären, doch hat es innerhalb der vergangenen sechs Jahre eine größeren Durchbruch auf dem Gebiet der S-Matrix-Theorie gegeben. Er führte zu einer Bootstrap-Theorie der Teilchen, mit der die beobachtete Quarkstruktur erklärt werden kann, ohne daß dazu die Existenz physikalischer Quarks postuliert werden muß. Darüber hinaus erhellt die neue Bootstrap-Theorie eine Anzahl bisher nicht verstandener Probleme.[11]

Zum Verständnis des wesentlichen Gehalts dieser neuen Entwicklung ist es notwendig, die Bedeutung der Quarkstruktur im Rahmen der S-Matrix-Theorie zu klären. Im Quarkmodell werden die Teilchen im Grunde als Billardkugeln dargestellt, in denen sich kleinere Billardkugeln befinden. In der ganzheitlichen und durch und durch dynamischen S-Matrix-Theorie jedoch sieht man die Teilchen als miteinander zusammenhängende Energiestrukturen in einem fortlaufenden universalen Prozeß – als Korrelationen oder Verknüpfungen zwischen verschiedenen Teilen eines untrennbaren kosmischen Gewebes. In einem solchen Rahmen bezieht sich der Ausdruck »Quarkstruktur« auf die Tatsache, daß der Energietransfer und der Informationsfluß in diesem Netzwerk von Vorgängen längs wohldefinierter Linien verläuft, wobei die mit Mesonen assoziierte Zweiheit und die mit Baryonen assoziierte Dreiheit entsteht. Das ist das dynamische Äquivalent zu der Feststellung, daß Hadronen aus Quarks bestehen. In der S-Matrix-Theorie gibt es keine genau unterschiedenen Einheiten und keine grundlegenden Bausteine, sondern nur einen Energiefluß, der gewisse wohldefinierte Strukturen aufweist.

Damit ergibt sich also die Frage: Wie entstehen die spezifischen Quarkstrukturen? Schlüsselelement der neuen Bootstrap-Theorie ist der Begriff der Ordnung als einem neuen und bedeutsamen Aspekt der Teilchenphysik. Ordnung in diesem Zusammenhang bedeutet Ordnung in der Verknüpfung subatomarer Vorgänge. Teilchenreaktionen können auf verschiedene Weise miteinander verknüpft werden, weshalb sich verschiedene Kategorien von Ordnung definieren lassen. Die Sprache der Topologie – den Mathematikern wohlvertraut, jedoch nie zuvor auf die Teilchenphysik angewendet – wird dazu benutzt, diese Ordnungskategorien zu klassifizieren. Gliedert man diesen Ordnungsbegriff in den mathematischen Rahmen der S-Matrix-Theorie ein, dann erweisen sich nur wenige spezielle Kategorien geordneter Beziehungen als mit den wohlbekannten Eigenschaften der S-Matrix vereinbar. Diese Ordnungskategorien entsprechen genau den in der Natur beobachteten Quarkstrukturen. So erscheint also die Quarkstruktur als eine Manifestation von Ordnung und notwendige Folge der Gesamtübereinstimmung, ohne daß deswegen Quarks als physikalische Bestandteile von Hadronen postuliert werden müssen.

Daß der Ordnungsbegriff zu einem neuen und zentralen Begriff in der Teilchenphysik geworden ist, hat nicht nur einen bedeutenden Durchbruch auf dem Gebiet der S-Matrix-Theorie bewirkt, sondern kann auch weitreichende Implikationen für die Naturwissenschaft insgesamt haben. Im Augenblick erscheint die Rolle der Ordnung in der subatomaren Physik noch mysteriös und nicht voll erforscht. Es ist jedoch interessant, daß der Begriff der Ordnung – wie auch die drei S-Matrix-Prinzipien (siehe S. 274) – für unseren wissenschaftlichen Zugang zur Realität eine wirklich fundamentale Rolle spielt und ein ganz entscheidender Aspekt unserer Beobachtungsmethoden ist. Die Fähigkeit, Ordnung zu erkennen, scheint ein wesentlicher Aspekt des rationalen Verstandes zu sein. Jede Wahrnehmung von Strukturen ist in gewissem Sinne eine Wahrnehmung von Ordnung. Die Klärung des Ordnungsbegriffs in einem Forschungsbereich, in dem Strukturen von Materie und Strukturen des Geistes mehr und mehr als wechselseitige Spiegelungen erkannt werden, verspricht, uns faszinierende neue Dimensionen des Wissens zu erschließen.

Urheber der Bootstrap-Theorie sowie Koordinator und philosophischer Vorkämpfer der S-Matrix-Theorie in den vergangenen zwanzig Jahren ist Geoffrey Chew. Seiner Ansicht nach kann die Ausdehnung der S-Matrix-Theorie über den Bereich der Beschreibung der Hadronen hinaus uns erstmalig die Möglichkeit erschließen, auch das Studium des menschlichen Bewußtseins in unsere künftigen Theorien der Materie einzubeziehen. »Ein solcher künftiger Schritt«, schrieb Chew, »würde wesentlich tiefergreifende Konsequenzen haben als alles, was im Zusammenhang mit dem Hadronen-Bootstrap erreicht werden kann. Unser gegenwärtiges Ringen um den Hadronen-Bootstrap wäre dann vielleicht nur ein Vorgeschmack auf eine völlig neue Form menschlichen intellektuellen Bemühens.«

Seit er diese Sätze vor fünfzehn Jahren schrieb, haben neue Entwicklungen in der S-Matrix-Theorie Chew der oben erwähnten Möglichkeit, sich ausdrücklich mit dem Bewußtsein zu befassen, beträchtlich nähergebracht. Außerdem war Chew nicht der einzige Physiker, der sich in dieser Richtung bewegte. Eine von David Bohm aufgestellte Theorie gehört zu den faszinierendsten der neueren Entwicklungen. Er ist vielleicht weiter als jeder andere beim Studium der Beziehungen zwischen Bewußtsein und Materie vorgedrungen. Seine Methode ist umfassender und ehrgeiziger als die der gegenwärtigen S-Matrix-Theorie. Man kann sie als einen Versuch ansehen, Raum-Zeit im Rahmen des Bootstrap-Modells zu erfassen, und zwar zusammen mit einigen fundamentalen Vorstellungen der Quantentheorie, um daraus eine folgerichtige quanten-relativistische Theorie der Materie abzuleiten.[12]

Wie ich im zehnten Kapitel dargestellt habe, nimmt Bohm den Begriff der »ungebrochenen Ganzheit« als Ausgangspunkt, und er betrachtet die durch das EPR-Experiment exemplifizierten nichtlokalen Zusammenhänge als wesentlichen Aspekt dieser Ganzheit. Es scheint jetzt, daß nichtlokale Zusammenhänge die Quelle der statistischen Formulierung der Gesetze der Quantenphysik sind. Bohm will jedoch über die Wahrscheinlichkeit hinausgehen und die Ordnung erforschen, die seiner Ansicht nach dem kosmischen Gewebe von Zusammenhängen auf einer tieferen »nichtmanifesten« Ebene inhärent ist. Er nennt dies eine »implizite« oder »eingefaltete« Ordnung, in der die Verknüpfungen des Ganzen nichts mit der Lokalität in Raum und Zeit zu tun haben, sondern eine völlig unterschiedliche Qualität zur Schau stellen – die der Einfaltung.

Bohm benutzt als Analogie für diese implizite Ordnung das Hologramm wegen seiner Eigenschaft, daß jedes seiner Teile in gewissem Sinne das Ganze enthält.[13] Wird ein Teil des Hologramms beleuchtet, kommt es zu einer Rekonstruktion des ganzen Bildes, obwohl dieses weniger Einzelheiten zeigt als das vom vollständigen Hologramm erhaltene Bild. Bohm meint, die reale Welt sei nach denselben allgemeinen Prinzipien strukturiert, wobei das Ganze in jedes seiner Teile eingefaltet ist.

Bohm ist sich natürlich darüber im klaren, daß die Analogie des Hologramms zu begrenzt ist, um als wissenschaftliches Modell für die implizite Ordnung auf subatomarer Ebene dienen zu können. Um die wesentlich dynamische Natur der Realität auf dieser Ebene auszudrücken, hat er für den Untergrund aller manifesten Einheiten den Ausdruck »Holomovement« geprägt. Diese »Holobewegung« ist nach Bohms Ansicht ein dynamisches Phänomen, dem alle Formen des materiellen Universums entspringen. Mit seiner Methode will er die in diese Holobewegung eingefaltete Ordnung studieren, und zwar nicht, indem er die Struktur von Objekten, sondern die Struktur der Bewegung untersucht, womit sowohl der Einheit als auch der dynamischen Natur des Universums Rechnung getragen wird.

Nach Bohm entstehen auch Zeit und Raum als Formen, die der Holobewegung entspringen; auch sie sind in ihre Ordnung eingefaltet. Bohm glaubt, das Verständnis der impliziten Ordnung werde nicht nur zu einem tieferen Verständnis der Wahrscheinlichkeit in der Quantenphysik führen, sondern es auch ermöglichen, die grundlegenden Eigenschaften der relativistischen Raum-Zeit abzuleiten. So soll die Theorie der impliziten Ordnung eine gemeinsame Grundlage für die Quanten- wie für die Relativitätstheorie liefern.

Zum Verständnis der impliziten Ordnung hält Bohm es für notwendig, das Bewußtsein als ein wesentliches Charakteristikum, als ein wesentliches Element der Holobewegung anzusehen und in seiner Theorie ausdrücklich zu berücksichtigen. Für ihn sind Geist und Materie voneinander abhängig und korreliert, jedoch nicht kausal verbunden. Beides sind sich gegenseitig einfaltende Projektionen einer höheren Realität, die weder Materie noch Bewußsein ist.

Gegenwärtig befindet sich Bohms Theorie noch im Versuchsstadium, und die meisten seiner Feststellungen sind mehr qualitativer als quantitativer Natur, obwohl er dabei ist, einen mathematischen Formalismus mit Matrizen und der Topologie zu entwickeln. Nichtsdestoweniger scheint selbst in diesem vorläufigen Stadium eine interessante Verwandtschaft zwischen seiner Theorie der impliziten Ordnung und Chews Bootstrap-Theorie zu bestehen. Beide Methoden beruhen auf derselben Anschauung von der Welt als einem dynamischen Gewebe von Beziehungen; beide sprechen dem Begriff der Ordnung eine zentrale Rolle zu; beide verwenden Matrizen, um Veränderung und Transformation darzustellen, sowie die Topologie, um Ordnungskategorien zu klassifizieren. Schließlich erkennen beide an, daß Bewußtsein ein wesentlicher Aspekt des Universums sein könnte, den man in eine künftige Theorie physikalischer Phänomene einbeziehen muß. Eine derartige künftige Theorie könnte durchaus aus der Verschmelzung der Theorien von Chew und Bohm entstehen, die zwei der einfallsreichsten und philosophisch tiefgründigsten Wege zur physikalischen Realität darstellen.

Anmerkungen

Teil I DER WEG DER PHYSIK

Kapitel 1 Moderne Physik – Ein »Weg mit Herz«?

1 J. R. Oppenheimer, *Science and the Common Understanding* (Oxford University Press, London 1954), S. 8–9.
2 N. Bohr, *Atomic Physics and Human Knowledge* (John Wiley & Sons, New York 1958), S. 20.
3 W. Heisenberg, *Physik und Philosophie* (Ullstein, Berlin 1973), S. 170.
4 Ashvaghosha, *The Awakening of Faith*. Übers. von D. T. Suzuki (Open Court, Chicago 1900), S. 78.
5 *Brihad-Aranyaka-Upanischade*. In: *Upanishaden. Altindische Weisheit aus Brahmanas und Upanishaden*. Übertr. und eingel. von A. Hillebrandt (Diederichs, Düsseldorf–Köln 1973), S. 67.

Kapitel 2 Wissen und Sehen

1 W. Heisenberg, *Physik und Philosophie* (Ullstein, Berlin 1973), S. 102.
2 Chuang-tzu. Übers. James Legge, arrang. Clae Waltham (Ace Books, New York 1971), Kap. 26.
3 *Katha-Upanischade*, op. cit., S. 167.
4 *Kena-Upanischade*, op. cit., S. 153.
5 Zitiert in: J. Needham, *Science and Civilisation in China* (Cambridge University Press, London 1956), Bd. 2, S. 85.
6 W. James, *The Varieties of Religious Experience* (Fontana, London 1971), S. 374.
7 B. Russell, *History of Western Philosophy* (Allen & Unwin, London 1961), S. 56.
8 D. T. Suzuki, *On Indian Mahayana Buddhism,* hrsg. Edward Conze (Harper & Row, New York 1968), S. 237.
9 J. Needham, op. cit., Bd. 2, S. 33.
10 Aus dem *Zenrin kushu,* in: I. Muira und R. Fuller Sasaki, *The Zen Koan* (Harcourt-Brace, New York 1965), S. 103.
11 D. T. Suzuki, *Outlines of Mahayana Buddhism* (Schocken Books, New York 1963), S. 235.
12 C. Castaneda, *A Separate Reality* (Bodley Head, London 1971), S. 10. Deutsche Ausgabe: *Eine andere Wirklichkeit. Neue Gespräche mit Don Juan* (S. Fischer, Frankfurt/M. 1973).

13 Lao-tzu, *Tao Te Ching*. Übers. Ch'u Ta-Kao (Allen & Unwin, London 1970), Kap. 41.
14 Ibid., Kap. 48.
15 Chuang-tzu, op. cit., Kap. 13.
16 P. Kapleau, *Die drei Pfeiler des Zen* (O. W. Barth, München 1975), S. 90.
17 A. Coomaraswamy, *Hinduism and Buddhism* (Philosophical Library, New York 1943), S. 33.
18 A. W. Watts, *The Way of Zen* (Vintage Books, New York 1957), S. 183.
19 Ibid., S. 187.

Kapitel 3 Jenseits der Sprache

1 W. Heisenberg, *Physik und Philosophie* (Ullstein, Berlin 1973), S. 148.
2 D. T. Suzuki, *On Indian Mahayana Buddhism,* hrsg. Edward Conze (Harper & Row, New York 1968), S. 239.
3 W. Heisenberg, op. cit., S. 149.
4 D. T. Suzuki, *The Essence of Buddhism* (Hozokan, Kyoto 1968), S. 26.
5 P. Kapleau, *Die drei Pfeiler des Zen* (O. W. Barth, München 1975), S. 195.
6 W. Heisenberg, op. cit., S. 26.

Kapitel 4 Die neue Physik

1 D. T. Suzuki, *The Essence of Buddhism* (Hozokan, Kyoto 1968), S. 7.
2 W. Heisenberg, *Physik und Philosophie* (Ullstein, Berlin 1973), S. 139.
3 P. A. Schilpp (Hrsg.), *Albert Einstein: Philosopher-Scientist* (The Library of Living Philosophers, Evanston, Illinois 1949), S. 45.
4 N. Bohr, *Atomic Physics and the Description of Nature* (Cambridge University Press, London 1934), S. 2. Deutsche Ausgabe: *Atomtheorie und Naturbeschreibung. Vier Aufsätze mit einer einleitenden Übersicht* (S. Springer, Berlin 1931).
5 Sri Aurobindo, *On Yoga II* (Aurobindo Ashram, Pondicherry, India 1958), Bd. I, S. 327.
6 Zitiert in: M. Capek, *The Philosophical Impact of Contemporary Physics* (D. Van Nostrand, Princeton, New Jersey 1961), S. 7.
7 Ibid., S. 36.
8 M. P. Crosland (Hrsg.), *The Science of Matter* (History of Science Readings, Penguin Books, Harmondsworth 1971), S. 76.
9 Zitiert in: M. Capek, op. cit., S. 122.
10 Zitiert in: J. Jeans, *The Growth of Physical Science* (Cambridge University Press, London 1951), S. 237.
11 *Tables of Particle Properties,* veröffentlicht von der »Particle Data Group« in *Physics Letters,* Bd. 50 B, Nr. 1, 1974.

Teil II DER WEG DER ÖSTLICHEN MYSTIK

Kapitel 5 Hinduismus

1 *Mundaka-Upanischade.* In: *Upanishaden* (Diederichs, Düsseldorf–Köln 1973), S. 183.
2 *Bhagavad Gita,* 4.42.
3 *Bhagavad Gita,* 13.12.
4 *Maitri-Upanischade,* 6.17.
5 *Brihad-Aranyaka-Upanischade,* 1.4.6.
6 *Chandogya-Upanischade,* 6.9.4, op. cit., S. 118.
7 *Bhagavad Gita,* 8.3.
8 Ibid., 3.27–8.
9 *Brihad-Aranyaka-Upanischade,* 4.3.21, op. cit., S. 80.

Kapitel 6 Buddhismus

1 *Dhammapada,* 113.
2 *Digha Nikaya,* ii.154.
3 D. T. Suzuki, *On Indian Mahayana Buddhism,* hrsg. Edward Conze (Harper & Row, New York 1968), S. 122.
4 D. T. Suzuki, *The Essence of Buddhism* (Hozokan, Kyoto 1968), S. 54.

Kapitel 7 Chinesisches Denken

1 Chuang-tzu. Übers. James Legge, arrang. Clae Waltham (Ace Books, New York 1971), Kap. 13.
2 J. Needham, *Science and Civilisation in China* (Cambridge University Press, London 1956), Bd. 2, S. 35.
3 Fung Yu-lan, *A Short History of Chinese Philosophy* (Macmillan, New York 1958), S. 14.
4 Chuang-tzu, op. cit., Kap. 22.
5 Zitiert in J. Needham, op. cit., Bd. 2, S. 51.
6 Lao-tzu, *Tao Te Ching,* übers. Ch'u Ta-Kao (Allen & Unwin, London 1970), Kap. 40 und 25.
7 Ibid., Kap. 29.
8 Wang Ch'ung, 80 n. Chr., zitiert in: J. Needham, op. cit., Bd. IV, S. 7.
9 R. Wilhelm, *I Ging. Das Buch der Wandlungen* (Diederichs, Düsseldorf–Köln 1970), S. 275.
10 Kuei Ku-tzu, 4. Jh. v. Chr., zitiert in: J. Needham, op. cit., Bd. 4, S. 6.
11 Chuang-tzu, op. cit., Kap. 22.
12 R. Wilhelm, op. cit., S. 9.
13 Ibid., S. 297.
14 Ibid., S. 321.

Kapitel 8 Taoismus

1 Chuang-tzu, übers. James Legge, arrang. Clae Waltham (Ace Books, New York 1971), Kap. 22.
2 Ibid., Kap. 24.
3 Ibid., Kap. 2.
4 Ibid., Kap. 13.
5 *Bhagavad Gita,* 2.45.
6 Zitiert in: Fung Yu-lan, *A Short History of Chinese Philosophy* (Macmillan, New York 1958), S. 112.
7 Lao-tzu, *Tao Te Ching,* übers. Ch'u Ta-Kao (Allen & Unwin, London 1970), Kap. 36.
8 Ibid., Kap. 22.
9 Chuang-tzu, op. cit., Kap. 17.
10 G. S. Kirk, *Heraclitus – The Cosmic Fragments* (Cambridge University Press, London 1970), S. 307.
11 Ibid., S. 105, 184.
12 Ibid., S. 149.
13 Lao-tzu, op. cit., Kap. 2.
14 Zitiert in: J. Needham, *Science and Civilisation in China* (Cambridge University Press, London 1956), Bd. 2, S. 88.
15 Ibid., S. 68–69.
16 Lao-tzu, op. cit., Kap. 48.
17 Lao-tzu, op. cit., Kap. 71, 2.
18 Chuang-tzu, op. cit., Kap. 16.

Kapitel 9 Zen

1 Chuang-tzu, übers. James Legge, arrang. Clae Waltham (Ace Books, New York 1971), Kap. 22.
2 A. W. Watts, *The Way of Zen* (Vintage Books, New York 1957), S. 87.
3 P. Reps, *Ohne Worte – ohne Schweigen. 101 Zen-Geschichten und andere Zen-Texte aus vier Jahrtausenden* (O. W. Barth, München 1976), S. 124–125.
4 D. T. Suzuki, *Zen and Japanese Culture* (Bollingen Series, New York 1959), S. 16.
5 P. Kapleau, *Die drei Pfeiler des Zen* (O. W. Barth, München 1975). Zitiert nach der amerikanischen Ausgabe: *Three Pillars of Zen* (Beacon Press, Boston 1967), S. 49.
6 Aus dem *Zenrin kushu.* In: Watts, op. cit., S. 134.

Teil III DIE PARALLELEN

Kapitel 10 Die Einheit aller Dinge

1 Ashvaghosha, *The Awakening of Faith,* übers. D. T. Suzuki (Open Court, Chicago 1900), S. 55.

2 Ibid., S. 93.

3 H. P. Stapp, »S-Matrix Interpretation of Quantum Theory«, *Physical Review,* Bd. D 3 (15. März 1971), S. 1303–30.

4 Ibid., S. 1303.

5 N. Bohr, *Atomic Physics and the Description of Nature* (Cambridge University Press, London 1934), S. 57. Deutsche Ausgabe: *Atomtheorie und Naturbeschreibung. Vier Aufsätze mit einer einleitenden Übersicht* (J. Springer, Berlin 1931).

6 Der folgende Auszug aus einem neueren Artikel von David Bohm, einem der Hauptgegner der Kopenhagener Interpretation, bestätigt diese Tatsache auf sehr beredte Weise:
»Man gelangt zu einer neuen Vorstellung von einer ungebrochenen Ganzheit, die die klassische Idee leugnet, man könne die Welt in getrennten und voneinander unabhängigen Teilen analysieren . . . Wir haben die übliche klassische Vorstellung umgekehrt, daß die unabhängigen ›elementaren Bausteine‹ der Welt die fundamentale Wirklichkeit seien, und daß die verschiedenen Systeme nur besondere zusammenhängende Formen und Anordnungen dieser Teile seien. Wir sagen vielmehr, daß der untrennbare Quantenzusammenhang des ganzen Universums die fundamentale Wirklichkeit ist, und daß relativ selbständig agierende Teile nur besondere und zusammenhängende Formen innerhalb dieses Ganzen sind.«
(D. Bohm & Hiley, »On the Intuitive Understanding of Nonlocality as Implied by Quantum Theory«, *Foundations of Physics,* Band 5, 1975, S. 96 und 102.)

7 Sri Aurobindo, *The Synthesis of Yoga* (Aurobindo Ashram, Pondicherry, India 1957), S. 993.

8 Nagarjuna, zitiert in: T. R. V. Murti, *The Central Philosophy of Buddhism* (Allen & Unwin, London 1955), S. 138.

9 H. P. Stapp, op. cit., S. 1310.

10 W. Heisenberg, *Physik und Philosophie* (Ullstein, Berlin 1973), S. 85.

11 *Mundaka-Upanischade.* In: *Upanishaden* (Diederichs, Düsseldorf–Köln 1973), S. 183.

12 W. Heisenberg, op. cit., S. 60.

13 W. Heisenberg, op. cit., S. 40.

14 J. A. Wheeler, in: J. Mehra (Hrsg.), *The Physicist's Conception of Nature* (D. Reidel, Dordrecht, Holland 1973), S. 244.

15 *Brihad-Upanischade,* op. cit., S. 91–92.

16 Chuang-tzu, übers. James Legge, arrang. Clae Waltham (Ace Books, New York 1971), Kap. 6.

17 Lama Anagarika Govinda, *Foundations of Tibetan Mysticism* (Rider, London 1973), S. 93. Deutsche Ausgabe: *Grundlage tibetischer Mystik* (O. W. Barth, München 1975).

Kapitel 11 Jenseits der Gegensätze

1 Lao-tzu, *Tao Te Ching,* übers. Ch'u Ta-Kao (Allen & Unwin, London 1970), Kap. 1.
2 D. T. Suzuki, *The Essence of Buddhism* (Hozokan, Kyoto 1968), S. 18.
3 Zitiert in: A. W. Watts, *The Way of Zen* (Vintage Books, New York 1957), S. 117.
4 R. Wilhelm, *I Ging. Das Buch der Wandlungen* (Diederichs, Düsseldorf–Köln 1970), S. 275.
5 Lama Anagarika Govinda, *Grundlagen tibetischer Mystik* (O. W. Barth, München 1975), S. 155.
6 V. F. Weisskopf, *Physics in the Twentieth Century – Selected Essays* (M.I.T. Press, Cambridge, Mass. 1972), S. 30.
7 J. R. Oppenheimer, *Science and the Common Understanding* (Oxford University Press, London 1954), S. 42–43.
8 *Isa-Upanischade,* 5.
9 Ashvaghosha, *The Awakening of Faith,* übers. D. T. Suzuki (Open Court, Chicago 1900), S. 59.
10 Lama Anagarika Govinda, »Logic and Symbol in the Multi-Dimensional Conception of the Universe«, *The Middle Way,* Bd. 36 (Februar 1962), S. 152.

Kapitel 12 Raum-Zeit

1 Madhyamika Karika Vrtti, zitiert in: T. R. V. Murti, *The Central Philosophy of Buddhism* (Allen & Unwin, London 1955), S. 198.
2 J. Needham, *Science and Civilisation in China* (Cambridge University Press, London 1956), Bd. 3, S. 458.
3 A. Einstein et al., *The Principle of Relativity* (Dover Publications, New York 1923), S. 75.
4 Sri Aurobindo, *The Synthesis of Yoga* (Aurobindo Ashram, Pondicherry, India 1957), S. 993.
5 D. T. Suzuki, Vorwort zu B. L. Suzuki, *Mahayana Buddhism* (Allen & Unwin, London 1959), S. 33.
6 Chuang-tzu, übers. James Legge, arrang. Clae Waltham (Ace Books, New York 1971), Kap. 2.
7 Zitiert in: A. W. Watts, *The Way of Zen* (Vintage Books, New York 1957), S. 201.
8 D. T. Suzuki, *On Indian Mahayana Buddhism,* hrsg. Edward Conze (Harper & Row, New York 1968), S. 148–149.
9 P. A. Schilpp, op. cit., S. 114.
10 Lama Anagarika Govinda, *Grundlagen tibetischer Mystik* (O. W. Barth, München 1975), S. 132.
11 Dogen Zenji, *Shobogenzo,* in: J. Kennett, *Selling Water by the River* (Vintage Books, New York 1972), S. 140.
12 Govinda, op. cit., S. 270.
13 S. Vivekananda, *Jnana Yoga* (Advaita Ashram, Calcutta 1972), S. 109.

Kapitel 13 Das dynamische Universum

1 *Brihad-Aranyaka-Upanischade,* 2.3.3.
2 *Bhagavad Gita,* 8.3.
3 Ibid., 3.24.
4 *Ts'ai-ken t'an,* zitiert in: T. Leggett, *A First Zen Reader* (C. E. Tuttle, Rutland, Vermont 1972), S. 229, und in: N. W. Ross, *Three Ways of Asian Wisdom* (Simon & Schuster, New York 1966), S. 144.
5 A. C. Lovell, *The Individual and the Universe* (Oxford University Press, London 1958), S. 93.
6 *Bhagavad Gita,* 9.7–10.
7 *Digha Nikaya,* ii.198.
8 D. T. Suzuki, op. cit., S. 55.
9 J. Needham, *Science and Civilisation in China* (Cambridge University Press, London 1956), Bd. 2, S. 478.

Kapitel 14 Leere und Form

1 F. Hoyle, *Frontiers of Astronomy* (Heinemann, London 1970), S. 304.
2 Zitiert in: M. Capek, *The Philosophical Impact of Contemporary Physics* (D. Van Nostrand, Princeton, New Jersey 1961), S. 319.
3 *Chandogya-Upanischade,* 4.10.4.
4 Kuan-tzu, übers. W. A. Rockett (Hong Kong University Press 1956), XIII, 36: ein sehr umfangreiches sozio-philosophisches Werk, das traditionsgemäß dem berühmten Staatsmann Kuan Chung aus dem 7. Jh. v. Chr. zugeschrieben wird. Vermutlich ist es jedoch ein Sammelwerk, das um das 3. Jh. v. Chr. zusammengestellt wurde und verschiedene philosophische Schulen widerspiegelt.
5 *Chandogya-Upanischade,* 3.14.1.
6 H. Weyl, *Philosophy of Mathematics and Natural Science* (Princeton University Press 1949), S. 171.
7 Zitiert in: Fung Yu-lan, *A Short History of Chinese Philosophy* (Macmillan, New York 1958), S. 279.
8 Ibid., S. 280.
9 W. Thirring, »Urbausteine der Materie«, in: *Almanach der Österreichischen Akademie der Wissenschaften,* Bd. 118 (1968), S. 160.
10 J. Needham, *Science and Civilisation in China* (Cambridge University Press, London 1956), Bd. IV, S. 8–9.
11 Lama Anagarika Govinda, *Grundlagen tibetischer Mystik* (O. W. Barth, München 1975), S. 267.
12 *Prajna-paramita-hridaya-Sutra,* in: F. M. Müller (Hrsg.), *Sacred Books of the East* (Oxford University Press, London 1890), Bd. 49, »Buddhist Mahayana Sutras«.
13 Zitiert in: J. Needham, op. cit., Bd. II, S. 62.
14 Kommentar zum Hexagramm Yü, in: *R. Wilhelm, I Ging. Das Buch der Wandlungen* (Diederichs, Düsseldorf–Köln 1970).
15 W. Thirring, op. cit., S. 159.
16 Zitiert in: J. Needham, op. cit., Bd. IV, S. 33.

Kapitel 15 Der kosmische Tanz

1 K. W. Ford, *The World of Elementary Particles* (Blaisdell, New York 1965), S. 209.
2 A. David-Neel, *Tibetan Journal* (John Lane, The Bodley Head, London 1936), S. 186–187.
3 A. K. Coomaraswamy, *The Dance of Shiva* (The Noonday Press, New York 1969), S. 78.
4 H. Zimmer, *Indische Mythen und Symbole* (Diederichs, Düsseldorf–Köln 1972), S. 173.
5 A. K. Coomaraswamy, op. cit., S. 67.

Kapitel 17 Strukturen im Wandel

1 W. Heisenberg, *Physik und Philosophie* (Ullstein, Berlin 1973), S. 85.
2 G. F. Chew, »Impasse for the Elementary Particle Concept«, in: *The Great Ideas Today* (William Benton, Chicago 1974), S. 99.
3 Ashvaghosha, *The Awakening of Faith,* übers. D. T. Suzuki (Open Court, Chicago 1900), S. 79, 86.
4 *Lankavatara-Sutra,* in: D. T. Suzuki, *Studies in the Lankavatara Sutra* (Routledge & Kegan Paul, London 1952), S. 242.
5 S. Radhakrishnan, *Indian Philosophy* (Allen & Unwin, London 1951), S. 369.
6 R. Wilhelm, *I Ging. Das Buch der Wandlungen* (Diederichs, Düsseldorf–Köln 1970), S. 292.
7 H. Wilhelm, *Change* (Harper Torchbooks, New York 1964), S. 19.
8 R. Wilhelm, op. cit., S. 321.
9 Ibid., S. 324.
10 Ibid., S. 11.

Kapitel 18 Gegenseitige Durchdringung

1 G. F. Chew, »›Bootstrap‹: A Scientific Idea?«, in: *Science,* Bd. 161 (23. Mai 1968), S. 762–5; »Hadron Bootstrap: Triumph or Frustration?«, in: *Physics Today,* Bd. 23 (Oktober 1970), S. 23–28; »Impasse for the Elementary Particle Concept«, in: *The Great Ideas Today* (William Benton, Chicago 1974), Bd. 20, S. XX.
2 Zitiert in: J. Needham, *Science and Civilisation in China* (Cambridge University Press, London 1956), Bd. 2, S. 538.
3 G. F. Chew, »›Bootstrap‹: A Scientific Idea?«, op. cit., S. 762–3.
4 Lao-tzu, *Tao The Ching,* übers. Ch'u Ta-Kao (Allen & Unwin, London 1970), Kap. 25.
5 J. Needham, op. cit., Bd. 2, S. 582.
6 Ibid., S. 484.
7 Ibid., S. 558, 567.
8 Ibid., S. 566.

9 Ashvaghosha, *The Awakening of Faith,* übers. D. T. Suzuki (Open Court, Chicago 1900), S. 56.

10 P. Reps, *Ohne Worte – ohne Schweigen. 101 Zen-Geschichten und andere Zen-Texte aus vier Jahrtausenden* (O. W. Barth, München 1976).

11 Ibid.

12 Ashvaghosha, op. cit., S. 104.

13 Sri Aurobindo, *The Synthesis of Yoga* (Aurobindo Ashram, Pondicherry, India 1957), S. 989.

14 D. T. Suzuki, *On Indian Mahayana Buddhism,* hrsg. Edward Conze (Harper & Row, New York 1968), S. 150.

15 Ibid., S. 183–4.

16 G. F. Chew, »Hadron Bootstrap: Triumph of Frustration?«, op. cit., S. 27.

17 Verschiedene bedeutende Entwicklungen in der S-Matrix-Theorie haben zu einem größeren Durchbruch geführt, der es ermöglicht, die meisten für das Quarkmodell typischen Ergebnisse zu erzielen, ohne dazu die Existenz physikalischer Quarks postulieren zu müssen (s. S. 318). Diese Ergebnisse haben unter den S-Matrix-Theoretikern große Begeisterung ausgelöst und werden wahrscheinlich auch die anderen Physiker dazu bringen, ihre Haltung gegenüber dem Bootstrap-Ansatz in der subatomaren Physik zu revidieren.

18 G. F. Chew, M. Gell-Mann und A. H. Rosenfeld, »Strongly Interacting Particles«, *Scientific American,* Bd. 210 (Februar 1964), S. 93.

19 C. Eliot, *Japanese Buddhism* (Routledge & Kegan Paul 1959), S. 109–10.

20 D. T. Suzuki, op. cit., S. 148.

21 D. T. Suzuki, *The Essence of Buddhism* (Hozokan, Tokyo 1968), S. 52.

22 G. W. Leibniz, *Die Hauptwerke,* zusammengef. und übertr. von G. Krüger (Kröner, Stuttgart 1933), S. 150.

23 J. Needham, op. cit., Bd. 2, S. 496 ff.

24 G. W. Leibniz, op. cit., S. 135, 136.

25 P. P. Wiener, *Leibniz – Selections* (Charles Scribner's Sons, New York 1951), S. 161.

26 G. F. Chew, »›Bootstrap‹: A Scientific Idea?«, op. cit., S. 763.

27 E. P. Wigner, *Symmetries and Reflections – Scientific Essays* (M.I.T. Press, Cambridge, Mass. 1970), S. 172.

28 G. F. Chew, »›Bootstrap‹: A Scientific Idea?«, op. cit., S. 765.

29 Lao-tzu, *Tao Te Ching,* übers. Ch'u Ta-Kao (Allen & Unwin, London 1970), Kap. 81.

Epilog

1 Lama Anagarika Govinda, *Grundlagen tibetischer Mystik* (O. W. Barth, München 1975), S. 269.

Eine Rückschau auf die Neue Physik

1 P. S. Schilpp (Hrsg.), *Albert Einstein: Philosopher-Scientist.*
2 D. Bohm, *Quantum Theory* (Prentice-Hall, New York, 1951), S. 614 ff.
3 H. P. Stapp, op. cit.
4 Siehe zum Beispiel: B. d'Espagnat, »The Quantum Theory and Reality«, *Scientific American,* November 1979.
5 D. Bohm, *Quantum Theory,* S. 614 ff.
6 D. Z. Freedman and P. van Nieuwenhuizen, »Supergravity and the Unification of the Laws of Physics«, *Scientific American,* April 1981.
7 G. 't Hooft, »Gauge Theories of the Forces between Elementary Particles«, *Scientific American,* Juni 1980.
8 H. Georgi, »A Unified Theory of Elementary Particles and Forces«, *Scientific American,* April 1981.
9 Einen technischen Überblick über Erfolge und Rückschläge der QCD findet man bei: T. Appelquist, R. M. Barnett, and K. Lane, »Charm and Beyond«, *Annual Review of Nuclear and Particle Science,* 1978.
10 Eine eingehendere und neuere Übersicht über die QCD und das Quarkmodell gibt H. Georgi, op. cit.
11 F. Capra, »Quark Physics Without Quarks«, *American Journal of Physics,* Januar 1979; »Bootstrap Theory of Particles«, *Re-Vision,* Herbst/Winter 1981.
12 D. Bohm, *Wholeness and the Implicate Order* (Routledge & Kegan Paul, London 1980).
13 Holographie ist ein Verfahren der Photographie ohne Linse, das auf der Interferenz von Lichtquellen beruht. Das dabei entstehende »Bild« nennt man ein Hologramm. Siehe R. J. Collier, »Holography and Integral Photography«, in *Physics Today,* Juli 1968.

Bibliographie

H. Alfven, *Worlds-Antiworlds* (W. H. Freeman, San Francisco 1966)

Ashvaghosha, *The Awakening of Faith.* Übers. D. T. Suzuki (Open Court, Chicago 1900)

Sri Aurobindo, *The Synthesis of Yoga* (Aurobindo Ashram, Pondicherry, India 1957)

– *On Yoga II* (Aurobindo Ashram, Pondicherry, India 1958)

D. Bohm und B. Hiley, »On the Intuitive Understanding of Nonlocality as Implied by Quantum Theory«, in: *Foundations of Physics,* Bd. 5 (1975)

N. Bohr, *Atomic Physics and Human Knowledge* (John Wiley & Sons, New York 1958)

– *Atomtheorie und Naturbeschreibung. Vier Aufsätze mit einer einleitenden Übersicht* (J. Springer, Berlin 1931)

M. Capek, *The Philosophical Impact of Contemporary Physics* (D. Van Nostrand, Princeton, New Jersey 1961)

C. Castaneda, *Die Lehren des Don Juan. Ein Yaqui-Weg des Wissens* (S. Fischer, Frankfurt/M. 1973)

– *Eine andere Wirklichkeit. Neue Gespräche mit Don Juan* (S. Fischer, Frankfurt/M. 1973)

– *Reise nach Ixtlan. Die Lehre des Don Juan* (S. Fischer, Frankfurt/M. 1974)

– *Der Ring der Kraft. Don Juan in den Städten* (S. Fischer, Frankfurt/M. 1976)

G. F. Chew, »›Bootstrap‹: A Scientific Idea?«, in: *Science,* Bd. 161 (23. Mai 1968), S. 762–5

– »Hadron Bootstrap: Triumph or Frustration?«, in: *Physics Today,* Bd. 23 (Oktober 1970), S. 23–8

– »Impasse for the Elementary Particle Concept«, in: *The Great Ideas Today* (William Benton, Chicago 1974)

G. F. Chew, M. Gell-Mann und A. H. Rosenfeld, »Strongly Interacting Particles«, in: *Scientific American,* Bd. 210 (Februar 1964), S. 74–83

Chuang-tzu. Übers. James Legge, arrang. Clae Waltham (Ace Books, New York 1971)

Chuang-tzu, *Inner Chapters.* Übers. Gia-Fu Feng und Jane English (Wildwood House, New York 1974)

A. K. Coomaraswamy, *Hinduism and Buddhism* (Philosophical Library, New York 1943)

– *The Dance of Shiva* (The Noonday Press, New York 1969)

M. P. Crosland (Hrsg.), *The Science of Matter* (History of Science Readings, Penguin Books 1971)

A. David-Neel, *Tibetan Journey* (John Lane, The Bodley Head, London 1936)

A. Einstein, *Essays in Science* (Philosophical Library, New York 1934)

– *Aus meinen späten Jahren* (Deutsche Verlagsanstalt, Stuttgart 1952)

– A. Einstein et al., *Das Relativitätsprinzip* (B. G. Teubner, Berlin 1922)

C. Eliot, *Japanese Buddhism* (Routledge & Kegan Paul, London 1959)

R. P. Feynman, R. B. Leighton und M. Sands, *Feynman Vorlesungen über Physik* (3 Bde., Oldenbourg, München 1973–1975)

K. W. Ford, *The World of Elementary Particles* (Blaisdell, New York 1965)

Fung Yu-lan, *A Short History of Chinese Philosophy* (Macmillan, New York 1958)

G. Gale, »Chew's Monadology«, in: *Journal of History of Ideas,* Bd. 35 (April–Juni 1974), S. 339–48

Lama Anagarika Govinda, *Grundlagen tibetischer Mystik* (O. W. Barth, München 1975)

– »Logic and Symbol in the Multi-Dimensional Conception of the Universe«, in: *The Middle Way* (Buddhist Society, London), Bd. 36 (Februar 1962), S. 151–5

W. K. C. Guthrie, *A History of Greek Philosophy* (Cambridge University Press, London 1969)

W. Heisenberg, *Physik und Philosophie* (Ullstein, Berlin 1973)

– *Schritte über Grenzen. Gesammelte Reden und Aufsätze* (Piper, München 1976)

E. Herrigel, *Zen in der Kunst des Bogenschießens* (O. W. Barth, München 1973)

F. Hoyle, *The Nature of the Universe* (Penguin Books 1965)

– *Frontiers of Astronomy* (Heinemann, London 1970)

R. E. Hume, *The Thirteen Principal Upanishads* (Oxford University Press, London 1934)

W. James, *Die Vielfalt religiöser Erfahrung* (Walter, Freiburg 1979)

J. Jeans, *The Growth of Physical Science* (Cambridge University Press, London 1951)

P. Kapleau, *Die drei Pfeiler des Zen* (O. W. Barth, München 1975)

J. Kennett, *Selling Water by the River* (Vintage Books, New York 1972)

G. Keynes (Hrsg.), *Blake: Complete Writings* (Oxford University Press, London 1969)

G. S. Kirk, *Heraclitus – The Cosmic Fragments* (Cambridge University Press, London 1970)

A. Korzybski, *Science and Sanity* (The International Non-Aristotelian Library, Conn., USA 1958)

J. Krishnamurti, *Freedom from the Known.* Hrsg. Mary Lutyens (Gollancz, London 1969)

Kuan-tzu. Übers. W. A. Rickett (Hong Kong University Press 1965)

Lao-tzu, *Tao Te Ching.* Übers. Ch'u Ta-Kao (Allen & Unwin, London 1970)

Lao-tzu, *Tao Te Ching.* Übers. Gia-Fu Feng und Jane English (Wildwood House, London 1972)

T. Leggett, *A First Zen Reader* (C. E. Tuttle, Rutland, Vermont 1972)

G. W. Leibniz, *Die Hauptwerke.* Zusammengefaßt und übertragen von G. Krüger (Kröner, Stuttgart 1933)

A. C. B. Lovell, *Der Einzelne und das Universum* (Vandenhoeck & Rupprecht, Göttingen 1959)

– *Our Present Knowledge of the Universe* (Manchester University Press 1967)

Maharishi Mahesh Yogi, *Bhagavad Gita,* Kap. 1–6, Übers. und Kommentar (Penguin Books 1973)

J. Mascaro, *The Bhagavad Gita* (Penguin Books 1970)

– *The Dhammapada* (Penguin Books 1973)

J. Mehra (Hrsg), *The Physicist's Conception of Nature* (D. Reidel, Dordrecht, Holland 1973)

I. Miura und R. Fuller Sasaki, *The Zen Koan* (Harcourt Brace & World, New York 1965)

F. M. Müller (Hrsg.), *Sacred Books of the East* (Oxford University Press), Bd. 49, »Buddhist Mahayana Sutras«

T. R. V. Murti, *The Central Philosophy of Buddhism* (Allen & Unwin, London 1955)

J. Needham, *Science and Civilisation in China* (Cambridge University Press, London 1956)

J. R. Oppenheimer, *Science and the Common Understanding* (Oxford University Press, London 1954)

S. Radhakrishnan, *Indian Philosophy* (Allen & Unwin, London 1951)

P. Reps, *Ohne Worte – ohne Schweigen. 101 Zen-Geschichten und andere Zen-Texte aus vier Jahrtausenden* (O. W. Barth, München 1976)

N. W. Ross, *Three Ways of Asian Wisdom* (Simon and Schuster, New York 1966)

B. Russell, *Philosophie des Abendlandes* (Europa, Wien 1978)

M. Sachs, »Space Time and Elementary Interactions in Relativity«, in: *Physics Today,* Bd. 22 (Februar 1969), S. 51–60

P. A. Schilpp (Hrsg.), *Albert Einstein als Philosoph und Naturforscher* (Vieweg, Wiesbaden 1983)

D. W. Sciama, *The Unity of the Universe* (Faber and Faber, London 1959)

W. T. Stace, *The Teachings of the Mystics* (New American Library, New York 1960)

H. P. Stapp, »S-Matrix Interpretation of Quantum Theory«, in: *Physical Review,* Bd. D 3 (15. März 1971), S. 1303–20

– *Outlines of Mahayana Buddhism* (Schocken Books, New York 1963)

– *On Indian Mahayana Buddhism.* Hrsg. Edward Conze (Harper & Row, New York 1968)

– *Zen and Japanese Culture* (Bollingen Series, New York 1959)

– *Studies in the Lakavatara Sutra* (Routledge & Kegan Paul, London 1952)

– Vorwort zu B. L. Suzuki, *Mahayana Buddhism* (Allen & Unwin, London 1959)

W. Thirring, »Urbausteine der Materie«, in: *Almanach der Österreichischen Akademie der Wissenschaften,* Bd. 118 (1968), S. 153–62

Upanishaden. Altindische Weisheit aus Brahmanas und Upanishaden. Übers. A. Hillebrandt (Diederichs, Düsseldorf–Köln 1973)

S. Vivekananda, *Jnana Yoga* (2 Bde., Bauer, Freiburg 1977, 1983)

A. W. Watts, *Zen. Tradition und lebendiger Weg* (Zero, Rheinberg 1981)

V. F. Weisskopf, *Physics in the Twentieth Century – Selected Essays* (M.I.T. Press, Cambridge, Mass. 1972)

H. Weyl, *Philosophie der Mathematik und Naturwissenschaft* (Oldenbourg, München 1982)

A. N. Whitehead, *The Interpretation of Science. Selected Essays.* Hrsg. A. H. Johnson (Bobs-Merrill, Indianapolis, N.Y. 1961)

P. P. Wiener, *Leibniz – Selections* (Charles Scribner's Sons, New York 1951)

E. P. Wigner, *Symmetries and Reflections – Scientific Essays* (M.I.T. Press, Cambridge, Mass. 1970)

H. Wilhelm, *Change* (Harper Torchbooks, New York 1964)

R. Wilhelm, *I Ging. Das Buch der Wandlungen* (Diederichs, Düsseldorf–Köln 1970)

– *Das Geheimnis der goldenen Blüte* (Walter, Olten 1971)

F. L. Woodward (Übers. und Hrsg.), *Some Sayings of the Buddha according to the Pali Canon* (Oxford University Press, London 1973)

H. Zimmer, *Indische Mythen und Symbole* (Diederichs, Düsseldorf–Köln 1972)

Personenregister

Anaximander 16
Aristoteles 18
Arjuna 86 f.
Ashvaghosha 101, 154, 276, 291 f.
Aurobindo, Shri 52, 139, 172, 293

Bell, John 310, 312
Blake, William 298
Bodhidharma 124
Bohm, David 311, 320 ff.
Bohr, Niels 14, 48, 52, 65, 133, 139,
    160 f., 308, 310, 313
Broglie, Louis de 65, 187
Buddha 14, 97 ff., 116, 122 ff., 163,
    191 ff., 203, 291, 293, 297

Castaneda, Carlos 13, 33, 44
Chang Tsai 212, 220, 222
Ch'en Shun 290
Chew, Geoffrey 40, 273, 286, 295, 300,
    319 f., 322
Chuang-tzu 25, 27, 37, 105, 107, 111,
    116 ff., 120 f., 123, 146, 180, 188, 203
Chu Hsi 105, 290, 299
Coomaraswami, Ananda 41, 242, 244

Daito Kokushi 46
David-Neel, Alexandra 241
Demokrit 17, 49, 53, 74, 139, 206
Descartes, René 19, 55, 287
Dirac, Paul 65, 67
Dogen Zenji 188

Eddington, Sir Arthur 195
Einstein, Albert 38, 51, 54, 58 ff., 62,
    164 ff., 167, 176, 178, 197, 205 ff.
    209, 310 f., 313
Eliot, Sir Charles 297
Euklid 162 f.

Faraday, Michael 57, 205
Feynman, R. P. 174, 216
Ford, Kenneth 240
Fung Yu-lan 108

Gale, G. 299
Galilei, Galileo 18
Gell-Mann, Murray 254 ff.

Govinda, Lama Anagarika 143, 150, 154,
    188 f., 213, 305

Heisenberg, Werner 14, 25, 43 f., 48,
    51, 65, 66, 133, 140 ff., 260, 262,
    308, 310
Heraklit 17, 44, 97, 119
Herrigel, Eugen 127
Hoyle, Fred 207
Huai Nan-tzu 109, 120
Hui-neng 180

James, William 27
Joshu Junen 47, 124, 291

Konfuzius 97, 106 f., 114
Korzybski, Alfred 26, 30
Krishna 86 f., 144, 191, 198
Kuan-tzu 210

Lao-tzu 14, 24, 27, 37, 46, 97, 107 ff., 114,
    118 ff., 144, 147, 210, 302
Laplace, Pierre Simon 55 f.
Laue, Max von 64
Leibniz, Gottfried Wilhelm 298 ff.
Leukipp 17
Lovell, Sir Bernard 197

Mach, Ernst 207
Ma-tzu 124
Maxwell, Clerk 57 ff., 205
Minkowski, Hermann 168, 172

Nagarjuna 101 f., 139, 313
Nataraja 243
Needham, Joseph 32, 107, 120, 163, 212,
    289 f., 299
Newton, Isaac 19, 39, 48, 52 ff., 55, 59,
    139, 206, 286 f.

Oppenheimer, Julius Robert 14, 153

Parmenides 17
Pauli, Wolfgang 65
Planck, Max 66
Plato 162, 257
Po-chang 125
Pythagoras 30, 97

Radhakrishnan, S. 277
Regge, Tullio 273
Riemann, Georg 176
Russel, Bertrand 30
Rutherford, Ernest 64, 66, 68

Salam, Abdus 314
Schrödinger, Erwin 65
Siddharta, Gautama 97 f.
Sokrates 24
Stapp, Henry 133, 137, 140
Suzuki, Daisetsu T. 32 f., 43 f., 51, 102 f.,
     122, 144, 172, 180, 203, 269, 293, 297

Thales von Milet 16
Thirring, Walter 212
Thomas von Aquin 287

Tozan 291

Vivekananda, Swami 189

Weinberg, Steve 314
Weißkopf, V. 152
Weyl, Herrmann 211
Wheeler, John 142
Wigner, Eugen 301
Wilhelm, Richard 113

Yasutani Roshi 37, 47
Yün-men 192
Yukawa, Hideki 217

Zarathustra 97
Zimmer, Heinrich 243

Sachregister

Absolute 189
Abstraktion 24, 29 f., 123, 132
Achtfacher Pfad 32 f.
Acintya 98, 145, 302
Äther 58
Alpha-Teilchen 64
Antilambda 266
Antimaterie 77
Antineutrino 224
Antineutron 224
Antiproton 220, 224, 231, 233, 236, 239,
     266, 270
Antiquark 254
Antiteilchen 183, 185 ff., 224, 254, 269
Astronomie 168 f., 195
–, chinesische 163 f.
Astrophysik 178, 207
Asymmetrie 257
Atman 87, 91, 140, 305
Atom 49, 193, 242, 246 f., 292, 299
–, Eigenschaften des 49
– in der Philosophie 17 f.
–, Planetenmodell des 58 f., 65
–, Struktur des 43, 64 f., 66, 68, 72,
     198 ff., 223, 246 f.
–, Theorie des 76
Atomhülle 65
Atomismus 219
Atomisten 17, 53, 81
Atomkern 49, 65, 72, 198 f.

Aufenthaltswahrscheinlichkeit 135
Augenblick, ewiger 179
Avatamsaka (Sutra, Schule des Buddhis-
     mus) 103 f., 122, 140, 172, 293 f., 297,
     299
Avidya 20, 99, 132, 276, 292

Baryon 75, 226 ff., 253 f., 315, 318
–, Spin des 247
Baryonen-Dekuplett 253 f.
Baryonen-Oktett 252, 254
Bausteine, fundamentale 316, 318
Befreiung 89, 100
Bells Theorem 310, 312 f.
Beobachter, teilnehmender 68, 81, 142 f.
Beobachtung
– in der Atomphysik 49, 67 f.
–, Problem der 133 ff., 276, 301 f.
Beobachtung/Bewußtsein 141
Beschleuniger 136
Beta-Zerfall 223 f., 228
Bewegungsgesetze, Newtonsche 54, 56 f.
Bewußtsein 143, 300 ff., 305 f., 319, 321 f.
Bewußtsein/Beobachtung 141
Beziehungen 21, 131, 139
Bhagavad-Gita 38, 86 ff., 144, 191, 198
Blasenkammer 78, 136, 201, 229, 235, 239
Bodhi 102
Bodhisattva 102 f.
Bootstrap 295, 297, 302, 317 f.

Bootstrap-Hypothese 275, 286 f., 294 f., 300
Bootstrap-Mechanismus 297
Bootstrap-Philosophie 286 ff., 290, 292, 294, 299, 317 f.
Brahman 87 ff., 102, 108, 131, 140, 190, 197, 209 f., 242, 244, 305
Buddhanatur 124 ff.
Buddhaschaft 100
Buddhismus 32, 35, 41, 46, 97 ff., 105 f., 109, 122 ff., 140, 141, 145, 163, 172, 191 ff., 203, 210, 269, 276 ff., 292, 297

Ch'an 122, 124
Ch'i 112, 211 ff., 222
Chuang-tzu (das) 107
Crossing 269 ff., 272, 297

Denken
–, begriffliches 25, 42, 102, 123
–, deduktives 28
–, Grenzen des 46, 48, 116
–, rationales – in der Mystik 31
Determinismus 54
Dharmakaya 102, 108, 131, 190, 209
Differentialrechnung 54
Dinge, Wesen der 48, 278
Doppelnatur
– des Lichts 66, 150 ff.
– der Materie 66 f., 69, 151 f.
– der Teilchen 66 f., 69, 193
Dualismus 18 f.
Dualität 142
Duhkha 99
Durchdringung 285 ff., 294, 297, 299
– von Raum und Zeit 172 ff.

Einfaltung 320
Einstein-Podolsky-Rosen-Experiment 310 ff., 320
Elektron 246, 248, 288, 309, 311 ff.
–, Wechselwirkung zwischen 214 f.
Element (d. S-Matrix) 260
Elementarteilchen 74, 285
Energie 199 f.
–, Erhaltung der 200 f.
–, Übertragung von 275
Energie/Masse 149
Energie/Zeit 158
Ereignis 262, 269
Ereignishorizont 178 f.
Erhaltungsgesetze 250 f., 254, 265, 273
Eta (Teilchen) 226
Existenz/Nichtexistenz 153 f.

Farbe (Quark) 256, 316
Feld 58, 205 f., 208 f., 211 ff., 215, 220, 314
–, elektrisches 205
–, elektromagnetisches 59, 206, 208 f., 214
–, magnetisches 205
Feldgleichungen, Einsteinsche 177, 206
Feldtheorie 184, 188, 205, 208, 211 ff., 218 f., 221, 229, 242, 261 f., 269, 272, 288, 314 f.
–, vereinigte 314
Feynman-Diagramm 216, 218, 238, 261, 272
Flavour (Quark) 256, 316
Form/Leere 205 ff., 213, 221

Gandavyuha 293, 297
Ganzheit 290
–, ungebrochene 320
Ganzheit/Teil 131, 139, 143, 291, 309 f.
Gauge-Theorie 229, 314 f.
Gegensätze 144 ff.
–, Einheit der 144 ff., 148 ff., 152 ff.
Gegenwart 179
Geist als Ursprung der Dinge 277
Geist/Körper, Trennung von 19 f.
–, Einheit von 172
Geist/Materie 19, 21, 321
–, Trennung von 17 ff.
Geometrie 162 f., 174 f.
–, euklidische 53, 62
Gesamtübereinstimmung 286, 288 ff., 302, 317, 319
Geschmack (Quark) 256, 316
Gewebe
– von Beziehungen 159, 193, 259, 286
–, kosmisches 139 ff., 143, 193, 202, 286, 318, 320, 322
–, Universum als 80
– von Zusammenhängen 68
Gewebe-Philosophie 140
Gleichgewicht, dynamisches 194, 244
Gleichzeitigkeit 187 f.
Gluon 315 f.
Götter, hinduist. 41, 87, 90
Gravitation 54, 56, 62, 74, 173, 176, 178, 206 f., 227 f.
–, Quantentheorie der 314
Gravitationsfeld 205 f.
Gravitationskollaps 178 f., 194
Gravitationstheorie 208, 220, 314
Grundbausteine der Materie 17 f., 49, 68, 74, 78, 139, 285, 287, 292

Hadron 226 ff., 247 f., 252, 254 ff., 267 ff., 275, 282, 315
–, Austausch von 273
–, Eigenschaften der 263, 295 ff.
–, quanten-relativistisches Modell der 260
–, Quarksymmetrie der 317
–, Struktur der 254 ff., 259, 264 f., 273, 275 ff.
Hadronen-Bootstrap 294 ff., 297 f., 300, 302, 320
Hadronenreaktionen 266 ff., 273, 294, 296
Hadronensymmetrie 273, 275
Hexagramm 278, 280 ff.
Hinayana-Buddhismus 97, 101, 292
Hinduismus 46, 85 ff., 98, 116, 191, 242, 276, 278, 292
Hochenergie-Physik 78, 136, 166, 170, 201, 229, 235, 265, 267
Hologramm 320 f.
Holomovement 321
Hua-yen (Sutra, Schule des Buddhismus) 103, 122, 299
Hubblesches Gesetz 196
Hylozoisten 16
Hyperladung 252, 254

I Ching (I Ging) 112, 220, 278, 282 ff.
Ich u. Welt, Trennung von 55, 68
Ignoranz 99
Illusion 20, 88, 99, 132, 191, 211, 243, 276, 292
Impuls 155 ff., 261, 275
Impuls/Ort (Messung von) 141 f.
Intellekt 31, 98, 116
Intelligenz, kosmische 301
Interferenz 44 ff., 156
Intuition 29, 34, 36, 169 f.
Isospin 252, 254

Jaina-System 292
Jetzt, ewiges 179

Kalpa 198
Kaon 226, 230 f., 263 ff., 267
Karma 88 f., 97, 100, 189, 191, 278, 292
Karuna 102
Kaskadenteilchen 226
Kausalität 13, 54, 59, 81, 189, 191, 309
–, statistische 309
Kausalitätsprinzip 275
Kegon (Sutra, Schule des Buddhismus) 103, 122
Kernkraft 72 ff., 76, 215, 227

Kernmaterie 73 f.
Kernprozesse 74
–, Theorie der 76
Koan 41, 46 ff., 66, 123, 125 f. 246, 256
Körper/Geist, Einheit von 172
Kollisionsexperimente 201, 229 ff., 234 ff., 248, 265, 315 f.
Komplementarität 160
Konfuzianismus 105 ff., 120
Konstante, fundamentale 288
Kosmologie 207
–, indische 197 f.
Kraft
– als Austausch von Teilchen 214
–, Begriff der 214 f., 273
– im Atom 69
– im mechanistischen Weltbild 53
Kraft/Kraftfeld 57 f.
Kraft/Materie 18, 21, 81, 219, 314 f.
Kraft/Teilchen 80 f., 270, 298
Kraftfeld 57 f.
Krieger, Weg des 37 f., 87
Krümmung von Raum u. Zeit 173 ff., 177 ff.

Ladung, abstrakte 252
Lambda (Teilchen) 226, 230, 263 ff., 266 f.
Leere 101 f., 205 ff., 210 ff.
Leere/Form 205 ff., 213, 220 f.
Leiden 99, 192
Lepton 226 ff.
–, schweres 227
Li 290
Licht 62
–, Doppelnatur des 44 ff., 58, 150 ff.
Lichtgeschwindigkeit 60 f., 165 ff., 169, 171, 288
Lichtquanten 66
Lila 88, 197 f.
Logik 43 f., 46, 50, 150, 154
Lun Yü 107

Machsches Prinzip 207
Madhyamika 31
Mahabharata 86
Mahayana-Buddhismus 97 f., 101 ff., 140, 172, 292 ff., 297 f., 299 f.
Masse 200 ff.
– in der Atomphysik 76
– in der klassischen Physik 76
Masse/Energie 61, 76 f., 149, 199 f.
Massenkörper 63
Masseteilchen 53 f.

Materie 13, 42, 53 f., 68 f., 73 f., 139, 150,
   154, 206 ff., 211 f., 223, 241, 244, 277,
   285, 287, 292, 299, 301, 317
– in der Philosophie 16 ff.
–, Natur der 49, 72, 74, 80, 193, 198,
   202, 212 f.
–, Struktur der 203, 257
Materie/Kraft 18, 21, 219, 314 f.
Materie/Raum 220
Mathematik 29 ff.
Maya 88 f., 97, 100, 132, 191, 242, 244,
   276 f.
Mechanik 19, 39, 61
–, klassische 39, 54 ff.
Meditation 34 ff., 122, 126, 132, 142,
   147, 149, 164, 179, 188, 297, 304 f.
Medizin, chinesische 112
Meson 75, 215 ff., 218, 226 ff., 252, 254,
   315, 318
–, leichtes 219
–, reelles 219
–, schweres 219
–, Spin des 247
–, virtuelles 211
Mesonen-Oktett 252, 254, 283
Mesonenwolke 219
Methode, wissenschaftliche 28
Mileter 16
Modell, quanten-relativistisches 76, 208
–, wissenschaftliches 17 f., 38 ff., 43, 288
Moksha 89, 100
Monade 298 ff.
Monadologie 299
Myon 226 f.
Mystik 15, 26, 44, 46
–, empirischer Charakter der 33
– und Intuition 35 f.
–, Weltsicht d. östlichen 20 ff., 292
Mythologie, indische 40 f., 87 f., 91, 197

Natürlichkeit 125
Naturgesetz 287 ff.
Nebelkammer 80, 230, 265
Netz, Indras 297, 299
Netzwerk 297, 299
–, kosmisches 140 ff.
– von Beziehungen 277, 293
– von Reaktionen 268 f., 273
– von Theorien 302
– von Wechselwirkungen 240, 263, 265
Neutrino 224, 226 f.
Neutron 49, 65, 72 ff., 78, 81, 194, 199,
   215, 218, 223 f., 226, 230, 239, 246,
   248, 263 ff., 266 f., 270

Neutron, virtuelles 236
Nirvana 97, 100, 102 f.
Nukleon 73, 199, 215 ff., 219, 227

Objekt 21, 141, 143, 162, 170, 248, 262,
   269, 282, 300, 310
–, Natur des 203
Objektivität 68, 141 f.
Omega (Teilchen) 226, 254
Ordnung 190, 223, 293, 318 ff., 322
–, eingefaltete 320 f.
–, implizite 320 f.
Organisationsprinzip 290
Ort/Impuls (Messung) 141 f.

Pali-Kanon 101
Paradoxa 44, 46 ff., 65 f., 123, 133, 167,
   171
– in der östlichen Mystik 41
Parameter 288, 295
Philosophie
–, buddhistische 20, 98 ff., 191 ff., 203,
   211, 213, 292
–, chinesische 24, 105 ff., 116 ff., 122, 191,
   203, 211, 278 f., 290, 292
–, griechische 16, 28, 162, 173, 257
–, indische 190 f., 292
–, östliche 44, 122, 173, 179, 257, 276
–, religiöse 21, 44, 85
–, westliche 44
Photon 66, 71, 150, 156, 181 ff., 208,
   214, 223 f., 226 ff., 230 f., 234
–, virtuelles 217, 219, 236
Photonenaustausch 214 f.
Physik
–, Entwicklung der modernen 59 ff.
–, klassische 52 ff., 61, 63 f., 288, 303 f.,
   308
– und Philosophie 44
–, Ursprung der 16 ff.
Physis 16
Pi-Meson → Pion
Pion 216 ff., 219 ff., 226, 230 ff., 235 f.,
   239 f., 263 ff., 266 f., 269 ff.
Polarität 110 ff., 118 f., 144 ff., 148, 160,
   244
Positron 77, 183 f., 224, 230 f.
Prajna 102
Proton 49, 65, 72 ff., 78, 81, 194, 199,
   201, 215 f., 220, 223, 226, 230 ff.,
   236 f., 246, 248, 263 ff., 266 f., 269 f.
Prozeß/Teilchen 262 f.
Prozesse, virtuelle 239 ff.
Pythagoräer 257

Quanten 66, 71, 150
Quantenchromodynamik 315 f.
Quanteneffekt 193, 217
Quantenelektrodynamik 208, 314 f.
Quantenfeld 208 ff., 212 f., 314
Quanten-Feldtheorie 182, 184, 205, 208,
    214 f., 217, 220, 229, 244, 259, 262, 313
Quantentheorie 43, 48, 52, 59, 66 ff., 72,
    74, 76, 123 ff., 137 ff., 151 f., 155, 160,
    193, 199, 202, 205, 208, 240, 259, 262,
    274, 286, 288, 298, 301, 304, 308 ff.,
    312 f.
–, Kopenhagener Deutung der 133, 139
–, Metaphysik der 133
– der Schwerkraft 314
Quantenverknüpfung 308
Quantenzahl 71, 246, 252, 254, 265 f,
Quantenzustand 247
Quark 246 ff., 254 ff., 315 f., 318 f.
Quarkeinschießung 316
Quarkmodell 254 ff., 315 f., 318
Quarksymmetrie 246 ff., 256, 317

Radioaktivität 64, 233 f.
Raum 61, 81, 148, 162 ff., 168, 179 f.,
    213
–, absoluter 53, 59, 61, 63, 162, 166, 179
–, dreidimensionaler 53
–, Geometrie des 205 f.
–, Krümmung des 176 f., 206
–, leerer 63, 205 f., 208, 211, 220
–, Struktur des 220
Raum/Materie 220
Raum u. Zeit 13, 197, 300, 321
–, Beginn von 197
–, Durchdringung von 172 ff., 202
–, Krümmung von 62 f., 173 ff., 177 ff.
–, Sicht der östl. Mystik 172, 188
Raum-Zeit 61 ff., 148 f., 162 ff., 168 f.,
    171 ff., 179, 193, 203
–, Strukturen in der 187
Raum-Zeit-Diagramm 180 ff., 214 f.,
    236 f., 272
Reaktionen 263 f., 275
Reaktionskanal 266 ff., 270, 275, 282
Reaktionswahrscheinlichkeit 263, 268,
    274, 280
Regge-Formalismus 273, 295 f.
Reichweite 138 f., 219, 228
Reihenfolge 187 f.
Reines Land (Schule des Buddhismus) 103
Relativitätsprinzip 167, 274
Relativitätstheorie 43, 52, 59, 61 ff., 76,
    80, 148 ff., 164 f., 166 f., 171, 177,

179, 193, 199 f., 202, 205, 259, 272,
    274, 286, 288, 298, 313
–, allgemeine 62 f., 173, 177, 179, 206 ff.
–, spezielle 59, 61, 173, 199
Resonanzen 225, 247, 254, 267 f.
Resonanzenergie 268, 275
Rig-Veda 86, 88, 190
Rinzai (Schule des Zen) 47, 125 f.
Rita 190
Röntgenstrahlen 64
Rotation 246 f., 251
Rotationssymmetrie 111, 250

Samadhi 132
Samsara 99 f., 192, 210
Samskara 203
Sanzen 125
Satori 122 ff., 125 f.
Schauen 32 f.
Schwarzes Loch 178 f., 195
Schwerkraft → Gravitation
Selbst 211
Selbst-Wechselwirkung 218
Selbstkonsistenz 286, 294 f.
Shakti 90 f.
Shikantaza 37 f.
Shiva 7 f., 42, 90 f., 147, 191, 242 ff.
Sigma (Teilchen) 226, 263 f., 267
Singularität 275
S-Matrix 260, 263 ff., 273 ff., 295 f.
S-Matrix-Diagramm 260 ff., 272
S-Matrix-Theorie 260 ff., 266, 268 f.,
    272 f., 275, 277, 281 f., 286, 294 f.,
    300, 314, 317 ff.
Sonnensystem, Newtonsches Modell des
    55 f.
So-Sein 26, 41, 98, 101 f., 131, 154, 190
Soto (Schule des Zen) 125 f.
Spin 247, 251, 254, 311 ff.
Spontaneität 120, 125
Sprache
–, chinesische 107
–, Problem der 23, 28 ff., 38 ff., 42 ff.,
    48 ff., 52, 123, 134, 148 ff., 159, 170,
    190, 302, 306
Stern, Prozesse in 233
Sternentstehung 195
Strahlung
–, elektromagnetische 44 ff., 59, 223 f.,
    234
–, kosmische 234
–, radioaktive 64
Streuexperimente 80, 170
– mit Röntgenstrahlen 45

Streuprozesse, tief unelastische 315
Streuung
–, Elektron-Photon- 183 f.
–, Positron-Photon- 184
Struktur
–, Definition von 256
– der subatomaren Welt 246 ff.
–, dynamische 278, 281
Subjekt/Objekt
–, Einheit von 142, 172
Substanz 13, 211, 269, 299 f.
Sunyata 101, 210
Superschwerkraft-Theorie 314
Sutras 101
Symmetrie 249 ff., 255, 273, 279 f., 282 f.
–, fundamentale 257 f.
– in der griech. Philosophie 257
– in der östl. Philosophie 257
– zwischen Materie und Antimaterie 77, 183
System 22

T'ai-chi T'u 111, 160
Tathagata 193
Tathata 101, 131, 190
Tantrismus 91, 140, 147
Tanz, kosmischer 7, 42, 191, 210, 223 ff., 235, 240 ff.
Tao 27, 35, 37, 106 ff., 113, 117 ff., 123, 131, 145, 164, 190 ff., 203, 209 f., 278, 281 f., 289 f.
Taoismus 32, 46, 105 ff., 116 ff., 120, 123, 125, 194, 289, 292
Tao Te Ching 27, 35, 46, 107 f., 289
Theorie, wissenschaftliche 132, 287 f.
–, Bildung von 27 f., 38 ff., 43
Teil/Ganzes 131 f., 139, 143, 291 f., 309 f.
Teilchen 45 f., 205, 215, 224, 234, 242, 246, 252, 255, 268 f., 275, 314
– als dynamische Struktur 202
–, Austausch von 226 ff., 236 ff., 272, 296
–, Bootstrap-Theorie der 318, 322
–, elementare 273
–, Erzeugung von 275
–, Erzeugung u. Vernichtung von 201, 216 f., 223, 229 ff., 235 ff., 240 f. 244
–, instabile 224 ff.,
–, Natur der 202, 204, 209, 220, 223, 245, 282, 318
–, quanten-relativistische Theorie der 259
–, Quarkstruktur der 317 ff.
–, stabile 223 ff.
–, Struktur der 247, 259, 273

–, virtuelle 217 f., 220 f., 226, 235, 239 ff., 244, 269, 272, 274
–, Wechselwirkung zwischen 208, 212, 214 f., 219, 223, 235 ff., 239, 244, 248, 250 f., 254 f., 259, 262, 269
Teilchen/Kraft 80 f., 270, 298
–, im mechanistischen Weltbild 53
Teilchen/Prozeß 262 f.
Teilchen/Welle 150 ff., 154 ff., 160, 208
Teilchenfamilien 246, 248, 254
Teilchenreaktionen 260, 272, 282
Teilchensekunde 225
Teilchensymmetrie 259
Topologie 318, 322
Trägheit 207
Transformation 167 f.
Trigramm 278 ff.
Trishna 99

Unbeständigkeit 99 f., 109, 191
Unitarität 274
Universum
–, Alter des 196 f.
–, Ausdehnung des 195 ff.
–, dynamische Natur des 22, 173, 190 ff.
–, Einheit des 21 f., 37, 68, 81, 173, 207 ff., 291, 313
–, Essenz des 190
–, mechanistisches Modell des 48
–, Modell des 197
–, oszillierendes 197
–, Struktur des 177
–, Ursprung des 197
–, Zusammenhang des 139
Unschärferelation 142, 158
Unsicherheitsprinzip 158 ff., 217, 262
Unwissenheit 132, 276
Upanischaden 23 f., 26, 86 f., 89, 91, 142, 153, 190, 210
Urknall 197
Ursache/Wirkung → Kausalität

Vakuum
–, dynamische Natur des 221
–, physikalisches 221
Vakuumdiagramm 220
Variable
–, lokale 309
–, verborgene 310
Vedanta 31, 89 f., 116
Verknüpfung 262, 264, 308, 318, 320
Verstand, Welt als Schöpfung des 276
Vier Edle Wahrheiten 98 ff.
Vishnu 90, 98, 191

Wärmelehre 56
Wahrheit
–, bedingte 24
–, letzte 123, 162
–, transzendente 24
Wahrscheinlichkeit 67, 134 ff., 152 f.,
    155 f., 181, 215, 260, 264, 267 f., 274,
    308 ff., 321
Wahrscheinlichkeitsfunktion 135, 152
Wahrscheinlichkeitswelle 67, 69, 152,
    155, 268
Wandlung 21, 109 ff., 114, 117, 119, 191,
    193, 220, 246, 278, 281 ff.
–, Struktur der 282
Wechselwirkung 207 f., 215, 217 f., 223,
    248, 273, 300
–, elektromagnetische 215, 227 ff.,
    314 f.
–, elektroschwache 315
–, Gravitations- 227 ff., 277, 288, 314
–, Netzwerk von 240
–, schwache 227 ff., 277
–, starke 215 f., 218 f., 227 ff., 255, 260,
    266 f., 269, 315
–, Teilchen als 138, 141, 140
– zwischen Teilchen 80 f., 181 f., 186,
    188 f., 195, 214 f., 219, 223, 226 ff.,
    235 ff., 239, 244
Wechselwirkungskräfte 269, 272
Weinberg-Salam-Theorie 314 f.
Welle 58 ff.
–, elektromagnetische 58
–, stehende 69
Welle/Teilchen 150 ff., 154 ff., 160, 208
Wellennatur 44 ff.
Wellenpaket 156 ff., 159
Weltlinie 181 ff., 186, 236 ff.
Weltsicht
– der modernen Physik 131
– der Mystik 20, 304
– der östlichen Mystik 131, 139, 142,
    163 f., 171 ff., 179, 203, 209, 219 f.
– der östlichen Philosophie 20 ff., 144 f.,
    290
–, mechanistische 19 ff., 52 ff., 57, 59, 63,
    67, 286, 303
–, ökologische 22

–, organische 20, 23, 52, 304
–, Wandel der 13, 51 f.
Wirklichkeit 132, 139, 153, 172, 310,
    313
–, Beschreibung der 24 ff., 29 f., 38 ff.,
    55, 303
–, Erfahrung der 40, 46, 48
–, individuelle 87
–, letzte 20 f., 26, 87, 108, 131, 190,
    209 f., 305
Wissen
–, absolutes 24, 26 f., 291
–, höheres 24
–, intuitives 23 ff., 27, 106, 203
– in der Mystik 23 ff., 27
– in der Naturwissenschaft 23 ff., 27
–, niederes 24
–, rationales 23 ff., 27, 31
–, relatives 24, 291
– und Erfahrung 32
– und Schauen 33
W-Meson 228
Wu Wei 120 f.

Yin/Yang 24, 110 ff., 117 ff., 145 ff., 160,
    213, 278 f., 281, 283, 307
Yoga 90, 116
Yogacara-Schule (des Buddhismus) 276

Zazen 126
Zeit 61, 63, 81, 148, 162 ff., 168, 179 f.,
    188
–, absolute 53, 59, 61, 63, 162, 166, 179
–, Fluß der 177
– in der östlichen Philosophie 21, 172, 188
–, Relativität der 165 f., 170 f.
Zeit/Energie (Messung) 158
Zeit u. Raum → Raum u. Zeit
Zen 31 f., 35, 38, 41, 46 f., 51, 66,
    122 ff., 145, 257, 291
Zusammenhang 22, 67 f., 71, 104, 118,
    132, 139 f., 278, 286
–, lokaler 309 ff.
–, nichtlokaler 309 ff., 320
Zustand, gebundener 259, 264
Zwillings-Paradox 171
Zyklen 109 ff., 119